LA FISCALIDAD DE LA DACIÓN EN PAGO

ISABEL E. PALADINI BRACHO
Profesora Asociada de la Universidad de Huelva y Abogada

LA FISCALIDAD DE LA DACIÓN EN PAGO

Prólogo
LUIS A. MALVÁREZ PASCUAL
Catedrático de Derecho Financiero y Tributario de la Universidad de Huelva

Editorial Aranzadi, S.A.U.
C/ Collado Mediano, 9
28231 Las Rozas (Madrid)
Tel: 91 602 01 82
e-mail: clienteslaley@aranzadilaley.es
https://www.aranzadilaley.es

Primera edición: Mayo, 2024

Depósito Legal: M-12059-2024
ISBN versión impresa: 978-84-1162-883-9

Diseño, Preimpresión e Impresión: Editorial Aranzadi, S.A.U.
Printed in Spain

Índice General

Página

Página

Página

Página

Página

Abreviaturas

AA. VV.	Autores varios.
AJD	Actos Jurídicos Documentados.
AJM	Auto del Juzgado de lo Mercantil.
AAP	Auto de la Audiencia Provincial.
Ap.	Apartado.
ATAD 1	Directiva (UE) 2016/1164 del Consejo, de 12 de julio de 2016, por la que se establecen normas contra las prácticas de elusión fiscal que inciden directamente en el funcionamiento del mercado interior.
CC	Real Decreto de 24 de julio de 1889 por el que se publica el Código Civil.
CBP	Código de Buenas Prácticas para la reestructuración viable de las deudas con garantía hipotecaria sobre la vivienda habitual aprobado en el Anexo del Real Decreto-ley 6/2012, de 9 de marzo, de medidas urgentes de protección de deudores hipotecarios sin recursos.
C. de Com.	Real Decreto de 22 de agosto de 1885 por el que se publica el Código de Comercio.
CNAE	Clasificación Nacional de Actividades Económicas.
Coord.	Coordinador / Coordinadora.
Coords.	Coordinadores / Coordinadoras.
DGT	Dirección General de Tributos.
Dir.	Director / Directora.
Directiva de IVA	Directiva 2006/112/CE, de 28 de noviembre, que regula el sistema común del impuesto sobre el valor añadido.
FJ	Fundamento Jurídico.
ICAC	Instituto de Contabilidad y Auditoría de Cuentas.
Ley 16/2022	Ley 16/2022, de 5 de septiembre, que modifica el TRLC para llevar a cabo la transposición de la Directiva (UE)

	2019/1023, del Parlamento Europeo y del Consejo, de 20 de junio de 2019, sobre marcos de reestructuración preventiva, exoneración de deudas e inhabilitaciones, y sobre medidas para aumentar la eficiencia de los procedimientos de reestructuración, insolvencia y exoneración de deudas, y por la que se modifica la Directiva (UE) 2017/1132 del Parlamento Europeo y del Consejo, de 14 de junio de 2017, sobre determinados aspectos del Derecho de sociedades.
LC 2003	Ley 22/2003, de 9 de julio, Concursal.
LGT	Ley 58/2003, de 17 de diciembre, General Tributaria.
LEC	Ley 1/2000, de 7 de enero, de Enjuiciamiento Civil.
LSC	Real Decreto Legislativo 1/2010, de 2 de julio, por el que se aprueba el texto refundido de la Ley de Sociedades de Capital.
LH	Decreto de 8 de febrero de 1946, por el que se aprueba la nueva redacción oficial de la Ley Hipotecaria.
LIS	Ley 27/2014, de 27 de noviembre, del Impuesto sobre Sociedades.
NIIF	Norma Internacional de Información Financiera.
Núm.	Número.
IRPF	Impuesto sobre la Renta de las Personas Físicas.
ISD	Impuesto sobre Sucesiones y Donaciones.
OCDE	Organización para la Cooperación y el Desarrollo Económico.
OS	Operaciones Societarias.
PGC	Real Decreto 1514/2007, de 16 de noviembre, por el que se aprueba el Plan General de Contabilidad.
PGC de Pymes	Real Decreto 1515/2007, de 16 de noviembre, por el que se aprueba el Plan General de Contabilidad de Pequeñas y Medianas Empresas y los criterios contables específicos para microempresas.
PGCEC	Orden de 27 de enero 1993, del Ministerio Economía y Hacienda, por la que se aprueban las Normas de adaptación del Plan General de Contabilidad a las empresas constructoras.
PGCEI	Orden de 28 de diciembre 1994 del Ministerio Economía y Hacienda, que aprueba las normas de adaptación del Plan

	General de Contabilidad aprobado por el Real Decreto 1643/1990 a las empresas inmobiliarias.
PHE	Patrimonio histórico español.
RDL	Real Decreto-ley.
RDL 6/2012	Real Decreto-ley 6/2012, de 9 de marzo, de medidas urgentes de protección de deudores hipotecarios sin recursos.
RDGRN	Resolución de la Dirección General de los Registros y del Notariado.
RIS	Real Decreto 634/2015, de 10 de julio, por el que se aprueba el Reglamento del Impuesto sobre Sociedades.
SAN	Sentencia de la Audiencia Nacional.
SAREB	Sociedad de Gestión de Activos Procedentes de la Reestructuración Bancaria.
SJM	Sentencia del Juzgado de lo Mercantil.
Sig.	Siguientes.
STJCE	Sentencia del Tribunal de Justicia de las Comunidades Europeas.
STJUE	Sentencia del Tribunal de Justicia de la Unión Europea.
STIM	Sentencia del Tribunal de Instancia Mercantil.
STS	Sentencia del Tribunal Supremo.
TEAR	Tribunal Económico-Administrativo Regional.
TEAC	Tribunal Económico-Administrativo Central.
TJUE	Tribunal de Justicia de la Unión Europea.
TPO	Transmisiones Patrimoniales Onerosas.
TRLC	Real Decreto Legislativo 1/2020, de 5 de mayo, por el que se aprueba el texto refundido de la Ley Concursal.
TRLCI	Real Decreto Legislativo 1/2004, de 5 de marzo, por el que se aprueba el Texto refundido de la Ley del Catastro Inmobiliario.
TRLMV	Real Decreto Legislativo 4/2015, de 23 de octubre, por el que se aprueba el Texto refundido de la Ley del Mercado de Valores.
TRLITPAJD	Real Decreto Legislativo 1/1993, de 24 de septiembre, por el que se aprueba el Texto refundido de la Ley del Impuesto sobre Transmisiones Patrimoniales y Actos Jurídicos Documentados.

TRLRHL	Real Decreto Legislativo 2/2004, de 5 de marzo, por el que se aprueba el texto refundido de la Ley Reguladora de las Haciendas Locales.
TS	Tribunal Supremo.
TSJ	Tribunal Superior de Justicia.
v. gr.	*Verbi gratia*

Prólogo

Con anterioridad a iniciar la labor de introducir al lector en el contenido de la presente monografía, me parece relevante señalar algunas de las razones que llevaron a la autora a elegir el tema de la dación en pago como objeto de su estudio. La primera es que se produjo una extensión de esta figura jurídica, un tanto olvidada, como un medio para extinguir las deudas de los deudores hipotecados, siendo un mecanismo empleado para tratar de paliar los efectos de la crisis económica y financiera de 2008. Se trataba de un negocio jurídico carente de una regulación legal adecuada, lo que obligó al legislador a introducir normas, tanto en el ámbito sustantivo como a efectos tributarios. Además, tampoco existían los estudios doctrinales que son necesarios para dar solidez y consistencia a una institución jurídica cuyo uso comenzó a extenderse entre los operadores jurídicos. El libro que tengo el honor de prologar trata de llenar este vacío, para lo cual se afronta un estudio integral de esta figura, con especial atención a su tratamiento tributario en los impuestos más relevantes. Finalmente, la realización de este trabajo fue fruto también de la concienciación de la autora sobre la dimensión humana y social de dicha crisis, pues ciertos efectos fiscales indeseados de la dación en pago podían suponer una traba para la solución de numerosos dramas personales mediante la utilización de dicha figura o, en cualquier caso, podía generar nuevos problemas añadidos. Además de todos los aspectos de técnica jurídica, no se puede perder de vista que es una materia que tiene un fuerte impacto en la vida de muchas personas, por lo que solo teniendo en cuenta la situación de quien se ve abocado a entregar su vivienda habitual por razones de necesidad a la entidad financiera se pueden valorar de forma adecuada las consecuencias que esta operación debe producir en el ámbito fiscal. De ahí que el estudio parta de la situación de las personas que se han visto forzadas a realizar este negocio jurídico, en términos de capacidad económica.

Comencemos por el principio. Para ello, hemos de remontarnos a las consecuencias de la crisis económica y financiera de 2008, cuyo epicentro fue la vivienda y la deuda hipotecaria. En España esta crisis produjo efectos muy relevantes, pues la crisis financiera que se motivó en Estados Unidos con las conocidas como hipotecas *subprime*, que eran créditos de alto riesgo, se unió al estallido de la burbuja inmobiliaria que se desarrolló en nuestro país entre finales de los años 90 y principios de la década de los 2000. La concesión de hipotecas por las entidades financieras había carecido del rigor de épocas pretéritas. Por un lado, el importe de los préstamos concedidos no solo podía abarcar el 100 por 100 del precio de la vivienda hipotecada, sino que, en muchas ocasiones, se concedían préstamos por un importe superior para financiar otros gastos relacionados con la compra de la vivienda o, incluso, otros ajenos a la misma; y, por otro lado, muchos préstamos se otorgaron a personas con precariedad laboral y que, ante cualquier eventualidad, no podrían hacer frente al pago de las cuotas de los mismos. La pérdida masiva de empleo que motivó la crisis de esos años dejó a muchas personas atrapadas en una situación de endeudamiento insostenible, pues muchos deudores no pudieron pagar las cuotas hipotecarias, con lo que sus deudas aumentaban por los intereses que generaban los impagos. Además, se rompió una máxima que había calado desde antiguo en la población española, relativa a la seguridad de la inversión en «ladrillo», pues en la conciencia colectiva estaba muy arraigada la idea de que la vivienda siempre incrementaba su valor. Sin embargo, la crisis económica y financiera motivó que muchas viviendas perdieran valor respecto del precio de compra. Esto motivó que muchos préstamos hipotecarios superaran el precio de adquisición de la propia vivienda, por lo que la venta de la misma tampoco era una solución, pues el deudor hipotecado seguiría manteniendo, al menos, una parte de su deuda. En suma, estas y otras razones motivaron un cóctel perfecto para una crisis de enorme calado y que afectó de forma importante a la población española, siendo las personas de rentas medias y bajas con precariedad laboral que adquirieron una vivienda en la época del *boom* inmobiliario las que sufrieron dicha crisis en primera persona. Como digo, la venta de la vivienda dejó de ser una solución, lo que motivó que se incrementaran exponencialmente los desahucios y, en definitiva, los dramas personales y familiares.

La extensión de estas situaciones y las demandas sociales para que se articularan soluciones para las mismas, motivaron que se introdujeran mecanismos jurídicos para tratar de resolver, al menos, las de mayor gravedad. Para ello, desde el poder público se rescató una figura jurídica, que hasta ese momento había estado en el olvido, como era la dación en pago. De este modo, se convirtió en una forma de solución de las situaciones de incumplimiento de las obligaciones, mediante la extinción de los créditos de aquellos deudores que no podían hacer frente a sus hipotecas. A tal efecto, las entidades financieras se adhirieron a un Código de Buenas Prácticas, en cuyo marco, si se daban unas condiciones determinadas, se podía hacer uso de esta figura para liberar de su deuda a las personas con cuotas hipotecarias impagadas. Si bien fue un negocio jurídico que comenzaron a aplicar las empresas promotoras que, como consecuencia de la crisis, se vieron imposibilitadas a dar salida a su *stock* de viviendas, posteriormente, se generalizó entre los particulares que no podían asumir el pago de las cuotas hipotecarias de su vivienda.

En este contexto, cuando se extiende la dación en pago como medio para solucionar toda esta problemática, surge un nuevo inconveniente, que no es otro que la fiscalidad de dicho negocio jurídico, en particular en lo que se refiere al deudor hipotecado que entrega su vivienda. El sistema tributario apenas regulaba dicha figura, salvo alguna referencia clásica en el Impuesto sobre Transmisiones Patrimoniales y Actos Jurídicos Documentados. En relación con el hecho imponible de Transmisiones Patrimoniales Onerosas, la dación en pago se había incorporado desde hacía años al hecho imponible, al equiparse a las transmisiones «las adjudicaciones en pago y para pago de deudas». Al no existir reglas particulares en los impuestos más importantes, el tratamiento tributario de la dación en pago se regía por las reglas generales, lo que, ante una figura singular, que tiene perfiles propios, y compleja, por dar lugar a efectos traslativos y extintivos, determinaba una enorme dificultad a la hora de concretar las consecuencias tributarias de esta operación. En efecto, las singularidades que presenta este negocio jurídico determinan que no sea posible remitirse a las reglas relativas a otras figuras con las que puede tener cierta afinidad, lo que podía conllevar cierta inseguridad jurídica, pues se podían realizar operaciones de este tipo sin que estuviesen claros los efectos tributarios de las mismas. Además, tampoco se atendía a la condición económica de quienes realizaban dicha operación, particularmente del deudor hipotecado, que podía quedar gravado por varios impuestos a pesar de que no hubiera demostrado con dicha operación capacidad económica. En definitiva, los problemas de las personas en situación de emergencia que se veían abocadas a entregar su vivienda a la entidad financiera no terminaban con la realización de la dación en pago, sino que, tras lograr este difícil acuerdo, debían afrontar en muchos casos el pago de diferentes impuestos, que tampoco podían asumir. Por tanto, la fiscalidad contribuyó a agravar estas situaciones, extendiendo en el tiempo el calvario personal y familiar de muchas personas. Por poner un ejemplo, la Administración consideraba que cuando el valor del bien inmueble era inferior al valor de la deuda extinguida existía una donación sujeta al Impuesto sobre Sucesiones y Donaciones. La existencia de esta y otras situaciones absolutamente injustas y sus implicaciones sociales provocaron la reacción del legislador, que en determinados impuestos introdujo ciertas exenciones y beneficios fiscales, que se pueden aplicar en determinadas circunstancias. Se trataban de evitar los efectos indeseados de la dación en pago, evitándose así que estas personas tuvieran que tributar como consecuencia de una operación que se realizó en una situación de necesidad y en ausencia de capacidad económica. En este sentido, se puede señalar la exención de las transmisiones realizadas por personas físicas con ocasión de la dación en pago de la vivienda habitual del deudor hipotecario en el Impuesto sobre el Incremento del Valor de los Terrenos de Naturaleza Urbana. También dos medidas en el IRPF como son la exención de la ganancia de patrimonio generada por la dación en pago de la vivienda habitual o de la dación en pago celebrada en el marco del concurso de acreedores. En otros impuestos, sin embargo, la dación en pago o bien no ha sido regulada, como ocurre en el Impuesto sobre Sociedades, o bien tan solo se ha introducido alguna norma específica, como ocurre en el IVA, donde se ha establecido que en el caso de entregas de inmuebles se produce la inversión del sujeto pasivo como medida de garantía del cobro del impuesto para la Administración tributaria.

Por otra parte, debido a la poca utilización de la dación en pago en la práctica, esta figura no había sido objeto de atención por la doctrina y, menos aún, en lo que al ámbito tributario se refiere. Ahora bien, tras la extensión de su uso para resolver la problemática analizada, los estudios doctrinales comienzan a resultar fundamentales para entender su naturaleza y establecer las consecuencias apropiadas en materia fiscal. Sin embargo, pese a la relevancia de este asunto, tan solo se han publicado algunos artículos doctrinales sobre aspectos concretos de esta materia. Esta carencia es, precisamente, lo que motivó que la profesora Paladini decidiera abordar esta materia en profundidad. Ni siquiera en la actualidad, existe una obra que, de forma sistemática, trate las consecuencias de la dación en pago en cada uno de los impuestos que conforman el sistema tributario español y aborde la problemática que plantea dicha figura jurídica en el ámbito tributario. La obra que prologo es la primera que se publica con estas características, por lo que viene a cubrir un importante vacío.

En relación con cada impuesto, se analizan tanto los antecedentes como la normativa actualmente vigente, en los casos en que existe una regulación específica y, en caso contrario, como ocurre en el Impuesto sobre Sociedades o en el IVA, se trata de encajar dicho negocio en las reglas generales que rigen cada uno de estos tributos, analizando sus elementos esenciales (hecho imponible, contribuyente, base imponible, devengo, tipo de gravamen, etc.). La autora incluye en su trabajo las aportaciones de los distintos operadores jurídicos que se han pronunciado en esta materia, como son las consultas de la DGT o las resoluciones de los tribunales económico-administrativos o de los tribunales de justicia, así como las ideas expresadas por la doctrina científica. Con todo este material, la autora realiza una interpretación muy ponderada de dicha normativa, proponiendo soluciones allí donde la Ley o la interpretación que se ha hecho de ella no resulta adecuada a la naturaleza de la figura o a las consecuencias que la misma ha de producir. Este material no es, por tanto, un punto de llegada, en cuyo caso sería un trabajo puramente descriptivo, sino que constituye el punto de partida para que la autora reflexione sobre las cuestiones jurídico-tributarias que se suscitan y las posibles mejoras técnicas que se pueden introducir en los distintos impuestos que conforman nuestro sistema tributario, realizando numerosas propuestas de *lege ferenda* que, de tenerse en cuenta, permitirían ajustar el tratamiento tributario de esta figura a su verdadera naturaleza. Ello solo es posible desde un conocimiento exhaustivo de la naturaleza jurídica y las características de este negocio en el ámbito civil y mercantil, pues solo así es posible establecer efectos tributarios adecuados. Por ello, se dedica el primer capítulo al análisis de la dación en pago en estas áreas de conocimiento. Se trata de un capítulo que, aunque sea introductorio, es de suma importancia, pues las conclusiones que se adoptan en el mismo son fundamentales para establecer los efectos fiscales de la dación en pago e interpretar ciertas normas controvertidas.

Ahora bien, se ha de advertir también que, aunque la obra trate aspectos generales sobre la tributación de la dación en pago, la autora se centrará en muchos casos en el negocio que tiene por objeto la entrega de un inmueble hipotecado a la entidad financiera, que es el supuesto que llevó a que esta institución jurídica olvidada tuviera una relevancia inusitada en los últimos años y, en definitiva, el supuesto que tiene más relevancia en el tráfico jurídico.

En definitiva, el libro pretende analizar la figura de la dación en pago desde un punto de vista sustantivo, mediante el análisis de las escasas normas de derecho privado que se refieren a esta institución, así como sus implicaciones en cada uno de los impuestos que conforman el sistema tributario español, tanto directos como indirectos. Esta cuestión se analiza desde la perspectiva de todas las partes implicadas en este negocio jurídico, tanto del *solvens*, ya sea persona física o jurídica, ya actúe en su condición de empresario o de particular, como del acreedor que recibe la dación en pago, que normalmente es una entidad financiera. Espero que el lector encuentre en este trabajo la solución a muchas cuestiones que en el ámbito jurídico-tributario se plantean en relación con el señalado negocio jurídico.

Luis A. Malvárez Pascual

Catedrático de Derecho Financiero y Tributario. Universidad de Huelva

Noviembre de 2023

1

La dación en pago desde el punto de vista del Derecho privado

El propósito de este trabajo es analizar en profundidad los principales impuestos del sistema tributario que gravan la dación en pago. En cuanto a los impuestos directos, la investigación se ha focalizado en la contribución del *solvens* residente en territorio español por el IRPF, por el IS y por el IIVTNU. En relación con los impuestos indirectos, ha adquirido mayor protagonismo la tributación del *accipiens* por el IVA y por TPO.

Como una cuestión previa al tratamiento fiscal de esta operación, se ha analizado la regulación sustantiva desde el punto de vista del Derecho privado. Si bien, hemos acotado nuestro trabajo a la dación en pago en sentido estricto, puesto que la tributación de la *datio* en sentido amplio resultaba demasiado extensa e imprecisa como objeto de estudio. Asimismo, hemos señalado las particularidades que presenta la fiscalidad de la dación en pago de bienes inmuebles ya que es la más relevante por su recurrencia en el tráfico.

La dación en pago va a ser analizada partiendo de la regulación del Código Civil (en adelante CC), si bien, se va a tener en cuenta que existen normas jurídicas posteriores que regulan esta figura. En este sentido, se tomarán en consideración el Real Decreto-ley 6/2012[1] (en adelante RDL 6/2012) aplicable a los deudores hipotecarios vulnerables, así como el Real Decreto Legislativo 1/2020[2] (en adelante TRLC) cuando la dación en pago se celebre en situación de insolvencia.

Comenzaremos indicando que es una figura del Derecho privado que no tiene una regulación sustantiva en el CC[3]. Las referencias que hemos encontramos son escuetas y no articulan con suficiente concreción su régimen jurídico. Así, los artículos 1521, 1536.2 y 1636 del CC contemplan la dación en pago con ocasión de la regulación de diversos retractos legales, o el artículo 1849 del CC, que regula la extinción de la fianza producida por la dación en pago[4].

La construcción jurídica de esta figura se sustenta en el principio de autonomía de la voluntad —*ex* artículo 1255 del CC— y en la excepción al principio de identidad de la prestación del artículo 1166 del CC. La jurisprudencia ha reconocido que este negocio jurídico carece de una regulación específica en el CC, rigiéndose por las cláusulas pactadas por las partes y, en aquellas cuestiones

1. Real Decreto-ley 6/2012, de 9 de marzo, de medidas urgentes de protección de deudores hipotecarios sin recursos, publicado en el BOE núm. 60, de 10 de marzo de 2012.
2. Real Decreto Legislativo 1/2020, de 5 de mayo, por el que se aprueba el vigente texto refundido de la Ley Concursal, publicado en el BOE núm. 127, de 7 de mayo de 2020.
3. DÍEZ-PICAZO Y PONCE DE LEÓN, L. M.: *Fundamentos del derecho civil patrimonial*. Thomson Civitas. Madrid, 2008, p. 632: indica que «nuestro Código no contiene una regulación especial de la dación en pago. (....) Su figura, por otra parte, no es desconocida para el legislador que, aunque en forma esporádica, hace alusión a ella a lo largo del articulado (*vid.* artículos 1521, 1636 y 1849)».
4. LACRUZ BERDEJO, J. L.: *Elementos de derecho civil. II, Derecho de obligaciones*. Dykinson. Madrid, 2003, p. 154: «la dación en pago no viene directamente contemplada por el CC, pero está aludida en los artículos 1521, 1536.2 y 1636 CC (los tres, con ocasión de distintos retractos legales), y contemplado alguno de sus efectos en el artículo 1849 CC, que juntamente con los 1166 1255 permiten intentar una construcción de esta figura (con ayuda de los principios generales del Derecho de obligaciones, claro está)».

no previstas, se aplican las normas de la compraventa y las reglas generales de obligaciones y contratos.

Hay que indicar también que esta operación está expresamente regulada en el apartado 3 del Anexo del RDL 6/2012. Esta norma supuso la aprobación de un Código de Buenas Prácticas (en adelante CBP) que regula las medidas para aliviar la situación de los deudores en situación de exclusión. En concreto, estas medidas son la reestructuración, la quita y la dación en pago de la vivienda habitual. De hecho, ha instaurado una tipología particular de dación en pago de vivienda habitual que reúne unas características particulares y que designaremos «dación en pago del CBP».

Por último, abordaremos la regulación por el Derecho concursal. En la práctica concursal anterior a 2003, la dación en pago era una herramienta de liquidación admitida y utilizada. Sin embargo, la Ley 22/2003[5] (en adelante LC 2003) cerró la puerta a este negocio. Posteriormente, la Ley 38/2011[6], que modificó el artículo 155.4 LC 2003, reactivó su utilización en el concurso de acreedores para la realización de los bienes y derechos afectos a créditos con privilegio especial.

Tras numerosas modificaciones de la LC 2003, en 2020 se aprobó el TRLC y en septiembre de 2022 fue modificado por la Ley 16/2022[7], para llevar a cabo la transposición de la Directiva (UE) 2019/1023. Se trata de una reforma concursal de hondo calado que, entre otras muchas cuestiones, afecta a la dación en pago.

1.1. LA DEFINICIÓN DE DACIÓN EN PAGO

La falta de una regulación sistemática de la dación en pago obliga a acudir a otras fuentes para delimitar esta figura, labor que ha sido desarrollada por la doctrina y la jurisprudencia.

DÍEZ-PICAZO define la dación en pago en sentido amplio como «todo acto de cumplimiento de una obligación que, con el consentimiento del acreedor, se lleva a cabo mediante la realización de una prestación distinta a la que inicial-

5. Ley 22/2003, de 9 de julio, Concursal, publicada en el BOE núm. 164, de 10 de julio de 2003.
6. Ley 38/2011, de 10 de octubre, de reforma de la Ley 22/2003, de 9 de julio, Concursal, publicada en el BOE núm. 245, de 11 de octubre de 2011.
7. Ley 16/2022, de 5 de septiembre, de reforma del texto refundido de la Ley Concursal, aprobado por el Real Decreto Legislativo 1/2020, de 5 de mayo, para la transposición de la Directiva (UE) 2019/1023 del Parlamento Europeo y del Consejo, de 20 de junio de 2019, sobre marcos de reestructuración preventiva, exoneración de deudas e inhabilitaciones, y sobre medidas para aumentar la eficiencia de los procedimientos de reestructuración, insolvencia y exoneración de deudas, y por la que se modifica la Directiva (UE) 2017/1132 del Parlamento Europeo y del Consejo, sobre determinados aspectos del Derecho de sociedades (Directiva sobre reestructuración e insolvencia), publicado en el BOE núm. 214, de 6 de septiembre de 2022.

mente se había establecido»[8]. El elemento fundamental o identificador será el *aliud* o nueva prestación admitida por el acreedor con efectos extintivos de una obligación preexistente que une a las partes[9]. Recientemente, el TS[10] ha definido esta figura en términos similares y afirma su carácter oneroso.

El ejemplo más claro de dación en pago y el que goza de una mayor tipicidad social, es la entrega de la propiedad de un bien para conseguir la extinción de una obligación previa. DÍEZ-PICAZO se refiere a ella como «dación en pago en sentido estricto» y afirma que «se produce cuando el acreedor acepta, para el cumplimiento de una obligación anteriormente constituida, la entrega de unos bienes distintos de aquellos en que la prestación consiste»[11]. La jurisprudencia ha recogido ese concepto cuando ha indicado que «la *datio pro soluto*, (...), se trata de un acto por virtud del cual el deudor transmite bienes de su propiedad al acreedor, a fin de que éste aplique el bien recibido a la extinción del crédito de que era titular, actuando este crédito con igual función que el precio en el contrato de compraventa»[12].

En esta operación intervienen, de un lado, el deudor que es el transmitente y, de otro, el acreedor que es el adquirente[13]. Así, el primero realiza voluntariamente y a título de pago una prestación diversa de la debida al acreedor, el cual consiente recibirla en sustitución de ésta[14]. En consecuencia, la dación en pago en sentido estricto consiste en la transmisión de un bien a cambio de la extinción de una deuda, lo que supone que es un acto tanto traslativo del dominio como extintivo de la obligación del deudor.

La diferencia entre ambas modalidades de *datio* se encuentra en el contenido de la nueva prestación. Así, en la acepción estricta consistirá exclusivamente en la transmisión del poder de disposición o pleno dominio sobre los bienes entregados. En cambio, en el sentido amplio, las partes configurarán la nueva

8. DÍEZ-PICAZO, L.: *Fundamentos del Derecho..., op. cit.*, p. 631. En el mismo sentido, LACRUZ MANTECÓN, M. L.: «La dación en pago» en ALONSO PÉREZ, M. T. (coord.): *Vivienda y crisis económica: estudio jurídico de las medidas propuestas para solucionar los problemas de vivienda provocados por la crisis económica*. Aranzadi. Pamplona, 2014, p. 329.
9. En el mismo sentido, LACRUZ BERDEJO, J. L.: *Elementos de derecho..., op. cit.* y O'CALLAGHAN MUÑOZ, X.: *Compendio de Derecho Civil*. Dijusa. Madrid, 2008 y BELINCHÓN ROMO, M. R.: *La dación en pago en Derecho Español y Derecho comparado*. Dykinson. Madrid, 2012.
10. STS 94/2019, de 31 de enero de 2019 (RJ 2019, 483), FJ 2: «el acuerdo, como negocio jurídico bilateral, de que se cumpla la obligación mediante una prestación distinta de la inicialmente prevista *–aliud pro alio–* (STS 4-10-89)».
11. DÍEZ-PICAZO, L.: *Fundamentos del Derecho..., op. cit.*, p. 631.
12. STS de 13 febrero 1989. Se evidencia la disparidad de criterio acerca de la consideración como negocio jurídico, contrato o acto jurídico de la dación en pago, si bien, a efectos fiscales esta distinción resulta irrelevante. LACRUZ BERDEJO, J. L.: *Elementos de derecho..., op. cit.*, p. 334: afirmar que es un contrato «en cuanto concurso de voluntades sobre un cambio».
13. STS, de 13 febrero 1989 (RJ 1989, 831).
14. STS 420/2010, de 21 de enero de 2010 (RJ 2010, 3078).

prestación con total libertad, pudiendo consistir «tanto en la entrega de una cosa material, como un hacer o no hacer o la transmisión de un crédito o bien inmaterial» [15].

De lo expuesto se deduce que la dación en pago tiene carácter bilateral, oneroso, sinalagmático y recíproco. Es admisible, en virtud de la autonomía de la voluntad, cuando el deudor y el acreedor lo acuerdan.

El doble efecto extintivo y traslativo es especialmente identificativo de esta figura, es decir, se calificará la operación como una dación en pago cuando se deduzca que la intención de las partes es la transmisión inmediata de la propiedad de un elemento patrimonial al acreedor (o un tercero por él designado), con efectos extintivos de una deuda anteriormente contraída por el deudor (ahora transmitente).

La finalidad perseguida con la dación en pago es extinguir una deuda, por lo que, técnicamente, se celebra *solvendi causa.* Esta circunstancia permite diferenciarla de otros negocios como la permuta [16] o la cesión de bienes. Asimismo, existe unanimidad en la doctrina en cuanto a que las partes no pretenden extinguir una obligación preexistente mediante la constitución de otra nueva que la sustituya, «sino que tan solo pretenden señalar un medio de extinción de la obligación» [17].

En 1953 LATOUR [18] resumía los requisitos de la dación en pago indicando, en primer lugar, la concurrencia de una obligación preexistente que se extinga por efecto de la dación en pago; en segundo lugar, una prestación *animo solvendi*, entendida como pago total y definitivo del crédito —aunque en la actualidad no hay unanimidad en la doctrina sobre el alcance de los efectos extintivos—; en tercer lugar, capacidad de enajenar en ambas partes, acreedor y deudor; en cuarto lugar, consentimiento de ambas partes; y por último, la diferencia entre la prestación debida y la que la sustituye (*aliud pro alio*).

En 2019 el TS [19] ha sintetizado su jurisprudencia sobre la dación en pago. En concreto, ha indicado que los requisitos son tres. En primer lugar, «la cesión del dominio pleno en concepto de pago de la deuda»; en segundo lugar, «el consentimiento del acreedor para la realización de una prestación distinta a la que inicialmente se había establecido» y, en tercer lugar, «la existencia de un crédito líquido que, en este caso, opera como contraprestación a la entrega o adjudicación del bien con la finalidad de extinguirlo».

15. LACRUZ MANTECÓN, M. L.: «La dación en (...)», *op. cit.*, p. 329.
16. En la STS 420/2010, de 21 de enero de 2010 (RJ 2010, 3078) queda claro que debe abandonarse cualquier intento de asimilar la dación en pago a la permuta.
17. DÍEZ-PICAZO, L.: *Fundamentos del Derecho...*, *op. cit.*, p. 633.
18. LATOUR (como se citó en LACRUZ MANTECÓN, M. L.: «La dación en (...)», *op. cit.*, pp. 335 y 336).
19. STS 94/2019, de 31 de enero de 2019 (RJ 2019, 483), FJ 2.

El TS se ha pronunciado sobre la dación en pago en numerosas ocasiones y ha reconocido que no hay una regulación completa en el derecho sustantivo civil. Su fundamento último se encuentra en la autonomía de la voluntad y por analogía se le aplican en parte las normas de la compraventa. Basándose en dicha analogía, se afirma que el crédito que con ella se satisface adquiere la categoría de precio del bien o bienes que se entregan[20]. En consecuencia, el crédito que se extingue debe reunir los requisitos del precio en la compraventa, en concreto, la jurisprudencia indica que debe ser un crédito cierto[21]. Asimismo, destaca que el presupuesto o condición necesaria para que se celebre la dación en pago es la existencia de una deuda que no puede ser cumplida en los términos pactados.

1.2. EL CARÁCTER ONEROSO DE LA DACIÓN EN PAGO

Hemos expuesto la definición de la dación en pago y la concreción de ciertos elementos básicos sobre los que existe consenso. Uno de ellos, que además tiene consecuencias directas en la tributación de esta operación, es el carácter oneroso. En la actualidad, la doctrina acepta mayoritariamente el carácter oneroso de la dación en pago. También el TS ha afirmado que tiene tal carácter y se ha remitido en su argumentación al artículo 1274 del CC.

En los contratos onerosos se prevén «prestaciones a cargo de cada parte»[22]. De ellos se derivan obligaciones para ambas partes y cada una intenta obtener una ventaja mediante equivalente. En el extremo opuesto están los negocios gratuitos, en los que no hay contraprestación a cambio de la entrega.

El TS ha descartado que esta figura responda «a una doble causa un componente oneroso (la entrega del bien por parte del deudor en función de la prestación primigenia acordada por el acreedor) y un componente gratuito (la condonación parcial y tácita de la deuda)»[23]. El Alto Tribunal niega categóricamente que en la dación en pago de un inmueble para cancelar una deuda haya «una donación (representada por el beneficio que comporta para el deudor hipotecario la condonación de deuda) y, por otro lado, el negocio jurídico oneroso de transmisión del inmueble como pago de la prestación primigenia acordada por el acreedor»[24].

La doctrina, aunque reconoce el carácter oneroso de la dación en pago, discrepa en cuanto a la prestación que debe ser tomada en consideración, es decir, no hay unanimidad en cuanto a la concreción de las prestaciones de las partes.

20. STS de 7 diciembre de 1983 (RJ 1983, 6923).
21. STS 61/1993, de 8 febrero de 1996 (RJ 1996, 952).
22. LACRUZ MANTECÓN, M. L.: «La dación en...», *op. cit.*, p. 333.
23. STS 94/2019, de 31 de enero de 2019 (RJ 2019, 483), FJ 2.
24. STS 94/2019, de 31 de enero de 2019 (RJ 2019, 483), FJ 2.

Así, LACRUZ BERDEJO[25] identifica las prestaciones que asumen las partes del siguiente modo: «la antigua a cargo del acreedor, frente a la nueva del *solvens*».

En cambio, FINEZ[26] considera que «el carácter oneroso o gratuito de la dación (...) ha de perfilarse en atención a la onerosidad o no de la relación subyacente». Para el autor, «la dación es siempre un contrato de ejecución que encuentra su causa en una previa obligación, como instrumento de ejecución de la misma». Por tanto, la onerosidad dependerá de la obligación primigenia que se va a extinguir.

Por último, MARTÍN BRICEÑO[27] niega que sea posible identificar el carácter oneroso o gratuito de la dación en pago pero con el argumento de que no se le puede considerar contrato, ni tan siquiera negocio jurídico patrimonial. Para la autora, en realidad no es más que un acto, por ello, solo se puede analizar el carácter oneroso o gratuito del negocio jurídico subyacente u originario.

La dación en pago de un bien inmueble otorgado como garantía real, para extinguir el préstamo hipotecario preexistente, dentro del tema que estamos analizando, es la operación que ha alcanzado mayor relevancia; por ello, vamos a ejemplificar el carácter oneroso (o no) de esta dación en pago atendiendo a las opiniones expuestas y teniendo en cuenta que desplegará los efectos del pago de la deuda cuando el deudor entregue un bien inmueble a la entidad financiera, en cumplimiento de la nueva prestación pactada.

Para MARTÍN BRICEÑO, sería imposible determinar el carácter oneroso de la dación en pago puesto que no es un contrato.

Según FINEZ, el carácter oneroso del préstamo hipotecario, que constituye el negocio subyacente, es el que nos permite afirmar ese mismo carácter de la dación en pago.

Siguiendo a LACRUZ BERDEJO, atenderíamos al contenido de las prestaciones de las partes que serán, para el acreedor, su obligación derivada del préstamo (obligación primigenia), esto es la entrega de la cantidad de dinero. Y para el deudor, su obligación de transmitirle el pleno dominio del inmueble, es decir, la nueva prestación pactada. Dado que se derivan obligaciones para ambas partes, la dación en pago tendría carácter oneroso.

En el campo específico del Derecho privado, esta disyuntiva ha servido principalmente al objeto de identificar el régimen jurídico aplicable a la dación en pago, figura escasamente tratada en el CC. Una constante en la doctrina es

25. LACRUZ BERDEJO, J. L.: *Elementos de derecho civil..., op. cit.*, p. 155.
26. FINEZ RATÓN, J. M.: «La dación en pago», *Anuario de Derecho Civil*, núm. 4, 1995, p. 1478.
27. MARTÍN BRICEÑO, M. R.: «La dación en pago: sustitución del cumplimiento estricto en una relación obligatoria». *Revista Crítica de Derecho Inmobiliario*, núm. 735, 2013, pp. 359 a 388.

el esfuerzo por identificar aquellas normas del CC que permitan resolver los supuestos conflictivos por el incumplimiento del *aliud*, el cumplimiento defectuoso o el saneamiento por vicios o por evicción. Este carácter oneroso ha servido para sostener la aplicación de algunas reglas de la compraventa, como paradigma del contrato de tal carácter traslativo del dominio, aunque no sean íntegramente aplicables a la dación en pago.

Desde la perspectiva del Derecho tributario, sin embargo, la cuestión de la onerosidad de la dación en pago es un factor determinante para identificar la tributación que le corresponde a la operación que, atendiendo a su carácter oneroso, quedaría en el ámbito del IRPF, pero, que de ser considerado un negocio lucrativo, pasaría al del Impuesto sobre Sucesiones y Donaciones (en adelante ISD).

En conclusión, el TS ha descartado que la dación en pago tenga una doble causa (onerosa y gratuita simultáneamente). También ha negado el carácter gratuito de la dación del inmueble en pago del crédito, pues no implica la condonación de la deuda preexistente.

Ahora bien, dos circunstancias que enturbian o dificultan la justificación de la onerosidad de la dación en pago son, por un lado, la complejidad de esta figura, que afecta a la obligación originaria, que va a ser extinguida a consecuencia de la realización de una nueva prestación. Y, por otro lado, el hecho de que el nuevo acuerdo entre el acreedor y el deudor puede alterar el equilibrio contractual de la relación jurídica primigenia.

El resultado es la gran complejidad a la hora de identificar los intereses de las partes y el posible beneficio que cada una pudiera obtener de la dación en pago. Hay que tener en cuenta que suele recurrirse a esta figura buscando el menor perjuicio, cuando no es posible el cumplimiento de la obligación en los términos pactados, en especial, en situaciones de crisis económica general o cuando el deudor se encuentre en estado de insolvencia. Los altos costes y la ineficacia de los procesos de ejecución patrimonial, en concreto de la subasta, hacen preferible, desde un punto de vista económico, una solución alternativa.

No obstante, las entidades financieras acostumbran a realizar una tasación actualizada del activo inmobiliario «a fin de delimitar cuál es el valor de mercado del bien ofrecido en pago de la deuda pendiente»[28]. En función del resultado, determinan si es factible o no la dación en pago comparando este valor con el montante del crédito impagado.

Por último, una cierta desconfianza acecha a la dación en pago. Es una figura muy antigua, su origen histórico se remonta al Derecho romano. Entonces se

28. MARTÍN BRICEÑO, M. R.: «Vicisitudes económicas y jurídicas de la dación en pago de activos inmobiliarios como modo de extinción de las deudas pendientes con las entidades financieras». *Revista Crítica de Derecho Inmobiliario*, núm. 726, 2011, p. 2.052.

consideraba que la dación en pago beneficiaba al deudor. Tras una larga y oscura evolución en la etapa medieval, durante la codificación fue prácticamente suprimida de nuestro ordenamiento jurídico, pero ello no determinó su desaparición. Ahora bien, ha llegado a nuestros días ciertamente desdibujada. Así, hemos encontrado referencias de numerosos casos en los que se ha utilizado con fines fraudulentos en perjuicio de acreedores[29], o por el contrario, se ha recurrido a ella como negocio simulado, para conseguir los efectos del otorgamiento de garantía real a favor de prestamistas[30].

1.3. NATURALEZA JURÍDICA

La finalidad de la dación en pago es la *causa solvendi*. Por ello, actualmente es considerada por la doctrina una forma especial de pago o, dicho de otro modo, una prestación que suple el pago genuino, también conocido como subrogado del cumplimiento (término de origen alemán, *erfüllungssurrogate*). En el mismo sentido se ha pronunciado el TS[31] sobre la cuestión, afirmando que «desde la perspectiva de la jurisprudencia (por todas, la citada STS 643/2009[32]) la dación en pago o *datio in solutum* es una forma subrogada del cumplimiento de las obligaciones».

Históricamente, se han adoptado distintas posturas acerca de la naturaleza jurídica de la dación en pago como asimilarla a la novación o al contrato de compraventa.

1.3.1. LA DACIÓN EN PAGO COMO SUBROGADO DEL CUMPLIMIENTO

Dentro de esta tendencia identificamos a quienes consideran la dación en pago como un negocio atípico. En esta línea se encuentran DÍEZ-PICAZO[33], ALBALADEJO GARCÍA[34], LASARTE ÁLVAREZ[35], O'CALLAGHAN[36] y BELINCHÓN ROMO[37]. También FERNÁNDEZ NOVOA y MACHADO PLAZAS[38] afirman que se trata de «un modo de extinción de las obligaciones autónomo e independiente de cualquier otra institución jurídica».

29. *Vid*. MARTÍN BRICEÑO, M. R.: «La dación en pago...», *op. cit.*
30. En este sentido, FINEZ RATÓN, *op. cit.*
31. STS 94/2019, de 31 de enero de 2019 (RJ 2019, 483), FJ 2.
32. STS 643/2009 de 1 de octubre de 2009 (RJ 2009, 7263).
33. DÍEZ-PICAZO, L.: *Fundamentos del derecho...*, *op. cit.*
34. ALBALADEJO GARCÍA, M.: *Derecho Civil*, vol. II. Edisofer. Madrid, 2008.
35. LASARTE ÁLVAREZ, C.: *Derecho de Obligaciones. Principios de Derecho Civil II*. Marcial Pons, 2014.
36. O'CALLAGHAN, X.: «*Compendio de Derecho...*», *op. cit.*
37. BELINCHÓN ROMO, M. R.: *La dación en pago...*, *op. cit.*
38. MACHADO PLAZAS, J.: «La distinción entre la dación en pago y la cesión "*pro solvendo*" contenidas en un convenio concursal (Comentario a propósito de la sentencia del Tribunal Supremo de 28 de junio de 1997)» en *RGD*, núm. 648, 1998, p. 11092.

MARTÍN BRICEÑO, lleva al último extremo esta doctrina, indicando que si es una forma especial de pago o un subrogado del cumplimiento, no puede tener naturaleza contractual, ni ser considerada un negocio jurídico patrimonial, ya que no son predicables del pago.

1.3.2. LA ASIMILACIÓN DE LA DACIÓN EN PAGO A LA COMPRAVENTA

La teoría que asimila la dación en pago a la compraventa entronca con las raíces históricas de la figura, poniendo el acento en que ambos suponen el intercambio de cosa por equivalente.

Actualmente, se encuentra superada. Como explica DÍEZ-PICAZO[39] «la equiparación entre la compraventa y la dación en pago, es, (...) solo superficial». El primer motivo es que la equiparación entre ambas solo existe en la dación en pago en sentido estricto (es decir, cuando consista en la entrega de la propiedad de un bien para conseguir la extinción de una obligación dineraria), «pero no cuando se sustituye una cosa por otra diferente o cuando se ejecuta una prestación de hacer».

El segundo argumento se refiere a los fines de ambos negocios. En este sentido, LACRUZ BERDEJO[40] coincide con DÍEZ-PICAZO[41] cuando indica que «la causa de uno y otro negocio son diferentes (*causa vendendi*, cambiar cosa por precio, frente a *causa solvendi*, o ánimo de extinguir una deuda) y los propósitos prácticos de sus protagonistas también distintos».

En tercer lugar, «el régimen jurídico de la compraventa no es íntegramente aplicable a la dación en pago»[42]. Es más, se ha llegado a considerar que esa equiparación de la naturaleza jurídica de la dación en pago y la compraventa es una interpretación errónea de la aplicación de los preceptos de la compraventa a esta figura. En este sentido, MARTÍN BRICEÑO[43] afirma que «nuestra jurisprudencia más reciente no identifica la dación en pago con la compraventa; aunque recurra a los preceptos de este contrato para ser aplicados por analogía a causa de la falta de regulación de la *datio in solutum*».

39. DÍEZ-PICAZO, L.: *Fundamentos del derecho..., op. cit.*, p. 633.
40. LACRUZ BERDEJO, J. L.: *Elementos de derecho..., op. cit.*, p. 155. En el mismo sentido, PASTOR SEMPERE, M. C.: *Dación en pago e insolvencia empresarial*. Ed. Agencia Estatal Boletín Oficial del Estado. Madrid, 2016, p. 99 afirma que en la dación en pago «la función económico-social, o su causa, (...) es dar en pago de la obligación una *res* distinta de la debida, posibilitando la extinción propia del vínculo obligatorio». En cambio, en la compraventa o en la permuta, las partes actúan movidos por la finalidad principal del obtener la propiedad del objeto. Concluye que ha quedado descartada la asimilación de la dación en pago con la compraventa y con la permuta, ya que la causa de estas operaciones es diferente.
41. DÍEZ-PICAZO, L.: *Fundamentos del derecho..., op. cit.*
42. DÍEZ-PICAZO, L.: *Fundamentos del derecho..., op. cit.*, p. 633.
43. MARTÍN BRICEÑO, M. R.: «La dación en pago...», *op. cit.*, p. 368.

1.3.3. LA ASIMILACIÓN DE LA DACIÓN EN PAGO A LA NOVACIÓN

Otra teoría identifica la dación en pago con la novación modificativa o extintiva. Esta concepción de la dación en pago tuvo gran predicamento entre los autores franceses. Sin embargo, DÍEZ-PICAZO[44] y LACRUZ BERDEJO[45] la rechazan. En palabras del segundo, «tampoco esta solución es satisfactoria, pues ni se dan en aquel acuerdo los requisitos de artículo 1204 CC, ni nace una obligación nueva que sustituya a la otra (sino que solo se extingue la primera y única), ni coincide la intención de las partes con el esquema funcional típico de la novación».

BELINCHÓN ROMO[46] expone detalladamente los argumentos en los que sustenta la negativa a asimilar la dación en pago a la novación. El planteamiento inicial es que en la dación en pago la nueva prestación se realiza a título de pago, buscando extinguir la obligación originaria. La finalidad que se busca no es crear una obligación nueva «ni prolongar la vida de esa obligación, aunque con un contenido diverso». Se trata de articular una vía de pago o de cumplimiento «en donde el deudor realiza y el acreedor recibe con *animus solvendi*, la prestación diversa».

La autora señala varios elementos que diferencian a la dación en pago de la novación. En primer lugar, el momento temporal en el que ha de tener lugar el acuerdo entre las partes. «En la novación este acuerdo puede celebrarse por las partes en cualquier momento de la vida de la obligación, una vez que esta se hubiese constituido válida y eficazmente»[47]. Mientras que la dación en pago solo se puede celebrar llegado el momento del cumplimiento o con posterioridad.

En segundo lugar, el resultado último perseguido. La autora afirma que «la obligación sobre la cual se proyecta la novación se extingue o queda modificada, de manera que la realización de nueva prestación será una mera ejecución o consecución de lo pactado por las partes, dando lugar esto a un verdadero cumplimiento de la prestación que realmente se debe»[48]. Sin embargo, «en la dación en pago, la extinción de la obligación tiene lugar a través de la realización (...) de la nueva prestación, porque la voluntad de las partes, concretamente la del acreedor, no es la de crear meras expectativas de satisfacción de su derecho de

44. DÍEZ-PICAZO, L.: *Fundamentos del derecho..., op. cit.*
45. LACRUZ BERDEJO, J. L.: *Elementos de Derecho* (...), *op. cit.*, p. 155. PÉREZ-FADÓN MARTÍNEZ, J. J.: «La "dación en pago", "para pago" y "en asunción de pago de deudas"». *Carta tributaria. Revista de opinión*, núm. 7, 2015, p. 33 en la novación «se trata de un auténtico pago, pero en forma distinta de la que se pactó (...) En el caso de "dación en pago" no se modifica la obligación, sino que se extingue mediante pago».
46. BELINCHÓN ROMO, M. R.: *La dación en pago..., op. cit.*, p. 108.
47. *Ibidem*, p. 111.
48. *Ibidem*, p. 117.

crédito, sino que esa voluntad persigue realidades, esto es, la extinción inmediata y cuanto antes de la obligación que los vincula» [49].

Y, en tercer lugar, en cuanto a la prestación, «en el caso de la novación solamente existe una obligación con una única prestación (...). Sin embargo, en la *datio pro soluto* (...) el deudor está obligado a cumplir la nueva prestación, pero la antigua no se extingue, sino que permanece latente, de forma que si la dación que se realiza a título de pago, es ineficaz por vicios o por evicción o, en general, porque no se produce la incorporación efectiva del *aliud* en el patrimonio del acreedor; este último podrá exigir el cumplimiento de la prestación antigua» [50].

1.4. LOS ELEMENTOS DE LA DACIÓN EN PAGO

En este apartado vamos a exponer en primer lugar las cuestiones que suscita la dación en pago desde el punto de vista clásico del Derecho civil. Posteriormente, abordaremos las cuestiones particulares que plantea la dación en pago del CBP.

1.4.1. LOS ELEMENTOS PERSONALES

Toda dación en pago trae causa de una obligación preexistente que no se puede cumplir en los términos pactados. Esta interrelación entre la obligación originaria y la dación en pago conlleva, en palabras de LACRUZ MANTECÓN[51], que «los sujetos de la prestación son los mismos que intervinieron en la creación de la relación jurídica originaria». Así, las partes en la *datio* son, de un lado, el acreedor o *accipiens* y, de otro, el deudor o *solvens*. Pero no son los únicos que van a comparecer, ya que es frecuente que terceros designados por el acreedor adquieran el bien en lugar de este.

No se descarta que otros sujetos estén afectados por esta operación, pues los efectos de la dación en pago alcanzan a los garantes de la deuda (avalistas, fiadores, hipotecantes no deudores).

Por último, hay que indicar que la doctrina considera posible el pago por tercero mediante dación en pago.

En resumen, el análisis de los elementos personales de la dación en pago comprende:

a) El acreedor o *accipiens*: su identificación dependerá de la obligación preexistente u originaria. No se han establecido requisitos o exclusiones en el CC, por lo que cualquier acreedor con capacidad para recibir el pago puede celebrarla.

49. *Ibidem*, p. 113.
50. *Ibidem*, p. 113.
51. LACRUZ MANTECÓN, M. L.: «La dación en...», *op. cit.*, p. 338.

b) El deudor o *solvens*: al igual que el anterior, su identificación dependerá de la obligación preexistente u originaria. Es necesario que tenga la libre disposición de la cosa ofrecida en pago y la capacidad para enajenarla.

c) El tercero designado por el acreedor para adquirir el bien: no se han establecido limitaciones a su intervención; de hecho, son generalmente admitidas en la práctica.

d) Otros garantes de la deuda: la dación en pago puede celebrarse entre el acreedor y el deudor, sin la intervención de los garantes e, incluso, entre estos últimos y el acreedor directamente. En todo caso, si en la obligación originaria se hubieran pactado garantías personales, los efectos liberatorios derivados de la dación en pago beneficiarán a los garantes. Por otro lado, algunos autores consideran posible que se establezcan garantías del cumplimiento de la propia dación en pago, para lo cual es imprescindible que los garantes presten su consentimiento.

e) La dación en pago podría ser utilizada por un tercero para conseguir la extinción de la obligación del deudor. BELINCHÓN ROMO[52] diferencia el supuesto en el que el deudor es conocedor y consiente la dación en pago, «entonces lo que procederá será la subrogación del tercero en la posición jurídica del acreedor». En el supuesto de que la dación en pago sea realizada ignorándolo el deudor, la autora[53] no ve objeción, ya que «de lo que se trata es de satisfacer los intereses del acreedor; a este le es indiferente el sujeto que satisfaga su crédito, a no ser que se trate de una obligación personalísima (...) si el tercero la realiza y el acreedor consiente en ello, se dará por extinguida la obligación, a pesar de que el deudor se oponga, de modo que serán de aplicación las reglas de los artículos 1158 y 1159 del Código Civil».

1.4.2. LOS ELEMENTOS REALES

BELINCHÓN ROMO[54] ha analizado extensamente la dación en pago, identificando los elementos reales que pasamos a analizar.

El primero es la preexistencia de una obligación válidamente constituida y la exigibilidad de la misma. El presupuesto de la dación en pago es la existencia

52. BELINCHÓN ROMO, M. R.: *La dación en pago..., op. cit.*, p. 195.

53. *Ibidem*, en p. 196, cita en contra a «BARRIOS CARO / VALLS SAINTIS consideran que se trata de un acto sujeto a ratificación por parte del deudor; y si se trata de una dación en pago realizada contra la voluntad del deudor, estos mismos autores consideran que esa dación no será posible».

54. *Ibidem*, pp. 159 a 185. Nosotros vamos a ceñirnos solo a aquellos que afectan a la dación en pago en sentido estricto.

de un vínculo obligacional que une al *accipiens* y al *solvens*, que precisamente se trata de extinguir mediante este nuevo acuerdo *solutorio*. Son pocos los requisitos que debe cumplir la obligación preexistente u originaria: que sea una deuda válidamente constituida, así como que se encuentre vencida y sea exigible. No hay ninguna limitación en cuanto al contenido de esta obligación, se puede pactar para cualquier tipo de deuda.

El segundo requisito es el acuerdo entre el deudor y el acreedor o el consentimiento relativo al *aliud pro alio*. La mayoría de autores consultados considera que el principio de identidad de la obligación (artículo 1166 del CC) determina la necesidad de un nuevo acuerdo de voluntades que afecte al modo de cumplimiento de la obligación que previamente se había pactado. Por ello, llegado el momento de cumplimiento de esa obligación primigenia, acreedor y deudor prestarán su consentimiento para que tenga lugar la dación en pago. En cambio, MARTÍN BRICEÑO[55] considera que solo es necesario el consentimiento del acreedor. Rechaza el planteamiento basado en el «intercambio de voluntades», propio del ámbito contractual, y prefiere hablar de la «presencia de la voluntad del *accipiens*», matizando que el deudor realiza un «ofrecimiento voluntario de un nuevo objeto (...) al acreedor con el fin de cumplir la deuda pendiente».

El tercer requisito es la diversidad de prestaciones: la prestación originaria y el denominado *aliud*. La dación en pago solo tendrá lugar cuando sean diferentes la prestación inicialmente debida y la nueva prestación pactada (*aliud*). En base a la esencia del objeto, existirá esa diversidad de prestaciones cuando se pase de una categoría de prestación a otra, también cuando se entregue una cosa por otra. BELINCHÓN ROMO[56] ha analizado diversos supuestos, descartando la diversidad de prestaciones en algunos de ellos, por ejemplo, cuando solo se acuerde el cambio de moneda.

El cuarto requisito es el *animus solvendi*. En general, esta locución latina hace referencia al «ánimo de extinguir una obligación al realizar un pago»[57]. En especial, cuando se predica de la dación en pago, la autora interpreta que el *animus solvendi* significa «que la dación se realiza al final de una relación jurídica, con la finalidad de extinguirla (...) en cuanto acto de cumplimiento que es, el deudor cumplirá su obligación, aunque, en este caso, realizando una prestación diversa de la inicialmente debida, siempre con la intención jurídica de extinguir esa obligación»[58]. Lo característico de la dación en pago, en este sentido, es que se entrega y se acepta el *aliud* con la intención de extinguir el vínculo obligatorio

55. MARTÍN BRICEÑO, M. R.: «Vicisitudes económicas y jurídicas...», *op. cit.*, p. 2045.
56. BELINCHÓN ROMO, M. R.: *La dación en pago...*, *op. cit.*
57. Diccionario Panhispánico del Español jurídico. Recuperado de: https://dpej.rae.es/lema/animus-solvendi
58. BELINCHÓN ROMO, M. R.: *La dación en pago...*, *op. cit.*, p. 171.

preexistente[59]. En consecuencia, despliega efectos extintivos de la obligación principal y de las accesorias pactadas originariamente.

El quinto requisito es el traspaso efectivo de la propiedad del bien o el ingreso en el patrimonio del acreedor de la nueva prestación como presupuesto para el despliegue de la eficacia. La dación en pago requiere el traspaso actual e inmediato de la propiedad del bien, por lo que es imprescindible la transmisión exenta de vicios para que la *datio pro soluto* despliegue los efectos que le son propios. Ese traspaso efectivo implica que «quien entrega la prestación ha de ser dueño del bien»[60].

1.4.3. LA FORMALIZACIÓN DE LA DACIÓN EN PAGO

El principio de libertad de forma establecido en el artículo 1278 del CC ha servido a LACRUZ MANTECÓN[61] para afirmar que «la perfección de la dación en pago no vendría sujeta a una exigencia formal». En esa misma línea, PÉREZ-FADÓN MARTÍNEZ [62]explica que «la*dación en pago* no precisa ningún tipo de forma, aunque en el caso de inmuebles que fueran dados en pago, suele ir formalizada en escritura notarial».

Ahora bien, no es sencillo determinar el momento en el que se perfecciona la dación en pago y, por tanto, se despliegan sus efectos. No es un tema pacífico. El debate doctrinal[63] se centra en el momento de la perfección de la dación en pago, posicionándose los autores en torno a dos posturas claramente enfrentadas.

Por un lado, quienes asimilan la dación en pago a un contrato real, que solo produce efectos con la realización de la nueva prestación o *aliud*. Según esta corriente, para que el negocio quede perfeccionado, además del acuerdo de voluntades entre el deudor y del acreedor, es necesaria la ejecución efectiva del *aliud*. Entonces, la entrega de la cosa sería un elemento constitutivo de la dación en pago. Los exponentes de esta teoría son ALBALADEJO y BERCOVITZ, si bien, CRISTÓBAL MONTES, VALLADARES RASCÓN, LACRUZ MANTECÓN, BELINCHÓN ROMO y MARTÍN BRICEÑO[64] son de la misma opinión.

59. *Ibidem*, p. 171.
60. *Ibidem*, p. 175.
61. LACRUZ MANTECÓN, M. L.: «La dación en...», *op. cit.*, p. 339.
62. PÉREZ-FADÓN MARTÍNEZ, J. J.: «La "dación en pago..."», *op. cit.*, p. 33.
63. *Vid.* LACRUZ MANTECÓN, M. L.: «La dación en...», *op. cit.*, pp. 340 a 346, con la cita de los autores a los que nos referiremos.
64. MARTÍN BRICEÑO, M. R.: «La dación en pago...», *op. cit.*, p. 364: «en la medida en que la dación en pago se explica como una sustitución del pago en sentido estricto en una relación obligatoria, resulta más adecuado sostener su carácter real. El deudor solo se libera cuando el interés del acreedor se ve satisfecho, y esto solo se produce cuando aquel realiza la prestación acordada».

Por otro lado, DÍEZ-PICAZO, LACRUZ BERDEJO, y FERNÁNDEZ NOVOA, seguidos por RIVERO HERNÁNDEZ y SERRANO CHAMORRO, consideran que la dación en pago es un negocio consensual, bastando el mero acuerdo de voluntades para que se entienda perfeccionado y vincule a las partes. La realización de la nueva prestación representa la ejecución o consumación de una obligación eficaz por el mero convenio.

1.5. LOS EFECTOS DE LA DACIÓN EN PAGO

La dación en pago producirá el doble efecto traslativo y extintivo. Básicamente, este negocio jurídico, por un lado, supone la transmisión de la propiedad de un elemento patrimonial y, por otro lado, produce los efectos propios del cumplimiento o pago. En este sentido, LACRUZ MANTENCÓN explica que «puede también lograrse el efecto satisfactivo realizando una prestación distinta a la inicialmente convenida, si el acreedor lo acepta»[65]. Por ello, la dación en pago, como subrogado del cumplimiento, desplegará todos los efectos propios del pago, es decir, produce la satisfacción o realización de los intereses del acreedor, al igual que la extinción de las obligaciones y, por último, la desaparición de la responsabilidad.

La dicotomía expuesta en el apartado anterior acerca del carácter real o consensual de la dación en pago, tiene claro reflejo en la determinación del momento en el que se desplegarán los efectos de la dación en pago. De tal manera que quienes lo consideran un negocio real, proyectan las consecuencias que caracterizan a esta figura para identificar el momento a partir del cual la dación en pago despliega sus efectos. Siguiendo un planteamiento lógico deductivo, si la principal consecuencia de la dación en pago es la extinción de la obligación originaria a satisfacción del deudor, este se alcanzará en el momento del cumplimiento de la nueva prestación o *aliud*, no por la simple coincidencia de las voluntades de las partes. En esta línea, MARTÍN BRICEÑO[66] afirma que «el deudor solo se libera cuando el interés del acreedor se ve satisfecho, y esto solo se produce cuando aquel realiza la prestación acordada». Entre los argumentos que avalan su postura, destaca que «la naturaleza real de la dación en pago no viola la regla de consensualidad del artículo 1258 del CC porque el objeto de este precepto son los contratos en general, y la dación en pago no tiene naturaleza contractual».

Sin embargo, los autores que afirman que es un contrato consensual, consideran que el acuerdo de voluntades de ambas partes es suficiente para que se produzca la extinción de la obligación originaria. A partir de entonces, quedarán acreedor y deudor obligados a cumplir la nueva prestación. Este planteamiento

65. LACRUZ MANTECÓN, M. L.: «La dación en...», *op. cit.*, p. 318.
66. MARTÍN BRICEÑO, M. R.: «La dación en pago...», *op. cit.*, pp. 371 y 372.

facilita la posibilidad de pactar la dación en pago de un bien, cuya entrega sea diferida en el tiempo y resulta acorde con la extinción de la fianza.

Las posibles soluciones de las situaciones problemáticas por incumplimiento, saneamiento (por evicción o por vicios ocultos) y por la subsistencia de garantías de la obligación originaria, reflejan también esta dicotomía conceptual. Respecto a las garantías explica BELINCHÓN ROMO[67] que «la doctrina parte de la base de la perfección de la dación en pago para determinar ese momento y así, establecen, según se defienda la perfección consensual o la perfección real de la dación en pago, la liberación de esos terceros en uno u otro momento, esto es, en el momento de la aceptación por el acreedor o en el momento de la realización del *aliud* por el deudor».

La realidad es que cuanto menores sean las garantías del acreedor o sus posibilidades de defensa ante estas situaciones problemáticas, más difícil es que acceda a pactar el *aliud pro alio*. Por ello, estimamos que la función o finalidad de la dación en pago como medio alternativo y voluntario para alcanzar el cumplimiento de las obligaciones, termina imponiéndose frente a concepciones extremadamente consensualistas.

Las posibilidades de defensa al alcance del acreedor se han definido favoreciendo la subsistencia de los efectos de la obligación originaria. En este sentido, MERINO HERNÁNDEZ[68] aboga por «una alternatividad hasta el cumplimiento, que explica mejor la subsistencia en un segundo plano de la prestación originaria. (...) Todo esto si las partes no han pactado expresamente la extinción de la antigua obligación y su sustitución por la nueva, caso en que se produce la novación contractual y habría que estar a esta nueva situación». En caso de incumplimiento de la dación en pago, el acreedor podría o bien instar la resolución por incumplimiento de la dación en pago, reviviendo la obligación originaria, o bien, requerir el cumplimiento de la nueva prestación. En caso de evicción o de vicios ocultos, también se han aceptado estas dos posibilidades.

En la primera alternativa, si se obtiene la resolución de la dación en pago en virtud del artículo 1124 del CC, afirma RIVERO HERNÁNDEZ[69] que en consecuencia «el derecho a la antigua prestación renace (...) Lo mismo que en la evicción, renace entonces, al restaurarse la situación anterior, el derecho a las garantías reales constituidas en aseguramiento de la prestación primitiva, pero no la fianza».

En la segunda posibilidad, si el acreedor reclama el cumplimiento del *aliud* o el saneamiento de la cosa entregada en pago, se entienden extinguidas las garantías de la obligación originaria prestadas por el deudor, como explica CRIS-

67. BELINCHÓN ROMO, M. R.: «*La dación en pago...*», *op. cit.*, p. 192.
68. LACRUZ MANTECÓN, M. L.: «La dación en...», *op. cit.*, p. 342 y 343.
69. RIVERO HERNÁNDEZ como fue citado en *ibidem*, p. 344.

TOBAL MONTES[70]. Y nos recuerda que, en caso de evicción, la fianza y las restantes garantías prestadas por terceras personas se entienden extinguidas e inoperantes (artículo 1849 del CC). En opinión de BELINCHÓN ROMO[71], «la razón por la que se extinguen es porque se está introduciendo un elemento extraño a la obligación que en un momento dado, fue garantizada por terceras personas, respecto de las cuales no se ha contado con su consentimiento para introducirlo».

1.6. LA DISTINCIÓN ENTRE LA DACIÓN EN PAGO Y OTRAS FIGURAS AFINES

Como hemos explicado en el apartado 1.1, la dación en pago «se produce cuando el acreedor acepta, para el cumplimiento de una obligación anteriormente constituida, la entrega de unos bienes distintos de aquellos en que la prestación consiste»[72]. Los elementos más característicos son tanto el doble efecto traslativo y extintivo, como la diferencia entre la prestación debida y la que la sustituye (*aliud pro alio*). Partiendo de estas bases, intentaremos deslindar esta figura de otros negocios con los que comparte ciertas semejanzas.

1.6.1. LA DACIÓN EN PAGO *VERSUS* EL PACTO COMISORIO

La prohibición de pacto comisorio se enuncia en el artículo 1859 del CC, que establece que «el acreedor no puede apropiarse de las cosas dadas en prenda o en hipoteca, ni disponer de ellas».

El TS[73] ha descrito el pacto comisorio afirmando que «el artículo 1859 del CC contempla, de acuerdo con nuestro Derecho Histórico y antecedentes de nuestra codificación (Partida 5.ª, ley 41 del Tít. V y 12 del Tít. XIII y Proyecto de 1851), la prohibición del pacto comisorio que impide que el acreedor, verificado el incumplimiento del deudor hipotecario o pignoraticio, haga suya la cosa entregada en garantía, bien directamente mediante su apropiación, o bien indirectamente mediante su disposición».

La jurisprudencia del TS[74] identifica dos presupuestos que caracterizan la aplicación de esta figura:

> «En primer lugar, que el pacto de apropiación o disposición, previo o coetáneo a la garantía, se halle causalmente vinculado al nacimiento del crédito cuyo cumplimiento se garantiza. En segundo lugar, que la apropiación o disposición del bien no esté sujeta a un procedimiento objetivable de valoración de la adquisición, esto es, que se realice haciendo abstracción de su valor».

70. Como fue citado en BELINCHÓN ROMO, M. R.: *La dación en pago*..., *op. cit.*
71. BELINCHÓN ROMO, M. R.: *La dación en pago*..., *op. cit.*, p. 192.
72. DÍEZ-PICAZO, L.: Fundamentos del Derecho..., *op. cit.*, p. 631.
73. STS 111/2017, de 21 de febrero de 2017, FJ 2 (RJ 2017, 595).
74. STS 111/2017, de 21 de febrero de 2017, FJ 2 (RJ 2017, 595).

Los argumentos[75] a favor de la prohibición del pacto comisorio son tres. El primero es la necesidad de seguir las formalidades procesales y procedimentales, así como la imposibilidad de autosatisfacción. El segundo es la defensa del deudor y la inmoralidad del pacto. Y el tercero es el respeto al principio de *par conditio creditorum,* en cuanto protege a terceros acreedores.

La finalidad perseguida por la prohibición del pacto comisorio, para TUDELA CHORDÁ, es «evitar los posibles fraudes que conllevaría la apropiación de la garantía»[76]. Esta afirmación encuentra respaldo, por un lado, en el artículo 1884 del CC, que prohíbe la posibilidad de que el acreedor se apropie del bien dado en garantía, a pesar de que se pacte de forma expresa por las partes. Y, por otro lado, en la jurisprudencia del TS y en la reiterada doctrina de la Dirección General de los Registros y del Notariado. En este sentido, el Centro Directivo[77] afirma que «el CC rechaza enérgicamente toda construcción jurídica en cuya virtud, el acreedor, en caso de incumplimiento de su crédito, pueda apropiarse definitivamente de los bienes dados en garantía por el deudor». Son dos los motivos esgrimidos, por un lado, «por obvias razones morales» no resulta aceptable «la apropiación por el acreedor de la finca objeto de la garantía por su libérrima libertad». Y, por otro lado, porque la prohibición de pacto comisorio se establece en «preceptos imperativos y de orden público por afectar a la satisfacción forzosa de obligaciones en que están involucrados no solo los intereses del deudor, sino también los de sus acreedores».

El rechazo al pacto comisorio se refiere a todas las formas que pueda adoptar, «bien como pacto autónomo, bien como integrante de otro contrato de garantía ya sea prenda, hipoteca o anticresis artículos 1859 y 1884 del CC»[78]; incluso «no se circunscribe a los contratos de garantía típicos, sino que resulta también aplicable a los negocios indirectos que persigan fines de garantía, pues de lo contrario el principio de autonomía de la voluntad reconocido en el artículo 1255 del CC permitiría la creación de negocios fraudulentos»[79].

Como ejemplo clásico encontramos la venta a carta de gracia[80], es decir, una compraventa con pacto de apropiación o pacto comisorio. También se trata de esta figura cuando se constituye «a favor de los acreedores (y en garantía generalmente de un contrato de financiación) un derecho de opción de compra, supeditando su ejercicio al incumplimiento por el deudor de determinadas obligaciones para con los acreedores»[81].

75. TUDELA CHORDÁ, S.: «La prohibición del pacto comisorio en los negocios fiduciarios *cum creditore*». *Revista de Derecho UNED*, núm. 17, 2015, p. 518.
76. TUDELA CHORDÁ, S.: «La prohibición del pacto comisorio...», *op. cit.*, p. 519.
77. RDGRN de 20 Julio 2012 (RJ 2012, 10097), FJ 2.
78. RDGRN de 20 Julio 2012 (RJ 2012, 10097), FJ 2.
79. *Ibidem*.
80. TUDELA CHORDÁ, S.: «La prohibición del pacto comisorio...», *op. cit.*
81. GALINDO ARAGONCILLO, A. y NAVARRO CODERQUE, F.: «El pacto comisorio en el actual marco de los derechos de garantía», Diario La Ley, núm. 8314, 2014, p. 14.

El incumplimiento de la prohibición de pacto comisorio está sancionada con la nulidad absoluta del pacto[82]. No obstante, «la nulidad del pacto comisorio no afecta a la validez de la garantía en sí, continuando esta subsistente como derecho a la realización del valor»[83].

Un caso atípico de pacto comisorio directamente relacionado con nuestro objeto de estudio es aquel formalizado como dación en pago simulada. SABATER BAYLE[84] ha comentado un caso en el que se habían formalizado una dación en pago y un pacto de retro, sin embargo, el TS afirma que son negocios simulados pues las partes querían acordar un contrato de préstamo usurario con pacto comisorio. Sobre este último afirma la autora que «en realidad, la prohibición del pacto comisorio que invoca el TS se establece en unos preceptos del CC relativos a la necesidad imperativa de realización del valor de la cosa pignorada o hipotecada a través de la subasta pública y no en forma libre y directamente realizada por el propio acreedor». También indica la autora dos circunstancias asociadas al pacto comisorio prohibido, por un lado, la existencia de la garantía y, por otro lado, el traslado de «la posesión de la cosa que se supone susceptible de apropiación definitiva»[85].

Otro ejemplo de pacto comisorio atípico sería la dación en pago sometida a condición suspensiva, que pospone su eficacia traslativa al momento en que se materialice el impago de un préstamo, sin más requisito que un requerimiento mediante acta notarial[86]. Dado que la prohibición de pacto comisorio «resulta también aplicable a los negocios indirectos que persigan fines de garantía»[87]. Si las partes recurrieran a la creación de negocios fraudulentos «se habría de aplicar igualmente la prohibición tratada de eludir, siendo nulas las estipulaciones contrarias al espíritu y finalidad de aquélla (cfr. artículo 6 número 4 del CC)»[88].

Algunos autores han señalado que el pacto comisorio ha evolucionado «hasta su aparente admisibilidad conforme a la doctrina y jurisprudencia más reciente (a través de los denominados pacto marciano y pacto comisorio *ex intervallo*),

82. RDGRN de 20 Julio 2012 (RJ 2012, 10097), FJ 2.
83. GALINDO ARAGONCILLO, A. y NAVARRO CODERQUE, F.: «El pacto comisorio...», *op. cit.*, p. 8: «Así lo han reconocido las sentencias del Tribunal Supremo de 16 de mayo de 2000 (RJ 2000/5082) y de 26 de abril de 2001 (RJ 2001/2037)».
84. SABATER BAYLE, E. «Simulación en contrato usurario entre particulares. Dación en pago y pacto de retro. Nulidad parcial *ex* artículo 3 de la ley de Usura» en *Revista Doctrinal Aranzadi Civil-Mercantil* núm. 10, 2015.
85. *Ibidem.*
86. RDGRN de 20 Julio 2012 (RJ 2012, 10097).
87. RDGRN de 20 Julio 2012 (RJ 2012, 10097), FJ 2.
88. *Ibidem.*

evolución, en todo caso, controvertida y no exenta de importantes discusiones doctrinales»[89].

El pacto marciano, definido por JIMÉNEZ PARÍS[90] como «el pacto establecido al constituirse la garantía, por el que se acuerda que, incumplida la obligación, el acreedor se adjudicará la cosa, valorada con arreglo a criterios objetivos, limitándose a compensar el valor de aquella con el de la deuda, en la concurrencia de ambos, y como señala ALBALADEJO con abono de la eventual diferencia en más», no entraña en su opinión riesgo para el deudor. También TUDELA CHORDÁ afirma que el pacto marciano es considerado una excepción a la prohibición de pacto comisorio[91].

Los defensores del pacto comisorio *ex intervallo* consideran que sería válido si se celebra en un momento posterior a la concesión del crédito garantizado, ya que solo está prohibido el pacto comisorio previo o simultáneo. Argumentan que «de esta forma se salvaría el momento más "delicado" y de especial protección, que es la concesión del crédito y el estado de necesidad del deudor»[92]. No obstante, otros autores[93] consideran que la prohibición de pacto comisorio no se limita al momento de constitución de la deuda; por un lado, puesto que su finalidad se cumple también después, y, por otro lado, ya que sería muy fácil de eludir de manera fraudulenta haciendo aparecer en el documento una fecha posterior.

Este debate doctrinal ha quedado reflejado en la Propuesta de Código Civil de la Asociación de Profesores de Derecho Civil. Así, ELIZARI URTASUN[94] en su comentario de la STS citada al inicio, la pone en relación con la Propuesta de Código Civil e indica que la decisión del TS secunda «una opinión doctrinal (...) que es la de considerar nulo el pacto de apropiación del objeto de la garantía por el acreedor cuando esté causalmente conectado a la concesión del crédito. Sin embargo, a diferencia de la citada sentencia, la Propuesta no hace referencia a la valoración objetiva del bien, ni a la obligación del acreedor de restituir el exceso, con lo que cabría plantear la validez del pacto de apropiación por el que el acreedor se apropie de un bien de valor superior al de la obligación garantizada con tal de que dicho pacto no estuviera condicionado por la obtención de crédito por el deudor».

---

89. GALINDO ARAGONCILLO, A. y NAVARRO CODERQUE, F.: «El pacto comisorio....», *op. cit.*, p. 16.
90. JIMÉNEZ PARÍS, T. A.: «Dación en pago de vivienda hipotecada y pacto comisorio». Revista Crítica de Derecho Inmobiliario, núm. 87, 2011, p. 1169.
91. TUDELA CHORDÁ, S.: «La prohibición del pacto comisorio...», *op. cit.*, p. 521.
92. *Ibidem*, p. 520.
93. *Vid.* JIMÉNEZ PARÍS, T. A.: «Dación en pago...», *op. cit.*
94. ELIZARI URTASUN, L.: «Principales novedades en torno a la prenda en la Propuesta de Código Civil de la Asociación de Profesores de Derecho Civil». *Revista Doctrinal Aranzadi Civil-Mercantil,* núm. 5, 2018, p. 20.

También ha comentado la autora que la Propuesta de Código Civil de la Asociación de Profesores de Derecho Civil «lo que se pretende es, ajustándose a la realidad doctrinal y jurisprudencial, mantener la citada prohibición como norma general pero permitiendo el pacto por el que el acreedor se apropie directamente del bien objeto de garantía en ciertos supuestos en los que no existe riesgo de abuso para el deudor»[95]. Así, afirma que «en líneas generales, (...) la pretensión del artículo, conforme a lo dispuesto por la Exposición de Motivos, es la de establecer en su párrafo primero la nulidad del pacto de apropiación del bien por el acreedor garantizado cuando aquel tenga un valor superior al del crédito asegurado, mientras que el párrafo segundo pretende recoger ciertas excepciones a la prohibición general, cuando la aceptación de dicho pacto está desvinculada de la financiación del deudor y cuando existe una valoración objetiva del bien. (...) Para evitar la sospecha de nulidad de un pacto comisorio, el valor del objeto pignorado no debe sufrir fluctuaciones entre el momento de conclusión del pacto y el de la efectiva apropiación del objeto por el acreedor[96], e igualmente debe permanecer estable el importe de la obligación garantizada, lo cual descartaría las obligaciones con pagos periódicos»[97].

En resumen, no hay duda acerca de la vigencia de la prohibición del pacto comisorio establecida en el CC, extendiéndose dicha prohibición tanto a fórmulas típicas como atípicas. No obstante, a través de la interpretación a *sensu contrario* de los requisitos de esta prohibición, se han descrito algunos argumentos favorables a la aceptación del pacto comisorio en sus modalidades de pacto marciano y pacto *ex intervallo,* si bien no existe unanimidad al respecto.

Para cerrar este apartado expondremos las diferencias entre la dación en pago y el pacto comisorio. La primera diferencia que hemos encontrado es la

95. *Ibidem*.
96. Lo cual resulta francamente difícil de imaginar, salvo que el valor del bien sea sumamente estable, o que el vencimiento de la obligación garantizada esté muy próximo al de conclusión del pacto de apropiación, lo cual aproximaría este pacto comisorio a una dación en pago.
La finalidad de la norma que se comenta es atender a criterios de proporcionalidad y justicia material, y está redactada teniendo en cuenta la protección del deudor. Sin embargo, los mismos criterios de proporcionalidad y justicia material son aplicables si se analiza también desde la perspectiva del acreedor, que podría alegar la nulidad de un pacto de apropiación del bien objeto de garantía cuando existiera riesgo de disminución de su valor entre el momento del acuerdo y el de la apropiación, porque existe el «riesgo de desproporción», presupuesto de la nulidad del pacto. De no entenderse así, el deudor que observa que se ha depreciado el valor del objeto de la garantía, que anteriormente era equivalente al de la obligación garantizada, podría verse tentado a incumplir la obligación principal para que el acreedor se quede con el bien objeto de garantía, de valor inferior al de la obligación garantizada.
Por último, la necesidad de interpretar en cada caso si existe o no riesgo de desproporción, en fin, introduce incertidumbre sobre la validez de un pacto ya concluido, provocando inseguridad tanto para el acreedor pignoraticio como para el constituyente de la prenda.
97. ELIZARI URTASUN, L.: «Principales novedades en torno...», *op. cit.*, p. 16.

existencia de una prohibición en relación al pacto comisorio, mientras la dación en pago está aceptada por nuestro ordenamiento jurídico.

La segunda, relativa al presupuesto. El pacto comisorio existe vinculado a una garantía de la obligación principal. En cambio, la dación en pago no requiere que la obligación originaria estuviese garantizada, los requisitos de la obligación que se extingue son que sea una deuda válidamente constituida, que no pueda ser cumplida en los términos pactados; que exista un crédito líquido (vencido y exigible) y, por último, que se puede pactar para cualquier tipo de deuda.

La tercera, sobre el momento de su celebración, es que la dación en pago es un negocio jurídico celebrado con posterioridad al que da origen a la obligación primigenia. En cambio, el pacto comisorio prohibido queda incorporado al negocio jurídico de garantía desde su constitución y está causalmente vinculado al nacimiento del crédito cuyo cumplimiento se garantiza[98]. Entonces, no requiere un nuevo acuerdo de las partes, cosa que si sucede en la dación en pago. El pacto comisorio se incorpora al negocio desde su celebración y entra en juego en el momento en que se produce la situación prevista: el incumplimiento del deudor.

La cuarta, sobre la finalidad. La dación en pago se acuerda, *solvendi causa*, para facilitar el cumplimiento de la obligación a través de una prestación distinta (*aliud*). La finalidad del pacto comisorio es facilitar la ejecución de la garantía.

La última, relativa a la ejecución. Para que la dación en pago despliegue sus efectos, es necesaria la transmisión de la plena propiedad del bien ofrecido, que requiere a su vez, el acuerdo y la entrega (*traditio)*, es decir, tanto el acuerdo de voluntades como el desplazamiento posesorio del deudor al acreedor. Sin embargo, cuando se trata del pacto comisorio, el acreedor quedaría facultado para apropiarse directamente de la cosa dada en garantía, sin necesidad de acudir a un procedimiento judicial o notarial de ejecución. Como indica TUDELA CHORDÁ, «en la hipoteca dicho pacto supone la posibilidad de que el acreedor hipotecario haga suyo el bien sobre el que recae el derecho real de garantía en caso de incumplimiento de la obligación que se garantiza»[99]. El bien ya estaría en posesión del acreedor en el momento de verificarse el incumplimiento de la obligación garantizada[100]. Y a partir de entonces, estaría a merced del acreedor.

98. En este sentido, GALINDO ARAGONCILLO, A. y NAVARRO CODERQUE, F.: «El pacto comisorio...», *op. cit.*, p. 10: «la mayor parte de la doctrina (Albadalejo, Durán Rivacoba y Feliu Rey, entre otros) y la sentencia del TS de 16 de mayo de 2000 en virtud de la cual se establece que "la prohibición del pacto comisorio hace referencia únicamente al pacto contemporáneo (previo o simultáneo) a la generación del crédito, no a las adjudicaciones o transmisiones posteriores en pago"».

99. TUDELA CHORDÁ, S.: «La prohibición del pacto comisorio...», *op. cit.*, p. 513.

100. En este sentido, SABATER BAYLE, E. «Simulación en contrato...», *op. cit.*

1.6.2. LA DACIÓN EN PAGO *VERSUS* LA ADJUDICACIÓN EN PAGO DE DEUDAS

La adjudicación en pago de deudas se produce en el seno de un procedimiento de ejecución del patrimonio del deudor (judicial o administrativo) que, tras resultar infructuoso, culmina con la transmisión del bien al acreedor. Aquí destacan la intervención de una autoridad pública, el cumplimiento de los trámites procesales de la subasta y la determinación del valor mediante el tipo de subasta, que condiciona el alcance de los efectos extintivos.

De la comparación de ambas figuras, como ha indicado BELINCHÓN ROMO[101], se deduce que «se trata de categorías jurídicas semejantes en cuanto a sus requisitos y efectos, sin embargo, son diferentes en cuanto a sus elementos personales y la situación en la que cada una de ellas toma significación y adquiere trascendencia para el ordenamiento jurídico».

El elemento claramente diferencial, según la autora, se encuentra en que «la adjudicación requiere la solemnidad de la intervención de una persona investida de autoridad (...) es esta tercera persona la que debe atribuir o adjudicar al llamado adjudicatario los bienes que sean, (...) para dar por extinguida la deuda en el supuesto de la adjudicación en pago»[102]. Dicho de otro modo, en la adjudicación en pago «ese consentimiento lo suple la Ley a través de un funcionario o persona investida de autoridad por el ordenamiento»[103]. En cambio, en la dación en pago, el ofrecimiento del bien lo realiza el propio deudor y el consentimiento lo presta el propio acreedor. JIMENEZ PARÍS[104] explica que la adjudicación se formaliza mediante un «acto de Estado», con intervención de los órganos administrativos o judiciales.

Por último, MARTÍN BRICEÑO[105] señala que la semejanza existente entre ambas se encuentra en la dualidad de efectos, pues producen la traslación del dominio del bien a favor del acreedor con el fin de extinguir una relación obligatoria. Ahora bien, el autor ha indicado que el alcance de los efectos extintivos es diferente en ambas figuras, toda vez que «con la dación en pago se pretende impedir la aplicación del artículo 1911 del CC si aquella conlleva la extinción total de la deuda (y digo extinción total porque también es posible que la dación en pago provoque una extinción parcial de aquella), mientras que la adjudicación en pago prevista en el artículo 671 LEC por sí sola no tiene estos efectos».

101. BELINCHÓN ROMO, M. R.: *La dación en pago..., op. cit.*, p. 150.
102. *Ibidem*, pp. 151 y 152.
103. *Ibidem*, p. 152.
104. JIMÉNEZ PARÍS, T. A.: «Dación en pago...», *op. cit.*, p. 1166.
105. MARTÍN BRICEÑO, M. R.: «La dación en pago...». *op. cit.*, p. 365.

1.6.2.1. El planteamiento clásico de nuestro sistema de responsabilidad por deudas

En virtud del principio de responsabilidad universal del artículo 1911 del CC, el deudor que ha otorgado una garantía hipotecaria responderá con todos sus bienes presentes y futuros, hipotecados o no. Es decir, «el deudor hipotecario, en caso de verse afectado por un procedimiento ejecutivo, (..), además de responder con el bien objeto de la garantía, responderá con los restantes bienes patrimoniales, en el caso de que el valor del bien no cubra el importe total de la deuda» [106]. No obstante, es posible limitar la responsabilidad solo al bien hipotecado pues, como establece el artículo 140 de la Ley Hipotecaria [107] (en adelante, LH), «podrá válidamente pactarse en la escritura de constitución de la hipoteca voluntaria que la obligación garantizada se haga solamente efectiva sobre los bienes hipotecados». Este pacto evitaría la doble responsabilidad real y personal, pero es necesario que se pacte expresamente.

Este sistema de responsabilidad patrimonial «forma parte de nuestro Derecho desde la aparición de la regulación hipotecaria en el siglo XIX» [108]. Nuestro sistema hipotecario «sólido y seguro» [109] ha contribuido al desarrollo del mercado inmobiliario y del sistema financiero español.

Durante muchos años, se habían aceptado pacíficamente los resultados de la aplicación con todo su rigor de este sistema de responsabilidad dual —real y personal—. Así, tras la adjudicación al acreedor del inmueble hipotecado, era posible proseguir ejecutando el patrimonio del deudor por el importe de la deuda pendiente [110].

El estallido de la burbuja inmobiliaria —con la consecuente devaluación de los bienes inmuebles—, trajo consigo el incremento del número de ejecuciones hipotecarias en las que, tras una subasta infructuosa, el bien era adjudicado al acreedor por un valor considerablemente inferior a la deuda pendiente. Los tribunales buscaron un argumento que permitiese una solución más justa y plantearon la inconstitucionalidad de las normas del proceso de ejecución hipotecaria al TC. Pero el TC consideró que la cuestión de inconstitucionalidad planteada no se ajustaba a las limitaciones de este recurso, ya que cuestionaba de modo

106. LEIÑENA MENDIZÁBAL, E.: «Dación en pago: opción razonable». *Revista de Derecho Mercantil*, núm. 290, 2013 (BIB 2014, 42), p. 28.
107. Decreto de 8 de febrero de 1946 por el que se aprueba la nueva redacción oficial de la Ley Hipotecaria, publicado en el BOE núm. 58, de 27 de febrero de 1946.
108. MESSÍA DE LA CERDA BALLESTEROS, J. A.: «Evolución de la jurisprudencia sobre las ejecuciones hipotecarias y la dación en pago». *Actualidad Civil*, núm. 3, 2014 (LA LEY 986/2014), p. 348.
109. ZURITA MARTÍN, I.: *Préstamo hipotecario, ejecución..., op. cit.*, p. 218.
110. MESSÍA DE LA CERDA BALLESTEROS, J. A.: «Evolución de la jurisprudencia...», *op. cit.*, pp. 349 y 350: «con anterioridad al inicio de la crisis económica, (...) la jurisprudencia sostenía la posibilidad de reclamar el montante de la deuda que no se había cubierto con la ejecución y adjudicación del inmueble, mediante la exigencia de responsabilidad personal».

genérico o abstracto la constitucionalidad de un régimen o esquema legal. En consecuencia, mediante el Auto de 19 de julio de 2011[111], declara su falta de competencia en materia legislativa y «no entra a valorar si las circunstancias económicas adversas en las que se inserta el litigio son hábiles para poder considerar que los preceptos cuestionados llegan a vulnerar aquellos derechos fundamentales, situación que no se producía en el contexto económico anterior»[112].

1.6.2.2. Las circunstancias que han motivado la evolución jurisprudencial

SOTO GUITIÁN[113] explica de una manera muy completa el contexto vivido en el año 2013, que llevó a un giro copernicano en la aplicación de la LH:

> «Como es sabido, la ejecución hipotecaria se regula en los artículos 681 y siguientes de la LEC. (...) Se trata de una normativa muy rígida que hace que las oposiciones a la reclamación por parte de la entidad bancaria sean muy raras al ser los motivos de oposición muy tasados (artículo 695 de la LEC). Por otra parte la dación en pago está (y estaba) recogida en el artículo 140 de la LH[114] aunque, de hecho, nunca se pactaba esta posibilidad».

El autor llama la atención de que en ese momento los «terceros postores (especialmente los denominados subasteros) no están presentes en las subastas por muchas razones». A lo que se une que el acreedor ejecutante (entidad bancaria) «llegado el momento de la subasta tiene el derecho a quedarse con la vivienda subastada por un porcentaje de su valor».

Además, desde el punto de vista del deudor, explica SOTO GUITIÁN que «[l]a presentación del procedimiento hipotecario en el Juzgado supone que la deuda del ejecutado se dispara»[115]. Describe esta situación con el término «deuda paralizante» para referirse al incremento que experimenta la suma

111. Auto del TC núm. 113/2011 de 19 julio (RTC 2011, 113 AUTO).
112. ZURITA MARTÍN, I.: *Préstamo hipotecario, ejecución..., op. cit.,* p. 177.
113. SOTO GUITIÁN, J. M.: «La dación en pago: Breve estado de la cuestión». *Actualidad Civil*, núm. 2, 2013 (LA LEY 19636/2012), p. 2.
114. Se refiere a la llamada hipoteca de responsabilidad limitada, en la que se pacta que el deudor no responde personalmente de la deuda pendiente, sino que «la obligación garantizada se haga solamente efectiva sobre los bienes hipotecados». En este sentido, LEIÑENA MENDIZÁBAL, E.: «Dación en pago...», *op. cit.,* p. 11: «la Ley Hipotecaria vigente, como hemos expuesto, prevé la oportunidad de la dación en pago siempre que esta se haya incorporado expresa y voluntariamente a través de la cláusula de limitación de responsabilidad en el título constitutivo del préstamo hipotecario a efectos de su inscripción en el registro de la propiedad (artículo 140 LH en relación al artículo 12)». MARTÍN BRICEÑO, M. R.: «La dación en pago...», *op. cit.*, p. 367: «El pacto de limitación de responsabilidad entre acreedor y deudor impide aplicar las consecuencias derivadas de la aplicación del artículo 1911 del Código Civil».
115. SOTO GUITIÁN, J. M.: «La dación en pago...», *op. cit.,* p. 3.

adeudada en el contexto judicial «integrada por capital más intereses ordinarios, de demora y costas»[116].

Desde la perspectiva del acreedor la situación tampoco es favorable. El autor afirma que «el acreedor que impulsa el procedimiento tampoco está en una situación tan privilegiada (...) porque probablemente se va a quedar con un inmueble que en ningún caso buscaba. Él prestó dinero para que le devolvieran dinero y lo que recibe es una vivienda de la que desconoce su estado (...), o la posible existencia de deudas, preferentes a la hipotecaria por contribución y gastos comunes. En fin, las operaciones que debe realizar para desprenderse del inmueble le disuadirán del puramente teórico negocio que representa el quedarse un piso por la mitad de su valor. (...) Por su parte los concurrentes a la subasta unen a las dificultades anteriores la falta de una posible financiación a su adquisición (que sí puede existir si compras la vivienda al banco directamente)»[117].

Asimismo, SOTO GUITIÁN traslada tres ideas desde una perspectiva estrictamente económica. En primer lugar, que «hasta el momento, los bancos españoles transfieren a las familias el riesgo de cambios en los precios de la vivienda y el tipo de interés (recordemos que el 96% de los préstamos se conceden a tipo variable). Por este motivo ofrecían diferenciales muy bajos frente al tipo de referencia»[118].

En segundo lugar, que «hacer de la dación en pago la norma general implicaría reducir las garantías subyacentes al contrato de hipoteca, lo que hace más cara la titulación de estos productos»[119].

Y, en tercer lugar, que con la dación en pago «el beneficio de la subida lo sigue teniendo el comprador, pero el riesgo de bajada se traspasa al banco»[120].

Para terminar, apunta los factores a superar en ejecuciones futuras: «las subastas judiciales no funcionan porque no atraen al posible comprador particular; se olvida el precio real de la vivienda y solo se tiene en cuenta el precio de la tasación (posiblemente hecha hace años)»[121].

1.6.2.3. La evolución jurisprudencial de la adjudicación al acreedor hipotecario

Las resoluciones de los jueces y tribunales inferiores han evolucionado de la postura mayoritaria clásica basada en el sistema dual de responsabilidad del

116. *Ibidem*, p. 5.
117. *Ibidem*, p. 5.
118. *Ibidem*, p. 6.
119. *Ibidem*, p. 6.
120. *Ibidem*, p. 6.
121. *Ibidem*, p. 7.

deudor, «a sostener en una serie de resoluciones más o menos reiteradas la cancelación de la totalidad de la deuda mediante la adjudicación de un inmueble cuyo valor parece cubrir dicho importe» [122].

ZURITA MARTÍN [123] resume los argumentos a favor de la nueva interpretación de la legislación hipotecaria. En primer lugar, la doctrina de los actos propios. El resultado es que el bien se adjudica al acreedor por el valor de tasación y la deuda queda saldada hasta dicho importe. El argumento es que «el banco, parte fuerte del contrato de adhesión que firma con el prestatario, tasa la finca en una determinada cuantía y no puede después, sin contravenir esta doctrina, incorporar como propio el bien subsanado sin darle el valor que él mismo fijó» [124].

En segundo lugar, la existencia de cláusulas abusivas, que será desarrollado en el apartado siguiente.

En tercer lugar, el abuso de derecho y su ejercicio antisocial. Para el autor, «la finalidad del procedimiento de ejecución hipotecaria es la de que el acreedor, por vía de ejecución del bien gravado en garantía, cobre la deuda que el prestatario tenga pendiente» [125]. Sin embargo, la entidad financiera a la que se le adjudica el inmueble y pretende continuar con la ejecución personal de la deuda por la diferencia con el 50% del valor de tasación, intenta un «beneficio injustificado» [126] que el artículo 579 LEC no busca amparar.

En cuarto lugar, el enriquecimiento injusto, pues «el acreedor sí que ve satisfecho su crédito con el producto de la subasta, que, en el caso concreto, es el derivado de ingresar en su patrimonio un bien valorado por las partes en una suma superior a la adeudada» [127].

Por último, la justicia material del caso. Explica ZURITA MARTÍN que «en la interpretación y aplicación de las leyes los tribunales deben buscar aquella respuesta que, sin contravenirlas, sea más acorde con una decisión justa» [128] y considera que la nueva interpretación «integrada de los preceptos posibilitan tanto que un acreedor vea resarcido su crédito como que un deudor no deba pagar, sin causa justificada, mayor suma que la por él recibida» [129]. Para mayor abundamiento, añade que «si los tribunales se ciñen rigurosamente a los artículos 671 y 579 LEC, orillan sin contemplación el artículo 3.1 CC, que permite

122. MESSÍA DE LA CERDA BALLESTEROS, J. A.: «Evolución de la jurisprudencia...», *op. cit.*, pp. 348 y 349.
123. *Vid*. ZURITA MARTÍN, I.: *Préstamo hipotecario, ejecución...*, *op. cit.*
124. *Ibidem*, p. 165.
125. *Ibidem*, p. 165.
126. *Ibidem*.
127. *Ibidem*, p. 166.
128. *Ibidem*, p. 166.
129. *Ibidem*, p. 166.

interpretar una norma según la realidad social del tiempo en que haya de ser aplicada»[130]. Este último es el argumento más reiterado entre los tribunales como ha puesto de manifiesto MESSÍA DE LA CERDA BALLESTEROS[131].

Pero no hay que desconocer que la solución en bastantes casos pasa por la teoría de los actos propios. Se ha recurrido a ella para justificar que se haya tenido en cuenta a los efectos de la adjudicación «el valor (...) de tasación»[132]. Ahora bien, hay matices determinantes del resultado en algunas resoluciones. Como indica el autor, «en concreto, se acepta este criterio en aquellos supuestos en los que la finca ejecutada ha sido adjudicada finalmente al acreedor, de tal forma que lo que ingresa en su patrimonio es el mismo inmueble que él valoró en su momento. Parece, por tanto, que la doctrina de los actos propios le obliga a pasar por su decisión, con independencia de la posterior devaluación (...). Sin embargo, también se ha hecho la salvedad de que, en el supuesto de adjudicación del inmueble a un tercero, dado que la misma se haría por el 50% del valor del inmueble, en tal caso, se deja la puerta abierta a la posibilidad de aceptar otro valor diferente al de tasación. Es decir, no se imputa al acreedor el efecto legal de reducción del valor derivado de la adjudicación a tercero»[133].

Como consecuencia natural de la aplicación del valor de tasación para la adjudicación al acreedor, en algunos pronunciamientos se argumenta que «la admisión de la continuación de la ejecución en otros bienes del deudor para satisfacer la totalidad de la deuda constituye un abuso de derecho por las entidades, puesto que les procura un enriquecimiento injusto»[134].

Aún no hemos hecho referencia al problema desde la perspectiva de la distribución del riesgo contractual del préstamo hipotecario, que está sometido a los riesgos del mercado inmobiliario. Dado que partimos de una situación de «sobrevaloración del inmueble por la entidad bancaria y la concesión al prestatario de más del 80% de ese valor de tasación»[135]. La conclusión del autor es que «los efectos desfavorables de estos factores se imputasen a la prestamista,

130. *Ibidem*, p. 170.

131. MESSÍA DE LA CERDA BALLESTEROS, J. A.: «Evolución de la jurisprudencia...», *op. cit.*, p. 353: «la necesidad de superar en la labor interpretativa una visión meramente formal de la norma en cuestión para ahondar en un sentido material de la misma y poder con ello satisfacer el objetivo de ayuda a las personas afectadas por las ejecuciones hipotecarias que no pueden hacer frente, con el valor del inmueble, al pago de la deuda (...) la interpretación correctora de la normativa hipotecaria se justifica por las necesidades económicas de los deudores en los tiempos presentes (...) se observa una situación generalizada de grave perjuicio para los deudores por la crisis económica».

132. *Ibidem*, p. 354.

133. *Ibidem*, p. 354.

134. *Ibidem*, p. 353.

135. ZURITA MARTÍN, I.: *Préstamo hipotecario, ejecución... op. cit.*, p. 172. En el mismo sentido, SOTO GUITIÁN, J. M.: «La dación en pago...», *op. cit.*, p. 5: «hiperinflación de las viviendas y la financiación del cien por cien del precio (cuando no del ciento mucho por cien)».

pues no entra dentro de la esfera de control del deudor sino de la entidad acreedora»[136].

Para terminar, MESSÍA DE LA CERDA BALLESTEROS[137] ha comentado que «algunas resoluciones han sostenido la posibilidad de modificar los términos en que se pactaron los préstamos hipotecarios, por aplicación de la cláusula *rebus sic stantibus*» ya que es clara la existencia de un desequilibrio en las posiciones de las partes en el proceso de ejecución de hipoteca.

1.6.2.4. Las cláusulas abusivas en el contrato de préstamo hipotecario

ÁLAMO GONZÁLEZ[138] fue el primer autor que dedicó una monografía a esta cuestión. Sus conclusiones eran favorables a la limitación de la responsabilidad del deudor hipotecario al bien inmueble en los casos de adjudicación a favor de la entidad bancaria, recurriendo en su argumentación al Derecho Comunitario. Despliega un desarrollo del tema sobre la base de los principios comunitarios de salvaguarda del equilibrio contractual y la defensa a ultranza del consumidor, promoviendo la interpretación de la dación en pago desde esta nueva perspectiva.

Uno de los argumentos esgrimidos a favor de la inaplicación de la legislación sobre la ejecución hipotecaria es «el carácter de cláusula abusiva de la continuación, en los préstamos con garantía hipotecaria, de la ejecución una vez adjudicada la vivienda hipotecada»[139].

ZURITA MARTÍN ha precisado que «por el juego de los artículos 105 y 140 de la LH, no hablaríamos tanto de la nulidad de una cláusula en concreto como de la nulidad parcial de aquellas de las que se deriva una asunción personal de la deuda cuando la garantía hipotecaria cubre sobradamente el crédito»[140].

En cambio, GOÑI[141] considera que no hay cláusulas abusivas en la responsabilidad patrimonial universal del deudor «porque lejos de ser una cláusula pactada por las partes, o predispuesta por una de ellas si lo consideramos un contrato de adhesión, la responsabilidad patrimonial universal del deudor es un

136. ZURITA MARTÍN, I.: *Préstamo hipotecario, ejecución... op. cit.*, p. 172.
137. MESSÍA DE LA CERDA BALLESTEROS, J. A.: «Evolución de la jurisprudencia...», *op. cit.*, p. 354.
138. ÁLAMO GONZÁLEZ, D. P.: *La dación en pago en las ejecuciones hipotecarias: el control judicial del equilibrio contractual*. Tirant lo Blanch. Valencia, 2012.
139. MESSÍA DE LA CERDA BALLESTEROS, J. A.: «Evolución de la jurisprudencia...», *op. cit.*, p. 353.
140. ZURITA MARTÍN, I.: *Préstamo hipotecario..., op. cit.*, p. 165.
141. GOÑI RODRÍGUEZ DE ALMEIDA, M.: «Análisis de la evolución jurisprudencial sobre la "dación en pago" en los últimos años». *Revista Crítica de Derecho Inmobiliario*, núm. 88, 2012, p. 2864.

principio general del derecho de las obligaciones y contratos que no necesita pactarse expresamente en un acuerdo».

La inadecuación al Derecho comunitario del procedimiento hipotecario fue sometida al TJUE, que estimó las cuestiones prejudiciales del Juzgado de lo Mercantil núm. 3 de Barcelona. ZURITA MARTÍN resume la decisión adoptada:

> «El TJUE evidencia que en el sistema procesal español la adjudicación final a un tercero de un bien hipotecado deviene irreversible, aunque el carácter abusivo de la cláusula impugnada por el consumidor ante el juez que conozca el proceso declarativo entrañe la nulidad del procedimiento de ejecución hipotecaria. (...) esa decisión solo permite garantizar al consumidor una protección *a posteriori* meramente indemnizatoria, que resulta incompleta e insuficiente y no constituye un medio adecuado y eficaz para que cese el uso de dicha cláusula (...) Por tanto, la normativa española controvertida en el litigio principal no se ajusta al principio de efectividad, en la medida en que hace imposible o excesivamente difícil, en los procedimientos de ejecución hipotecaria iniciados a instancia de los profesionales y en los que los consumidores son parte demandada, aplicar la protección que la Directiva pretende conferir a estos últimos»[142].

Es evidente que este fallo dista mucho del Auto del TC, de 19 de julio de 2011, comentado anteriormente, que dejaba impoluto nuestro sistema dual de responsabilidad por deudas.

Por último, esta STJUE de 14 de marzo de 2013 declara «contrario a la Directiva 93/13/CEE que en el procedimiento judicial hipotecario no se permita al juez examinar de oficio la existencia de cláusulas abusivas»[143]. Este pronunciamiento, cristalizó en la reforma de los artículos 695; 552.1 y 561.13.ª de la LEC, operada por la Ley 1/2013, de 14 de mayo.

1.6.2.5. La adjudicación al acreedor hipotecario y la dación en pago necesaria

La práctica judicial que amplía el alcance de la adjudicación al deudor, para PÉREZ ÁLVAREZ[144], es asimilable a la dación en pago, puesto que se ordena la cancelación total de la deuda tras la entrega del bien. No obstante, el propio autor señala diferencias entre ambas: que la dación en pago propiamente dicha se puede celebrar en virtud de la autonomía de la voluntad, sin necesidad de un proceso de ejecución judicial, ni de la intervención de la autoridad, ni del cumplimiento previo de los trámites de la subasta.

142. ZURITA MARTÍN, I.: *Préstamo hipotecario..., op. cit.*, p. 180.
143. *Ibidem*, p. 183.
144. PÉREZ ÁLVAREZ. M. P.: «La dación en pago necesaria y la protección de los deudores hipotecarios tras las últimas modificaciones legislativas». *Revista de Derecho Patrimonial,* núm. 39, 2016, pp. 27-64.

En la misma línea, DE LOS MOZOS acuña el término «dación judicial» para referirse a la adjudicación por el juez de bienes concretos en pago de un crédito de participación (artículo 1432 del CC).

Sin embargo, BELINCHÓN ROMO critica esta idea diciendo que «no es posible admitir una denominada dación judicial, puesto que ello sería como admitir la posibilidad de una *datio in solutum necessaria* o una dación en pago de carácter forzoso, cosa que desde antiguo es rechazado por nuestro sistema jurídico»[145]. El argumento en el que se sustenta es el artículo 1166 del CC «al señalar que el acreedor no puede ser compelido a recibir una prestación distinta de la que le es debida, salvo que renuncie a este derecho y admita una dación en pago, *pro soluto* o *pro solvendo*, por parte de su deudor»[146].

Históricamente, hay referencias de este mismo fenómeno. Así, la *datio in solutum necessaria* (que algunos autores designan *legal o forzosa*[147]), aparece históricamente en el Derecho Romano[148] y desaparece de nuestro ordenamiento jurídico con el Código napoleónico. EGUSQUIZA BALMASEDA[149] afirma que «la *datio in solutum necessaria* —en los términos que se plantearon en el Derecho justinianeo— se incorporará a la regulación procesal civil como un mecanismo aplicable a los procedimientos ejecutivos civiles, que obligará a los acreedores a recibir los bienes cuando las subastas queden desiertas y sin que puedan rehusarlos». La autora explica que el derecho foral navarro ha recogido la dación en pago necesaria del Derecho romano[150].

---

145. BELINCHÓN ROMO, M. R.: *La dación en pago...*, *op. cit.*, p. 153.
146. *Ibidem.*
147. PÉREZ ÁLVAREZ, M. P.: «La dación en pago...», *op. cit.*
148. PASTOR SEMPERE, M. C.: *Dación en pago...* Ed. Agencia Estatal Boletín Oficial del Estado. Madrid, 2016, p. 61: «Justiniano, por la regulación de la *datio in solutum necessaria*; que, a grandes rasgos, estableció que los acreedores deben aceptar en pago bienes inmuebles del deudor cuando este no disponga de dinero ni de otros bienes muebles y haya intentado inútilmente vender aquellos inmuebles. En ella se asentarán las bases normativas de la institución de la *datio in solutum necessaria* o *beneficium dationis in solutum*, perfilándose esta figura como un mecanismo que posibilitará la liberación de deudor sin consentimiento del acreedor y constreñirá a este a aceptar un *aliud pro alio*».
149. EGUISQUIZA BALMASEDA, M.: «Crisis económica, falta de liquidez y dación en pago necesaria: un estudio del párrafo segundo in fine de la Ley 493 del Fuero nuevo». *Revista de Derecho Patrimonial* núm. 28, 2012, p. 15.
150. *Ibidem*, p. 15. La autora cita a GARCÍA GOYENA que explica que en Navarra «la institución de la dación en pago necesaria se mantuvo como parte integrante de nuestra tradición jurídica recibida del Derecho Romano. Los compiladores forales la recogieron en la ley 506 de la Recopilación Privada, justificando su vigencia en los textos justinianeos citados (Novela 4, 3 y 120, 6,2, Dig. 19,2,9 pr. y 60 pr.). La ley 493, párr. 2.°, in fine del FN la ha tipificado como una excepción al principio general de *aliud pro alio invito creditori solvi non potest* con una conformación que —según veremos— resulta muy próximo a su sentido originario y definición ulterior».

En la actualidad, la doctrina diferencia entre dos tipos de dación en pago. Así, LACRUZ MANTECÓN[151] distingue «la dación en pago voluntariamente aceptada por el acreedor, de claro aspecto negocial, y la *datio in solutum necessaria*, legalmente permitida y que se produce en el curso de un proceso de insolvencia». También GÓMEZ BUENDÍA[152] afirma que existe una distinción entre «*datio in solutum* necesaria y voluntaria, en la medida en que esta última, parte de un acuerdo entre deudor y acreedor por el que el deudor da voluntariamente en pago una prestación distinta a la debida y el acreedor consiente en recibirla (el deudor, extingue la obligación con la entrega de la cosa objeto de garantía, y el acreedor adquiere la propiedad de esta cosa). Por el contrario, la dación en pago necesaria, supone que el deudor hipotecario pueda extinguir el total de la deuda con la entrega de la finca hipotecada al acreedor, sin que sea necesario el consentimiento de este último».

El elemento diferencial, en opinión de EGUSQUIZA BALMASEDA[153], es la «constricción de la voluntad creditoria», en el sentido de que no es necesario el consentimiento del acreedor en la dación en pago necesaria puesto que es suplido por la intervención judicial.

Varios autores se muestran contrarios a la generalización de la dación en pago necesaria. Entre ellos, ZURITA MARTÍN que concluye su estudio diciendo que «hasta la fecha, pues, el legislador ha rechazado la incorporación de la dación en pago de la finca hipotecada al acreedor como forma generalizada de saldar la deuda hipotecaria, decisión que no parece que vaya a torcerse ni creemos deseable que así sea»[154].

Las críticas a la *datio in solutum necessaria* encuentran como argumento central la destrucción del actual sistema contractual e hipotecario español y el deterioro del mercado financiero. Así, la autora afirma que «esta impropiamente llamada dación en pago —impuesta al acreedor y con carácter general—, es contraria a los principios de libertad de contratación y de fuerza vinculante de los contratos, pretendiendo asimismo orillar la responsabilidad universal del deudor, sobre la base de una distribución de responsabilidades y de la bondad de este remedio al sobreendeudamiento provocado por la crisis económica»[155].

En opinión de la autora[156], las consecuencias negativas de generalizar la dación en pago obligada para el acreedor serían, en primer lugar, el encareci-

151. LACRUZ MANTECÓN, M. L.: «La dación en...», *op. cit.*, p. 325.
152. GÓMEZ BUENDÍA, C.: «Presente y pasado de la dación en pago». *Housing: Revista de la Cátedra de Vivienda de la Universidad Rovira i Virgili*, núm. 5, 2016, p. 26 (http://housing.urv.cat/wp-content/uploads/2013/09/HousingCHURV5-2.pdf).
153. EGUISQUIZA BALMASEDA, M.: «Crisis económica, falta...», *op. cit.*, p. 14.
154. ZURITA MARTÍN, I.: *Préstamo hipotecario...*, *op. cit.*, p. 241.
155. *Ibidem*, pp. 241 y 242.
156. *Ibidem*.

miento de la financiación con el incremento del diferencial. En segundo lugar, las dificultades de acceso al crédito, por una posible reducción de la financiación máxima concedida por las entidades financieras. Se podría bajar el porcentaje de financiación máxima al 60 % del valor de tasación. En tercer lugar, el incremento de la morosidad, que el incentivo para seguir pagando del deudor hipotecario sería menor si se elimina la responsabilidad personal.

No obstante, como expondremos en el apartado 2.8. sobre la dación en pago del CBP, la dación en pago necesaria parece haber encontrado un espacio en nuestro ordenamiento jurídico a través de una medida de carácter excepcional pero no temporal.

1.6.3. LA DACIÓN EN PAGO *VERSUS* LA CESIÓN DE BIENES

Entre la dación en pago y la cesión de bienes existen diferencias. Básicamente, la primera produce la transmisión del dominio del bien o derecho que constituye el *aliud*, con efecto liberatorio, extintivo y a plena satisfacción del acreedor. La cesión, en cambio, solo otorga al acreedor una facultad de realización del bien y la posesión del mismo.

En opinión de BELINCHÓN ROMO[157], las diferencias son dos. La primera se encuentra en el efecto *pro solvendo* en la cesión y *pro soluto* en la dación. La autora justifica la diferencia indicando que «la esencia de la cesión de bienes, viene constituida por esa especie de mandato que el deudor confiere a sus acreedores, en orden a la realización de los bienes, no transmitiéndoles la propiedad de los mismos»[158]. Por ello, descarta que los acreedores puedan «adquirir directamente los bienes que son cedidos por el deudor para el pago de sus deudas»[159].

El resultado de la comparación de la dación en pago y la cesión de bienes para la autora se resume en que «en el supuesto de la *datio*, el elemento característico de la misma es la transmisión de la propiedad del bien que se entrega al acreedor en pago de una deuda preexistente, (...) sin embargo, la idea de cesión implica la transmisión a los acreedores, no de la propiedad de los bienes que se ceden, sino de la simple posesión de los mismos, a los efectos de que estos los realicen, con la finalidad de que con el valor que obtengan puedan satisfacer sus respectivos créditos en la medida de lo posible»[160].

157. BELINCHÓN ROMO, M. R.: *La dación en pago...*, *op. cit.* En el mismo sentido, JIMÉNEZ PARÍS, T. A.: «Dación en pago...», *op. cit.*
158. BELINCHÓN ROMO, M. R.: *La dación en pago...*, *op. cit.*, pp. 130 y 131.
159. *Ibidem*.
160. *Ibidem*, p. 136.

Otros autores han considerado equivalentes la dación para el pago (*datio pro solvendo)* y la cesión de bienes. Sin embargo, BELINCHÓN ROMO[161] considera que la dación es una cosa (sea *pro soluto* o *pro solvendo*) y la cesión es otra claramente diferenciada (aunque también admite las dos modalidades: *pro soluto* o *pro solvendo*).

La segunda diferencia está en que los presupuestos de los que parten la cesión de bienes y la dación en pago están claramente diferenciados. La primera vendría ocasionada por motivos de insolvencia del deudor[162], mientras que en la segunda es suficiente que el deudor no pueda cumplir con la prestación pactada.

A nosotros nos parece interesante la reflexión de BELINCHÓN ROMO[163] sobre la función o finalidad de estos negocios:

> «La dación en pago cumple las funciones del pago, produciendo la misma eficacia de este; esta se constituye en un modo de extinción de las obligaciones, produciendo, en principio, la extinción inmediata de una obligación preexistente, mientras que el llamado pago por cesión de bienes no tiene como efecto inmediato esa extinción de la obligación, sino que supone el inicio de un proceso que permite alcanzar los efectos extintivos y liberatorios del pago mediante un camino indirecto "que supone habilitar a los acreedores para obtener, con cargo a los bienes del deudor, los recursos precisos para la realización de sus derechos"[164], es decir, la cesión de bienes no sustituye al cumplimiento, sino que conduce a él».

De hecho, esta ha sido la línea seguida por el TS para resolver los supuestos litigiosos. Se trata de averiguar si se había pactado la transmisión inmediata de los bienes a cambio de la extinción la deuda (dación en pago) o si se había entregado la posesión de los bienes con la facultad de proceder a su realización, con la obligación de aplicar el importe obtenido al pago de las deudas del cedente.

161. *Ibidem*, pp. 127 y 128. La particularidad de su punto de vista radica en la afirmación de que: «[En] el artículo 1175 [del CC] se recogen ambos efectos de la *cessio*, el efecto *pro solvendo*, el cual es contemplado como norma general dentro de la cesión, y el efecto *pro soluto*, contemplado como excepción dentro de la cesión, (...) en el supuesto de la dación en pago ocurriría al contrario, en la medida en que el efecto *pro soluto* sería constitutivo de la regla general, mientras que el efecto *pro solvendo*, podría ser considerado como la excepción».
162. BELINCHÓN ROMO, M. R.: *La dación en pago..., op. cit.*, p. 127: «En el caso de la *datio, pro soluto* o *pro solvendo*, el deudor no ve posible la realización de la prestación inicialmente pactada, pero en su patrimonio cuenta con otros bienes que posiblemente satisfarían los intereses de su acreedor, y consiguientemente, su derecho de crédito. Sin embargo, en el supuesto de la cesión de bienes, esta se da en situaciones en las que el deudor bien podría encontrarse en una situación concursal, aunque sin llegar a ella, por la cantidad de deudas que sobre él pesan, de forma que no tendría bienes suficientes para hacer frente a todas ellas. Es por esta razón, por motivos de insolvencia, por la que decide ceder, que no dar, sus bienes a los acreedores para que estos sean los que con la realización de los mismos se cobren el valor de sus respectivos créditos».
163. BELINCHÓN ROMO, M. R.: *La dación en pago..., op. cit.*, p. 132.
164. *Ibidem*, p. 132 cita a CRISTOBAL MONTES.

1.6.4. LA DACIÓN EN PAGO *VERSUS* LA ADJUDICACIÓN DE BIENES PARA EL PAGO DE DEUDA

Para PÉREZ-FADÓN MARTÍNEZ ambas operaciones «son auténticas transmisiones onerosas de bienes»[165]. La diferencia se encuentra en que la dación en pago instrumenta una transmisión pura e incondicionada, mientras que en las adjudicaciones de bienes para el pago de deuda son «una suerte de encomienda del transmitente al adquirente, que debe cumplir con la condición de satisfacer las deudas del transmitente»[166]. En este caso, aunque se transmitan los bienes al adjudicatario, nos dice el autor que «no parece que se trate de una auténtica transmisión, sino una especie de fideicomiso en el que el adquirente debe transmitir, bien al acreedor o a un tercero, los bienes recibidos para pagar la deuda»[167]. En este sentido, BELINCHÓN ROMO[168] cita la STS de 19 de octubre de 1992[169] «una dación en pago, es decir, como pago, no una cesión para pagar, subordinada a la fructífera venta del bien entregado por la acreedora».

1.6.5. LA DACIÓN EN PAGO *VERSUS* LA OBLIGACIÓN ALTERNATIVA

La obligación alternativa puede ser entendida como aquella «relación que permite al deudor (si recae sobre él esta facultad) elegir una prestación entre dos o varias de las pactadas»[170]. Resulta característico de este tipo de obligaciones, por un lado, que en el momento del perfeccionamiento existe «una indeterminación relativa en cuanto al objeto de la obligación por existir diversas prestaciones, de las cuales el deudor, como norma general, deberá elegir una de ellas para su realización»[171]. Y, por otro lado, que mediante el proceso de concentración o de elección, «la obligación se convertirá en una obligación simple»[172].

Agruparemos las diferencias entre la dación en pago y la obligación alternativa en cinco aspectos concretos. En primer lugar, respecto a su régimen jurídico, la dación en pago carece de una regulación completa en el CC, mientras que la obligación alternativa aparece regulada en los artículos 1131 y sig. del CC.

165. PÉREZ-FADÓN MARTÍNEZ, J. J.: «La “dación en pago”...», *op. cit.*, p. 35.
166. *Ibidem*, p. 35.
167. *Ibidem*, p. 35.
168. BELINCHÓN ROMO, M. R.: *La dación en pago*..., *op. cit.*, p. 157.
169. STS de 19 de octubre de 1992 (RJ 1992, 8082).
170. MARTÍN BRICEÑO, M. R.: «Vicisitudes económicas...», *op. cit.*, p. 369.
171. BELINCHÓN ROMO, M. R.: *La dación en pago*..., *op. cit.*, p. 140.
172. *Ibidem*, p. 140.

En segundo lugar, si atendemos a su naturaleza jurídica, resulta que la dación en pago es un tipo especial de pago o subrogado del cumplimiento, sin embargo, la obligación alternativa es un «tipo o clase»[173] de obligación.

En tercer lugar, en cuanto al momento de nacimiento de la relación jurídica, en el caso de la dación en pago, se contrae una obligación sencilla que debe ser cumplida en unos términos concretos, aunque en el momento del cumplimiento se acuerde la nueva prestación (*aliud pro alio*). En la obligación alternativa, la configuración inicial de la relación jurídica prevé dos o varias prestaciones diversas y la facultad de elección o concreción a favor de una de las partes.

En cuarto lugar, la propia existencia de la facultad de elección es característica de la obligación alternativa. Así a una de las partes le es otorgada esta facultad como derecho potestativo[174]. En cambio, en la dación en pago, no existe esta facultad, por ello, la determinación de la nueva prestación (*aliud*) requiere un nuevo acuerdo.

Por último, cuando se produce el cumplimiento de la dación en pago, se ejecuta una prestación diversa de la pactada *ab initio*, mientras que en la obligación alternativa, «una vez producida la denominada concentración, la obligación que nació como alternativa, se convertirá en una obligación simple, con lo cual la realización de la prestación elegida por quien corresponda será constitutivo de un cumplimiento normal de la obligación (...) tendrá lugar la realización exacta de la prestación debida»[175].

1.6.6. LA DACIÓN EN PAGO *VERSUS* LA OBLIGACIÓN FACULTATIVA

Las obligaciones facultativas se definen como «aquéllas en las que alguien se obliga a una determinada prestación, pero reservándose la facultad de sustituir aquella prestación por otra en el momento de pago»[176]. Esa facultad unilateral del deudor ha sido denominada por la doctrina, una *facultas solutionis* y supone «la posibilidad de sustituir la prestación originaria por otra diversa, extinguiendo el crédito, (...) sin que el cumplimiento quede subordinado al asentimiento del acreedor»[177].

Existe cierta discrepancia en la doctrina acerca de las diferencias entre estas figuras. Hay autores que han equiparado la obligación facultativa y la dación en pago (GIORGI, ALBALADEJO). También RIBEIRO SIMOES equipara la denominada *datio pro solvendo* o «promesa de dación en pago» a la obligación facultativa[178].

173. *Ibidem*, p. 140.
174. DÍEZ-PICAZO, L.: *Fundamentos del derecho..., op. cit.*
175. BELINCHÓN ROMO, M. R.: *La dación en pago..., op. cit.*, p. 143.
176. *Ibidem*, p. 144.
177. *Ibidem*, p. 144.
178. BELINCHÓN ROMO, M. R.: *La dación en pago..., op. cit.*, p. 144.

Otros autores, en cambio, han señalado las diferencias entre ambas. Así, MARTÍN BRICEÑO[179] indica que «la obligación facultativa contiene una sola prestación, y la otra está únicamente *in facultate solutionis*. Se faculta al deudor a realizar otra prestación sin necesidad de nuevo convenio. Por tanto, desde el principio las partes conocen la existencia de esta facultad que podrá ser, o no, ejercitada. Sin embargo, la *datio in solutum* no se establece en el momento de constitución de la relación obligatoria. Cobra interés tan solo cuando el *solvens* incumple con lo acordado; surge como un medio de reparación ante un proceso de impago por parte del deudor».

1.6.7. LA DACIÓN EN PAGO *VERSUS* LA EXONERACIÓN DEL PASIVO INSATISFECHO

La exoneración del pasivo insatisfecho prevista en el TRLC ha sido ampliamente modificada por la Ley 16/2022. En la actualidad se contemplan dos modalidades distintas, una es la exoneración con liquidación de la masa activa y la otra es la exoneración con un plan de pagos. Precisamente resulta destacable para nuestra investigación que se haya previsto la posibilidad de que el plan de pagos contenga la dación en pago de bienes no necesarios para la actividad del deudor.

La dación en pago se diferencia claramente del beneficio de la exoneración del pasivo insatisfecho por los motivos que vamos a indicar. Por un lado, el artículo 496.2, segundo párrafo, del TRLC (en la versión vigente desde 2022) hace referencia al primero como medio de cumplimento que puede ser incorporado al plan de pagos. Y, por otro lado, por los efectos extintivos de los créditos que despliega. Así, la dación en pago tiene efectos extintivos de la deuda con distinto alcance (total o parcial), dependiendo de los términos pactados. Por otro lado, la dación en pago del CBP produce la cancelación total de la deuda para financiar la adquisición de la vivienda habitual garantizada con hipoteca, y beneficia tanto al deudor como a los garantes. Es decir, en la dación en pago el acreedor declara estar satisfecho con la entrega del *aliud* y la obligación se entiende cumplida a todos los efectos.

En cambio, la exoneración no alcanza a los créditos con garantía real, que no se verán afectados salvo, que tras la ejecución, quede deuda remanente. Tampoco se extinguirán los derechos del acreedor frente a los obligados solidariamente con el deudor ni frente a sus fiadores, avalistas, aseguradores, hipotecantes no deudores ni respecto a otros sujetos señalados en el artículo 492 del TRLC. Como ha señalado CARDO HERRERO, el *fresh start* no garantiza que los efectos beneficien a todos los deudores ni a todos los garantes de la

179. MARTÍN BRICEÑO, M. R.: «Vicisitudes económicas...», *op. cit.*, p. 369.

deuda[180], ya que los efectos extintivos de la exoneración del pasivo insatisfecho alcanzan solo al deudor concursado.

En cuanto a las consecuencias para el sistema hipotecario, QUESADA PÁEZ[181] ha afirmado que «el *fresh start*, tiene la ventaja de que al contrario de la dación en pago, no consiste en alterar la legislación sobre garantías hipotecarias y poner el sistema financiero en riesgo». El autor comparaba la dación en pago regulada en el CBP con el beneficio de la exoneración del pasivo insatisfecho. Siguiendo ese planteamiento, el legislador ha indicado que «la exoneración de deudas que gocen de garantías reales socavaría, sin fundamento alguno, una de las piezas esenciales del acceso al crédito y, con ello, del correcto funcionamiento de las economías modernas, cual es la inmunidad del acreedor que disfrute de una garantía real sólida a las vicisitudes de la insolvencia o el incumplimiento del deudor»[182].

1.7. LAS PARTICULARIDADES DE LA DACIÓN EN PAGO PREVISTA EN EL CÓDIGO DE BUENAS PRÁCTICAS

La dación en pago del CBP está expresamente regulada en el apartado 3 del Anexo del RDL 6/2012, que ha seguido las líneas principales del concepto estricto de dación en pago.

Las semejanzas entre la dación en pago del CBP y la *datio pro soluto* descrita por la doctrina *ius privatista* son claras. Esta se celebrará entre la entidad financiera (acreedor) y el deudor hipotecario sin recursos, cuando quede claro que no puede cumplir con las obligaciones derivadas de un contrato de préstamo utilizado para financiar la adquisición de su vivienda habitual, ni siquiera aplicando medidas de reestructuración de la deuda. Ante esta situación, en lugar de proceder a la ejecución hipotecaria de los bienes afectos a la garantía real, se recurrirá a la solución extrajudicial consistente en la dación en pago. Igualmente, podemos señalar que los efectos regulados en el CBP son, por un lado, la transmisión del pleno dominio del inmueble hipotecado al acreedor o a un tercero que este designe. Y por otro, la cancelación definitiva de la deuda, descrita como

180. CARDO HERRERO, A. M.: «¿Está funcionando la Ley de Segunda Oportunidad?». *Actualidad Jurídica Aranzadi,* núm. 922, 2016 (BIB 2016, 4881). Aunque su estudio se refiere al artículo 178. Bis LC 2003, su afirmación sigue plenamente vigente.

181. QUESADA PÁEZ, A.: «La dación en pago frente al mecanismo de segunda oportunidad». *Revista crítica de derecho inmobiliario*, núm. 758, 2016, pp. 3199 a 3201: «el fresh start, (...) consiste en la condonación de las deudas contraídas por una persona física tras la liquidación de su activo en el marco de un concurso de acreedores pero con unas limitaciones. (...) La finalidad de esta reforma es clara: dar una segunda oportunidad a la persona física (empresario o no) para que pueda empezar de nuevo sin arrastrar deudas de su antigua actividad». El autor se refería en su estudio a la comparación del artículo 178.bis LC 2003, que actualmente se encuentra regulado en los artículos 486 a 502 del TRLC y que han sido modificados por la Ley 16/2022, sin embargo, algunas de sus conclusiones siguen vigentes.

182. Apartado IV de la exposición de motivos de la Ley 16/2022.

«la cancelación total de la deuda garantizada con hipoteca y de las responsabilidades personales del deudor y de terceros frente a la entidad por razón de la misma deuda»[183].

Asimismo, existen diferencias entre la concepción clásica de la *datio pro soluto* y la dación en pago del CBP. Esta particular figura se ha configurado como medida extraordinaria y de aplicación exclusiva para resolver la situación de deudores vulnerables. La diferencia principal entre ambas se encuentra en el margen de libertad de las partes. De acuerdo con la descripción clásica de la doctrina civilista, la dación en pago es un acto voluntario que requiere, al menos, el ofrecimiento del deudor y el consentimiento del acreedor. En cambio, en el apartado 3 del Anexo del RDL 6/2012 (CBP) se indica que el deudor «podrá solicitar la dación en pago de su vivienda habitual» y la entidad financiera «estará obligada a aceptar la entrega del bien hipotecado por parte del deudor», descartándose que el acreedor pueda negarse. No obstante, el acreedor solo quedará sometido al CBP si así lo decide, pues el artículo 5.1 del RDL 6/2012 establece que «el CBP incluido en el Anexo será de adhesión voluntaria por parte de las entidades de crédito o de cualquier otra entidad que, de manera profesional, realice la actividad de concesión de préstamos o créditos hipotecarios».

Entre otras diferencias destacan los requisitos que han de cumplir las partes, los plazos de solicitud, así como los trámites procedimentales. También la posibilidad de encadenar un contrato de arrendamiento con condiciones económicas determinadas para que el deudor pueda permanecer en la vivienda y, por último, que se admite pactar la cesión al deudor de parte de la plusvalía generada por la enajenación de la vivienda, a cambio de su colaboración en esta operación. En el siguiente apartado analizaremos con detalle estas cuestiones.

1.7.1. LA NATURALEZA JURÍDICA

1.7.1.1. La dación en pago del Código de Buenas Prácticas como una medida excepcional

El RDL 6/2012 tiene entre sus objetivos ofrecer medidas para la reestructuración de la deuda hipotecaria de quienes padecen extraordinarias dificultades para atender su pago, así como, establecer mecanismos de flexibilización de los procedimientos de ejecución hipotecaria (artículo 1 del RDL 6/2012). Para la consecución del segundo objetivo, se ha previsto la dación en pago (apartado 3 del Anexo CBP del RDL 6/2012).

Se trata de una medida excepcional, para solucionar la situación de los deudores y garantes de préstamos hipotecarios que cumplen todos los requisitos establecidos en el artículo 3 del RDL 6/2012, es decir, que se encuentran en

183. Anexo del RDL 6/2012, apartado 3, letra b).

situación de exclusión. Esta figura viene a atajar la situación planteada en 2008, cuando la aceptación de la *datio* era una decisión libre de los bancos[184].

La doctrina civilista criticó la posibilidad de generalizar la dación en pago. Algunos autores insistían en que esa medida aumentaría el riesgo de la entidad financiera, lo que se traduciría en la elevación de los tipos de interés. Y otros señalaban el inconveniente de que se produjesen daciones estratégicas, entendidas como aquellas realizadas por deudores solventes, movidos por el ánimo de beneficiarse de la caída de los precios de los inmuebles en el mercado[185]. No obstante, la solución acogida en el CBP no ha ido en esa línea.

El CBP contempla la dación en pago como una medida excepcional y alternativa a la ejecución hipotecaria. La excepcionalidad se deduce principalmente de las limitaciones que afectan al ámbito de aplicación del RDL 6/2012, así como de los numerosos requisitos exigidos relativos al deudor, a la operación financiada y al inmueble afectado. También LEIÑENA MENDIZABAL[186] ha constatado la excepcionalidad de la dación en pago del CBP, dado que se encuentra vinculada al ámbito subjetivo designado «umbral de exclusión» y solo es aplicable a los deudores sin recursos.

Esa excepcionalidad se manifiesta, igualmente, en el ámbito de aplicación del RDL 6/2012. El régimen jurídico de la dación en pago del CBP no puede ser aplicado a operaciones celebradas fuera de los supuestos previstos en el mismo, ya que el artículo 5.7 *in fine* del RDL 6/2012 dispone que «no procederá, por tanto, la extensión de su aplicación [del CBP], con carácter normativo o interpretativo, a ningún otro ámbito».

Desde este punto de vista, el CBP ha sido criticado por LEIÑENA MENDIZABAL[187], quien duda de «su eficacia en relación a otros colectivos que, no perteneciendo al sector más vulnerable de la población o próximo a la exclusión social, a saber, las clases medias y medias bajas, se están viendo afectados

184. ZURITA MARTÍN, I.: *Préstamo hipotecario..., op. cit.*, pp. 270 y 271: «Los bancos solo negocian la dación en pago cuando evidencian que jamás recuperarán el dinero prestado y conviene a sus intereses, en función de las circunstancias que concurren, quedarse con la vivienda hipotecada; la decisión siempre descansa en la entidad, dependiendo sobre todo de que le interese para contener la morosidad o para cuadrar sus números a final de año».

185. GARCÍA MONTALVO, J. (como se citó en SOTO GUITIÁN, J. M.: «La dación en pago...», *op. cit.*).

186. LEIÑENA MENDIZÁBAL, E.: «Dación en pago...», *op. cit.*, p. 16: «Las medidas que promueve el Real Decreto no tratan de socavar el sistema de la garantía hipotecaria de nuestro ordenamiento, su aplicación no afecta a todos los ciudadanos sino exclusivamente a aquéllos que se encuentran en el denominado "umbral de exclusión", y en consecuencia, no pueden pagar la cuota del préstamo hipotecario. (...) la opción de la dación como último recurso para extinguir la deuda, no es aplicable a todos los deudores hipotecarios sino exclusivamente a los que encajan en el ámbito subjetivo de esta norma ("umbral de exclusión"). Es decir, se trata de situaciones excepcionales y como tal se tratan».

187. *Ibidem*, p. 26.

igualmente en su calidad de vida por la pérdida de empleo, el sobreendeudamiento familiar y el riesgo del desahucio» y critica que «la reforma ha resultado insuficiente y queda mucho por hacer». También PÉREZ ÁLVAREZ[188] ha afirmado que la dación en pago ha quedado muy limitada y es partidaria de fomentar la dación en pago necesaria puesto que «desincentivaría la concesión abusiva de crédito» y «supondría un pequeño rescate de las economías domésticas».

Asimismo, el diseño en tres fases de las medidas del CBP denota, aunque en menor medida, el carácter excepcional. En efecto, la dación en pago se ha previsto como último recurso antes de romper las negociaciones entre el deudor y la entidad. Sin embargo, la experiencia acumulada desde la entrada en vigor de la norma nos ha demostrado que, en algunos casos, la entidad admite directamente la dación en pago, sin necesidad de aplicar la reestructuración de la deuda o la quita que se estiman inviables. Por ello, en cuanto al procedimiento establecido en el RDL 6/2012, consideramos que la excepcionalidad se encuentra en la regulación exhaustiva de la carga de la prueba que corresponde al deudor (artículo 3.3 del RDL 6/2012), que lejos de la dinámica habitual del tráfico, le obliga a acreditar ante la entidad financiera que se encuentra en situación de exclusión para alcanzar la dación en pago.

1.7.1.2. La dación en pago del Código de Buenas Prácticas como subrogado de cumplimiento

La dación en pago del CBP aparece como «medida sustitutiva de la ejecución hipotecaria»[189], para conseguir solucionar el incumplimiento de un deudor en situación de exclusión. Con ella se logra extinguir la deuda, liberar al deudor y satisfacer los intereses del acreedor.

El CBP diseña la dación en pago como último recurso, ante la dramática situación de un deudor que no puede cumplir con su obligación en los términos inicialmente pactados, y para el que ha sido inviable articular un plan de reestructuración. En esta situación, la vía para solventar la deuda es la dación en pago, que se celebra *solvendi causa,* es decir, para extinguir dicha obligación o finalizar la relación obligatoria que une a las partes.

188. PÉREZ ÁLVAREZ. M. P.: «La dación en pago...», *op. cit.*, p. 30: «la adopción de la dación en pago forzosa desincentivaría la concesión abusiva de crédito. Si el acreedor conoce que en determinadas circunstancias el deudor puede ser exonerado de parte de su deuda, empleará una mayor diligencia a la hora de conceder un crédito. (...) Es comprensible que la adopción de la dación en pago forzosa pueda criticarse desde el punto de vista de la seguridad jurídica en cuanto cambia las reglas del juego en un momento posterior al de la concesión del crédito. Sin embargo, el escenario económico y social tampoco es el mismo. La dación en pago supondría un "pequeño rescate" a las economías domésticas en relación con la adquisición de su vivienda habitual, ofreciéndoles una vía posible y real recuperación económica».

189. LASARTE ÁLVAREZ, C.: *Derecho de Obligaciones..., op. cit.,* p. 123.

Por todo ello, consideramos que la dación en pago del CBP tiene la naturaleza jurídica del pago, en concreto, de una forma especial de pago o subrogado del cumplimiento, en consonancia con lo expuesto en el apartado 1.3.1 de este capítulo.

En el CBP se observa la diferencia entre la dación en pago (medida 3 del CBP) y la novación (medidas 1 y 2). Ya que ni los requisitos subjetivos que integran los presupuestos de hecho coinciden (para la medida 1 se pide solo el umbral de exclusión del artículo 3.1 del RDL 6/2012 y para las otras dos se añaden los requisitos del artículo 3.2 del RDL 6/2012), ni los plazos máximos para solicitar dichas medidas (la quita se puede solicitar incluso después del anuncio de subasta, la dación en pago no). Tampoco las consecuencias jurídicas son las mismas, pues, de hecho, solo la dación en pago garantiza la extinción total de la deuda y la liberación de las responsabilidades personales de deudor y garantes.

1.7.1.3. La dación en pago voluntaria o necesaria

Partimos de la distinción entre la dación en pago voluntaria y la necesaria descrita, entre otros, por LACRUZ MANTECÓN[190] y nos planteamos si la dación en pago del CBP se ajusta a alguna de ellas.

Algunos autores[191] consideran que la dación en pago del CBP es voluntaria, puesto que requiere la adhesión de las entidades financieras, decisión que queda a su entera libertad. Como argumento normativo a favor se encuentran, por un lado, la exposición de motivos del RDL 6/2012, que presenta el CBP diciendo

190. LACRUZ MANTECÓN, M. L.: «La dación en...», *op. cit.*, afirma que p. 325: «ha tenido un tratamiento como medio alternativo de pago, en beneficio tanto del deudor como del acreedor, y presentando dos modalidades bien diferenciadas, la dación en pago voluntariamente aceptada por el acreedor, de claro aspecto negocial, y la *datio in solutum necessaria*, legalmente permitida y que se produce en el curso de un proceso, en situación de insolvencia». Hemos tratado este tema en el apartado 6.2. E) de este capítulo.

191. LEIÑENA MENDIZÁBAL, E.: «Dación en pago...», *op. cit.*, p. 25: «Finalmente, la Ley que ha entrado en vigor ha articulado la dación en pago como último recurso para los supuestos de familias en riesgo de exclusión social y colectivos considerados más vulnerables, que no puedan responder a las alternativas previas de reestructuración de la deuda hipotecaria (norma 3 del Anexo que incorpora el Código de Buenas Prácticas de las entidades financieras). Exclusivamente en este supuesto la entidad financiera, adherida voluntaria y previamente al Código, estaría obligada a admitir la dación. A pesar del presunto carácter imperativo que impregna la dación como último recurso en este supuesto, la adhesión voluntaria al Código integra la naturaleza facultativa del instituto también en este caso; en los demás casos, como sabemos, la dación sigue siendo una institución que exige el acuerdo inter partes».

haciendo énfasis en el carácter voluntario de la norma[192]. Y, por otro lado, el artículo 5.7 del RDL 6/2012, que limita el ámbito de aplicación del CBP a las entidades adheridas, los deudores en situación de exclusión y los contratos de crédito o préstamo garantizado con hipoteca sobre vivienda habitual. Asimismo, el precepto excluye «la extensión de su aplicación, con carácter normativo o interpretativo, a ningún otro ámbito».

Ahora bien, hay que tener en cuenta que si el deudor ha seguido el procedimiento marcado en el CBP y no ha conseguido regularizar el cumplimiento de su obligación con la reestructuración de la deuda y la quita, los acreedores están obligados a aceptar la dación en pago[193]. Sin embargo, LEIÑENA MENDIZABAL[194] considera que esta circunstancia no le priva de su naturaleza facultativa porque la necesaria adhesión de la entidad financiera le imprime tal carácter. Lo cierto es que la mayoría de las entidades se han adherido al CBP, por lo que se ha generalizado la aplicación de las medidas del CBP.

En cambio, para PEREZ ÁLVAREZ[195] lo determinante no es la adhesión voluntaria sino la configuración de la dación en pago como una obligación con efectos extintivos de la totalidad de la deuda. No se trata de una facultad sino de

192. La exposición de motivos del RDL 6/2012 establece: «El modelo de protección diseñado gira en torno a la elaboración de un CBP al que, voluntariamente, podrán adherirse las entidades de crédito y demás entidades que, de manera profesional, realizan la actividad de concesión de préstamos o créditos hipotecarios, y cuyo seguimiento por aquellas será supervisado por una comisión de control integrada por representantes del Ministerio de Economía y Competitividad, Banco de España, Comisión Nacional del Mercado de Valores y Asociación Hipotecaria Española».

193. En este sentido, la exposición de motivos del RDL 6/2012 indica que «si ninguna de las dos medidas anteriores logra reducir el esfuerzo hipotecario de los deudores a límites asumibles para su viabilidad financiera, estos podrán solicitar, y las entidades deberán aceptar, la dación en pago como medio liberatorio definitivo de la deuda. En este último supuesto, las familias podrán permanecer en su vivienda durante de un plazo de dos años satisfaciendo una renta asumible».

194. LEIÑENA MENDIZÁBAL, E.: «Dación en pago...», *op. cit.*, p. 17: «Un sector de la doctrina civilista estima que la dación regulada en el Real Decreto-Ley no supone propiamente una excepción al artículo 579 de la Ley de Enjuiciamiento Civil, dado que establece una dación en pago facultativa para el deudor (en el caso de que este cumpla con una serie de condiciones) y acreedor. Y es que esa facultad está en función de los requisitos que ha de cumplir el deudor y sometida, en todo caso, a la adhesión voluntaria de la entidad al Código de Buenas Prácticas».

195. PÉREZ ÁLVAREZ, M. P.: «La dación en pago...», *op. cit.*, p. 24: «La dación en pago que se prevé en el CBP no es la convencional o voluntaria, que las partes pueden acordar en cualquier momento en base al artículo 1255 (...) CC, sino que se asemeja más a la dación en pago forzosa. Una vez aceptado el CBP por las entidades financieras, el punto 3 b) de dicho Código establece la obligación, que no la facultad, por parte de dichas entidades de aceptar la vivienda en pago de la deuda. Se trata de una *datio pro soluto* con eficacia solutoria pues, una vez que se produce la entrega de la vivienda a la entidad financiera, la deuda se considera definitivamente saldada, obviándose *ex lege* el principio de responsabilidad patrimonial universal del deudor (arts. 1911 CC y 105 LH)».

una obligación para la entidad. Por ello, considera que la dación en pago del RDL 6/2012 es una dación necesaria, legal o forzosa.

Para concluir, creemos que es una figura difícil de catalogar por las particularidades con las que ha sido creada. Ya hemos indicado que las entidades financieras, una vez que se adhieren al CBP, no podrán negar la dación en pago de la vivienda habitual al deudor que ha acreditado la situación de exclusión y ello determinará la extinción de la totalidad de la deuda. Entonces, atendiendo al número de adhesiones producidas, parece que se ha generalizado la aplicación del CBP y, por ende, se podría decir que no es necesaria la voluntad del acreedor —como ocurre en la *datio pro soluto necesaria*—. Pero, esta asimilación encuentra muchas limitaciones: por un lado, la dación en pago necesaria conlleva la intervención del poder judicial, bien sea en un procedimiento de ejecución patrimonial o, como en la ley 493, párr. 2.º, in fine del Fuero Navarro, en el que está prevista la necesaria intervención judicial[196]; en cambio, las medidas del CBP son de aplicación extrajudicial, en concreto, la dación en pago ha sido diseñada como una medida sustitutiva de la ejecución judicial. Por otro lado, si el banco no estima la solicitud del deudor o incluso no la resuelve antes de que se ejecute la hipoteca, el RDL 6/2012 no ofrece una vía contenciosa eficaz para que este consiga la dación en pago[197].

1.7.2. LOS ELEMENTOS PERSONALES

En la dación en pago del CBP intervendrá una pluralidad de sujetos. En principio, las partes serán, de un lado, el acreedor (*accipiens*), y de otro, el deudor (*solvens*). Ahora bien, eventualmente, pueden concurrir terceros adquirentes, fiadores, avalistas e hipotecantes no deudores. Aunque ya analizamos esta cuestión en el apartado 1.4.1, la dación en pago del CBP presenta particularidades que requieren nuestra atención.

La primera diferencia es la exclusión del pago por tercero en la dación en pago del CBP. Llegamos a esta conclusión por varios motivos: primero porque el CBP no ha previsto esta opción de cumplimiento por un tercero; segundo, por el hecho de que esta medida solo se aplica a deudores y garantes personales que se encuentren en el umbral de exclusión y no puedan cumplir las obligaciones derivadas de préstamo o crédito hipotecario; y, por último, puesto que solo es posible la entrega de la vivienda habitual.

El CBP regula esta figura como una medida excepcional y delimita con nitidez los numerosos requisitos que han de concurrir.

196. Estas cuestiones se explican en el apartado 1.6.2.5.
197. Este tema ha sido analizado por MARTÍN FUSTER, J.: «Las obligaciones del prestamista...», *op. cit.*, que ha comentado las últimas sentencias dictadas sobre este asunto.

1.7.2.1. El acreedor o *accipiens*

Será la entidad financiera que celebró el préstamo. Se pide que sea una entidad de crédito u otra entidad que, de manera profesional, realice la actividad de concesión de préstamos o créditos hipotecarios (artículo 5 del RDL 6/2012).

El CBP viene a tutelar la relación obligacional que une a estos acreedores con sus prestatarios. Pero el legislador excluye aquellos préstamos concertados con personas o entidades que no se dediquen profesionalmente al sector financiero, de tal forma que, atendiendo a la condición del acreedor en la obligación originaria, se ofrecerá o no el CBP a los deudores. Dicho de otro modo, se facilita a los clientes de las empresas del sector financiero un trato favorable o beneficioso, pero no se ofrece esa solución cuando esas mismas operaciones se hayan celebrado con acreedores que no se dediquen profesionalmente a ese sector. Así, quedan fuera, por ejemplo, las operaciones de préstamos celebradas entre familiares o, en general, las celebradas entre particulares; sin embargo, será aplicable a los prestamos concertados con empresas prestamistas de dudosa reputación que sí se dediquen habitualmente a la actividad financiera.

También es necesario que la entidad de crédito se haya adherido al CBP. Esta decisión, que será comunicada a la Secretaría General del Tesoro y Política Financiera, es vinculante durante un plazo de dos años. Transcurrido este periodo, se prorrogará automáticamente por períodos anuales, «salvo denuncia expresa de la entidad adherida, notificada a la Secretaría General del Tesoro y Política Financiera con una antelación mínima de tres meses» (artículo 5.6 del RDL 6/2012).

El número de entidades adheridas al CBP es evaluado periódicamente por la Comisión de control del seguimiento del CBP para la reestructuración viable de las deudas con garantía hipotecaria sobre la vivienda habitual.

La última modificación del CBP ha previsto que, tras la adhesión de la entidad financiera, el contenido del CBP se aplicará «a toda la cartera de contratos» [198] y su contenido es oponible a terceros, de tal manera que el deudor ostenta el derecho a instar las medidas del CBP durante la vigencia del contrato, incluso cuando se haya cedido el crédito a un tercero.

1.7.2.2. El *solvens*: Deudores o garantes de la deuda

Las medidas del RDL 6/2012 están dirigidas a beneficiar a «personas que se encuentren en situación profesional y patrimonial que les impida hacer frente al cumplimiento de sus obligaciones hipotecarias y a las elementales necesidades de subsistencia» [199]. No obstante, para evitar fraudes o abusos, el umbral de

198. Artículo 5.7 del RDL 6/2012, en la redacción dada por el Real Decreto-ley 19/2022.
199. Exposición de motivos del RDL 6/2012.

exclusión tiene en cuenta la situación económica de todos los miembros de la unidad familiar.

Entre los beneficiarios se encuentran los deudores «de un crédito o préstamo garantizado con hipoteca sobre la vivienda habitual» (artículo 3.1 del RDL 6/2012) y los titulares de las garantías personales que, en su caso, existiesen. Su identificación dependerá de la obligación preexistente u originaria.

Para celebrar la operación han de ostentar la libre disposición de la cosa ofrecida en pago y la capacidad para enajenarla.

El CBP no admite la dación en pago cuando la vivienda esté gravada con cargas posteriores[200], ni cuando el préstamo o crédito disponga de otras garantías reales[201].

Respecto a los garantes, pueden acceder a la dación en pago del CBP los fiadores y avalistas que se encuentren en situación de exclusión, para la entrega de su vivienda habitual. En estos casos, la dación en pago se celebrará entre el acreedor y el garante. Ahora bien, antes de llegar a esta situación, la entidad habrá tenido que agotar las posibilidades de ejecución del patrimonio del deudor[202].

El artículo 2 del RDL 6/2012 en su redacción original, limitaba las medidas del CBP a los deudores. Posteriormente, la Ley 1/2013, de mayo de 2013, amplió el ámbito subjetivo a los avalistas hipotecarios del deudor principal y, luego, la Ley 8/2013, de 26 de junio, incluyó también a los fiadores, en ambos casos, solo respecto de su vivienda habitual y cumpliendo las mismas condiciones económicas establecidas para el deudor hipotecario.

BERROCAL LANZAROT[203] afirma que pueden solicitar la dación en pago de su vivienda habitual «los deudores comprendidos en el ámbito de aplicación del artículo 2 del RDL 6/2012 —deudor principal, fiadores e hipotecantes no deudores— para los que la reestructuración y las medidas complementarias, en su caso, no resulten viables conforme a lo establecido en el apartado 2 del Anexo». Sin embargo, nosotros consideramos que el hipotecante no deudor queda implícitamente excluido de la medida 3 del CBP, consistente en la dación en pago. El único beneficio previsto para el hipotecante no deudor que se

200. Apartado 3 del Anexo del RDL 6/2012.
201. Artículo 3.2.c) del RDL 6/2012.
202. Esta previsión se incorporó al artículo 3 bis del RDL 6/2012: «Los fiadores, avalistas e hipotecantes no deudores que se encuentren en el umbral de exclusión podrán exigir que la entidad agote el patrimonio del deudor principal, sin perjuicio de la aplicación a este, en su caso, de las medidas previstas en el Código de Buenas Prácticas, antes de reclamarles la deuda garantizada, aun cuando en el contrato hubieran renunciado expresamente al beneficio de excusión».
203. BERROCAL LANZAROT, A. I.: «La reforma del Real Decreto-Ley 6/21012...», *op. cit.*, p. 18.

encuentre en el umbral de exclusión es el beneficio de excusión previsto en el artículo 3.bis del RDL 6/2012.

Una de nuestras conclusiones preliminares es que se ha querido acotar tanto el ámbito de aplicación de la dación en pago del CBP, que se ha reducido a la mínima expresión. Dicha conclusión resulta de la interpretación conjunta de los artículos 3.2.c) y 3.bis del RDL 6/2012.

El primer precepto impide su aplicación al deudor cuando la obligación originaria contemple otras garantías adicionales a la hipoteca constituida sobre la vivienda habitual. Solo se ha previsto una excepción: que se trate de garantía personal y el fiador o avalista «carezca de otros bienes o derechos patrimoniales suficientes con los que hacer frente a la deuda» [artículo 3.2.c) del RDL 6/2012]. El resultado de esta norma es que, para que el deudor principal pueda celebrar la dación en pago del CBP, si su obligación está garantizada por fiador o avalista, el primero debe estar en situación de exclusión y los segundos han de carecer de otros bienes o derechos patrimoniales suficientes con los que hacer frente a la deuda (no se les pide que se encuentren en umbral de exclusión).

Por otro lado, si los garantes se encuentran en el umbral de exclusión, «podrán exigir que la entidad agote el patrimonio del deudor principal, sin perjuicio de la aplicación a este, en su caso, de las medidas previstas en el CBP, antes de reclamarles la deuda garantizada, aun cuando en el contrato hubieran renunciado expresamente al beneficio de excusión» (artículo 3.bis del RDL 6/2012). En este caso, si el deudor principal cumple los demás requisitos del umbral de exclusión, se celebrará la dación del CBP entre el deudor principal y el acreedor, liberando a los garantes. Pero si el deudor principal no se encontraba en situación de exclusión, no le es aplicable el CBP (aunque al garante sí). En este caso, puede suceder que el garante, que se encuentra en situación de exclusión, solicite la aplicación del artículo 3.bis del RDL 6/2012 y se ejecute el patrimonio del deudor. Entonces, llegada la situación extrema de que agotado el patrimonio del deudor siguiera existiendo deuda no satisfecha, le será reclamada al garante. Ahora bien, dado que él se encuentra en situación de exclusión y cumple el artículo 3.2.c) del RDL 6/2012, podrá acceder a la dación en pago de su vivienda habitual, aun cuando no sea el bien hipotecado.

Vamos a tratar ahora la situación que se produce si en la obligación originaria se pactaron varias garantías reales: una sobre la vivienda habitual del deudor y otra sobre bienes inmuebles de un tercero. El artículo 3.2.c) del RDL 6/2012, excluye la dación en pago del CBP para los hipotecantes no deudores. Pero eso no significa que queden totalmente desprotegidos. Si éstos se encuentran en situación de exclusión, en el artículo 3.bis del RDL 6/2012 les permite «exigir que la entidad agote el patrimonio del deudor principal». Si el deudor principal, a su vez, también se encuentra en situación de exclusión, le aplicarán las medidas del CBP hasta llegar, si fuera necesario, a la dación en pago. Entonces, tanto el deudor principal como el hipotecante no deudor quedarán liberados.

En cambio, si el hipotecante no deudor no se encuentra en situación de exclusión, el artículo 3.2.c) del RDL 6/2012 hará que no se puedan aplicar las medidas 2 y 3 al deudor principal. Por tanto, si la reestructuración de la deuda es insuficiente (medida 1 del CBP), el acreedor podrá optar por la ejecución de la deuda por los cauces ordinarios. Básicamente, mientras el hipotecante no deudor no cumpla el umbral de exclusión, o hasta que no haya sido ejecutada la garantía real ofrecida por este, no entrarán en juego las medidas 2 y 3 del CBP.

Como sabemos, el acceso a las medidas del CBP está limitado a aquellos que se encuentren en situación de exclusión, que se define en el artículo 3 del RDL 6/2012. Este precepto ha sido modificado en numerosas ocasiones, ampliando progresivamente los márgenes económicos e incluyendo a colectivos desfavorecidos.

La situación de exclusión requiere el cumplimiento (a) de unos parámetros de ingresos de la unidad familiar; (b) de la aparición de cambios en la situación económica en los últimos cuatro años o que «hayan sobrevenido en dicho período circunstancias familiares de especial vulnerabilidad» [artículo 3.1.b) del RDL 6/2012] y (c) de que la cuota hipotecaria sea superior al 50% de los ingresos netos de la unidad familiar. Asimismo, para aplicar las medidas 2 y 3 del CBP (quita y dación en pago) se han de cumplir los requisitos adicionales del apartado 2 del artículo 3 del RDL 6/2012:

> «a) Que el conjunto de los miembros de la unidad familiar carezca de cualesquiera otros bienes o derechos patrimoniales suficientes con los que hacer frente a la deuda.
>
> b) Que se trate de un crédito o préstamo garantizado con hipoteca que recaiga sobre la única vivienda en propiedad del deudor o deudores y concedido para la adquisición de la misma.
>
> c) Que se trate de un crédito o préstamo que carezca de otras garantías, reales o personales o, en el caso de existir estas últimas, que carezca de otros bienes o derechos patrimoniales suficientes con los que hacer frente a la deuda.
>
> d) En el caso de que existan codeudores que no formen parte de la unidad familiar, deberán estar incluidos en las circunstancias a), b) y c) anteriores».

Vamos a analizar cada uno de los requisitos para estar en situación de exclusión, atendiendo a la redacción vigente y realizando algunas valoraciones críticas al hilo de la exposición:

1. Ingresos de la unidad familiar.

Con carácter general, los ingresos de la unidad no pueden superar el triple del IPREM anual a 14 pagas. Este límite se eleva al cuádruple del IPREM anual si alguno de los miembros de la familia tiene una discapacidad superior al 33%, está en situación de dependencia reconocida o padece enfermedad grave que le incapacite de forma permanente para la actividad laboral, pudiendo acreditarlo.

Además, el límite de los ingresos de la unidad familiar se incrementa al quíntuple del IPREM anual si el deudor está afectado de «parálisis cerebral, con enfermedad mental, o con discapacidad intelectual, con un grado de discapacidad reconocido igual o superior al 33 por ciento, o persona con discapacidad física o sensorial, con un grado de discapacidad reconocido igual o superior al 65 por ciento, así como en los casos de enfermedad grave que incapacite acreditadamente, a la persona o a su cuidador, para realizar una actividad laboral». [Artículo 3.1.a) 2.º párrafo, in fine del RDL 6/2012].

La definición de esta magnitud se ha modificado en dos ocasiones. Así, su redacción original requería que todos los miembros de la unidad familiar carecieran de rentas derivadas del trabajo o de actividades económicas. Esta condición parecía desproporcionada y determinaba que en la mayoría de los casos no se pudiera aplicar el CBP[204], lo que motivó un amplio número de denegaciones de solicitudes en el primer año de vigencia. Entonces, el CBP parecía una herramienta inútil o ineficaz, pues difícilmente se podría solucionar mediante la aplicación del CBP la situación económica de una familia que no tenía ingresos y carecía de otros bienes.

Con la modificación aprobada por la Ley 1/2013, de 14 de mayo, este requisito ha dejado de ser un escollo insalvable[205].

2. Cambios significativos en la situación económica o que estén en situación familiar de especial vulnerabilidad.

En primer lugar, se entenderá que se ha producido una alteración significativa de las circunstancias económicas cuando el esfuerzo que represente la carga hipotecaria sobre la renta familiar se haya incrementado[206] en los 4 años anteriores a la solicitud. Esta regla no se aplicará en el caso de que la entidad acredite que la carga hipotecaria en el momento de la concesión del préstamo era igual o superior a la carga hipotecaria en el momento de la solicitud de la aplicación del CBP.

---

204. Como se ha señalado en los informes I y II de la comisión de control hasta la reforma del CBP.

205. En los informes de seguimiento III en adelante, se ve que el requisito del artículo 3.1. a) del RDL 6/2012 deja de ser el gran impedimento.

206. Antes de la modificación aprobada por el Real Decreto-ley 19/2022 se pedía que el esfuerzo representara, al menos, 1,5 (carga hipotecaria sobre la renta familiar).

Este último inciso, que tiene la apariencia de cláusula antiabuso o antifraude, en realidad faculta a la entidad bancaria a denegar la dación en pago y continuar con la ejecución hipotecaria en aquellos casos de impago en los que el deudor no cumplía los requisitos mínimos de solvencia. Por lo que, ella habría actuado de forma, al menos, negligente, pues cuando concedió el préstamo. Resulta paradójico facilitar que la entidad financiera deniegue la dación en pago cuando ella misma ha asumido un elevado riesgo en la celebración del préstamo.

Además, esta medida estuvo vinculada a la exención de la ganancia patrimonial en el IRPF de los deudores. De este modo, esta cláusula significaba dejar fuera de la aplicación de la exención en el IRPF a quienes menor renta tenían. Este requisito ha desaparecido con la modificación del artículo 33.4.d) de la LIRPF, operada por el Real Decreto-ley 8/2014[207]. El efecto negativo se ha corregido.

En segundo lugar, cumplen la condición establecida en la letra b) del apartado 1 de artículo 3 del RDL 6/2012, aquellos que se hallen en circunstancias familiares de especial vulnerabilidad, que se entiende producida en los casos de:

> «1.º La familia numerosa, de conformidad con la legislación vigente.
>
> 2.º La unidad familiar monoparental con hijos a cargo.
>
> 3.º La unidad familiar de la que forme parte un menor de edad.
>
> 4.º La unidad familiar en la que alguno de sus miembros tenga declarada discapacidad superior al 33 por ciento, situación de dependencia o enfermedad que le incapacite acreditadamente de forma permanente, para realizar una actividad laboral.
>
> 5.º La unidad familiar con la que convivan, en la misma vivienda, una o más personas que estén unidas con el titular de la hipoteca o su cónyuge por vínculo de parentesco hasta el tercer grado de consanguinidad o afinidad, y que se encuentren en situación personal de discapacidad, dependencia, enfermedad grave que les incapacite acreditadamente de forma temporal o permanente para realizar una actividad laboral.
>
> 6.º La unidad familiar en que exista una víctima de violencia de género o de trata o explotación sexual.
>
> 7.º El deudor sea mayor de 60 años, aunque no reúna los requisitos para ser considerado unidad familiar según lo previsto en la letra a) de este número». [Artículo 3.1.b) in fine del RDL 6/2012].

207. Real Decreto-ley 8/2014, de 4 de julio, de aprobación de medidas urgentes para el crecimiento, la competitividad y la eficiencia, publicado en el BOE núm. 163, de 5 de julio de 2014.

Las situaciones de especial vulnerabilidad se han ido incrementando con las sucesivas reformas del CBP.

3. Relación de la cuota hipotecaria respecto a los ingresos netos de la unidad familiar.

Se requiere que la cuota hipotecaria resulte superior al 50% de los ingresos netos que perciba el conjunto de los miembros de la unidad familiar. Dicha proporción se mejora, aplicando el porcentaje del 40%, cuando alguno de dichos miembros sea una persona en la que concurren las circunstancias indicadas para la aplicación del cuádruple o quíntuple del IPREM a efectos del cálculo de los ingresos familiares.

A partir de la entrada en vigor de las modificaciones aprobadas por el Real Decreto-ley 1/2015 en el CBP, el mayor número de denegaciones de solicitudes de aplicación del CBP se debe al incumplimiento de este requisito[208].

4. Situación patrimonial o solvencia de la unidad familiar.

Que el conjunto de los miembros de la unidad familiar carezca de cualesquiera otros bienes o derechos patrimoniales suficientes con los que hacer frente a la deuda.

Este requisito, que se ha mantenido invariable desde su aprobación, nos parece criticable por varios motivos. Por un lado, no tiene en cuenta que el artículo 1911 del CC[209] establece la responsabilidad universal por las deudas desde una perspectiva individual.

Resulta razonable que se analice la capacidad de pago del deudor atendiendo a su situación familiar, pero la norma se ha extralimitado, condicionando el acceso a las medidas de reestructuración, quita y dación en pago a los ingresos y al patrimonio de todos los miembros de la unidad familiar.

Además, la norma define el vínculo familiar de la forma más amplia posible, comprendiendo cónyuges no separados legalmente, parejas de hecho inscritas y los hijos que residan en la vivienda cualquiera que sea su edad, incluyendo las relaciones de tutela, guarda y acogimiento familiar. Es cierto que las normas reguladoras del régimen económico del matrimonio y la sucesión determinan la responsabilidad civil de los cónyuges y de los herederos por las deudas del fallecido, pero la regulación establecida en el Real Decreto-Ley 6/2012 va más

208. COMISIÓN DE CONTROL SOBRE EL CUMPLIMIENTO DEL CÓDIGO DE BUENAS PRÁCTICAS PARA LA REESTRUCTURACIÓN VIABLE DE LAS DEUDAS CON GARANTÍA HIPOTECARIA SOBRE LA VIVIENDA HABITUAL: *Informes de la comisión de control sobre el cumplimiento del código de buenas prácticas para la reestructuración viable de las deudas con garantía hipotecaria sobre la vivienda habitual* (VI y VII).

209. El artículo dispone que «Del cumplimiento de las obligaciones responde el deudor con todos sus bienes, presentes y futuros».

allá, pues al excluir de su aplicación a ciertos deudores en atención a los ingresos de otros miembros de su familia (que no son jurídicamente responsables de esas deudas), les fuerza de hecho a responsabilizarse de estas y les limita en su derecho a la propiedad privada, al no poder disponer libremente de sus ingresos y tener que destinarlos al pago de deudas ajenas.

Por tanto, la definición del umbral de exclusión no respeta la independencia patrimonial de los hijos, ni menores ni mayores de edad, que aún residan en la vivienda pues, aunque no sean jurídicamente responsables de las deudas de sus familiares, podrían verse de hecho compelidos a destinar sus ingresos o sus activos al pago de las deudas de estos. Esta situación es contraria a Derecho e injusta, ya que dificulta la sana tendencia natural de independencia que deberían tener los jóvenes. Este escenario negativo al desarrollo de parte de la población tiene su reflejo en el descenso del número de hogares jóvenes, que desde 2005 a 2017 se ha reducido un 7,4% y a finales de 2017 solo representan un 7,6% del total[210].

Por otro lado, el incumplimiento de este requisito determinará también la inaplicación del CBP y, por ende, de los beneficios fiscales asociados. En el caso concreto del IRPF, la aplicación de la exención quedaba condicionada a que la Administración estimara que la realización de los bienes o derechos de la unidad familiar no serían suficientes para hacer frente a la deuda (obligación originaria). Este requisito se ha modificado desde que la exención de la ganancia patrimonial por la dación en pago de la vivienda habitual fue incorporada al artículo 33.4.d) de la LIRPF. Ahora solo se tiene en cuenta la situación patrimonial del propietario de la vivienda habitual. Sin embargo, en el IIVTNU, la exención de la renta

210. BANCO DE ESPAÑA: «Encuesta Financiera de las Familias (EFF) 2011: métodos, resultados y cambios desde 2008». *Boletín económico del Banco de España*, enero (2014); BANCO DE ESPAÑA: «Encuesta Financiera de las Familias (EFF) 2014: métodos, resultados y cambios desde 2011». *Boletín económico del Banco de España*, enero (2017) y BANCO DE ESPAÑA: «Encuesta Financiera de las Familias (EFF) 2017: métodos, resultados y cambios desde 2014». *Boletín económico del Banco de España*, núm. 4 (2019).
La Encuesta Financiera de las Familias (EFF) es una encuesta elaborada por el Banco de España que permite relacionar las rentas, los activos, las deudas y el gasto de cada unidad familiar. Actualmente están disponibles las EFF que valoran la información disponible hasta diciembre de 2011, 2014 y 2017. De estos datos se deducen (a) la ralentización en el aumento del número de hogares: Mientras que en 2008 el número de hogares nuevos estuvo por encima de los 450.000 (tasa de incremento 9,5% entre 2005 y 2008), en 2017 queda en 0,9%. (b) Los hogares jóvenes descienden hasta el 7,6% en 2017. (c) El sustancial incremento en el número de hogares unipersonales: en 2011[er]an un 11 % del total y 2017 el 25,5%.
Respecto al patrimonio de las familias, en 2011 el 83,1% de los hogares son propietarios de su vivienda principal y es el activo más importante de su patrimonio, ya que representa el 60,3 % del valor de los activos reales para el conjunto de hogares y un 50,9 % del valor de los activos totales. En 2014 estos porcentajes se reducen al 80,4% el primero, 57,4% el segundo y 46% el tercero. En 2017, el 75,9% de los hogares son propietarios de su vivienda principal, continua en tendencia descendente especialmente entre jóvenes y familias de menor renta. Sin embargo, para aquellas familias propietarias de su residencia, el valor de la vivienda principal en 2017 representa el 54,2% del valor de los activos totales.

generada por la dación en pago de la vivienda se ha mantenido ligada al patrimonio de la unidad familiar y en el CBP ha conservado el mismo requisito.

En resumen, creemos que se desconoce la responsabilidad patrimonial universal e individual de cada miembro de la familia y se crea una distinción o discriminación entre contribuyentes carente de justificación si atendemos a su capacidad económica individual.

5. Que se trate de un crédito o préstamo garantizado con hipoteca que recaiga sobre la única vivienda en propiedad del deudor o deudores y concedido para la adquisición de la misma.

En primer lugar, si analizamos la composición del patrimonio de las familias en España este requisito resulta difícil de cumplir[211].

En segundo lugar, vincular la finalidad del préstamo a la financiación de la vivienda habitual desconoce los problemas de financiación de las pymes. Es usual que la financiación de un proyecto empresarial se consiga a través de un préstamo concedido por una entidad financiera al emprendedor. En numerosos casos para conseguir la financiación ajena el emprendedor debe otorgar una garantía real sobre su patrimonio personal. Si ese emprendedor tiene dificultades para cumplir con la entidad financiera, no podrá beneficiarse del CBP, aunque reúna los demás requisitos.

6. Que no existan otras garantías de la deuda o, de existir, se evaluará la situación patrimonial de los garantes de la deuda.

---

211. Basamos nuestra afirmación en las conclusiones de los informes la Encuesta Financiera de las Familias de 2011, 2014 y 2017 (EFF), elaborada por el Banco de España, que permite relacionar las rentas, los activos, las deudas y el gasto de cada unidad familiar. En especial, BANCO DE ESPAÑA: «Encuesta Financiera de las Familias (EFF) 2017: métodos, resultados y cambios desde 2014». *Boletín económico del Banco de España*, núm. 4 (2019), p. 14: «El 45% de los hogares son propietarios de activos inmobiliarios que no son su vivienda principal. Más concretamente, un 31,9% posee una vivienda que no es su vivienda principal, seguido, por orden de importancia, de un 13,8% que posee solares y fincas. Estas proporciones aumentan con la renta, pero incluso en la parte inferior de la distribución de la renta se observa un porcentaje considerable de hogares que poseen activos inmobiliarios distintos de su vivienda principal (27,2%). (...) El valor mediano de estas propiedades es de 84.900 €, y aumenta con la renta y la riqueza. Por situación laboral, el valor mediano máximo se produce para los hogares cuyo cabeza de familia es trabajador por cuenta propia. Respecto al final de 2014, el porcentaje de hogares que poseían otras propiedades inmobiliarias aumentó hasta finales de 2017 de forma sustancial para casi todos los grupos de hogares, exceptuando los hogares cuyo cabeza de familia era menor de 35 años y los hogares del cuartil más bajo de la distribución de la riqueza neta. El aumento de la tenencia fue sustancial para los hogares entre los percentiles 80 y 90 de la distribución de la renta. El valor mediano de estas propiedades referido al conjunto de hogares que las poseían se incrementó un 2,6%, debido fundamentalmente al aumento del valor de las propiedades que poseían los hogares por encima del percentil 75 de la distribución de la riqueza neta».

Para alcanzar la dación en pago, el artículo 3.2.c) del RDL 6/2012 establece el requisito de «que se trate de un crédito o préstamo que carezca de otras garantías, reales o personales o, en el caso de existir estas últimas, que carezca de otros bienes o derechos patrimoniales suficientes con los que hacer frente a la deuda».

Deducimos que cualquier préstamo en el que existan varias garantías reales quedará excluido de la dación en pago. Y que en el caso de que el préstamo hipotecario celebrado otorgue garantías personales al acreedor, la dación en pago del CBP tampoco será posible, salvo que los garantes carezcan de otros bienes o derechos patrimoniales suficientes con los que hacer frente a la deuda.

7. En caso de que exista un codeudor que no forme parte de la unidad familiar, también se analiza su situación.

«En el caso de que existan codeudores que no formen parte de la unidad familiar, deberán estar incluidos en las circunstancias a), b) y c) anteriores» [artículo 3.2.d) del RDL 6/2012]. Son los requisitos 4, 5 y 6 precedentes, sobre la situación patrimonial de la unidad familiar del codeudor, que se trate de un crédito o préstamo garantizado con hipoteca que recaiga sobre la única vivienda en propiedad del codeudor y concedido para la adquisición de la misma, así como que no existan otras garantías de la deuda o, de existir, se haya evaluado la situación patrimonial de los garantes personales.

Después de todas estas consideraciones jurídicas, si nos fijamos en los datos reales de la aplicación del CBP desde la modificación de 2015, los principales motivos de denegación de la aplicación del CBP son los requisitos 2 y 3 anteriores[212].

1.7.3. LOS ELEMENTOS REALES

La dación en pago del CBP está diseñada para un supuesto concreto, que consiste en la entrega de la vivienda habitual para la extinción de las obligaciones derivadas de un préstamo o crédito hipotecario que no se puede cumplir en los términos pactados.

212. COMISIÓN DE CONTROL SOBRE EL CUMPLIMIENTO DEL CÓDIGO DE BUENAS PRÁCTICAS PARA LA REESTRUCTURACIÓN VIABLE DE LAS DEUDAS CON GARANTÍA HIPOTECARIA SOBRE LA VIVIENDA HABITUAL: *Informes de la comisión de control sobre el cumplimiento del código de buenas prácticas para la reestructuración viable de las deudas con garantía hipotecaria sobre la vivienda habitual* (VI a XXI).

Las condiciones que debe reunir la obligación preexistente u originaria son las siguientes:

a) Que la obligación originaria proceda de un préstamo o crédito que se encuentre en vigor a 11 de marzo de 2012 o se suscriba con posterioridad.

b) Que se haya contratado con «entidades de crédito o cualquier otra entidad que, de manera profesional, realice la actividad de concesión de préstamos o créditos hipotecarios» (artículo 5.1 del RDL 2/2012).

c) Que el préstamo o crédito esté garantizado con hipoteca inmobiliaria sobre la vivienda habitual del deudor.

d) Que la finalidad del préstamo sea financiar la adquisición de la vivienda habitual.

La doctrina *ius privatista* indicaba que, solo llegado el momento del cumplimiento o con posterioridad, se hablaba de dación en pago, puesto que no tenía sentido articular un medio de pago antes del vencimiento. También el RDL 6/2012 parte de la premisa de que el deudor no puede cumplir la obligación en los términos pactados y, en la práctica, la mayoría de las solicitudes se presentan cuando la deuda se encuentra vencida[213].

Teniendo en cuenta los requisitos establecidos en el CBP el *aliud pro alio* consistirá en la entrega de una cosa por otra, en concreto, la entrega de una vivienda a cambio de la extinción de las obligaciones dinerarias derivadas de un préstamo o crédito hipotecario.

Son numerosos los requisitos relativos al inmueble que se va a entregar:

a) Que se entregue el bien hipotecado y sea la única vivienda en propiedad del deudor o deudores.

b) Que constituya la vivienda habitual en el momento de la entrega.

c) Que el valor de adquisición de la vivienda no supere el límite máximo indicado en el artículo 5.2 del RDL 6/2012.

d) Que la vivienda no esté gravada con cargas posteriores.

213. COMISIÓN DE CONTROL SOBRE EL CUMPLIMIENTO DEL CÓDIGO DE BUENAS PRÁCTICAS PARA LA REESTRUCTURACIÓN VIABLE DE LAS DEUDAS CON GARANTÍA HIPOTECARIA SOBRE LA VIVIENDA HABITUAL: *Informes de la comisión de control sobre el cumplimiento del código de buenas prácticas para la reestructuración viable de las deudas con garantía hipotecaria sobre la vivienda habitual* (I a XIV). De los informes de seguimiento elaborados por la comisión de control del seguimiento del CBP I a XIV se deduce que el 70% de las solicitudes presentadas se refieren a deudas ya vencidas.

El límite máximo del artículo 5.2 del RDL 6/2012 implica que, si el valor de adquisición de la vivienda supera dicho importe, el préstamo no podrá cancelarse a través de la dación en pago del CBP.

Desde el 29 de febrero de 2015, que entró en vigor el Real Decreto-Ley 1/2015, el límite máximo está vinculado al precio medio por metro cuadrado para vivienda libre que arroje el Índice de Precios de la Vivienda elaborado por el Ministerio de Fomento para el año de adquisición del bien inmueble y la provincia en que esté radicado dicho bien, con un límite absoluto de 250.000 €. Los inmuebles adquiridos antes del año 1995 tomarán como precio medio de referencia el relativo al año 1995.

Este límite no se aplica de la misma manera para todas las medidas del CBP, es más estricto para la medida consistente en la dación en pago, pues para la reestructuración de la deuda y la quita el límite máximo del valor de adquisición es más alto (hasta el 120% del precio medio por metro cuadrado para vivienda libre que arroje el Índice de Precios de la Vivienda elaborado por el Ministerio de Fomento, con un valor absoluto hasta 300.000 €).

La redacción original del RDL 6/2012, limitaba el valor de adquisición dependiendo del número de habitantes del municipio, resultando unos precios máximos entre 120.000 y 200.000 €. Lo reducido de estos importes fue objeto de críticas y, aunque se modificó en 2013, no afectó a la dación en pago, ya que el incremento del valor máximo solo afectaba a las medidas 1 y 2 del CBP y la medida 3 continuó regulada con el sistema original de 2012.

Valoramos muy positivamente que en 2015 se elevara el valor de adquisición para optar a la dación en pago del CBP, ya que después de realizar una comparativa de la aplicación de ambos límites para la provincia de Huelva, resulta que con la redacción original del RDL 6/2012 la mayoría de las operaciones realizadas en este territorio habrían tenido grandes dificultades para acceder a esta medida. Sin embargo, con el nuevo sistema de cálculo del límite, las cuantías se han incrementado bastante y muchas más operaciones podrían acceder a la dación en pago.

Por otro lado, el deudor solicitará la dación en pago del CBP con la intención de conseguir extinguir el vínculo obligatorio que le une a la entidad de crédito. La aceptación del *aliud* a título de pago se encuentra prevista en el propio CBP que, como novedad en nuestro ordenamiento jurídico, establece con claridad la obligación del acreedor de aceptar la entrega del bien. También ha supuesto una novedad que se regule la extensión de los efectos extintivos, estableciendo que cubrirán la totalidad de la deuda[214].

214. *Vid*. Anexo del RDL 6/2012, apartado 3, letras a) *in fine* y b) del CBP.

1.7.4. LOS EFECTOS JURÍDICOS

El CBP establece con claridad que con la entrega del bien queda «definitivamente cancelada la deuda»[215]. Es más, en la letra b) del apartado 3 del CBP se reitera que «b) La dación en pago supondrá la cancelación total de la deuda garantizada con hipoteca y de las responsabilidades personales del deudor y de terceros frente a la entidad por razón de la misma deuda». Supone una novedad que se explicite el alcance de los efectos extintivos de la dación en pago y se establezca la extinción de las garantías con meridiana claridad.

Los efectos extintivos de la dación en pago no quedan condicionados a una valoración del bien, ni se encuentran limitados por el valor de mercado de la vivienda en el momento de la entrega, siguiendo así la doctrina preexistente. Antes del RDL 6/2012, la doctrina y la jurisprudencia ya consideraban que la dación en pago no requería una valoración previa de la nueva prestación, ni quedaba condicionada por el valor de mercado de lo entregado, a diferencia de lo que sucede en la dación en pago regulada en la LGT[216].

Algunos autores, inspirados en el pacto marciano, recomiendan la valoración del inmueble para evitar abusos y fraudes, en suma, para mantener el equilibrio de las prestaciones de las partes. No obstante, ni el CC ni el CBP lo han regulado así. Es cierto que el RDL 6/2012 ha establecido un requisito referido al valor de adquisición máximo de los inmuebles para que sean aplicables las medidas del CBP, pero cuando se refiere a los efectos de la dación en pago no menciona siquiera el valor de mercado de la vivienda en la fecha de la entrega al acreedor.

La cancelación total de la deuda implica también la de las garantías prestadas. En consecuencia, la dación en pago prevista en el CBP libera a los fiadores y avalistas de sus responsabilidades personales por dicha deuda. Los mismos efectos ya se inferían del artículo 1849 CC y se admitía que la dación en pago produce la extinción de la fianza. Es más, este precepto se ha interpretado extensivamente a todas las garantías personales.

En suma, representa un avance técnico que se haya explicitado el alcance de los efectos solutorios de la dación en pago del CBP, puesto que no existe unanimidad en la doctrina civilista respecto a dación en pago voluntaria. No obstante, la innovación resulta insuficiente o escasa. No se han establecido mecanismos de tutela a favor del deudor en caso de incumplimiento de lo previsto en el CBP por la entidad financiera, ni consecuencias jurídicas específicas para las situaciones problemáticas por el posible incumplimiento del deudor, por evicción o por vicios en la cosa entregada.

---

215. Apartado 3. A) del Anexo del RDL 6/2012.

216. PALADINI BRACHO, I. E.: «Una aportación desde el derecho financiero para colmar la ausencia de regulación de la dación en pago en el código civil», en AA. VV. GIL GARCÍA, E. (coord.) y NAVARRO-FAURE, A. (Dir.): *Retos del derecho financiero y tributario ante los desafíos de la economía digital y la inteligencia artificial.* Tirant lo Blanch. Valencia, 2021.

Otra cuestión que ha quedado en el tintero es la perfección del negocio. La doctrina clásica no ha logrado concretar cuándo se perfecciona la dación en pago. Como explicamos en el apartado 1.5 antedicho, los autores se han ido posicionando en torno a dos teorías sobre el perfeccionamiento de la dación en pago: por un lado, la que lo relaciona con un contrato real, que considera necesaria la entrega del bien para que se produzca la perfección de la dación en pago. Y, por otro lado, la que considera que es suficiente el acuerdo o consentimiento, como ocurre con los contratos consensuales. Pero el RDL 6/2012 pasa de puntillas sobre este asunto.

El artículo 4 del RDL 6/2012 dispone que la moderación de los intereses moratorios es aplicable «desde el momento en que el deudor solicite a la entidad la aplicación de cualquiera de las medidas del CBP y acredite ante la entidad que se encuentra en dicha circunstancia». Esta norma indica que los efectos jurídicos previstos se producen cuando un deudor que se encuentra en situación de exclusión solicita la aplicación de las medidas y acredita documentalmente que reúne los requisitos al acreedor (adherido al CBP). Si aplicamos este precepto a la dación en pago, ello supondría que la entrega del bien en concepto de pago tiene efectos retroactivos desde la fecha de la solicitud. Esta solución ha sido la adoptada por el legislador para la dación en pago de la deuda tributaria[217].

Desde una perspectiva procedimental, el CBP establece que el deudor ha de presentar una primera solicitud de aplicación de las medidas del CBP ante el acreedor, con la posibilidad de indicar aquellas que considere adecuadas a sus intereses. Debe acompañar la documentación que acredite que se encuentra en situación de exclusión (según el elenco del artículo 3.3 RDL 6/2012). El procedimiento para la aplicación del CBP se tramita con la entidad financiera, al margen de la Administración, por lo que puede dar lugar a numerosos problemas de acreditación por parte del deudor[218]. El plazo indicado para iniciar los trámites es muy amplio, abarca desde el momento en que el deudor en situación de exclusión tenga dificultades para abonar las cuotas hipotecarias, hasta el anuncio de la subasta.

217. PALADINI BRACHO, I. E.: «Una aportación desde el derecho financiero...», *op. cit.*, p.852: «De lo expuesto queda claro que los efectos extintivos o liberatorios y traslativos propios de la dación en pago no se asocian a la resolución administrativa, sino que quedan condicionados a la entrega de los bienes del PHE. (...) Ahora bien, cumplidos ambos, los efectos extintivos de la deuda tributaria tienen carácter retroactivo, desde la fecha de la solicitud de dación en pago. Entonces, se procederá al registro contable de la adquisición y de la cancelación de la deuda tributaria, como si se tratase de una adjudicación en pago».

218. En este sentido, VÁZQUEZ CARRASCO, R.: «La tributación de las daciones en pago de bienes inmuebles». *Quincena Fiscal*, núm. 19, 2013, pp. 87 a 96. También de los IV al XIV informes de la comisión de control se deduce que el segundo motivo de denegación de las solicitudes de aplicación del CBP está relacionado con la documentación requerida. La última modificación aprobada por el Real Decreto-ley 19/2022, de 22 de noviembre, prevé que el deudor no tenga que entregar documentación que ya esté en poder del acreedor y la posibilidad de que el deudor le autorice para obtener la información necesaria de la AEAT, la SS y los registros de la propiedad y mercantiles (artículo 3.3 del RDL 6/2012).

Aún hay que añadir que el RDL 6/2012 marca un segundo plazo para que el deudor pueda presentar otra solicitud ante el acreedor, esta vez para lograr la dación en pago. En concreto, en el apartado 3 del CBP se establece que «en el plazo de veinticuatro meses desde la solicitud de reestructuración, los deudores (...) podrán solicitar la dación en pago de su vivienda habitual en los términos previstos en este apartado». Esto supone una ventaja estratégica, puesto que, si la entidad no contesta a la primera solicitud, su inactividad no va a impedir que el deudor avance en su camino hacia una solución, aunque requiera un proceso judicial declarativo.

De todos modos, no es un tema pacífico. MARTÍN FUSTER[219] ha puesto de manifiesto que las entidades financieras no se abstienen de iniciar las ejecuciones hipotecarias, aun cuando los deudores han solicitado la aplicación del CBP, llegando en muchos casos a subastar el bien inmueble antes de contestar dicha solicitud.

La dación en pago de la vivienda habitual se ha presentado como una medida sustitutiva de la ejecución hipotecaria, por ello, no tiene sentido que el acreedor ejecute la garantía hipotecaria antes de que se haya pronunciado acerca de la solicitud de dación en pago del deudor. En este sentido, MARTÍN FUSTER afirma que «el Alto Tribunal, quien opta por realizar una interpretación sistemática y teleológica de la norma, en la que según la exposición de motivos se pretende (...) evitar la pérdida de la vivienda para los deudores sin recursos, haciéndose referencia al incremento de ejecuciones hipotecarias, por lo que lo decisivo es que el deudor esté a tiempo de acogerse a alguna de las medidas propuestas. De hecho, argumenta el Tribunal, el propio Código establece que las medidas de reestructuración y la dación podrán aplicarse incluso cuando el procedimiento de ejecución se hubiera iniciado, antes de haberse producido el anuncio de la subasta, y permitiéndose incluso la quita con posterioridad a dicho anuncio»[220].

Pero es difícil para el deudor hacer valer los derechos que el CBP le confiere, dado que no se ha previsto ninguna herramienta jurídica a su favor como, por ejemplo, la suspensión cautelar del procedimiento de ejecución hipotecaria a

219. MARTÍN FUSTER, J.: «Las obligaciones del prestamista...», *op. cit.*, pp. 10 y 11: «donde sí que surgen problemas es a la hora de hacer valer el contenido del Código, especialmente en aquellos casos en donde el acreedor, incumpliendo sus obligaciones, decide iniciar un procedimiento de ejecución en vez de informar y acudir a las medidas del Código que podían evitar dicho procedimiento, y los problemas que surgen una vez iniciado dicho procedimiento ejecutivo que, debido a los motivos de oposición tasados, impiden oponer el incumplimiento de contrario así como solicitar su cumplimiento.
Sí que goza el prestatario del derecho de acudir a la tutela judicial a través de un procedimiento declarativo donde se condene a la entidad a dar cumplimiento a las medidas que correspondan, pero como decimos, los problemas surgen con relación al inicio y sustanciación el procedimiento ejecutivo, donde el prestatario se ve desamparado».

220. *Ibidem*, pp. 12 y 13.

partir del momento en el que el deudor haya acreditado que reúne los requisitos para la aplicación de las medidas del CBP y hasta que se haya resuelto por el acreedor esta vía extrajudicial (básicamente, que el acreedor resuelva la solicitud de la dación en pago del CBP).

Para conseguir la suspensión del procedimiento hipotecario MARTÍN FUSTER[221] recomienda que «como motivo de oposición concreto de los previsto en la ley, (...) podría usarse el motivo de oposición basado en el error en la cuantía exigible del artículo 695.1.2.º, que aunque según la LEC no suspende la ejecución, se podría solicitar el sobreseimiento a través de las interpretaciones judiciales por las que proceden a ello en los casos de inexigibilidad e iliquidez de la deuda. En este caso, sería alegar la improcedencia de los intereses moratorios —en caso de que fueran superiores a los marcados por el RDL—, así como por la inexigibilidad de la totalidad del préstamo, por todos los motivos expresados».

No obstante, lo argumentado hasta ahora, en nuestra opinión, es necesario que la norma concrete cuándo se producen los efectos jurídicos de la dación en pago.

Junto a los efectos extintivos y traslativos, la dación en pago del CBP puede desplegar otros efectos. Así, se han previsto dos acuerdos complementarios:

En primer lugar, se ha previsto la posibilidad de encadenar un contrato de arrendamiento con condiciones económicas beneficiosas respecto a las de mercado para que el deudor pueda permanecer en la vivienda durante dos años más. Además, cuando el deudor continúe en la vivienda como arrendatario, podrá beneficiarse «de las ayudas a los inquilinos, en los términos establecidos en los artículos 38 y 39 del Real Decreto 2066/2008, de 12 de diciembre, por el que se regula el Plan de Vivienda y Rehabilitación 2009-2012»[222].

En segundo lugar, en la letra d) del Anexo (CBP) se prevé la posibilidad de pactar la cesión al deudor de parte de la plusvalía generada por la enajenación de la vivienda, a cambio de su colaboración en esta operación. Para nosotros, es una cláusula que desdibuja la dación en pago. Esta figura que no ha sido expresamente reconocida en el CC, había encontrado su encaje en este RDL 6/2012, aunque fuese una norma de carácter excepcional, aplicable a situaciones de hecho muy concretas. Pero el hecho de relacionar expresamente la dación en pago y este pacto de cesión parcial de plusvalías, que no guarda relación ni con el valor del bien, ni con la cuantía de la deuda, creemos que oscurece el reconocimiento en nuestro ordenamiento jurídico de esta figura.

221. *Ibidem*, p. 24.
222. Artículo 14 del RDL 6/2012.

Por último, En el RDL 6/2012 también se han establecido los siguientes beneficios fiscales para facilitar la aplicación de las medidas de reestructuración, remisión y dación en pago:

a) La exención de la ganancia patrimonial generada por la dación en pago de deudas de la vivienda habitual en el IRPF.

Como hemos comentado, esta exención nació vinculada a la dación en pago del CBP. De hecho, la DGT afirmaba que las ganancias de patrimonio generadas por la dación en pago de la vivienda habitual realizadas por los deudores que se encontraran situados en el umbral de exclusión, establecido en el RDL 6/2012, estarían exentas de gravamen en la medida en que se cumplieran los requisitos establecidos en dicha norma[223].

El artículo 123.1 del Real Decreto-ley 8/2014 añadió una nueva letra d) al apartado 4 del artículo 33 de la LIRPF y modificó la exención para desvincularla del umbral de exclusión del RDL 6/2012. En el apartado 4.5.2. analizaremos con detalle este beneficio fiscal.

b) En el IIVTNU, para evitar la tributación del deudor, se creó una nueva figura de sustituto en el impuesto. Para ello se añadió un nuevo apartado 3 al artículo 106 del texto refundido de la Ley Reguladora de las Haciendas Locales aprobado por el Real Decreto legislativo 2/2004, de 5 de marzo, en lo sucesivo, LRHL. Esta medida fue ampliamente criticada, no por el objetivo perseguido —que no es otro que eximir del pago del impuesto al *solvens*— sino por la técnica empleada. El problema era que no cumplía una de las características básicas del sustituto: la posibilidad de recuperar la deuda tributaria satisfecha del contribuyente.

Posteriormente, el artículo 123.1 del Real Decreto-ley 8/2014 añadió la letra c) al apartado 1 del artículo 105 de la LRHL, para declarar exentas las transmisiones realizadas por personas físicas con ocasión de la dación en pago de la vivienda habitual del deudor hipotecario o garante del mismo, con una descripción muy parecida a la de la dación en pago del CBP, pero sin exigir los requisitos del umbral de exclusión[224].

No acaban aquí las consecuencias jurídicas que resultan aplicables a la dación en pago. El artículo 11.2 RDL 6/2012 prevé una bonificación de los derechos arancelarios. En este sentido el precepto señala:

> «Los derechos arancelarios notariales y registrales derivados de la cancelación del derecho real de hipoteca en los casos de dación en pago de deudor hipotecado situado en el umbral de exclusión de este real decreto-ley, se bonificarán en un 50 por cien.

223. Consulta de la DGT de fecha 3 de marzo de 2014, núm. V0561-14.
224. *Vid*. apartado 6.4.

El deudor no soportará ningún coste adicional de la entidad financiera que adquiere libre de carga hipotecaria, la titularidad del bien antes hipotecado».

1.8. LA AUSENCIA DE UNIFORMIDAD EN EL EMPLEO DE LA TERMINOLOGÍA

A lo largo de nuestra investigación, una de nuestras primeras conclusiones ha sido la necesidad de unificar la terminología. El uso impropio de expresiones como adjudicación o cesión para referirse a la dación en pago es común entre la doctrina y la jurisprudencia, lo cual oscurecen aún más las sombras que pesan sobre esta operación.

En este sentido, hemos recabado afirmaciones de varios autores sobre el particular. LACRUZ MANTECÓN[225] se detiene en la cuestión del uso de variada terminología, llamando la atención sobre el empleo de diversos términos para referirse a la dación. Cita como ejemplo, que se ha utilizado de manera impropia el término cesión de bienes judicial para referirse a operaciones que son propiamente daciones en pago.

También ZURITA MARTÍN[226] critica que «en estos últimos años, en ámbitos tanto jurídicos como no jurídicos», se esté utilizando la expresión dación en pago para referirse a «la posibilidad con la que (...) debe contar el deudor de entregar la finca hipotecada al acreedor con la finalidad de saldar la deuda, quedando este obligado a aceptar tal forma de pago del crédito hipotecario».

En la misma línea, MARTÍN BRICEÑO[227] afirma que «a veces se utiliza dación y adjudicación en pago como si de términos sinónimos se tratara, cuando resulta meridiano que describen realidades distintas».

Por último, BELINCHÓN ROMO se muestra especialmente crítica cuando afirma que «el alto Tribunal habla indistintamente de dación o adjudicación en pago de deudas, cuando son figuras jurídicas que producen efectos y consecuencias jurídica diversas»[228]. La autora también critica profusamente la confusión terminológica de nuestra doctrina y Jurisprudencia cuando afirma que «se utiliza de manera indistinta el término adjudicación en y para pago de deudas,

225. LACRUZ MANTECÓN, M. L.: «La dación en...», *op. cit.*, p. 331.
226. ZURITA MARTÍN, I.: *Préstamo hipotecario...*, *op. cit.*, p.268.
227. MARTÍN BRICEÑO, M. R.: «La dación en pago...», *op. cit.*, p. 364.
228. BELINCHÓN ROMO, M. R.: *La dación en pago...*, *op. cit.*, p. 39, en el mismo sentido, p. 149: «A pesar de que nuestra Doctrina, y sobre todo nuestra Jurisprudencia, utiliza indistintamente el término dación y el de adjudicación para referirse a un mismo supuesto, esto es, aquél en el que se produce la dación, sin embargo, no son términos sinónimos».

para hacer referencia a la dación en pago y a la cesión de bienes respectivamente»[229].

El uso impropio de la terminología relativa a la dación en pago, nos parece que se debe a la atipicidad y ausencia de regulación de la misma. Ahora bien, la dación en pago goza de amplio reconocimiento social y, poco a poco, va apareciendo en nuevas normas jurídicas, como analizaremos en los apartados siguientes. Además, el TS está consolidando una jurisprudencia clara sobre esta figura. En consecuencia, es recomendable que se mejore en este aspecto.

229. BELINCHÓN ROMO, M. R.: *La dación en pago...*, *op. cit.*, p. 156. También afirma que pp. 129 y 130: «Existe en la Doctrina y en la Jurisprudencia una confusión terminológica en relación con estas dos figuras. De este modo, se nos hace necesario poner de manifiesto la circunstancia en base a la cual se ha de partir de una utilización correcta de los términos, de forma que, a nuestro modo de ver, no se puede (como sí hace el autor) utilizar indistintamente los términos *datio* y *cessio* para referirse a un mismo supuesto, la cesión de bienes; no se puede hablar de *datio, pro soluto* o *pro solvendo*, cuando en realidad lo que existe es una *cessio bonorum* con efectos *pro solvendo* o, excepcionalmente, con efectos *pro soluto*, puesto que se trata de dos instituciones totalmente distintas en cuanto a su estructura y efectos, al mismo tiempo que también son diversas las circunstancias que han de concurrir en uno y otro caso».

2

La dación en pago en la legislación concursal

SUMARIO: 2.1. INTRODUCCIÓN. 2.2. LA DACIÓN EN PAGO DE ACTIVOS AFECTOS A CRÉDITOS CON PRIVILEGIO ESPECIAL. *2.2.1. Ámbito de aplicación de la regla especial del artículo 211 del TRLC. 2.2.2. La realización de bienes y derechos afectos a privilegio especial y el procedimiento para la autorización judicial de la dación en pago. 2.2.3. Los elementos de la dación en pago de bienes afectos a privilegio especial. 2.2.4. Los efectos de la dación en pago de artículo 211 del TRLC.* 2.3. LA DACIÓN EN PAGO EN EL CONVENIO CONCURSAL. *2.3.1. El contenido del convenio y la dación en pago. 2.3.2. Los elementos de la dación en pago en el convenio. 2.3.3. La elaboración, tramitación y aprobación del convenio de acreedores. 2.3.4. Los efectos del convenio de acreedores.*

2.1. INTRODUCCIÓN

La dación en pago se ha incorporado entre las medidas previstas en la legislación concursal, sin embargo, en estas normas no encontramos una regulación unitaria del negocio. El TRLC, tal como hacía la LC 2003, establece distintas reglas que resultan aplicables al negocio que nos ocupa.

En primer lugar, identificamos la dación en pago celebrada con acreedores privilegiados con garantía real, que seguirá el régimen especial establecido en el artículo 211 del TRLC.

En segundo lugar, se prevé otro régimen especial para las transmisiones de unidades productivas o empresas viables, que debe ser aplicado en cualquier fase del concurso y cualquiera que sea la forma en la que se produzca la misma. Ninguno de sus preceptos se ha referido expresamente a la dación en pago, pero algunos autores estiman factible la posibilidad de que la transmisión se formalice mediante esta operación.

En tercer lugar, en el procedimiento especial para las microempresas tampoco se contempla el negocio jurídico que estudiamos ni en los apartados relativos al plan de continuación ni en aquellos relativos al plan de liquidación. Es más, se indica expresamente que las ejecuciones se realizarán «a través del sistema de plataforma electrónica previsto al efecto, y complementariamente mediante entidad especializada, a menos que se justifique debidamente conforme a criterios objetivos» (artículo 708.3 del TRLC). Todo apunta a que este nuevo sistema de plataforma electrónica para las microempresas hará caer en desuso figuras más tradicionales como la dación en pago.

Hay que mencionar, además, que el libro I del TRLC entre sus reglas generales prevé algunas normas relativas a la dación en pago, que se aplicarán cuando el objeto de la operación sean activos distintos de los señalados en los párrafos anteriores. Estas podrían ser consideradas el «régimen general de la dación en pago» en el concurso, al que se llegaría por vía interpretativa, ya que las reglas que lo integran se encuentran repartidas entre los preceptos dedicados a las diversas fases del concurso.

Por último, los instrumentos preconcursales vigentes son compatibles con la dación en pago, de tal manera que es posible la inclusión de esta operación en los planes de reestructuración[1].

La doctrina ha identificado las cuestiones controvertidas acerca de la dación en pago en el concurso de acreedores. Se refieren, en primer lugar, al riesgo de rescisión. La acción rescisoria concursal, regulada en los artículos 226 a 237 del TRLC, resta eficacia práctica a la aplicación de la dación en pago en el concurso de acreedores ya que la operación puede decaer a consecuencia de esta. Los presupuestos de la rescisión concursal afectan a las operaciones celebradas en perjuicio de los acreedores, o sobre bienes y derechos necesarios para la continuidad de la actividad económica. A esto se le suma la desconfianza que la dación en pago suele generar como fuente de simulación y fraude[2].

En segundo lugar, han señalado que los acreedores públicos nunca se verán afectados por estas operaciones. La legislación concursal prevé la aplicación de su propia normativa, que solo acepta la dación de bienes integrantes del Patrimonio Histórico Español en pago de tributos.

En tercer lugar, un obstáculo para la utilización de la dación en pago en el concurso de acreedores es la prohibición de acuerdos liquidativos anteriores a la fase de liquidación.

1. *Vid*. PALADINI BRACHO, I. E.: «Los planes de reestructuración y la dación en pago en el preconcurso», *Revista Práctica de Derecho CEFLEGAL*, núm. 274, 2023.
2. *Vid*. ORTIZ MÁRQUEZ, M.: «La rescisión y la simulación (Comentario a la Sentencia del Tribunal Supremo, Sala Primera, de 16 de diciembre de 2014)». *Anuario de Derecho Concursal,* núm. 37, 2016, pp. 393-422. También PASTOR SEMPERE, C. y HERNANDO CEBRIÁ, L.: «La dación de la PYME como "unidad productiva" en pago de deudas en el acuerdo extrajudicial de pagos» en *Revista de derecho concursal y paraconcursal: Anales de doctrina, praxis, jurisprudencia y legislación*, núm. 22, 2015, pp. 353-368.

A continuación, vamos a centrarnos en el análisis de la dación en pago de activos afectos a créditos con privilegio especial por su relevancia práctica y por la especificidad de su contenido.

2.2. LA DACIÓN EN PAGO DE ACTIVOS AFECTOS A CRÉDITOS CON PRIVILEGIO ESPECIAL

El TRLC regula la enajenación de los bienes y derechos afectos a privilegio especial en el Libro I, sobre el concurso; Título IV, dedicado a la masa activa; Capítulo III, sobre la conservación y enajenación de bienes y derechos de la masa activa; subsección 2.ª, de las especialidades de la enajenación de bienes o derechos afectos a privilegio especial. En concreto, el artículo 211 se ha dedicado a la dación en pago y a la dación para el pago.

Además, por la naturaleza jurídica de esta figura, que es una forma especial de pago, resultan relevantes tanto el artículo 225 del TRLC, que regula la cancelación de cargas, como los artículos 430 a 432 del TRLC, sobre el pago de los créditos con privilegio especial.

La dación en pago había sido una herramienta de liquidación admitida y utilizada bajo la vigencia de la normativa reguladora de las suspensiones de pago y quiebras. En cambio, la LC 2003, no admitía que en situación de concurso se recurriera a ella. Ahora bien, en la reforma de 2011[3], la dación en pago fue recuperada por la legislación concursal. Así, el artículo 155.4 LC 2003 incluyó la posibilidad de que «el juez autorice la venta directa o la cesión en pago o para el pago al acreedor privilegiado o a la persona que él designe». PASTOR SEMPERE[4] ha interpretado que el término «cesión» engloba también a «la dación en pago al acreedor privilegiado o la persona designada por este», por lo que concluye que la reforma de 2011 reintrodujo la *datio* en el concurso. Esta interpretación ha sido ampliamente aceptada. En nuestra opinión, es positiva la interpretación doctrinal que recuperó esta figura para el concurso ya que la dación en pago es una herramienta de extinción de créditos que cumple adecuadamente esta función en contextos de escasa financiación o de crisis económica, pues ahorra el paso de convertir el bien en dinero para luego proceder al pago a los acreedores.

3. El artículo único.91 de la Ley 38/2011 aprobó dicho cambio.
4. PASTOR SEMPERE, M. C.: *Dación en pago...*, *op. cit.*, p. 386: «el mayor abanico de alternativas que se ofrecerán a la venta en pública subasta. (...) no solo será posible la venta directa, sino también la dación en pago al acreedor privilegiado o la persona designada por este directamente heredadas de la realidad de muchas de las crisis empresariales asociadas al sector inmobiliario y al de personas físicas».

Posteriormente, el TRLC ha mejorado la sistematización de la LC 2003. Destaca «el orden lógico y simplificador del texto refundido»[5]. Asimismo, supone una mejora técnica que el legislador emplee los términos «dación en pago» y «dación para el pago».

No obstante, la legislación concursal no representa un cambio significativo en cuanto a la regulación sustantiva del negocio que estudiamos. En concreto, acerca de los efectos de la dación en pago, el TRLC únicamente se ha referido a los efectos extintivos, aunque este negocio también despliega los efectos traslativos. Por otro lado, nada se ha establecido sobre el momento en el que se perfecciona la *datio* y se producen los efectos extintivos.

Sobre la primera cuestión, el artículo 211.3 TRLC dispone que «mediante la dación en pago quedará completamente satisfecho el crédito con privilegio especial», en cambio el efecto traslativo se sobreentiende. No hay que olvidar que, aunque no se ha indicado expresamente, la dación en pago tiene el doble efecto traslativo y extintivo, así como, que ello debe deducirse con claridad de los acuerdos alcanzados[6]. Si centramos nuestra atención en los efectos jurídicos de la dación en pago, el artículo 211 del TRLC únicamente instaura unas reglas que garantizan la conservación de la masa activa y la posición del acreedor con garantía real.

Sobre la segunda cuestión, no se ha previsto un criterio para determinar la fecha en la que se entenderá producida la extinción de los créditos. No está claro si están vinculados a la entrega de la propiedad del activo o si se despliegan en el momento de la autorización judicial de la dación en pago o en el de la formalización de la dación en pago entre el concursado (o la administración concursal) y el acreedor.

En nuestra opinión, se podría haber explicitado que la dación en pago supone la entrega del activo al acreedor a título de pago —*aliud pro alio*—, que consistirá

5. DEL OLMO, A.: «El nuevo texto refundido de la Ley Concursal». Editorial jurídica Sepín, 11 de mayo de 2020. Recuperado de https://blog.sepin.es/2020/05/ley-concursal-nuevo-texto-refundido

6. En este sentido, CARRASCO PERERA, A. y MORATIEL PELLITERO, E.: «Dos paradojas del convenio...», *op. cit.*, p.3, recomienda que el acreedor se haga «transmitir claramente y de modo inmediato la propiedad de los activos cedidos y, dejando esto muy claro, con independencia de si el cedente tendrá que responder en el futuro o no del déficit de realización de los activos». BELINCHÓN ROMO, M. R.: *La dación en pago...*, *op. cit.*, p. 132, diferencia cesión y dación atendiendo a la función o finalidad de estos negocios: «la dación en pago cumple las funciones del pago, produciendo la misma eficacia de este; esta se constituye en un modo de extinción de las obligaciones, produciendo, en principio, la extinción inmediata de una obligación preexistente, mientras que el llamado pago por cesión de bienes no tiene como efecto inmediato esa extinción de la obligación, sino que supone el inicio de un proceso que permite alcanzar los efectos extintivos y liberatorios del pago mediante un camino indirecto "que supone habilitar a los acreedores para obtener, con cargo a los bienes del deudor, los recursos precisos para la realización de sus derechos", es decir, la cesión de bienes no sustituye al cumplimiento, sino que conduce a él».

en la transmisión de la plena propiedad de los bienes y derechos afectos a créditos con privilegio especial, asimismo se podría haber establecido el momento de perfeccionamiento del negocio.

El artículo 211.4 del TRLC regula la dación para el pago. El precepto ha introducido los elementos que identifican a esta figura, que son la entrega del bien o derecho para su enajenación y posterior pago al acreedor. Asimismo, instaura unas reglas que garantizan la conservación de la masa activa y la posición del acreedor con garantía real. En este sentido interpretamos la previsión de que «la autorización de la dación para pago deberá exigir que la posterior realización del bien o derecho afecto al crédito con privilegio especial se efectúe por un valor no inferior al de mercado».

Ahora bien, no se ha profundizado en el establecimiento de la regulación sustantiva de este negocio. Como ejemplo, podemos señalar que no se indica si la entrega se realiza en calidad de propietario —lo que sería una interpretación errónea—, ni cuál es el plazo para que se produzca la realización, ni en qué momento se producen los efectos extintivos (en el de la entrega o en el del pago al acreedor tras la realización del activo).

Por último, hay que añadir que existe una perfecta correspondencia entre el artículo 211.4, el artículo 213 y el artículo 430.3 del TRLC sobre el destino que recibirá la cantidad obtenida procedente de la enajenación de los activos gravados. Sus postulados son coherentes. Tal como están redactados los preceptos, queda claro que se va a exigir la posterior realización del activo entregado por un valor no inferior al de mercado y que lo obtenido se va a dedicar a la cancelación del crédito privilegiado especial. El resto, si lo hubiera, corresponderá a la masa activa. En cambio, «si no se consiguiese la completa satisfacción del crédito, la parte no satisfecha será reconocida en el concurso con la clasificación que corresponda» (artículo 211.4 del TRLC). Es más, los efectos de la dación para el pago del TRLC guardan similitudes con los del pacto marciano, ya que permite al acreedor disponer de la cosa entregada en garantía, vinculando los efectos extintivos al resultado de la transmisión, es decir, evitando que despliegue efectos *pro soluto*.

2.2.1. ÁMBITO DE APLICACIÓN DE LA REGLA ESPECIAL DEL ARTÍCULO 211 DEL TRLC

Las reglas especiales establecidas en el artículo 211 del TRLC se aplican «en cualquier estado del concurso (...) [a] la dación de los bienes y derechos afectos a créditos con privilegio especial en pago o para el pago al acreedor privilegiado o a la persona que él designe» (apartado primero del precepto).

Desde una perspectiva procesal, una vez dictado el Auto de declaración del concurso, la dación en pago de bienes afectos a créditos con privilegio especial queda sometida a las reglas específicas, salvo que estos bienes formen parte de una empresa o unidad productiva que vaya a ser objeto de realización conjunta. Encontramos argumentos que sustentan esta afirmación para cada una de las fases del concurso.

Respecto a la fase común, aunque no se haga una remisión expresa al artículo 211 del TRLC, dado que es la primera fase del concurso, debe quedar sometida a la regla especial. Además, la regla general en la fase común es la prohibición de enajenar o gravar sin la autorización judicial, pues bien, precisamente esta autorización es la piedra angular del artículo 211 del TRLC.

Respecto a la fase de convenio, se ha incluido la remisión al artículo 211 del TRLC en el artículo 323.1 del TRLC, por lo que la aplicación del régimen especial se ve reforzada en esta fase.

Respecto a la fase de liquidación, HUGALDE LÓPEZ[7] afirmaba que el artículo 155.4 LC 2003 (actual artículo 211 del TRLC) establece una norma especial que prevalecerá sobre las normas generales. No obstante, si lo que se va a enajenar es una empresa, la regla especial decaerá frente a la regla más específica que prevé la transmisión conjunta o en globo de la unidad productiva.

Desde el punto de vista del objeto, las reglas contenidas en el artículo 211 del TRLC solo se aplican a aquellas daciones en pago referidas a «bienes o derechos afectos a créditos con privilegio especial». Es importante destacar que el artículo 211 del TRLC —precepto de aplicación imperativa— exige la autorización judicial cuando la dación en pago extingue créditos privilegiados y se entregan los activos ofrecidos como garantía. En este sentido, la Dirección General de los Registros y del Notariado[8], ha afirmado que no es un requisito la autorización judicial para la dación en pago de un inmueble que no se encontraba gravado. Se trataba de un caso en el que se pretendía «la inscripción de una escritura de dación de bienes en pago de deuda realizada por una sociedad declarada en concurso, en fase de convenio de acreedores, a favor de un acreedor titular de un crédito con privilegio especial. Se da la circunstancia de que en pago del crédito el deudor trasmite al acreedor dos fincas, una de ellas gravada,

7. HUGALDE LÓPEZ, I.: «El plan de liquidación y la dación en pago a acreedor hipotecario con subsistencia parcial del crédito». *Anuario de derecho concursal*, núm. 40, 2017, p. 129: «constituye una norma especial de aplicación a ciertos bienes y derechos, los afectos a privilegio especial, que, por esta razón, prevalece sobre la general contenida en la regla primera del artículo 149.1, al menos, cuando dichos bienes y derechos se realicen de manera separada del resto del patrimonio concursal» y llama la atención de que «la cesión conjunta de la empresa reclama criterios unitarios de realización patrimonial, es decir, que la totalidad de sus componentes sean transmitidos con arreglo a un solo sistema liquidativo y no a varios según la categoría de los bienes o derechos que la integran, ya que ello impediría la posibilidad de una enajenación en globo. De manera que, (...) hay que descartar la aplicación de un sistema especial de realización patrimonial para los bienes y derechos que forman parte de aquella, incluidos los afectos a privilegio especial».

8. Resolución de 6 agosto 2019 de la DGRN (RJ 2019, 4248), FJ 3.

entre otras, con una hipoteca a favor del referido acreedor, y otra de ellas libre de cargas» (FJ 1). Finalmente, el órgano directivo ha confirmado la denegación de la inscripción para el inmueble hipotecado porque no se había recabado la autorización del juez del concurso, pero ha considerado ajustada a derecho la transmisión del otro inmueble sin autorización judicial.

Además, la clasificación de los créditos sirve también para delimitar el supuesto de hecho regulado. En primer lugar, se circunscribe a los créditos concursales, excluyendo a los créditos contra la masa.

Por otro lado, solo se aplica a los créditos privilegiados, que suponen una excepción al principio de igualdad de trato entre los acreedores. En concreto, a aquellos que, de acuerdo con lo previsto en el artículo 270 del TRLC, merezcan la calificación de créditos con privilegio especial. Para que el crédito merezca dicha calificación (salvo los del número 6.º), «la respectiva garantía deberá estar constituida con los requisitos y formalidades previstos en su legislación específica para su oponibilidad a terceros, a excepción de la hipoteca legal tácita o de los refaccionarios de los trabajadores» (artículo 271 del TRLC).

2.2.2. LA REALIZACIÓN DE BIENES Y DERECHOS AFECTOS A PRIVILEGIO ESPECIAL Y EL PROCEDIMIENTO PARA LA AUTORIZACIÓN JUDICIAL DE LA DACIÓN EN PAGO

Los sistemas de realización de los bienes y derechos afectos a los créditos privilegiados establecidos en la legislación concursal son la subasta (artículo 209 TLRC), la venta directa (artículo 210 del TRLC), la dación en pago y la cesión para el pago al acreedor privilegiado o a la persona que él designe (artículo 211 del TRLC), así como las reglas para la transmisión en globo de la unidad productiva (artículo 214 del TRLC) —cuando esté integrada por esta clase de activos—.

En la actualidad, se ha establecido como regla general la subasta, al tiempo que se permite la realización por cualquiera de los sistemas alternativos previa autorización judicial[9]. En efecto, el artículo 209 del TRLC ha dejado meridianamente claro que la regla general es la subasta y que para recurrir a otra vía alternativa de realización es necesaria la autorización judicial.

9. En este sentido, HUGALDE LÓPEZ, I.: «El plan de liquidación...», *op. cit.*, p. 127: «La subasta judicial aparece configurada como el método general de conversión a metálico de los bienes, en el sentido de que deberá ser utilizado si no media solicitud para la aplicación de la venta directa o la cesión en pago o para pago. (...) La experiencia ha demostrado la tendencia de los jueces de lo mercantil por evitar aquella [la subasta judicial] tanto antes de la fase de liquidación, para ocasionales realizaciones patrimoniales, como tras la apertura de la misma; realizaciones patrimoniales que pueden tener lugar "en cualquier estado del concurso" (artículo 155.4, I LC 2003). Por tanto, de darse en la práctica los presupuestos que el precepto requiere, cualquiera de esos sistemas alternativos puede anteponerse al cauce ordinario de liquidación del activo concursal, la subasta judicial».

Están legitimados para solicitar la dación en pago de bienes o derechos afectos a privilegio especial el acreedor con privilegio especial o «la administración concursal con el consentimiento expreso y previo de aquel» (artículo 211.2 del TRLC). El precepto ha indicado explícitamente que, en todo caso, hay que contar con el consentimiento del acreedor privilegiado[10].

De acuerdo con el artículo 518 del TRLC, la autorización se tramitará siguiendo el procedimiento para las autorizaciones judiciales, que requiere:

i. La solicitud formulada por escrito.

ii. De la solicitud presentada se dará traslado a todas las partes que deban ser oídas, concediéndoles plazo para presentar alegaciones de entre tres y diez días, atendiendo a la complejidad e importancia de la cuestión.

   El artículo 211 establece que «cualquier interesado podrá efectuar alegaciones sobre la pertinencia de la dación o sobre las condiciones en las que se haya propuesto su realización» (artículo 211.1 *in fine* del TRLC), pero no establece previsión alguna relativa a la publicidad que debe recibir la solicitud.

iii. El juez resolverá mediante auto, que debe estar motivado y es recurrible solamente en reposición. El órgano judicial decidirá con un amplio margen haciendo primar el interés del concurso, en especial, se denegará la dación en pago que haga inviable la transmisión unitaria de la unidad productiva[11].

Una vez que se haya dictado la autorización judicial, se procederá a formalizar la dación en pago en las condiciones previstas en el auto.

10. El artículo 155.4 LC 2003 disponía que la autorización vendría «a solicitud de la administración concursal o del acreedor con privilegio especial dentro del convenio». Esta descripción excluía a todos los acreedores concursales cuando no se aprobase convenio, así como a aquellos acreedores privilegiados que no habiendo suscrito el convenio tampoco se viesen sometidos al mismo por las mayorías de arrastre. El precepto fue interpretado por HUGALDE LÓPEZ, I.: «El plan de liquidación...», *op. cit.*, p. 135, en el sentido de que «a falta de una norma en el párrafo segundo del mismo artículo que regule la legitimación para recabar tal autorización judicial fuera del convenio, hay que interpretar, a contrario sensu, que el acreedor privilegiado carecerá de ella en la fase de liquidación. Subsiguientemente, durante esta fase únicamente quedaría habilitada la administración concursal».

11. HUGALDE LÓPEZ, I.: «El plan de liquidación...», *op. cit.*, p. 136: «Hay que entender que la mera solicitud no vincula al juez del concurso, quien discrecionalmente podrá estimarla o mantener la subasta judicial, siempre con fundamento en el interés del concurso. Parece que el único argumento que se puede oponer a la posible obtención de una mayor rentabilidad de la realización aislada del bien o derecho afecto a través de esos sistemas alternativos radica en que con ello se imposibilite la enajenación unitaria del todo al que esté adscrito, si es que este modo de liquidación patrimonial, del cual cabe esperar mayores réditos que de la suma de las realizaciones individualizadas de bienes y derechos, es todavía viable».

Si la dación en pago de bienes o derechos afectos a la garantía a favor de los acreedores privilegiados se acuerda en fase de convenio, caben dos posibilidades:

i. Que se solicite la autorización judicial al margen del convenio, siguiéndose los trámites procesales indicados con anterioridad y, si se libra la autorización, se formalice la dación en pago con el concursado o la administración concursal.

ii. Que la dación en pago se tramite como una propuesta del convenio. No obstante, esta alternativa no nos parece la mejor, ya que los acreedores privilegiados, en principio, quedan al margen del convenio. Además, el convenio requiere la aprobación por mayoría y la aprobación judicial. Esta opción nos parece interesante solo en el caso de que se necesiten las mayorías de arrastre del artículo 397 del TRLC para sortear la oposición de algún acreedor privilegiado minoritario. No obstante, los trámites procesales serán más largos, puesto que el TRLC no prevé —de manera similar a lo que ocurría con el plan de liquidación—, que la aprobación judicial del convenio en el que se contemple la dación en pago de créditos con privilegio especial equivalga a la autorización judicial del artículo 211 del TRLC.

Si la dación en pago se va a realizar en fase de liquidación, hasta septiembre de 2022, los planes de liquidación solían incluir varias vías alternativas de enajenación. De esta manera, lejos de preverse una sola de las posibilidades indicadas en la legislación concursal, se recurría a la incorporación de diversos mecanismos de realización y se establecían los supuestos en los que se recurría a cada uno de ellos, indicando un orden u otro criterio que permitiese la priorización[12].

En algunos casos se recurría a la adjudicación al acreedor. De esta forma, se garantizaba al concursado la realización de su patrimonio a valor de mercado y, al mismo tiempo, se salvaguardaban los intereses del acreedor privilegiado, que podría ver sus pretensiones de cobro frustradas al no alcanzarse un precio que

12. La Resolución de 28 junio 2016 de la DGRN (RJ 2016, 4021), FJ1 se refiere a: «el plan de liquidación aprobado judicialmente contempla la venta directa de bienes (...) y únicamente previene la adjudicación al acreedor hipotecario en caso de que el precio de venta ofrecido sea inferior a la deuda garantizada, o que en el caso de subasta no haya oferta, no se cubra el crédito garantizado o resulte quebrada, debiéndose adjudicar el bien por la cantidad que se deba por todos los conceptos».

permitiera saldar el crédito con privilegio especial. Esta adjudicación reunía las características de la dación en pago necesaria[13].

El plan de liquidación debía prever expresamente la dación en pago como modo de realización del activo. En este sentido, la Dirección General de los Registros y del Notariado denegaba la inscripción de la dación en pago si no había sido expresamente prevista en el plan de liquidación[14]. Los argumentos para llegar a esa conclusión se basaban en los criterios de interpretación aplicables al plan de liquidación[15].

Acerca de la solicitud de autorización judicial en fase de liquidación, en aplicación de la LC 2003 los jueces interpretaron que «la autorización judicial se desprende de la aprobación judicial del plan donde se prevé la venta directa. Es por ello que no es necesario una aprobación judicial *ad hoc* de una venta directa, siempre que la oferta elegida se adecúe a lo previsto en el plan»[16]. Esta solución nos parecía aplicable también a la dación en pago porque es un método alternativo de ejecución regulado conjuntamente con la venta directa.

Hasta la aprobación de la Ley 16/2022, el TRLC incorporaba una previsión que facilitaba el trámite de autorización judicial. Así, el artículo 419.2 del TRLC establecía que «la aprobación del plan tendrá valor de autorización para enajenar los bienes o derechos afectos a crédito con privilegio especial o para darlos en

13. Consideramos que la resolución de 28 junio 2016 de la DGRN (RJ 2016, 4021) implícitamente va en esa línea cuando en el FJ 7 indica que: «si en esos casos el acreedor hipotecario, según el plan de liquidación aprobado, solo puede adjudicarse el bien o los bienes hipotecados "por la cantidad que se le debe por todos los conceptos", esa misma regla sería de aplicación, con mayor razón, en caso de que la dación en pago hubiera sido posible».
14. En este sentido, la resolución de 28 junio 2016 de la DGRN (RJ 2016, 4021), FJ 6 señala lo siguiente: «en modo alguno puede considerarse implícita la autorización judicial para una dación en pago (...) porque entre la venta del bien o de los bienes hipotecados, con destino del precio (...) obtenido a la satisfacción del acreedor con privilegio especial, y la dación en pago de esos bienes al propio acreedor privilegiado, existen diferencias estructurales esenciales que no es posible desconocer ni intentar difuminar».
15. A estos efectos, la resolución de 28 junio 2016 de la DGRN (RJ 2016, 4021) en los FFJJ 4 y 5 señala lo siguiente: «Aprobado el plan por el juez, la administración concursal debe proceder a la realización de los bienes y derechos que integran la masa activa conforme a las reglas establecidas en el plan aprobado. Si estas fueran insuficientes, en todo lo que no se hubiera previsto serán de aplicación las reglas legales supletorias (artículo 149.1 de la Ley Concursal). (...) El hecho de que las reglas de liquidación contenidas en el plan aprobado por el juez no tengan como finalidad la tutela del interés individual de uno o varios acreedores, sino el interés colectivo de la masa pasiva, veta cualquier interpretación extensiva de las reglas que figuren en el plan. Si algo faltara en él, se acudirá a las reglas legales supletorias, sin tergiversar con interpretaciones acomodaticias el sentido propio de los términos utilizados en el plan de liquidación. El interés del concurso se tutela por el juez al aprobar el plan de liquidación y, en todo lo que no figure en él, se tutela por la Ley, que es la que articula un conjunto de normas supletorias que constituyen realmente el cierre del sistema legal. La administración concursal debe operar en el marco del plan de liquidación aprobado, sin desbordar los límites establecidos».
16. AJM de Madrid 630/2012, de 23 julio de 2012 (JUR 2018, 261730), FJ 3.

pago o para pago o de autorización para enajenar las unidades productivas cuando así conste expresamente en el propio plan aprobado». Con la derogación de esta disposición se genera una laguna que dificulta la interpretación de uno de los límites impuestos al juez en la aprobación de las reglas especiales de liquidación (artículo 415.2 del TRLC).

2.2.3. LOS ELEMENTOS DE LA DACIÓN EN PAGO DE BIENES AFECTOS A PRIVILEGIO ESPECIAL

Desde la perspectiva de los elementos de la dación en pago, se observa que la legislación concursal apenas ha introducido matizaciones en el diseño de este negocio jurídico. Ahora bien, los trámites de la autorización judicial del régimen especial del artículo 211 del TRLC implican una etapa preparatoria previa a la celebración de la dación en pago.

Una vez cumplidos todos los requisitos impuestos en el artículo 211 del TRLC, se formalizará la dación en pago. Las personas intervinientes en la celebración de la dación en pago de los bienes y derechos afectos a créditos con privilegio especial serán, de un lado, la administración concursal o el deudor concursado —si conserva las facultades de disposición de sus bienes— y, de otro, el acreedor privilegiado.

Hay que recordar que, aprobado el convenio, la administración concursal cesa en sus funciones y el concursado recupera la facultad de disponer de sus bienes. Por ello, para la celebración de la dación en pago realizada en cumplimiento del convenio, no es preceptiva la intervención del administrador concursal. Ahora bien, es necesario aportar la sentencia de aprobación del convenio «no como un asiento previo e indispensable para mantener la cadena de tracto sucesivo (...) [sino por] la necesidad de la calificación del convenio y las limitaciones de las facultades de administración y disposición que puedan afectar a la dación en pago» [17].

La transmisión puede celebrarse a favor del acreedor privilegiado o a favor de un tercero por él designado. Como afirma BAENA [18], «no se podrá autorizar la cesión a un acreedor distinto del titular de la garantía real, si la hubiere, con subsistencia de esta». Sin embargo, está previsto que el acreedor privilegiado pueda designar a un tercero como adquirente de los bienes objeto de la dación.

17. Resolución de 18 abril 2012 de la DGRN (RJ 2012, 7749), FJ 4. En el mismo sentido, DÍAZ REVORIO, E.: «Concurso de acreedores...», *op. cit.*
18. BAENA BAENA, P. J.: «El contenido de la propuesta...», *op. cit.*, p. 239.

En este sentido, HUGALDE LÓPEZ[19] valora favorablemente esta medida que «permite la utilización de este sistema como instrumento para la satisfacción de una deuda que ese acreedor tenga, a su vez, con un tercero, imprimiéndose una mayor celeridad y flexibilidad en las operaciones de liquidación de ese tipo de activos». En ese caso, el adquirente tendrá que participar para la formalización de la dación en pago.

Respecto a los elementos reales de la dación en pago, la legislación concursal ha introducido pocas matizaciones que nos permitan concretar la doctrina civilista relativa a estos elementos del negocio jurídico.

En primer lugar, la existencia de una obligación previa u originaria, en el sentido de que debe existir, previamente a la declaración de concurso de acreedores, una obligación válidamente constituida, vencida y exigible.

Al tratarse de una dación concursal, por un lado, si llegada la fase de liquidación el crédito no se encontrara vencido, la legislación concursal dispone su vencimiento anticipado con el ajuste correspondiente en su cuantía. Por otro lado, el administrador concursal podría decidir rehabilitar el contrato con el acreedor, aunque haya vencido —como se prevé en el artículo 166 del TRLC para los contratos de financiación— lo cual haría imposible la dación en pago.

En segundo lugar, el acuerdo entre el deudor y el acreedor o consentimiento relativo al *aliud pro alio* se ve directamente afectado por la dinámica del proceso concursal. La legislación concursal establece los efectos de la declaración del concurso sobre el deudor, limitando en algunos casos las facultades de disposición de su patrimonio, lo cual tiene su reflejo en la celebración de la dación en pago. Por ello, la necesidad del consentimiento del deudor concursado pierde importancia al ser sustituida por la intervención del juez del concurso y de la administración concursal. El consentimiento del acreedor, en cambio, asume un papel relevante ya que el artículo 211.2 del TRLC eleva el consentimiento expreso y previo de la solicitud al nivel de requisito de la misma.

En tercer lugar, en la dación en pago existe diversidad de prestaciones: frente a una prestación originaria que deviene imposible, se cumple un *aliud* o prestación diversa, básicamente, mediante la transmisión del poder de disposición sobre los bienes ofrecidos en garantía del crédito privilegiado.

---

19. HUGALDE LÓPEZ, I.: «El plan de liquidación...», *op. cit.*, p. 127: «La reforma operada por la Ley 38/2011, de 10 de octubre, da lugar a una ampliación de los sistemas de realización patrimonial susceptibles de aplicación con respecto a los bienes y derechos afectos al pago de un crédito con privilegio especial. (...) se incluye la posibilidad de cesión en pago o para pago; cesión que puede ser tanto al acreedor privilegiado como a la persona que este designe, lo que permite la utilización de este sistema como instrumento para la satisfacción de una deuda que ese acreedor tenga, a su vez, con un tercero, imprimiéndose una mayor celeridad y flexibilidad en las operaciones de liquidación de ese tipo de activos».

En cuarto lugar, el *animus solvendi* o finalidad de extinguir la obligación. La dación en pago, como subrogado del cumplimiento, producirá la extinción de las obligaciones preexistentes del deudor concursado. Como comentamos anteriormente, «mediante la dación en pago quedará completamente satisfecho el crédito con privilegio especial» (artículo 211.3 del TRLC).

En último lugar, la dación en pago es un negocio traslativo del dominio, que requiere el traspaso efectivo de la propiedad del bien o el ingreso en el patrimonio del acreedor de la nueva prestación como presupuesto para el despliegue su eficacia.

2.2.4. LOS EFECTOS DE LA DACIÓN EN PAGO DE ARTÍCULO 211 DEL TRLC

El artículo 211 del TRLC regula los efectos extintivos de la dación en pago sujetos a este régimen especial, al establecer en su apartado tercero que «mediante la dación en pago quedará completamente satisfecho el crédito con privilegio especial». Valoramos positivamente la distinción entre los efectos de la dación en pago (apartado 3) y la dación para el pago (apartado 4), que ha salvado los problemas que su antecesora padecía.

En efecto, el artículo 155.4 LC 2003, con una redacción poco clara, condicionaba la dación en pago de bienes o derechos afectos a créditos privilegiados a «que con ello quede completamente satisfecho el privilegio especial, o, en su caso, quede el resto del crédito reconocido dentro del concurso con la calificación que corresponda». HUGALDE LÓPEZ[20] afirmaba que no era imprescindible que el acreedor con privilegio especial «se diese por satisfecho con la entrega del bien». Ello hace en su opinión más atractiva la dación en pago puesto que «el acreedor privilegiado no padece la pérdida de la parte de su crédito que exceda del valor del bien hipotecado, sino que la cuantía restante se reconoce dentro del concurso con la calificación que corresponda».

En el ámbito tributario propusimos una solución basada en los efectos que confiere el ordenamiento jurídico a la valoración del bien. Así, afirmábamos que «de la interpretación conjunta de los artículos 74 LPHE, 65.2 RPHE y 40.5 segundo párrafo RGR, deducimos, por un lado, que el hecho de que el valor del bien no alcance la totalidad de la deuda no impide que se celebre la dación en pago —de bienes del patrimonio histórico español en pago de la deuda tributaria—, aunque la normativa no lo indique expresamente. Dicho de otro modo, es posible que la Administración tributaria admita la dación en pago parcial de la deuda tributaria, subsistiendo aquella parte de la deuda que exceda del valor del bien entregado»[21]. Por extensión, a la vista de la redacción del artículo 155.4 LC 2003, creemos que no se excluía la dación en pago parcial. De hecho, se podía

20. HUGALDE LÓPEZ, I.: «El plan de liquidación...», *op. cit.*, p. 129.
21. PALADINI BRACHO, I.: «Una aportación desde el Derecho Financiero...», *op. cit.*, p. 854.

interpretar que esta disposición regulaba sus consecuencias cuando indicaba que «quede el resto del crédito reconocido dentro del concurso con la calificación que corresponda» (artículo 155.4 LC 2003).

Sin embargo, a la vista de la redacción actual del artículo 211.3 del TRLC, no es posible sostener tal interpretación. Ha quedado claro que la dación de los bienes y derechos afectos a créditos con privilegio especial en pago al acreedor privilegiado o a la persona que él designe, conlleva en todo caso que el crédito con privilegio especial quede totalmente satisfecho.

Ahora bien, la extinción del crédito privilegiado no implica la cancelación de todos los créditos concursales del *accipiens*. Ya indicamos que la legislación concursal limita el reconocimiento de este tipo de créditos al valor de la garantía, de modo que, en función de lo que se haya pactado en la dación en pago, son admisibles todas las alternativas que podamos imaginar entre dos extremos. Por un lado, que se entregue un activo y se extingan todos los créditos del acreedor —pues en virtud de la autonomía de la voluntad, el acreedor puede renunciar a las partes del crédito no cubiertas por el valor del activo—. O, por otro lado, en el extremo opuesto, que un mismo crédito haya sido reconocido, en parte como privilegiado y, en la parte que excede del valor de la garantía, con otra calificación (ordinario o subordinado). En este caso la dación en pago serviría para cancelar solo el crédito con privilegio especial y subsistiría el resto del crédito del acreedor.

Esto supone que los efectos extintivos tendrán como techo el 90 por ciento del valor otorgado en el inventario para los bienes o derechos entregados. Creemos que esta última posibilidad no tutela adecuadamente los intereses del concurso y proponemos que el alcance extintivo sea por el valor en inventario del activo.

En nuestra opinión, la dación en pago debe ser admitida siempre que el valor en inventario de los bienes y derechos sea igual o inferior a la deuda pendiente. Además, la entrega de estos activos al acreedor privilegiado debería extinguir la deuda pendiente por su valor en inventario. Esta interpretación resulta más ajustada al principio general que establece que el acreedor no recibirá pagos por importe superior a su crédito[22] y es respetuosa con el derecho preferente de cobro del acreedor privilegiado sobre todo el valor de realización del activo gravado. Así, se respetaría la *par conditio creditorum*, puesto que ningún acreedor va a percibir pagos en especie valorados en una cantidad superior a su deuda pendiente. Además, no se perjudican las expectativas de los acreedores privilegiados con garantía real, ya que, si comparamos el valor del bien o derecho entregado con la deuda pendiente (no con el crédito privilegiado), los acreedores

22. Ahora con la adjudicación obligatoria establecida en el artículo 423 bis.2 del TRLC, gana argumentos la posibilidad de otorgar efectos extintivos por el valor en inventario del bien.

privilegiados con garantía real mantendrían su derecho preferente de cobro sobre todo el valor de realización del activo gravado.

Otra cuestión conflictiva es la concurrencia de diversos acreedores cuyos créditos hayan sido garantizados con el mismo bien. Dado que la dación en pago supone al mismo tiempo realizar el bien y satisfacer al acreedor, las reglas relativas al pago del TRLC van a tener gran importancia. La regla general es que los créditos privilegiados se satisfacen con cargo a los bienes y derechos afectos (artículo 430.1 del TRLC). Es posible que un mismo bien o derecho haya sido afectado a más de un crédito con privilegio especial. La solución prevista en el artículo 431 del TRLC es que «los pagos se realizarán conforme a la prioridad temporal que para cada crédito resulte del cumplimiento de los requisitos y formalidades previstos en su legislación específica para su oponibilidad a terceros. La prioridad para el pago de los créditos con hipoteca legal tácita será la que resulte de la regulación de esta».

En este sentido, el TS ha aplicado esta norma en un caso que versa sobre la «dación en pago de diversas fincas propiedad de la concursada a favor de las entidades bancarias cuyo crédito estaba garantizado con una hipoteca de primer rango»[23]. Se da la particularidad de que existía otro acreedor hipotecario que era la AEAT. «Por auto de 11 de junio de 2014 se adjudicaron en pago las fincas a los acreedores con privilegio especial con hipoteca de primer rango, se ordenó la cancelación de las cargas y gravámenes posteriores, entre ellas, una hipoteca de segundo rango constituida a favor de la AEAT»[24]. El TS decide que los créditos con privilegio especial que no hubieran sido satisfechos con cargo a los bienes afectos después de la dación en pago se considerarían como crédito ordinario siempre que por su naturaleza no deban clasificarse como créditos privilegiados generales o como crédito subordinado[25].

23. STS 313/2018, de 28 mayo de 2018 (RJ 2018, 2337), FJ 1.
24. *Ibidem*.
25. STS 313/2018, de 28 mayo de 2018 (RJ 2018, 2337), FJ 4: «2.– De tales preceptos —entre los artículos 157.2 LC 2003 y 155.4 de la LC 2003— parece derivarse una antinomia, porque el primero se refiere a que la parte de crédito con privilegio especial no satisfecha se clasificará según corresponda, mientras que el segundo parece dar por hecho que, en todo caso, se clasificará como crédito ordinario. No obstante, como correctamente advierte la Audiencia Provincial, el artículo 157.2 de la LC 2003 no es una norma de clasificación de créditos, sino una regla de pago de los créditos ordinarios.
3.– Para superar dicha aparente contradicción, consideramos que, pese a la literalidad del artículo 157.2 LC 2003, su previsión ha de ser entendida en el sentido de que el remanente insatisfecho se calificará como ordinario siempre que, por su naturaleza, no deba considerarse como crédito privilegiado o subordinado, lo que encaja con la referencia del artículo 155.4 LC 2003 a la calificación que corresponda.

Se pone de manifiesto una diferencia importante entre las normas concursales y el RD 6/2012, ya que ni el artículo 211 del TRLC ni el artículo 431 del TRLC han vetado la dación en pago para este supuesto. Por ello, si el juez autoriza la dación en pago del bien o derecho afecto al acreedor privilegiado con hipoteca de primer rango, este obtendrá el bien. En cambio, el RDL 6/2012 dispone que no está permitida la dación en pago del CBP cuando la vivienda esté gravada con cargas posteriores (apartado 3 del CBP).

En los supuestos en los que el inmueble está gravado con varias cargas, se plantea el problema de la subsistencia de las diversas cargas existentes. La legislación concursal de 2003 preveía dos alternativas para la transmisión efectiva de la propiedad de los elementos patrimoniales de la masa activa (artículo 155.3 LC 2003):

i. Con subsistencia del gravamen y subrogación del adquirente en la obligación del deudor, que queda excluida de la masa pasiva. Esta decisión corresponde al juez del concurso, a solicitud de la administración concursal y previa audiencia de los interesados.

ii. Con la cancelación de la garantía real que grava dichos elementos, en cuyo caso, el precio obtenido se destina al pago del crédito con privilegio especial «en cantidad que no exceda de la deuda originaria» (artículo 155.5 LC 2003) y el remanente, si queda, se integra en la masa activa del concurso para el pago de los demás créditos. Esta es la decisión que se aplica subsidiariamente, si el juez no accede a la alternativa anterior. Podría por ello decirse que constituye la regla general.

Esta conclusión requería una importante labor interpretativa y en la práctica había dado lugar a problemas en la cancelación de las cargas registrales. Actualmente, el artículo 225.1 del TRLC introduce con mayor claridad esta norma, de cuya interpretación se deduce que la regla general es la cancelación de todas las cargas anteriores al concurso constituidas a favor de créditos concursales. Ahora

---

Es decir, la parte no satisfecha del crédito no ha de ser considerada irremisiblemente como crédito ordinario, ya que puede darse el caso de que un mismo crédito goce a un tiempo de privilegio especial y general, como puede ocurrir con el crédito derivado de responsabilidad extracontractual garantizado con hipoteca, o con el crédito hipotecario del acreedor instante del concurso. En tales casos, si el precio obtenido en la adjudicación del bien afecto no es suficiente para la satisfacción completa del crédito, la parte no satisfecha seguirá gozando del privilegio general (artículo 91.5 .º y 7.º LC 2003).
La equiparación del remanente insatisfecho al crédito ordinario, a efectos de pago, no puede interpretarse de manera absoluta, al margen del orden de prelación general. La parte del crédito privilegiado especial no satisfecha será considerada como crédito ordinario siempre que por su naturaleza no deba clasificarse como crédito privilegiado general (como sucede con el 50% de los créditos tributarios que no gocen de privilegio especial, conforme al artículo 91.4.º LC 2003), o como crédito subordinado (como ocurre con los intereses, *ex* artículo 92.3 LC 2003)».

bien, es recomendable que la autorización judicial de la dación en pago indique expresamente que la transmisión se hará libre de cargas, puesto que la enajenación con subsistencia de los gravámenes sigue vigente.

La excepción a la regla general, es decir, la subsistencia de las cargas, figura en los artículos 212 y 255.2 del TRLC.

Por un lado, en el artículo 212 del TRLC, que establece que:

> «1. A solicitud de la administración concursal, el juez, previa audiencia de los interesados, podrá autorizar la enajenación de bienes y derechos de la masa activa afectos a créditos con privilegio especial con subsistencia del gravamen y con subrogación del adquirente en la obligación del deudor. Subrogado el adquirente, el crédito quedará excluido de la masa pasiva.
>
> 2. Por excepción, no tendrá lugar la subrogación del adquirente, a pesar de que subsista la garantía, cuando se trate de créditos tributarios y de seguridad social».

Por otro lado, la subsistencia de las cargas se encuentra en el artículo 225.2 del TRLC, que dispone: «por excepción a lo establecido en el apartado anterior, no procederá acordar la cancelación de cargas cuando la transmisión de bienes o derechos afectos a la satisfacción de créditos con privilegio especial se hubiera realizado con subsistencia del gravamen».

En resumen, la existencia de varias cargas sobre el mismo bien o derecho no es obstáculo insalvable para la dación en pago al acreedor privilegiado con hipoteca de primer rango. Es más, «en el auto del juez por el que autorice la transmisión de los bienes o derechos (...) se acordará la cancelación de todas las cargas anteriores al concurso constituidas a favor de créditos concursales. Los gastos de la cancelación serán a cargo del adquirente» (artículo 225.1 del TRLC). Todo ello, sin perjuicio de las dificultades que puedan plantearse para conseguir la cancelación registral de las cargas.

2.3. LA DACIÓN EN PAGO EN EL CONVENIO CONCURSAL

La Ley concursal diseña dos posibles soluciones para el concurso de acreedores: el convenio y la liquidación[26]. El convenio es un negocio jurídico de masa concluido entre el deudor común insolvente y los acreedores concursales. Su objeto es la solución del concurso y su eficacia depende de la aprobación judicial[27].

26. JIMENEZ SANCHEZ, G. y DÍAZ MORENO, A. (Coord.): *Lecciones de Derecho..., op. cit.*
27. PASTOR SEMPERE, M. C.: *Dación en pago..., op. cit.*, p. 354 afirma que el convenio tiene «como objetivo primordial la satisfacción de los acreedores, hasta escasas fechas con una finalidad únicamente solutoria, pero que al adoptarse en un procedimiento concursal adquiere una dimensión pública y se somete a un importante control judicial».

Hasta la reforma de 2015 no se admitía la dación en pago como propuesta de convenio. La discusión doctrinal se centraba, entonces, en hacer extensiva la autorización de enajenación del apartado 2 del artículo 100 LC 2003 a la dación en pago con finalidad conservativa[28]. Cuando la Ley 9/2015[29] modificó el artículo 100 de la LC 2003, la doctrina interpretó que la dación en pago quedaba admitida expresamente como propuesta de convenio, aunque el legislador había empleado el término «cesión» en lugar de «dación». Como venimos poniendo de manifiesto a lo largo de este trabajo, la imprecisión en el uso del lenguaje técnico es una deficiencia común cuando nos referimos a la dación en pago. La misma expresión se utiliza en el artículo 329 del TRLC, pero no en el artículo 211 del mismo texto legal.

2.3.1. EL CONTENIDO DEL CONVENIO Y LA DACIÓN EN PAGO

Con carácter general, la legislación concursal[30] dispone que todos los convenios de acreedores contendrán quita o espera, o ambas (artículo 317 del TRLC). Estas medidas de aplicación general integran el contenido necesario u obligatorio de los convenios, por lo que, todos deben incorporarlas. Junto a ellas, se pueden introducir otras medidas alternativas o adicionales (artículo 317 del TRLC), entre otras, la dación en pago.

Las sucesivas reformas de la legislación concursal han incrementado las facultades de las partes para acordar las condiciones de estas medidas. En este sentido, ARMENDÁRIZ IÑIGO[31] afirma que se ha vuelto al principio de libertad, así junto al contenido típico o esencial del convenio (la remisión y dilación), se pueden incorporar otros contenidos dispositivos para todos o algunos acreedores, como la cesión en pago.

---

28. PULGAR EZQUERRA, J. (como se citó en PASTOR SEMPERE, M. C.: *Dación en pago...*, *op. cit.*, p. 367: «la taxativa prohibición de cláusulas de cesión de bienes en pago o para pago contenida en el artículo 100.3 debe matizarse, pudiendo sostenerse que lo que resultan prohibidas en la Ley son aquellas cesiones de bienes a los acreedores que puedan convertirse en instrumentos de liquidación abordada al margen de la liquidación global, esto es, las que pueden conllevar una despatrimonialización en bloque del deudor, pero no aquellas otras que permiten la subsistencia de la empresa, lo que acontece en todo caso en que la cesión cumple las condiciones exigidas en el artículo 100.2, apartado 2 LC 2003, esto es, hay cesión global del activo y del pasivo y compromiso firme y justificado de continuidad empresarial, desapareciendo así todo el riesgo de que la cesión sea liquidativa»).
29. Ley 9/2015, de 25 de mayo, de medidas urgentes en materia concursal, publicada en el BOE núm. 125, de 26 de mayo de 2015.
30. En cuanto al planteamiento general sobre las propuestas del convenio, el TRLC dedica los artículos 317 a 330 a regular el contenido de estas. Estos preceptos están incardinados en la sección 2.ª del capítulo II del libro I, denominada «de la propuesta de convenio».
31. ARMENDÁRIZ IÑIGO, J. M.: «La tutela del acreedor hipotecario ante el convenio aprobado judicialmente cuando el concursado asume la posición de hipotecante no deudor». *Revista de Derecho Bancario y Bursátil*, núm. 151, 2018 (BIB 2018, 10835), pp. 6 y 11: «el Legislador ha retornado al tradicional principio de libertad observado en nuestro Derecho Concursal

No es necesario que el convenio contenga exclusivamente propuestas cuya aplicación tenga una concreción unívoca, es decir, una solución concreta que no admita variantes. De hecho, la legislación concursal admite expresamente que el convenio prevea diferentes alternativas entre las que puede elegir el acreedor (artículo 326 del TRLC). Ahora bien, no se pueden diseñar diversas propuestas que prevean siempre (es decir, en todas las opciones) la aplicación de la misma medida alternativa[32].

En resumen, la dación en pago puede ser propuesta como alternativa (artículo 325 del TRLC), por lo que no sería admisible que solo se ofreciera a los acreedores esta única medida, ni tampoco que todas las alternativas propuestas contemplaran la dación en pago, toda vez que el convenio con contenido alternativo se caracteriza por la facultad de elección prevista en el artículo 326 del TRLC.

eliminando los límites cuantitativos y temporales que la redacción original de la Ley Concursal (...). Junto a este contenido típico, puede distinguirse otro potestativo como son las propuestas con contenidos alternativos o adicionales para todos o algunos acreedores, de conversión de determinados créditos en activos financieros o la venta de unidades productivas, las modificaciones sociales de carácter estructural, la cesión, bajo ciertos requisitos en pagos de bienes y derechos no necesarios para la continuidad de la actividad mercantil o empresarial y de la que están excluidos los acreedores públicos o, finalmente, las medidas restrictivas o prohibitivas del ejercicio de las facultades de administración y disposición del deudor previstas en el artículo 137 LC 2003. (...) La propuesta de convenio tiene un contenido esencial representado por la remisión y dilación, en su caso, de las obligaciones dinerarias del concursado que, además, puede ir acompañado de otra parte dispositiva o contingente dirigida a completar aquella (artículo 100 LC 2003). (...) Este diferente contenido esencial y dispositivo determina un diferente régimen de fiscalización: en el primer supuesto, incluso de oficio el Juez del concurso puede incidir en el mismo a través del rechazo del convenio (artículo 131 LC 2003) mientras que en el segundo se limita exclusivamente a su ejercicio a instancia de parte».

32. AAP de Madrid 40/2010, de 12 marzo (AC 2010, 1202), FJ 5: «Como se deduce de los artículos 99 y siguientes de la Ley Concursal, la propuesta de convenio tiene un contenido necesario constituido por las tradicionales quitas (convenios remisorios) o esperas (convenios dilatorios) pudiendo combinar ambas.
El artículo 100.1 de la Ley Concursal así lo expresa cuando imperativamente señala que "La propuesta de convenio deberá contener proposiciones de quita o espera, pudiendo acumular ambas", sujetando a continuación tanto la quita como la espera a determinados límites y prohibiendo determinado contenido en el apartado 3 del citado precepto.
Ahora bien, que la propuesta de convenio tenga que contener necesariamente proposiciones de quita y/o espera, salvo alguna posible excepción que no viene al caso, no significa que sea su único contenido, pues en virtud del principio de autonomía de la voluntad sancionado en el artículo 1255 del Código Civil, pueden proponerse cualesquiera acuerdos que no sean contrarios a la moral, al orden público o a las leyes y, entre estas, como es natural, la propia Ley Concursal que modula y limita dicha autonomía dado que, sin necesidad de abordar aquí la naturaleza jurídica del convenio, sí cabe afirmar que se trata de un negocio jurídico de masa que se alcanza en el seno de un proceso y que exige aprobación judicial, fijando la propia Ley Concursal determinados límites a la autonomía de voluntad privada. (...)
En otros términos, la conversión de créditos en acciones, participaciones sociales o en créditos participativos no pueden formar parte del contenido de una propuesta única o de todas las que alternativamente se ofrezcan».

Por otro lado, se han establecido tres prohibiciones generales que limitan las propuestas del convenio. En primer lugar, no consistirán en la liquidación global del patrimonio del concursado para la satisfacción de sus deudas[33] (artículo 318.1. 3.º del TRLC), salvo la posibilidad de fusión, escisión o cesión global de activo y pasivo de la persona jurídica concursada (artículo 317 bis del TRLC) El objetivo de esta prohibición se encuentra con dos dificultades añadidas. Por un lado, no cerrar el paso a la reestructuración de la empresa viable[34] y, por otro lado, la resistencia de la práctica tradicional que intenta mantener la

33. Una solución habitual a las situaciones de insolvencia bajo la normativa anterior sobre suspensiones de pagos y quiebras eran los convenios liquidativos, en los que se pactaba la liquidación del patrimonio del deudor para hacer frente a sus deudas. VAQUER, F. J.: «El convenio como medio...», *op. cit.*, rechaza la posibilidad de realizar de forma masiva o general el patrimonio empresarial de la concursada a través de enajenaciones singulares o individualizadas de sus activos e identifica parámetros cualitativos y cuantitativos para concretar la aplicación de la prohibición. Así, en las pp. 5 y 6 afirma que «la interpretación de la prohibición del convenio de liquidación global del patrimonio; de especial relevancia en empresas constructoras en concurso con nula o escasa actividad económica [limitada a la mera tenencia de solares y edificaciones], que pretenden alcanzar el cumplimiento del convenio mediante la venta de su stock de suelo y/o de viviendas.
(...) la articulación legal de la prohibición general de liquidación global y de sus dos excepciones (fusión o escisión y enajenación conjunta de bienes afectos o unidades productivas), lleva a una conclusión tajante, cual es la necesaria inadmisión de aquellos convenios de promotoras que pretenden por vía de convenio la venta individualizada —con importantes descuentos— de solares o de locales y viviendas ya edificadas en cuantía o relevancia tal que supongan una enajenación masiva o general de su patrimonio, pues siendo cierto que ello supone la continuación de la actividad ordinaria de la concursada, también lo es que la misma supone una enajenación individualizada y relevante de su patrimonio afecto al giro y tráfico definido por su objeto social.
Estimo que ello es así por la común configuración legal de las excepciones a dicha prohibición, en las que subyace la común necesidad de la transmisión del patrimonio o partes del mismo en bloque o en conjunto, debiendo estar afectos a la actividad de la empresa o conformar una unidad productiva o económica que podrá incluir, en mi criterio, tanto afectos como no afectos.
Si lo dicho vale para un examen cualitativo de la prohibición, desde un punto de vista cuantitativo deben estimarse inadmisibles aquellas propuestas de convenio donde la promotora-constructora oferta la venta separada y disgregada de más de la mitad de su patrimonio, o de bienes que no alcanzando tal valor —pero aproximándose a él— tengan tal relevancia en el patrimonio del deudor que comprometan las actividades empresariales futuras, lo que haría razonable su enajenación conjunta con otros bienes haciendo posible la necesaria asunción por el adquirente de la obligación de continuidad empresarial».

34. LEÓN SANZ, F. J.: «La reestructuración empresarial...», *op. cit.* Asimismo, PASTOR SEMPERE, M. C.: *Dación en pago..., op. cit.*, pp. 367 y 368: «lo que la LC 2003 prohíbe es una *datio pro soluto* mediante la cual se produzca una transmisión directa a los acreedores de los bienes del concursado para que éstos apliquen los bienes recibidos a la extinción de sus créditos. (...) las daciones en pago no siempre son liquidatorias para la empresa, sino que pueden utilizarse para continuar la actividad empresarial y mantener el empleo, cuando la continuidad no cabe con el deudor —su titular—».

aplicación de convenios de cuasi-liquidación[35]. En segundo lugar, no supondrán la alteración de la clasificación de los créditos establecida por la Ley (artículo 318.1. 2.º del TRLC). En tercer lugar, no alterarán la cuantía de los créditos establecida en el procedimiento, sin perjuicio de las quitas acordadas (artículo 318.1. 1.º del TRLC).

Como ya hemos indicado en el apartado 2.2.1, si la dación en pago prevista en el convenio tiene por objeto un bien o derecho afecto a un crédito privilegiado, se aplicará el régimen especial del artículo 211 del TRLC. El argumento jurídico se encuentra en el artículo 323.1 del TRLC, que dispone que «la propuesta de convenio podrá contener previsiones para la enajenación de bienes o derechos afectos a créditos con privilegio especial, que deberán atenerse a los modos de realización y reglas establecidos al efecto en esta ley». PASTOR SEMPERE[36] ha criticado que las daciones en pago de bienes realizadas en el marco de un convenio concursal podrían llegar a incidir sobre el régimen de la garantía otorgada y suponer la cancelación de cargas posteriores.

En cuanto al régimen sustantivo de la dación en pago en el convenio, el TRLC ha mejorado la regulación de esta operación, a la que dedica el artículo 329. De este precepto se deducen varias limitaciones. En primer lugar, que en el convenio solo está prevista la posibilidad de la variante *pro soluto*, ya que no se ha incluido la referencia a la dación para el pago[37].

En segundo lugar, no se puede imponer a los acreedores públicos la dación en pago. Esta es una constante en la normativa concursal.

En tercer lugar, no podrán ser entregados a los acreedores aquellos activos necesarios para la continuación de la actividad profesional o empresarial del concursado (artículo 329.2 del TRLC).

35. CARRASCO PERERA, A. y MORATIEL PELLITERO, E.: «Dos paradojas del convenio...», *op. cit.*, p. 4: estiman aceptable «un convenio liquidatorio de cesión de bienes para pago o en pago (...) Sin embargo, basta la lectura del artículo 148.2 LC 2003 para advertir que la posibilidad de una "reconducción convenida" de la liquidación concursal vía convenio no es disparatada». También GARCÍA ARRUFAT, E.: «Un convenio concursal poco común» en *Anuario de Derecho Concursal* núm. 22, 2011 (BIB 2011, 16), pp. 2 y 3: considera adecuada la «posibilidad de que el convenio concursal faculte a los administradores de la sociedad a que, una vez aprobado el convenio, procedan a vender las existencias de automóviles y en caso necesario las demás partidas del activo, dedicando los medios de pago obtenidos al pago de las deudas con la quita concedida, y en el plazo determinado en la espera, siempre sin el compromiso de reanudar la actividad productiva. (...) la regulación del convenio no impone que la empresa mantenga su actividad, ni durante el período de cumplimiento del convenio, ni tras su cumplimiento».

36. PASTOR SEMPERE, M. C.: *La dación en pago..., op. cit.*

37. En cambio, se admitía expresamente la dación para el pago o *pro solvendo* en las normas reguladoras de la dación en el acuerdo extrajudicial de pagos [artículo 236.1.c) de la LC 2003], en el plan de liquidación (artículo 148.5 de la LC 2003 y artículo 417.3 del TRLC) y en el artículo 155.4 de la LC 2003 para los bienes afectos a garantía real (actualmente, artículo 211 del TRLC).

En cuarto lugar, como condición para incluir la dación en pago en el convenio alternativo, se ha previsto la determinación del valor razonable de los bienes o derechos que se van a entregar a los acreedores. Esta valoración, que se incorporará a la propuesta de convenio, juega un papel importante a la hora de decidir acerca de la viabilidad de la operación y para concretar el alcance de los efectos extintivos de los créditos. Esta condición que debe cumplir la dación en pago en el convenio concursal, consistente en que el valor de los bienes o derechos cedidos guarde una determinada relación con el crédito que se extingue. Por ello, la finalidad de la norma es evitar un eventual perjuicio al deudor y a los acreedores[38].

Las reglas de valoración que se siguen para los bienes o derechos cedidos es su valor razonable, calculado conforme a lo dispuesto en el artículo 201 del TRLC, correspondiendo a quien proponga la dación en pago esta tarea[39]. Y para el crédito dependerá de lo que se haya reconocido en la lista de acreedores (artículos 256 y 259 del TRLC).

Si el valor de los activos entregados es superior al crédito del acreedor, la diferencia se integrará en la masa activa. Por tanto, la operación solo será viable si el acreedor se compromete expresamente a reintegrar dicha diferencia (artículo 316 del TRLC). Los efectos extintivos, en este caso, alcanzarán a todo el crédito. Así, esta norma establece un límite máximo en cuanto a la adquisición del acreedor que es el importe del crédito que se extingue. Con ello se tutela la conservación de la masa activa y la proporción que guarda con el pasivo pendiente.

Si el valor de los bienes o derechos de la masa activa que se entregan es igual o inferior al importe de los créditos que se extinguen, la operación reúne los requisitos del TRLC. En este caso, respecto a los efectos extintivos, si el activo y el crédito son equivalentes, este se extinguirá en su totalidad. Si el valor del activo es inferior al del crédito, creemos que también se extinguirá en su totalidad, puesto que el precepto no dispone que se reconozca el resto del crédito en el concurso.

Esta interpretación nos parece la más acorde con la solución prevista en el artículo 211 del TRLC y con la finalidad de la dación en pago, que se celebra *solvendi causa*, aunque no se ha prohibido expresamente pactar que los efectos extintivos del crédito se limiten al importe del valor del activo entregado. Es más, dado que no se ha establecido un límite mínimo a favor del acreedor, los efectos extintivos de la dación en pago pueden suponer la satisfacción total para

38. BAENA BAENA, P. J.: «El contenido de la propuesta...», *op. cit.*

39. GUTIÉRREZ GILSANZ, A.: «La conservación del convenio concursal». *Revista de Derecho Concursal y Paraconcursal*, núm. 22, 2014 (LA LEY 571/2015), p. 10: «el autor de la propuesta en que se integre la cesión habrá de preocuparse de que los bienes y derechos se valoren según las indicaciones que establece la Ley con respecto a la valoración de las garantías en el artículo 94 LC 2003, no bastando la valoración que exista en el inventario».

un acreedor que esté recibiendo bienes o derechos cuyo valor «sea igual o inferior al crédito que se extingue». Por ello, consideramos que este precepto, en realidad, tutela el principio de *par conditio creditorum*, toda vez que no articula un límite mínimo que garantice la posición del *accipens* (acreedor-adquirente).

Por último, desde un punto de vista formal, la dación en pago quedará reflejada en el plan de pagos de acuerdo con lo preceptuado en el artículo 331 del TRLC.

2.3.2. LOS ELEMENTOS DE LA DACIÓN EN PAGO EN EL CONVENIO

El convenio de acreedores que incorpore la dación en pago, tendrá que contener todos los elementos característicos de la misma, con las particularidades que se deriven del contexto concursal en el que se celebra. Tras la aprobación del convenio y en ejecución del mismo, se formalizará la dación en pago.

La dación en pago conlleva la transmisión del poder de disposición sobre los bienes o derechos pactados. El adquirente de dichos bienes, como establece el artículo 329 del TRLC, será el acreedor.

Nos planteamos si es posible en fase de convenio que la dación en pago se formalice a favor de un tercero designado por el acreedor. En el precepto regulador de la dación en pago en el convenio se refiere a la cesión «a los acreedores» (artículo 329.1 del TRLC). En cambio, el artículo 211 del TRLC admite expresamente que la dación en pago se realice a favor del acreedor privilegiado o de un tercero («la persona que él designe», nos dice el precepto). Podría pensarse que la naturaleza, en parte convencional, del convenio, deja abierta estas dos opciones, pero el artículo 211 del TRLC establece un régimen especial aplicable solo a las transmisiones de bienes o derechos afectos a crédito privilegiado especial «en cualquier estado del concurso». Estos argumentos nos llevan a concluir que es posible acordar en el convenio de acreedores una dación en pago en la que el adquirente sea alguien distinto del acreedor solo cuando se trate de la realización de bienes o derechos afectos a un crédito privilegiado especial.

Ahora bien, la dación en pago celebrada a favor de un tercero a solicitud del acreedor está ampliamente aceptada. Por ello, nos preguntamos si sería posible incorporar a un convenio el pacto en virtud del cual se extinguirían créditos concursales ordinarios o subordinados, a consecuencia de la entrega a un tercero de bienes o derechos de la masa activa. Los problemas fundamentales que se plantean en este caso son, por un lado, que es probable que se cause perjuicio a los acreedores ante la ausencia de conversión en dinero de estos activos y, por otro lado, que la propia configuración del negocio la acercan a una adjudicación de bienes en pago de asunción de deudas.

El convenio que prevea la dación en pago contendrá los elementos definitorios de este negocio jurídico, que hemos comentado en el apartado 1.4.2. Con posterioridad a la aprobación del convenio, estos se plasmarán en el documento formalizado para su celebración.

El primero de estos elementos es la obligación previa u originaria. Básicamente, se requiere la preexistencia de una obligación válidamente constituida, vencida y exigible. El vencimiento de la obligación se indica en la lista de acreedores (artículo 286 TRLC), aunque no se exige que el crédito se encuentre vencido para que sea reconocido (artículo 259 y sig. del TRLC). Ello abre la posibilidad de prever en el convenio la dación en pago para estos créditos, si bien, se formalizará a la fecha de vencimiento de la obligación originaria.

El segundo elemento es el acuerdo entre el deudor y el acreedor o consentimiento relativo al *aliud pro alio*. La dación en pago requiere la coincidencia de voluntades del deudor y del acreedor sobre la nueva prestación, con efectos extintivos. Ahora bien, al acordarse en el marco del concurso, el juego de las mayorías de arrastre representa una especialidad a tener en cuenta. Antes de la modificación del TRLC, «la posibilidad de convenio sin intervención de un contratante esencial, cual es el deudor» [40] era posible, puesto que la iniciativa de los acreedores en la propuesta de convenio y la aprobación judicial del mismo, dejan expedita esta posibilidad. Tras la modificación aprobada por la Ley 16/2022, no es posible la aprobación de un convenio que no haya recibido la aceptación del deudor, por ello, no se verá forzado u obligado a celebrar una dación en pago en contra de su voluntad. Además, el deudor siempre puede o bien dejar sin efecto la propuesta de convenio solicitando la apertura de fase de liquidación [41] o bien oponerse a la aprobación del mismo.

Otro de los elementos de la dación en pago es el *animus solvendi*. El convenio y la dación en pago son instrumentos solutorios, que se celebran *solvendi causa*. Aunque el legislador haya incorporado otros fines, «el convenio es, ante todo, un instrumento solutorio dirigido a satisfacer los intereses de los acreedores, siendo la conservación de la empresa o de la actividad una finalidad instrumental del mismo» [42].

El último elemento de la dación en pago es el traspaso efectivo de la propiedad de los activos. En este sentido, hay que identificar, por un lado, la eficacia del convenio, que se despliega desde la fecha de la sentencia que lo apruebe [43] , salvo que el juez, por razón de su contenido, acuerde retrasar esa eficacia a la

40. VAQUER, F. J.: «El convenio como medio...», *op. cit.*, p. 2.
41. Artículo 346 y 380.2 del TRLC.
42. PASTOR SEMPERE, M. C.: *Dación en pago...*, *op. cit.*, p. 355.
43. PULGAR EZQUERRA, J.: «Rescisión concursal y aprobación judicial del convenio: cláusulas convencionalmente pactadas». *Revista de Derecho Mercantil,* núm. 279, 2011 (BIB 2011, 1481), pp. 2 y 7. La autora interpreta el artículo 133 LC 2003: «conteniéndose por tanto en dicho precepto una regla sobre el momento de inicio de la eficacia del convenio situado en

fecha en que la aprobación alcance firmeza (artículo 393 del TRLC). Y fecha en la que se producirá la transmisión de la propiedad de los bienes como consecuencia de la dación en pago, que requiere el título y el modo[44]. Así, PASTOR SEMPERE[45] recuerda que el convenio indica el medio de cumplimiento pactado con los acreedores, sin embargo, la extinción de las obligaciones se regirá, «en lo no modificado por la Ley concursal», por las reglas generales de los artículos 1156 y siguientes del CC. En concreto, si el convenio contempla la dación en pago, su formalización se producirá con posterioridad, en ejecución o cumplimiento del mismo.

2.3.3. LA ELABORACIÓN, TRAMITACIÓN Y APROBACIÓN DEL CONVENIO DE ACREEDORES

De la dinámica para proponer y aprobar el convenio establecida por la Ley 16/2022 destacamos los siguientes aspectos:

i. La Junta de acreedores ha desaparecido. En la actualidad se abre un plazo para que los acreedores puedan adherirse u oponerse a las propuestas de convenio. Las propuestas de convenio se consideran aceptadas por quienes se hayan adherido a ellas y por quienes las hayan firmado. La verificación de la propuesta aceptada seguirá un orden determinado, hasta que una de ellas sea aprobada (artículo 379 del TRLC).

ii. No tendrán derecho de voto los titulares de créditos subordinados, ni las personas especialmente relacionadas que hubiesen adquirido su crédito por actos *inter vivos* después de la declaración de concurso (artículo 352 del TRLC).

iii. El voto de un acreedor que, simultáneamente, sea titular de créditos privilegiados y ordinarios se presumirá emitido en relación a estos últimos y solo afectará a los privilegiados si así se hubiere manifestado expresamente en el acto de adhesión (artículo 356 del TRLC).

iv. Los acreedores privilegiados pueden contribuir a formar las mayorías necesarias para la celebración del convenio ya que sus créditos com-

la fecha de la sentencia judicial que lo apruebe y no en la fecha de su publicación (artículo 132 LC 2003) o notificación (artículo 150 LEC), no siendo tampoco relevante a estos efectos el momento en que la propuesta es aceptada por los acreedores. (...) Por tanto, aun cuando desde la eficacia del convenio, esto es desde la sentencia de aprobación judicial del convenio, cesan los efectos derivados de la declaración de concurso, este no ha concluido como procedimiento, subsistiendo en un estado que podríamos denominar "concurso yacente"».

44. *Vid*. apartado 1.4.2.

45. PASTOR SEMPERE, M. C.: *Dación en pago...*, *op. cit.*, p. 356.

putarán en el pasivo ordinario y entre los que se han adherido o han firmado la propuesta[46].

v. Cuando la propuesta de convenio o alguna de sus alternativas contengan la dación en pago, para que se considere aceptada será necesaria una mayoría que represente el 65 % del pasivo ordinario (artículo 376 del TRLC). A efectos del cómputo de las mayorías, se consideran incluidos en el pasivo ordinario del concurso los acreedores privilegiados que voten a favor de la propuesta. Si no se alcanzaren las mayorías exigidas se entenderá que el convenio sometido a votación queda rechazado (artículo 376.4 del TRLC).

Además de las mayorías necesarias para la aprobación el convenio, se requerirán determinados votos favorables en los supuestos de las reglas especiales siguientes:

a) Cuando la propuesta de convenio atribuya un trato singular a ciertos créditos o grupos de créditos determinados por sus características, será preciso además de la mayoría necesaria, la adhesión del pasivo no afectado por el trato singular[47] en la misma proporción que la mayoría requerida para la aprobación (artículo 378 del TRLC).

b) Si la propuesta de convenio implica nuevas obligaciones a cargo de uno o varios acreedores, es necesaria la previa conformidad de éstos, incluso en el caso de que la propuesta tenga contenidos alternativos o atribuya trato singular a los que acepten las nuevas obligaciones (artículo 316.2 del TRLC).

DÍAZ MORENO[48] ha analizado las mayorías necesarias para aprobar los convenios. El autor indica, por un lado, que las propuestas de convenio se aceptan en su conjunto, con las distintas alternativas entre las que van a escoger los acreedores. Y, por otro lado, explica que cuando se plantean estas medidas alternativas que implican la facultad de elegir

46. *Vid*. Artículo 377 del TRLC y DÍAZ MORENO, A.: «La reforma del régimen de convenio: mayorías y quórums» en AAVV. DÍAZ MORENO Y LEÓN SANZ (dir.) *Acuerdos de Refinanciación, Convenio y Reestructuración*. Aranzadi. Pamplona, 2015, p. 251: «el montante del pasivo privilegiado que haya apoyado la propuesta se añadirá al pasivo ordinario para determinar la base de cálculo del importe necesario para la aceptación (cuando haga falta un porcentaje del 50 0 del 65 por 100 del pasivo) y, también, se añadirá al pasivo ordinario que haya votado favorablemente para formar la mayoría necesaria (tanto cuando se requieran porcentajes de apoyo del 50 o del 65 por 100 como cuando únicamente sea preciso el voto favorable de la mayoría simple)».

47. A estos efectos, no se considerará que existe un trato singular cuando la propuesta de convenio mantenga a favor de los acreedores privilegiados que voten a su favor ventajas propias de su privilegio, siempre que esos acreedores queden sujetos a quita, espera o a ambas, en la misma medida que los ordinarios.

48. DÍAZ MORENO, A.: «La reforma del régimen...», *op. cit.*

del acreedor, las mayorías necesarias para la aprobación del convenio serán:

- Si se trata de medidas aplicables a todos los acreedores (artículo 376.1 y 2 del TRLC), será necesario la mayoría simple o la adhesión del 50% del pasivo, puesto que luego cada acreedor elige u opta por la medida concreta que le será aplicable, de tal manera que no se le puede imponer otro contenido alternativo.
- Si la facultad de elegir no se dirige a todos los acreedores, hay que diferenciar, a su vez, si se ofrece a algunos la medida alternativa, en cuyo caso se aprobaría por mayoría simple o adhesión del 50% del pasivo; o si a todos se les van a aplicar estas medidas alternativas y solo algunos pueden optar por las quitas y esperar, entonces se requerirá la doble mayoría del 65 % para aprobar el convenio y el 65% del pasivo no afectado por la medida alternativa.

vi. El contenido del convenio vinculará tanto al deudor como a los acreedores ordinarios y subordinados (artículo 396 del TRLC). Los acreedores privilegiados solo quedan vinculados por el convenio, o bien, si han promovido la propuesta o se han adherido a ella, o bien, si el convenio ha alcanzado la aceptación del 65% o del 75% del importe de los créditos privilegiados de la misma de la clase, en los términos del artículo 397 del TRLC.

Son múltiples las opciones que nos podemos encontrar a la hora aprobar el convenio. Intentaremos identificar las mayorías necesarias para un convenio que incorpore la dación en pago, diferenciando los siguientes casos:

Opción 1: un convenio que comprenda la dación en pago como medio de pago para todos los acreedores, requerirá una mayoría del 65% del pasivo ordinario (computando también los apoyos de los acreedores privilegiados).

Opción 2: un convenio que contenga medidas facultativas para todos los acreedores, que tendrán que elegir entre, o bien, la quita y/o espera, o bien, la dación en pago. En este caso la mayoría no sería el 65% del pasivo ordinario, según señala DÍAZ MORENO[49].

Opción 3: un convenio que comprenda la aplicación de las medidas de quita y/o espera para todos los acreedores y prevea solo para algunos (o para los de determinada clase) la facultad de elegir entre la medida anterior o la dación en pago. Entonces, sería necesaria una doble mayoría para aprobar el convenio, la mayoría simple o el 50% del pasivo general y la misma mayoría del pasivo no afectado por la dación en pago.

49. DÍAZ MORENO, A.: «La reforma del régimen...», *op. cit.*

Opción 4: un convenio con un clausulado similar al anterior, pero en el que el acreedor que elija la dación en pago asuma la obligación de reintegrar en la masa activa la diferencia entre el valor del bien entregado y el importe de su crédito. En este caso, se requiere la mayoría descrita en la opción 3, sin que sea necesario añadir la adhesión del acreedor que dispone de la facultad de elegir; con una excepción: que se prevea que, en el caso de no ejercitar esta facultad, el acreedor elige la dación en pago.

Opción 5: un convenio que comprenda la aplicación cumulativa de la quita y/o espera, así como de la dación en pago, para todos los acreedores. Sería necesaria la mayoría del 65% del pasivo ordinario.

Opción 6: un convenio que comprenda la aplicación de quita y/o espera para todos los acreedores y, solo para algunos de ellos, añada la dación en pago. Sería necesaria la doble mayoría del 65% del pasivo ordinario y del 65% del pasivo no afectado por la medida adicional.

Opción 7: un convenio similar al descrito en la opción 6, en el que el acreedor se comprometa a reintegrar en la masa activa la diferencia entre el valor del bien entregado y el importe de su crédito. Requiere la doble mayoría antes indicada y la aceptación del acreedor que asume la obligación de reembolso a consecuencia de la dación en pago.

Por último, PASTOR SEMPERE[50] afirma que con «la introducción de las mayorías de arrastre, prácticamente se impone una *datio in solutum necessaria* al disidente/arrastrado dentro del convenio de continuación». Básicamente, las mayorías de arrastre extienden los efectos de los acuerdos a los acreedores disidentes, de este modo, suplen la voluntad del acreedor y pueden producir efectos equivalentes a los de la dación en pago necesaria. En estos casos, si se ha acordado con los acreedores la dación en pago, es posible que los acreedores ordinarios y subordinados adquieran la propiedad de determinados activos del deudor con efectos extintivos y liberatorios sin su consentimiento. Por ello, como la principal diferencia entre la dación en pago voluntaria y la necesaria es que la segunda no requiere el consentimiento del acreedor, para los acreedores disidentes la extensión subjetiva de los efectos de los acuerdos concursales adoptados puede ser considerada *datio necessaria*.

2.3.4. LOS EFECTOS DEL CONVENIO DE ACREEDORES

El convenio es un acuerdo de masa cuyos efectos no se circunscriben a las partes que lo han alcanzado, es más, se ha previsto la heteroeficacia. Siguiendo a PASTOR SEMPERE[51], afirmamos que la legislación concursal no excluye la dación en pago de la extensión subjetiva de los efectos del convenio prevista en

50. PASTOR SEMPERE, M. C.: *Dación en pago...*, *op. cit.*, p. 375.
51. PASTOR SEMPERE, M. C.: *Dación en pago...*, *op. cit.*, p. 375.

el artículo 397.2 del TRLC, salvo para los acreedores privilegiados (artículo 211 del TRLC) y para los acreedores públicos —ya que el artículo 329.5 del TRLC excluye la «imposición» de esta medida—.

Esta mezcolanza de preceptos ha sido interpretada en dos sentidos contrapuestos. Por un lado, BAENA BAENA[52] se muestra contrario a la extensión de la dación en pago a los acreedores públicos en cualquier situación. Por otro lado, GUTIÉRREZ GILSANZ[53] considera que tanto los acreedores públicos como los laborales que ostenten créditos ordinarios y subordinados quedan excluidos de la hereroeficacia. No obstante, a todos los créditos privilegiados (incluidos los públicos y los laborales) se les extenderán los efectos del convenio si alcanzan las mayorías necesarias.

En nuestra opinión, BAENA BAENA[54] ofrece la mejor interpretación, puesto que el artículo 329 del TRLC establece una norma clara: prohíbe la imposición de la dación en pago a los acreedores públicos. El sentido de esta regla no puede ser modificado por la referencia casi anecdótica que el artículo 376.2 del TRLC hace a los acreedores públicos y laborales, más al contrario, esa salvedad viene a reforzar la aplicación de la prohibición del artículo 329.5 del TRLC. Consideramos que la decisión del legislador respecto a la dación en pago a acreedores públicos es la de evitar la heteroeficacia. La legislación concursal no se opone a que estos acreedores voluntariamente consientan la dación, pero esta se formalizará según su normativa específica, sin hacer distinción en cuanto a la calificación del crédito.

Lograda la aprobación del convenio, en la realidad, uno de los principales problemas es la generalización de su incumplimiento[55] . Los efectos de la declaración de incumplimiento sobre los créditos concursales tienen lugar desde que la sentencia sea firme. El artículo 404 del TRLC dispone, en primer lugar, que «las quitas, las esperas y cualesquiera otras modificaciones de los créditos que hubieran sido pactadas en el convenio quedarán sin efecto» y, en segundo lugar,

52. BAENA BAENA, P. J.: «El contenido de la propuesta...», *op. cit.*
53. GUTIÉRREZ GILSANZ, A.: «La conservación del convenio...», *op. cit.*, p. 10: «Sin embargo, de la letra del artículo 124. 1 b) LC 2003 se deduce que además de los acreedores públicos, también quedan excluidos de la posibilidad de quedar vinculados por una cesión de bienes en pago aceptada mayoritariamente los acreedores laborales, al deberse entender comprendida la cesión en la expresión "las demás medidas previstas en el artículo 100".
No obstante, otra vez, tales exclusiones deben entenderse referidas a los créditos públicos y laborales ordinarios y subordinados, puesto que si una vez obtenida la mayoría de pasivo ordinario establecida en el artículo 124. 1 b) LC 2003, se lograse el 75 por ciento de voto favorable al convenio con cesión de bienes dentro de la clase respectiva, podrían quedar vinculados todos los créditos privilegiados incluidos en la clase, aunque se tratara de créditos públicos y laborales (artículo 134. 3 b) LC 2003)».
54. BAENA BAENA, P. J.: «El contenido de la propuesta...», *op. cit.*
55. VAQUER, F. J.: «El convenio como...», *op. cit.*, p. 4: «la realidad demuestra en los frecuentes supuestos de incumplimiento el perjuicio del crédito ordinario y subordinado es evidente e importante, al adicionarse junto a ellos nuevos créditos; lo que refuerza la idea de que so-

que los acreedores con privilegio especial vinculados por el convenio, «podrán reiniciar o reanudar la ejecución separada de la garantía con independencia de la apertura de la fase de liquidación».

GUTIÉRREZ GILSANZ[56] y VÁZQUEZ CUETO[57] señalan que la declaración de incumplimiento del convenio no es equiparable a la resolución de los contratos, ya que los efectos previstos en el legislación concursal carecían de retroactividad; es más, para los acreedores con privilegio especial se ha dispuesto que pudieran iniciar o continuar la ejecución separada de la garantía hasta el montante de la deuda originaria. Esta segunda lectura del precepto es la que ha quedado plasmada en el TRLC.

Un supuesto particular se produce si, cuando es declarado el incumplimiento del convenio, ya había sido ejecutado en parte. La regla general es que estos actos producirán plenos efectos, salvo que sean anulados o rescindidos[58]. De tal manera que, si ya había sido formalizada la dación en pago y ejecutado el *aliud* antes de que alcance firmeza la declaración judicial del incumplimiento del convenio, esta operación desplegará todos sus efectos.

---

lo las propuestas realmente viables, bien documentadas y objetivamente realizables [sin perjuicio de los avatares del mercado, propios o ajenos] deben alcanzar su final homologación judicial». Tal como prevé el TRLC, cualquier acreedor puede solicitar la declaración de incumplimiento del convenio ante el juez del concurso cuando considere que ha sido incumplido o que se han vulnerado las prohibiciones o limitaciones de las facultades de administración y disposición por el deudor (artículo 402 del TRLC). La sentencia estimatoria del incumplimiento declarará la resolución del convenio y abrirá la fase de liquidación de la masa activa (artículo 403 del TRLC).

56. GUTIÉRREZ GILSANZ, A.: «La conservación del convenio...», *op. cit.*, p. 16: «Debe quedar clara, no obstante, la imposibilidad de identificar la declaración de incumplimiento del convenio concursal con la resolución de los contratos. Basta detenerse en falta la retroactividad del remedio concursal (artículo 162 LC 2003), (...) En efecto, según establece la última parte del artículo 140 LC 2003, los acreedores con privilegio especial vinculados por el convenio, voluntaria o forzadamente, en caso de declaración de incumplimiento del mismo y con independencia del inicio de la fase de liquidación, podrán iniciar o reanudar la ejecución separada de la garantía desde que se produzca tal declaración. Con ello se exime a los acreedores con privilegio especial que hubieran quedado sometidos a un convenio que se resuelva por incumplimiento, del deber de quedar sometidos para su satisfacción a la posterior liquidación concursal (...). Pero además, también se añade que lo que se obtenga de esa ejecución separada irá a parar al acreedor hasta el montante de la deuda originaria, con lo que queda claro que su satisfacción no se verá limitada al valor de la garantía establecido según el artículo 94 LC 2003».

57. En ese mismo sentido, VÁZQUEZ CUETO, J. C.: «Incumplimiento y modificación del convenio» en AAVV. DÍAZ MORENO Y LEÓN SANZ (dir.): *Acuerdos de Refinanciación, Convenio y Reestructuración*. Navarra. Aranzadi, 2015, pp. 327 a 349.

58. Así, artículo 404.2 del TRLC establece que «la declaración de incumplimiento del convenio no afectará a la validez y eficacia de los actos realizados por el concursado o por terceros en ejecución del convenio. En particular, producirán plenos efectos los pagos realizados, las garantías de financiación constituidas y cualesquiera acuerdos societarios adoptados para dar cumplimiento a aquel, incluidas las modificaciones del capital social, de los estatutos y las estructurales».

Ahora bien, el contrapeso de esta regla se encuentra en los artículos 405 y 439.1 del TRLC. El primero prevé la anulación de aquellos actos que contravengan el convenio o alteren la igualdad de trato de los acreedores y la rescisión de los actos perjudiciales para la masa activa. Mientras el segundo considera que no son pagos legítimos los afectados por «la existencia de fraude, contravención al convenio o alteración de la igualdad de trato a los acreedores».

Por último, hay que recordar que la declaración judicial de incumplimiento de convenio es una de las causas de apertura de oficio de la fase de liquidación (artículo 409.1. 5.º del TRLC).

En conclusión, la legislación concursal no prevé la ejecución forzosa del convenio de acreedores. Esto supone, respecto a la dación en pago prevista en el mismo, que el acreedor nunca va a conseguir la entrega del bien mediante la ejecución forzosa del cumplimiento de la dación en pago. En estos casos, para conseguir liberarse, el deudor tendrá que cumplir su obligación originaria y no la nueva prestación o *aliud*. A su vez, el acreedor solo podrá ver satisfecho su crédito por dos vías, que son la liquidación concursal del patrimonio del deudor o la ejecución separada, que solo está a disposición de los acreedores privilegiados.

En el caso de que el deudor hubiera cumplido la dación en pago acordada en el convenio, transmitiendo los bienes en pago, el acreedor los hará suyos, salvo declaración judicial en contrario.

En los siguientes capítulos vamos a analizar la tributación de esta operación partiendo de las conclusiones obtenidas en los primeros capítulos.

3

Una reflexión sobre la fiscalidad de la dación en pago desde la perspectiva general del sistema tributario

La dación en pago se produce cuando el acreedor acepta, para el cumplimiento de una obligación preexistente, la realización de una prestación distinta de la que había sido pactada.

Esta operación produce varios efectos. Por un lado, los correspondientes al cumplimiento, es decir, los efectos extintivos y la satisfacción del acreedor. Por otro lado, produce la transmisión de la propiedad de determinados activos.

En el CC son pocos los artículos que se refieren a esta figura y lo hacen de forma tangencial y escueta. Su fundamento jurídico se encuentra en la autonomía de la voluntad y su contenido depende del acuerdo alcanzado entre el deudor y el acreedor.

Son escasas las normas limitativas de la libertad de las partes, lo que ha llevado a que esta figura sea sospechosa de simulación, de fraude e, incluso, de ser empleada en perjuicio de los acreedores. Todo ello se ha puesto de manifiesto en el IRPF con la aplicación del valor de mercado.

Entre los requisitos de la dación en pago no se encuentran el mantenimiento del *status quo* de la relación originaria, ni la equivalencia entre el valor de la cosa entregada y el de la obligación que se extingue. Tampoco se vinculan el valor de la nueva prestación y el alcance de los efectos extintivos. Esto puede desembocar en que el equilibrio contractual de la obligación primigenia se vea alterado por la dación en pago.

La fiscalidad de la dación en pago depende de los elementos que integren el negocio en cada caso concreto. Las numerosas variables que presenta esta figura, plantea un problema a la hora de analizar su fiscalidad. Nos centraremos en la fiscalidad de la dación en pago en sentido estricto, que siguiendo a DÍEZ-

PICAZO[1], se produce «cuando el acreedor acepta, para el cumplimiento de una obligación anteriormente constituida, la entrega de unos bienes distintos de aquellos en que la prestación consiste». En cuanto al objeto transmitido, prestaremos especial atención a la fiscalidad de la dación en pago de bienes inmuebles, por su relevancia práctica.

En cuanto a su naturaleza jurídica, la doctrina considera que la dación en pago es una forma especial de pago o, dicho de otro modo, una prestación que suple el pago genuino, también conocido como subrogado del cumplimiento.

De acuerdo con la jurisprudencia del TS, los requisitos de la dación en pago son tres. En primer lugar, que se acuerde la transmisión del pleno dominio en concepto de pago de un crédito. Precisamente, este crédito despliega el papel de la contraprestación a la entrega o adjudicación del bien. En segundo lugar, es necesario el consentimiento del acreedor, es decir, que este acepte la realización de una prestación distinta a la que inicialmente se había pactado. No es un requisito la equivalencia del valor de la prestación originaria y la nueva prestación pactada, es decir, no se exige la equivalencia entre el montante de la deuda y el valor del bien ofrecido en pago. En tercer lugar, la existencia de un crédito líquido. No es necesario que la obligación se encuentre vencida y sea exigible. Tampoco que el deudor se encuentre en situación de insolvencia.

Este negocio se caracteriza porque despliega efectos extintivos y traslativos, lo que ha servido como elemento diferenciador de esta figura. En cuanto al alcance de los efectos extintivos, contemplamos la posibilidad de celebrar una dación en pago para la cancelación parcial de la deuda originaria, con la excepción de las operaciones celebradas al amparo del CBP, en las que siempre se extingue la totalidad de la deuda inicial.

Al margen del debate doctrinal sobre el carácter real o consensual, en el análisis de la fiscalidad de la dación en pago vamos a considerar que el negocio se entiende perfeccionado cuando se produce la transmisión del poder de disposición sobre el *aliud*. Lo cual, aplicando la teoría del título y el modo, requiere el acuerdo y la entrega o *traditio* de la cosa transmitida. En el caso de que se haya pactado la dación en pago de un bien inmueble, la *traditio* se entenderá producida el día en el que se otorgue la escritura pública. Los argumentos que sustentan esta decisión son, en primer lugar, la coherencia con su naturaleza jurídica de forma especial de pago, en segundo lugar, el hecho de que la extinción de la obligación se asocie a la realización de la transmisión y no al acuerdo de voluntades sobre la nueva prestación —tanto desde la perspectiva del Derecho Civil como desde la perspectiva del Derecho Financiero y Tributario—, y en último lugar, la inexistencia en el CC, en el CBP, en el TRLC y en la LGT de consecuencias jurídicas para el incumplimiento del acuerdo de dación en pago.

1. DÍEZ-PICAZO Y PONCE DE LEÓN, L. M.: *Fundamentos de Derecho Civil..., op. cit.*, p. 631.

Juega un papel importante en la fiscalidad de la dación en pago el carácter oneroso de este negocio, que supone la inexistencia de condonación o de liberalidad y, por ende, descarta la tributación por los impuestos que gravan las transmisiones realizadas a título lucrativo.

Asimismo, ha quedado justificada la singularidad de la dación en pago, que no es asimilable a la permuta, lo cual tiene consecuencias a la hora de identificar los criterios de cuantificación aplicables en los distintos tributos.

Además, su carácter complejo derivado de la dualidad de efectos jurídicos (traslativo y extintivo), la inexistencia de prescripciones legales sobre la equivalencia de la prestación originaria y la nueva prestación pactada, así como sobre la extensión de los efectos extintivos, se proyectan sobre la riqueza que, en su caso, puede generar la dación en pago. No se puede descartar que las partes experimenten una ganancia o pérdida, al tiempo que tampoco se puede identificar *a priori* cuál será el eventual resultado que corresponda a cada parte. Esta situación afectará al hecho imponible, a la identificación del sujeto pasivo y a la cuantificación de la base imponible. Llegado este punto, sería relevante hacer una distinción cuando se trate de la dación en pago necesaria o legal —o, dicho de otro modo, de adjudicación al acreedor—, ya que esta operación se produce en procedimientos de ejecución del patrimonio del deudor en los que las vías de enajenación habituales han resultado infructuosas y los valores de los activos quedan fijados en resoluciones judiciales o administrativas.

Para el problema de la valoración del elemento entregado y de la obligación extinguida, destacamos que el TS[2] afirma que el crédito que se extingue en la dación en pago cumple la misma función que el precio en la compraventa, es decir, que representa la contraprestación de la transmisión del bien. En nuestra opinión, este axioma permite simplificar la fiscalidad de la operación, en especial, en aquellos casos en los que la obligación que se extingue consiste en la entrega de una cantidad de dinero.

Como hemos expuesto, la dación en pago tiene la naturaleza jurídica del pago, en concreto, constituye una forma especial de pago. Además, dado que hemos descartado que este negocio produzca la novación de obligación originaria, no exploraremos las posibles consecuencias tributarias que se pudiesen desprender de ella.

En los capítulos anteriores hemos diferenciado la dación en pago voluntaria, realizada al amparo de la autonomía de la voluntad, la dación en pago del CBP y la dación en pago concursal. Ahora nos centraremos en el análisis de la tributación de las operaciones, comenzando por señalar los impuestos que las gravan.

2. STS de 13 febrero 1989 (RJ 1989, 831).

En los impuestos directos que gravan la obtención de renta, hemos identificado la necesidad de analizar la tributación de la dación en pago desde una doble perspectiva, que tenga en cuenta el resultado producido por la transmisión del bien y el resultado que eventualmente pueda derivar de la diferencia entre el crédito que se extingue y el valor de la nueva prestación pactada.

En los impuestos indirectos, en cambio, nuestro análisis se centra en el deber de contribuir asociado a la transmisión de la propiedad del bien, puesto que estos impuestos gravan la transmisión de la propiedad del activo entregado.

En primer lugar, en la dación en pago voluntaria la posición del *solvens* la podría ostentar el deudor o el garante de la obligación originaria o, incluso, un tercero, sin que existan requisitos que delimiten o circunscriban desde el punto de vista subjetivo la operación. La posición del *accipens* correspondería al acreedor, ahora bien, el adquirente puede ser un tercero designado por él. Tampoco se ha establecido requisito subjetivo alguno que permita acotar la enorme cantidad de supuestos que puede plantear la aplicación de este negocio. Así, atendiendo a las características de las partes identificamos las siguientes circunstancias con trascendencia tributaria:

a) Que las partes sean residentes o no en territorio español.

b) Que tengan o no la condición de empresario o profesional y esta operación se desarrolle en el ámbito de su actividad por cuenta propia.

En cuanto a los elementos objetivos, la obligación preexistente es uno de ellos y su contenido dependerá del negocio originario. En relación con este elemento tampoco encontramos requisitos o límites. En particular, cuando el negocio originario sea un préstamo o crédito, la obligación preexistente consistirá en el pago de una cantidad de dinero, pero podemos encontrar otros supuestos en función del contenido de la obligación que se va a extinguir con la dación en pago.

El otro elemento objetivo es la nueva prestación pactada o *aliud*. Vamos a acotar nuestro trabajo a la dación en pago en sentido estricto, en la cual se pacta la entrega de un activo, es decir, que la nueva prestación consiste en la transmisión de cualquier elemento patrimonial[3]. Pues bien, a efectos tributarios resultan relevantes, entre otras, las siguientes circunstancias:

a) Que estos elementos estén o no afectos al desarrollo de una actividad empresarial o profesional.

b) La naturaleza del activo transmitido, es decir, si es un bien mueble o inmueble o un derecho.

---

3. DIEZ-PICAZO Y PONCE DE LEÓN, L. M.: *Fundamentos de Derecho Civil..., op. cit.*, p. 631 denomina a esta operación «dación en pago en sentido estricto».

c) A su vez, si se transmite un inmueble, que hubiera constituido o no la vivienda habitual del *solvens*.

Por otro lado, el ordenamiento jurídico ha delimitado claramente la dación en pago del CBP, lo que facilita en gran medida el análisis de su fiscalidad. La operación se celebra entre un *solvens* persona natural —que puede ser el deudor o un garante—, y un *accipiens* que será una entidad de crédito. Además, los elementos objetivos han quedado delimitados en dos, en primer lugar, la obligación originaria consistirá en un préstamo o crédito hipotecario mediante el cual se financia la adquisición de la vivienda habitual y, en segundo lugar, el elemento transmitido será la vivienda habitual del *solvens*.

La configuración de esta operación hace que quede fuera del ámbito de aplicación de los impuestos que gravan las actividades empresariales y profesionales, por ello, analizaremos la aplicación del impuesto indirecto TPO. En cuanto a los impuestos directos, esta operación quedará sujeta y exenta del IRPF y del IIVTNU para el deudor, por aplicación del artículo 33.4.d) de la LIRPF y del artículo 105.1.c) de la LRHL, respectivamente, como analizaremos con detalle en los apartados siguientes. Sin embargo, para el acreedor, al tratarse de una entidad de crédito, las rentas que pudiesen derivar de la dación en pago quedarían sujetas al IS.

Otra operación que también ha sido delimitada con bastante precisión por el legislador es la dación de bienes del Patrimonio Histórico Español en pago de deuda tributaria. Hay que añadir que se han establecido beneficios fiscales aplicables al *solvens* que sea residente en territorio español. Cuando este sea persona natural, la operación quedará sujeta al IRPF y las ganancias patrimoniales exentas[4]. Asimismo, cuando el deudor sea contribuyente del IS, las rentas —positivas o negativas— no se integrarán en la base imponible de la entidad deudora[5]. Ahora bien, la LRIRNR no ha previsto esta forma de pago ni ha establecido beneficios fiscales similares.

En el caso concreto de que el bien del Patrimonio Histórico Español entregado sea un inmueble en el que hayan realizado obras de conservación, mejora o rehabilitación —aunque no sea una medida específica para la dación en pago— la transmisión podría beneficiarse de la exención en el IIVTNU prevista en el artículo 105.1.b) LRHL.

4. El artículo 33.4. c) de la LIRPF dispone que estarán exentas las ganancias patrimoniales obtenidas «con ocasión del pago previsto en el artículo 97.3 de esta Ley y de las deudas tributarias a que se refiere el artículo 73 de la Ley 16/1985, de 25 de junio, del Patrimonio Histórico Español».
5. Artículo 19. 5 de la LIS: «No se integrarán en la base imponible las rentas positivas o negativas que se pongan de manifiesto con ocasión del pago de las deudas tributarias a que se refiere el apartado 2 del artículo 125 de esta Ley y de las deudas tributarias a que se refiere el artículo 73 de la Ley 16/1985, de 25 de junio, del Patrimonio Histórico Español».

En cuanto a la tributación indirecta de la dación de bienes del Patrimonio Histórico Español en pago de deuda tributaria, no se han establecido medidas concretas para esta operación, por lo que quedará sujeta a TPO o a IVA, dependiendo de la condición del transmitente[6]. Si se realiza el hecho imponible de TPO, el sujeto pasivo será el acreedor, es decir, el ente público, por lo que se aplicará la exención subjetiva del artículo 45.I.A) de la LITPAJD. En cambio, si se realiza el hecho imponible del IVA, hay que tener en cuenta la exención de los servicios culturales establecida en el artículo 20.UNO.26.º de la LIVA, así como la aplicación del tipo reducido del 10%[7] y, en su caso, del régimen especial de los bienes usados, objetos de arte, antigüedades y objetos de colección, cuando el *solvens* sea un revendedor de este tipo de bienes.

Aún es posible indicar otro supuesto específico, que es la dación en pago celebrada al amparo de un plan de reestructuración preconcursal. Estos planes solo están previstos para deudores que sean empresarios o profesionales, con independencia de que sean persona natural o jurídica. No existen previsiones acerca de las obligaciones originarias que se podrían extinguir ni de los elementos patrimoniales que se podrían entregar. Atendiendo a estos datos, los impuestos que tendremos que analizar son, por un lado, el IVA y, por otro lado, el IS o el IRPF. En cuanto a este último, hay que diferenciar si el elemento es un inmovilizado de la empresa o si forma parte del activo circulante. En el primer caso, la renta se calificará como ganancia o pérdida patrimonial, mientras que, en el segundo, tributará como rendimiento de la actividad económica y se cuantificará aplicando las normas del IS. Por otro lado, si lo que se entrega es un bien inmueble, en el IVA habría que analizar las exenciones inmobiliarias, la renuncia a las mismas y la inversión del sujeto pasivo. Asimismo, habría que abordar las obligaciones tributarias correspondientes al IIVTNU.

A los anteriores, hay que añadir otro supuesto, que es la dación en pago celebrada por un deudor que ha sido declarado en concurso de acreedores. Es posible que el *solvens* sea persona natural o jurídica, así como que desarrolle actividades empresariales o profesionales o que no lo haga. Vamos a identificar distintos escenarios para analizar la tributación.

En primer lugar, cuando el deudor sea una persona natural que no desarrolla actividades empresariales o profesionales —o siéndolo, no se entregan elementos patrimoniales afectos—, los impuestos aplicables a la dación en pago son TPO e IRPF. En concreto, en este último la renta se calificará como ganancia patrimonial y, siempre que la dación en pago esté prevista en un convenio de acreedores o en un plan de pagos para la exoneración del pasivo insatisfecho, habrá que tener en cuenta la exención regulada en la disposición adicional cua-

6. Artículo 7.5 del TRLITPAJD y artículo 40. Cuatro de la LIVA.
7. Cuando la operación sea calificada como entrega de bienes o adquisición intracomunitaria, se requiere que la obra de arte haya sido transmitida por los autores, derechohabientes y sujetos pasivos no revendedores con derecho a deducción 100%.

dragésimo tercera de la LIRPF. En cambio, la renta devengada por la dación en pago realizada en fase común o de liquidación no se encuentra amparada por la citada exención, por lo que propondremos la modificación del precepto[8].

Además, si el elemento a entregar está afecto a un crédito con privilegio especial, será de aplicación el artículo 211 del TRLC. Ello sucedería si se transmiten bienes inmuebles hipotecados. En estos casos, además de los impuestos comentados, se devengará el IIVTNU. Es más, si se transmite la vivienda habitual, habrá que analizar si son aplicables las exenciones de los artículos 33.4.d) de la LIRPF y 105.1.c) de la LRHL, siempre que se cumplan los requisitos exigidos.

En segundo lugar, cuando el deudor sea una persona natural dedicada al ejercicio de actividades por cuenta propia, la operación quedará gravada por el IVA, siempre que la entrega de bienes haya tenido lugar en el desarrollo de su actividad empresarial o profesional. Respecto a la tributación directa, si el elemento entregado es un inmovilizado de la empresa, se obtendrá una renta sujeta al IRPF que se calificará como ganancia o pérdida patrimonial. En cambio, si forma parte del activo circulante, tributará como rendimiento de la actividad económica, por lo que se cuantificará aplicando las normas del IS. Cuando las deudas derivan del ejercicio de actividades económicas, descartamos la aplicación de la exención establecida en la disposición adicional cuadragésimo tercera de la LIRPF, al igual que sucede en el contexto de los planes de reestructuración. Por último, si se transmite un bien inmueble, se producirá la inversión del sujeto pasivo en el IVA y el devengo del IIVTNU.

En tercer lugar, cuando el deudor sea contribuyente del IS, la dación en pago quedará integrada en la base imponible por aplicación de la normativa contable, que analizaremos con detalle en este capítulo. En cuanto a la tributación indirecta, lo más habitual es que las personas jurídicas tengan la consideración de empresarios o profesionales a efectos de IVA, por lo que la transmisión tributará por el hecho imponible entrega de bienes. Por último, si el activo transmitido es un inmueble, hay que tener en cuenta la problemática del IVA inmobiliario (exenciones y renuncia) y el supuesto de inversión del sujeto pasivo, así como el devengo del IIVTNU.

Por último, el supuesto de la dación en pago voluntaria pactada al amparo de la autonomía de la voluntad puede producirse en todas las situaciones descritas con anterioridad. Además, sería posible añadir un escenario internacional, si el *solvens* no es residente en territorio español. En este caso, el impuesto directo

8. *Ibidem*.

devengado sería el IRNR[9], tanto si es una persona natural, como si es una entidad. En estos casos, la fiscalidad de la operación depende de que el no residente disponga de un establecimiento permanente en el territorio español o de que obtenga la renta sin la mediación de este. A su vez, la fuente u origen de la renta también será relevante.

Si la dación en pago se ha celebrado por un deudor no residente desde su establecimiento permanente en territorio español, las rentas quedarán gravadas en España. Para la cuantificación de la renta, se aplicarán las reglas generales de cuantificación de la base imponible del IS, con ciertas especialidades previstas en el artículo 18 de la LIRNR. Entre estas, no se encuentran normas específicas para la operación de dación en pago y tampoco existen otras medidas fiscales específicas para la dación en pago como exenciones, deducciones o bonificaciones.

En cambio, si la dación en pago ha sido acordada por un deudor no residente que actuaba sin establecimiento permanente, en principio, la renta generada será calificada como ganancia patrimonial. Este tipo de renta se devenga cuando la alteración patrimonial se entienda producida, lo que sucederá, en nuestra opinión, cuando tengan lugar los efectos traslativos de la dación en pago. Cada operación realizada supone un devengo independiente para el contribuyente que actúa sin establecimiento permanente. La cuantificación se realizará aplicando las normas del IRPF para las ganancias patrimoniales derivadas de una transmisión[10].

Para terminar, si el deudor es una persona física que tenga su residencia en un Estado miembro de la UE, podrá ejercitar la opción prevista en el artículo 46 de la LIRNR, que le permite tributar en calidad de contribuyente por el IRPF, siempre que reúna los requisitos establecidos en el apartado primero de este precepto.

9. La fiscalidad de los no residentes se regula por la normativa interna en el Real Decreto Legislativo 5/2004, de 5 de marzo, por el que se aprueba el texto refundido de la Ley del Impuesto sobre la Renta de no Residentes, BOE núm. 62, de 12 de marzo de 2004, así como por los Convenios para evitar la Doble Imposición celebrados por el Estado Español. Nuestro acercamiento se limita a la LIRNR puesto que el análisis de los CDI escapa al objeto de este trabajo.

10. Se ha establecido una regla de valoración especial aplicable en el caso de que se trate de la entrega de acciones o participaciones de una entidad residente en un país o territorio con el que no exista un efectivo intercambio de información tributaria y siempre que, o bien, su activo esté constituido principalmente por bienes inmuebles situados en territorio español, o bien, las participaciones permitan a su titular disfrutar de bienes inmuebles situados en territorio español. En estos supuestos, el valor de transmisión se calculará «atendiendo proporcionalmente al valor de mercado, en el momento de la transmisión, de los bienes inmuebles situados en territorio español, o de los derechos de disfrute sobre dichos bienes» (artículo 24.4, tercer párrafo de la LIRNR).

El estudio del régimen sustantivo de este negocio nos ha permitido identificar varios factores que tienen trascendencia tributaria, entre los que destacan:

a) El carácter oneroso —que supone la inexistencia de condonación o liberalidad—.

   En TPO se optó por incorporar expresamente la dación en pago a la descripción del HI. Con esta medida, que data de 1967, la tributación se ha mantenido al margen del debate doctrinal sobre el carácter oneroso de este negocio. El TS afirma que esta solución supone un reconocimiento específico que obedece a su singularidad.

   En cambio, en IRPF no se ha adoptado esta medida. Hasta 2012 la Administración no aceptó las consecuencias jurídicas del carácter oneroso de la dación en pago. Para ello fue necesaria la aprobación del CBP. Con anterioridad, cuando el elemento entregado tenía un valor inferior a la deuda extinguida, la Administración afirmaba que se devengaba el ISD (por existir una condonación parcial).

b) La singularidad de la dación en pago —que no es asimilable a la permuta, ni a la novación, ni a la cesión de bienes—. Este dato permite descartar la cuantificación de la base imponible del IRPF y del IS aplicando las reglas especiales dictadas para estas otras operaciones. A la misma conclusión se llega respecto al devengo por los pagos anticipados en IVA.

c) El carácter complejo de la dación en pago derivado de la dualidad de efectos jurídicos —traslativos y extintivos—.

   A efectos tributarios, el rasgo identificativo de este negocio es que las partes pretendan la transmisión inmediata de la propiedad de un elemento patrimonial —al acreedor o a un tercero designado por él— y que se otorguen efectos extintivos de una deuda anteriormente contraída. Lo cual ha quedado reflejado en la doctrina administrativa sobre IRPF y en la jurisprudencia del TS sobre ITPAJD.

El resultado del análisis del CC, del RDL 6/2012 y de la normativa concursal ha permitido identificar tres axiomas que van a servir al propósito de dotar de unidad y coherencia al análisis de la fiscalidad de la operación. El primero de ellos afecta a la identificación de la capacidad económica que se genera con este negocio, el segundo a la cuantificación de la base imponible y el tercero al devengo.

Son tres los factores que se proyectan sobre la capacidad económica. Por un lado, el carácter complejo de la operación, por otro lado, la inexistencia de prescripciones legales sobre la equivalencia de las prestaciones —la originaria y la nueva prestación pactada— y, por último, la vaguedad de las normas sobre el alcance de los efectos extintivos (salvo en el CBP).

En cuanto al segundo axioma, tendremos en cuenta que el crédito que se extingue cumple la misma función que el precio en la compraventa, es decir, representa la contraprestación de la transmisión del bien. Este postulado permite simplificar la fiscalidad de la operación cuando la obligación originaria consiste en un crédito dinerario. De ahí, las interpretaciones realizadas sobre el valor de transmisión en IRPF y en IIVTNU, al igual que la interpretación del concepto «contraprestación» en IVA y del «precio» en TPO.

El tercer axioma afecta al devengo. Al margen del debate doctrinal sobre el carácter real o consensual de la dación en pago, la Administración afirma que el devengo se produce cuando tiene lugar el cumplimiento del *aliud.*

En la dación en pago en sentido estricto, el *aliud* consiste en la transmisión del poder de disposición sobre el activo, lo que requiere —siguiendo la teoría del título y el modo— el acuerdo y la entrega. Esta cuestión se ha abordado en los epígrafes correspondientes a cada impuesto. Existe una excepción en el IS. En efecto, se anticipa el devengo para la dación en pago prevista en un convenio concursal, siempre que se cumplan las condiciones establecidas en los criterios contables de registro de estas operaciones.

En los siguientes capítulos abordaremos el estudio detallado de la tributación de la dación en pago en el IRPF, el IS, el IIVTNU, el IVA y el TIPAJD.

4

La tributación en el Impuesto sobre la Renta de las Personas Físicas

SUMARIO: 4.1. LA IDENTIFICACIÓN DE LA DACIÓN EN PAGO A EFECTOS DEL IRPF. *4.1.1. El concepto de dación en pago elaborado por la doctrina administrativa. 4.1.2. La calificación de la renta generada por la dación en pago.* 4.2. LA INDIVIDUALIZACIÓN DE LA RENTA. 4.3. EL ELEMENTO TEMPORAL DEL HECHO IMPONIBLE. 4.4. LOS SUPUESTOS DE NO SUJECIÓN. 4.5. LAS EXENCIONES APLICABLES A LA DACIÓN EN PAGO. *4.5.1. La exención de las daciones en pago realizadas para la cancelación de deudas tributarias. 4.5.2. La exención de la dación en pago de la vivienda habitual.* 4.5.2.1. Antecedentes. 4.5.2.2. La finalidad de la exención del artículo 33.4.d) de la LRIPF. 4.5.2.3. Las operaciones incluidas en la exención. 4.5.2.4. Los requisitos de la exención de la dación en pago de la vivienda habitual. *4.5.3. La exención de las rentas obtenidas por el deudor en procedimientos concursales.* 4.5.3.1. Los requisitos subjetivos. 4.5.3.2. Los requisitos formales. 4.5.3.3. Los requisitos objetivos. 4.5.3.4. Propuesta de *lege ferenda*. 4.6. LA CUANTIFICACIÓN DE LA GANANCIA O PÉRDIDA PATRIMONIAL DERIVADA DE LA DACIÓN EN PAGO. 4.7. LA ESPECIAL REFERENCIA A LOS GARANTES Y AL PAGO POR TERCERO. *4.7.1. La dación en pago realizada por un garante. 4.7.2. La dación en pago realizada por un tercero ajeno a la relación jurídica originaria.* 4.8. LA CUANTIFICACIÓN DE LOS RENDIMIENTOS DE ACTIVIDADES ECONÓMICAS DERIVADOS DE LA DACIÓN EN PAGO.

4.1. LA IDENTIFICACIÓN DE LA DACIÓN EN PAGO A EFECTOS DEL IRPF

4.1.1. EL CONCEPTO DE DACIÓN EN PAGO ELABORADO POR LA DOCTRINA ADMINISTRATIVA

El análisis de la tributación de la dación en pago comienza con la calificación de esta operación atendiendo a su naturaleza jurídica, como dispone el artículo 13 LGT. Para ello, es irrelevante la forma y la denominación que los interesados le hubieran dado al negocio celebrado, así como los defectos que pudieran afectar a su validez.

La DGT[1] se ha pronunciado acerca de la dación en pago indicando que «consiste en un acto del deudor, voluntariamente realizado, que efectúa a título de pago y que consiste en una prestación diversa de la debida al acreedor, quien consiente en recibirla con carácter liberador de la deuda». El órgano directivo ha argumentado su respuesta en el concepto amplio de dación en pago[2], puesto que no hace referencia a que la nueva prestación consista en la transmisión del poder de disposición sobre un determinado elemento.

De acuerdo con la doctrina administrativa[3], para considerar producida la dación en pago sería necesario, en primer lugar, que exista «una diversidad entre la prestación que se debía y la que se sustituye, *aliud pro alio*». En segundo lugar, que «la prestación debe realizarse a título de pago, *animus solvendi*». Y, en tercer lugar, que se produzca «el acuerdo de voluntades entre las partes, deudor y acreedor, en tener por extinguida inmediatamente la obligación merced a la realización de la prestación distinta de la debida».

Basándonos en la información expuesta en el capítulo primero, podemos afirmar que la dación en pago que más relevancia tiene es la dación en pago en sentido estricto[4], puesto que es la que se contempla en el CBP, en el TRLC y en la LGT.

Este concepto es más fácil de identificar. Los dos efectos característicos de este negocio son, por un lado, el efecto traslativo del dominio y, por otro, el efecto extintivo del vínculo obligatorio originario entre el deudor y el acreedor. Ambos deben deducirse de la intención manifestada por las partes.

El TS[5] ha identificado los requisitos imprescindibles para que se entienda producida esta operación, que son «la cesión del dominio pleno en concepto de pago de la deuda, el consentimiento del acreedor para la realización de una prestación distinta a la que inicialmente se había establecido y la existencia de un crédito líquido que, en este caso, opera como contraprestación a la entrega o adjudicación del bien con la finalidad de extinguirlo».

La gran diferencia entre las conclusiones que hemos alcanzado en el capítulo primero y los postulados de la DGT se refieren a la naturaleza jurídica. Así,

1. Consulta vinculante de la DGT de fecha 19 de diciembre de 2012 (V2494-12).
2. DÍEZ-PICAZO, L.: *Fundamentos del Derecho..., op. cit.*, p. 631.
3. *Ibidem*.
4. DIEZ-PICAZO Y PONCE DE LEÓN, L. M.: *Fundamentos de Derecho Civil..., op. cit.*, p. 631: esta operación se produce «cuando el acreedor acepta, para el cumplimiento de una obligación anteriormente constituida, la entrega de unos bienes distintos de aquellos en que la prestación consiste».
5. STS de 31 de enero de 2019 (ROJ: STS 484/2019), FJ 2.

mientras nosotros afirmamos que la dación en pago debe ser considerada un modo de extinción de las obligaciones, el centro directivo[6] afirma, en términos un poco confusos, que la dación en pago tiene la naturaleza jurídica de «una novación en el cumplimiento, ya que se realiza una prestación distinta de la debida, pero con los mismos efectos (extinción de la deuda)». Como hemos expuesto[7], esta operación es considerada un modo de extinción de las obligaciones o forma especial de pago, ya que representa una alternativa o un sustituto del cumplimiento de una obligación preexistente con efectos extintivos, quedando liberado el prestatario con la transmisión del bien. No persigue la finalidad de sustituir una obligación por otra distinta, sino que la intención de las partes es que la obligación originaria sea extinguida.

Uno de los problemas a los que nos hemos enfrentado en esta investigación es la falta de definición legal de la dación en pago en el CC, que dificulta la identificación de la operación tanto desde el punto de vista de la calificación, como desde la perspectiva de la cuantificación de la renta.

4.1.2. LA CALIFICACIÓN DE LA RENTA GENERADA POR LA DACIÓN EN PAGO

La LIRPF define el concepto de renta a través de sus componentes. MALVÁREZ PASCUAL[8] explica que «no es un "impuesto sintético" en el sentido clásico, en cuya virtud, la renta se grave de forma homogénea con independencia del origen o fuente de la misma». Por ello, el primer paso es calificar la renta generada por la dación en pago en atención a su fuente u origen.

La calificación de la renta se ajusta a los criterios establecidos en el artículo 17 de la LIRPF para los rendimientos del trabajo; en los artículos 21, 22 y 25 de la LIRPF para los rendimientos del capital; en los artículos 27 y 29 de la LIRPF para los rendimientos de actividades económicas; en el artículo 33 de la LIRPF para las ganancias y pérdidas patrimoniales y en el artículo 85 de la LIRPF para las imputaciones de rentas inmobiliarias.

6. *Ibidem*.
7. *Vid*. capítulo primero 1.3.
8. MALVÁREZ PASCUAL, L.: «El Impuesto sobre la Renta de las Personas Físicas» en MALVÁREZ PASCUAL, L., RAMÍREZ GÓMEZ, S. y SÁNCHEZ PINO, A. J.: *Lecciones del sistema fiscal español*. Tecnos. Madrid, 2015, p. 50.

En la mayoría de los casos[9], la dación en pago genera ganancias o pérdidas patrimoniales ya que concurren los tres requisitos exigidos por el artículo 33 de la LIRPF[10], que son los siguientes:

1. Que exista una alteración en la composición del patrimonio del contribuyente.
2. Que, a consecuencia de dicha alteración, se produzca una variación en el valor del patrimonio del contribuyente.
3. Que no exista norma legal que expresamente exceptúe de gravamen dicha ganancia o la haga tributar como rendimiento.

El TS[11] ha constatado que es necesario que concurran todos los requisitos establecidos en el precepto ya que se someten a gravamen «los aumentos de valor patrimoniales (...) "realizados" en el mercado». Aunque «el sustrato fundamental de los incrementos de patrimonio (...) es el aumento del valor de los bienes y derechos que integran el patrimonio de las personas físicas (...) sólo se somete a imposición, por razones pragmáticas indiscutibles, cuando se realiza, circunstancia ésta que se define mediante un concepto jurídico indeterminado, cual es el de alteración patrimonial». Esta se produce cuando media «un hecho, acto o negocio jurídico, formalizado con otros agentes económicos o personas, que constate el aumento de valor, que le dé certidumbre, transformando lo que es un puro juicio valorativo ideal en un hecho real».

la renta generada por la dación en pago se califica, en la mayoría de los casos, como ganancia o pérdida patrimonial puesto que se trata de un negocio jurídico de carácter oneroso y sinalagmático, por el que se transmite la propiedad de un elemento a cambio de la extinción o cancelación de una obligación. Dicho de otro modo, a consecuencia de esta operación se produce una variación en el valor del patrimonio del contribuyente y una alteración en su composición[12] y, por ello, la renta se calificará como ganancia o pérdida patrimonial.

No obstante, el artículo 33.1 *in fine* de la LIRPF excluye de esta categoría las rentas que deban ser calificadas como rendimientos. Esta situación se produce si el bien transmitido mediante dación en pago forma parte de las existen-

9. En este sentido, MATA SIERRA, M. T. y GONZÁLEZ APARICIO, M.: «La dación en pago en el contexto de crisis económica: problemática fiscal». *RCYT CEF*, núm. 392 (2015), pp. 5-42.
10. Artículo 33.1 de la LIRPF: «Son ganancias y pérdidas patrimoniales las variaciones en el valor del patrimonio del contribuyente que se pongan de manifiesto con ocasión de cualquier alteración en la composición de aquél, salvo que por esta Ley se califiquen como rendimientos».
11. STS de 23 de septiembre de 2004 (RJ 2004, 6010), FJ 4.
12. Posteriormente, se expondrán casos en los que la dación en pago pude dar lugar a otro tipo de rentas, en particular, rendimientos de la actividad económica.

cias de un empresario individual[13]. En ese caso, la renta se calificará como rendimiento de la actividad económica.

Es muy relevante que el elemento entregado esté contabilizado entre las existencias porque si el objeto de la operación fuese un elemento afecto registrado como inmovilizado o como inversión inmobiliaria, la renta se calificaría como ganancia o pérdida patrimonial, de conformidad con en el artículo 28.2 de la LIRPF[14].

Centrándonos en la dación en pago de bienes inmuebles, las rentas generadas tributarán como rendimientos de la actividad económica cuando el *solvens* sea una empresa dedicada al sector inmobiliario[15] o una empresa constructora[16]. Existen notables diferencias entre las normas de cuantificación de los rendimientos de la actividad económica y de las ganancias o pérdidas patrimoniales. Por un lado, para la cuantificación de los rendimientos de las actividades económicas la LIRPF se remite a la LIS, que, a su vez, asume como propias las normas contables, otorgándoles efectos tributarios. Y, por otro lado, existe otra

13. Consulta de la DGT de 17 de noviembre de 2010 (V2472-10). El consultante, dedicado a la promoción de edificaciones para su venta, reconoce una deuda con una empresa que le financió la obra realizada, procediendo al pago de parte del préstamo pendiente mediante la entrega de dos viviendas. La DGT considera que «atendiendo a la naturaleza de la actividad desarrollada por el consultante, promoción de edificaciones, la entrega de las viviendas en pago de su deuda determinará un rendimiento de la actividad económica, siendo el importe obtenido por la transmisión de las viviendas el de la deuda cancelada». Estas rentas se imputarán al periodo impositivo correspondiente a su devengo, que en este caso se consideran obtenidos, en términos generales, en el momento en el que dicha entrega se realiza.

14. Artículo 28.2 de la LIRPF: «Para la determinación del rendimiento neto de las actividades económicas no se incluirán las ganancias o pérdidas patrimoniales derivadas de los elementos patrimoniales afectos a las mismas, que se cuantificarán conforme a lo previsto en la sección 4.ª de este capítulo».

15. Nos referimos a aquellas empresas a las que les resulten aplicables las normas de adaptación del PGC para las empresas inmobiliarias (Orden de 28 de diciembre 1994 del Ministerio Economía y Hacienda, que aprueba las normas de adaptación del Plan General de Contabilidad aprobado por el Real Decreto 1643/1990 a las Empresas Inmobiliarias, publicada en el BOE 4 enero 1995, núm. 3). De acuerdo con la Disposición Transitoria quinta. 1, primer párrafo, del Real Decreto 1514/2007, de 16 de noviembre, por el que se aprueba el Plan General de Contabilidad esta normativa sectorial seguirá aplicándose «en todo aquello que no se oponga a lo dispuesto en el Código de Comercio, Texto Refundido de la Ley de Sociedades Anónimas, aprobado por Real Decreto Legislativo 1564/1989, de 22 de diciembre, Ley 2/1995, de 23 de marzo, de Sociedades de Responsabilidad Limitada, disposiciones específicas y en el presente Plan General de Contabilidad». En los apartados relativos al IS se describen las empresas a las que se aplican estas adaptaciones del PGC.

16. Nos referimos a aquellas empresas a las que les resulten aplicables las normas de adaptación del PGC a este sector (Orden de 27 de enero 1993, del Ministerio Economía y Hacienda, por la que se aprueban las Normas de adaptación del Plan General de Contabilidad a las Empresas Constructoras, publicada en el BOE 5 febrero 1993, núm. 31). De acuerdo con la Disposición Transitoria quinta. 1, primer párrafo, del Real Decreto 1514/2007, de 16 de noviembre, por el que se aprueba el Plan General de Contabilidad, esta disposición se encuentra vigente en la actualidad. En los apartados relativos al IS se describen las empresas a las que se aplican estas adaptaciones del PGC.

diferencia aún más relevante, puesto que las ganancias patrimoniales que se generan como consecuencia de una dación en pago son renta del ahorro, que tributa a unos tipos mucho menores (hasta el 28% en el periodo impositivo 2023). En cambio, los rendimientos de la actividad económica son renta general a la que se aplica la escala general de gravamen, caracterizada por su progresividad, con tipos marginales que en 2023[17] pueden alcanzar el 47%.

4.2. LA INDIVIDUALIZACIÓN DE LA RENTA

El artículo 11 de la LIRPF regula los criterios de individualización de las rentas. La regla establecida para las ganancias patrimoniales —apartado quinto del citado artículo— es que estas rentas «se considerarán obtenidas por los contribuyentes que sean titulares de los bienes, derechos y demás elementos patrimoniales de que provengan».

La titularidad, por remisión del apartado 5 al 3 del mismo artículo, se resuelve «según las normas sobre titularidad jurídica aplicables en cada caso y en función de las pruebas aportadas por aquéllos o de las descubiertas por la Administración». Es decir, que la LIRPF se remite a las normas de Derecho privado reguladoras de la titularidad de los elementos patrimoniales, salvo las presunciones que se exponen a continuación[18].

La primera de estas presunciones se aplica cuando la titularidad corresponde a personas casadas. En estos casos, se resolverá aplicando las normas sobre titularidad jurídica de los bienes y derechos contenidas en las disposiciones

17. La Ley 31/2022, de Presupuestos Generales del Estado para 2023 (BOE de 24 de diciembre de 2022), ha fijado la nueva escala estatal y autonómica aplicable a la base liquidable del ahorro con un tipo marginal máximo en la escala estatal del 14% (es decir, un 28% en total). A su vez, la escala general estatal marca un tipo marginal máximo del 24,5% y la escala general autonómica en Andalucía contempla un tipo marginal máximo del 22,5% (artículo primero Decreto-ley 7/2022, de 20 de septiembre, por el que se modifica la Ley 5/2021, de 20 de octubre, de Tributos Cedidos de la Comunidad Autónoma de Andalucía, para paliar los efectos de la inflación mediante la deflactación del gravamen del Impuesto sobre la Renta de las Personas Físicas y para bonificar el Impuesto sobre el Patrimonio, se aprueba la supresión del gravamen para 2023 del canon de mejora de infraestructuras hidráulicas de interés de la Comunidad Autónoma de Andalucía, y se modifica el Texto Refundido de la Ley General de la Hacienda Pública de la Junta de Andalucía en materia de aplazamiento y fraccionamiento de ingresos de derecho público de la Comunidad Autónoma, BOJA núm. 182, de 21 de septiembre de 2022), por lo que en este territorio el marginal máximo puede alcanzar el 47%.
18. Hasta 31 de diciembre de 2014 el precepto se remitía a la Ley reguladora del Impuesto sobre el Patrimonio. La redacción del artículo 11.5 de la LIRPF establecía: «Las ganancias y pérdidas patrimoniales se considerarán obtenidas por los contribuyentes que, según lo previsto en el artículo 7 de la Ley 19/1991, de 6 de junio, del Impuesto sobre el Patrimonio, sean titulares de los bienes, derechos y demás elementos patrimoniales de que provengan». Actualmente, la norma se remite al apartado 3 del propio artículo 11 LIRPF, que reproduce textualmente el mismo criterio que la Ley del Impuesto sobre el Patrimonio, pero sin remitirse expresamente a él.

reguladoras del régimen económico del matrimonio. Y cuando de la aplicación de estas normas o pactos resulte que la titularidad es común a ambos cónyuges, se atribuirá por mitad a cada uno de ellos, salvo que se justifique otra cuota de participación. En conclusión, se establece una presunción *iuris tantum* de que la cuota de participación es por mitad si no se acredita otra distinta. Ahora bien, esta presunción no se aplica a las relaciones patrimoniales entre otros miembros de la familia distintos de los cónyuges.

La segunda presunción *iuris tantum* se aplica cuando no resulte debidamente acreditada la titularidad de los bienes o derechos. En concreto, esta presunción otorga a la Administración tributaria la facultad de considerar como titular a quien figure como tal en un registro fiscal u otro registro de carácter público[19].

De lo expuesto hasta aquí se infiere que el titular registral del bien inmueble transmitido será quien tribute por la renta generada por la dación en pago. Es decir, la ganancia patrimonial la obtiene el deudor o *solvens*, que es el transmitente del elemento entregado, sirviendo el importe de crédito extinguido como valor de transmisión.

El TEAC[20] se ha posicionado en esa línea. También la DGT[21] ha respondido diversas consultas sobre esta operación y en todas ellas ha considerado contribuyente al *solvens* (deudor de la relación originaria) que transmite la propiedad del inmueble. Los casos planteados son bastante similares y se refieren a daciones en pago realizadas por el deudor hipotecario a favor de la entidad financiera. Lógicamente, al tratarse de la transmisión de un bien inmueble ofrecido como garantía real de un préstamo, la titularidad dependerá de lo que al respecto se establezca en el título y de los datos inscritos en el Registro de la Propiedad, sin olvidar que, en caso de matrimonio, la titularidad puede verse afectada por el carácter ganancial del inmueble.

Pues bien, en todas las consultas el Centro Directivo otorga la condición de sujeto pasivo a los transmitentes de los inmuebles. El criterio administrativo es coherente con la interpretación de la exención de las ganancias patrimoniales generadas por la dación en pago de la vivienda habitual del deudor o garante del deudor sin recursos, que fue aprobada por el RDL 6/2012 y, posteriormente, incorporada al artículo 33.4.d) de la LIRPF. De su contenido se deduce que el

19. *Vid.* el artículo 11.3. in fine de la LIRPF y, en el mismo sentido, el artículo 108.3 de la LGT.
20. Resolución del TEAC, de 10 noviembre 1993 (JT 1993, 1628). Se trata de una liquidación del IRPF, ejercicios 1981 a 1985. En concreto, se había realizado una dación en pago, siendo el contribuyente el transmitente y *solvens* (es decir, deudor de la obligación originaria), a quien se liquida una ganancia patrimonial por esta operación. La reclamación económico-administrativa fue desestimada, confirmando la actuación de la Administración.
21. Consultas vinculantes de la DGT de 29 enero de 2015 (V0325/15); de 29 enero de 2015 (V0324/15); de 16 abril de 2015 (V1175/15); de 3 marzo de 2014 (V0561/14) y de 17 de noviembre de 2010 (V2472-10).

transmitente, es decir, el propietario del inmueble que se entrega, obtiene la ganancia o pérdida patrimonial. Esta posición la puede ostentar tanto el deudor como el garante.

También, la exención aplicable a las rentas que se pongan de manifiesto como consecuencia de determinadas quitas y daciones en pago de deudas formalizadas en el seno de procedimientos concursales, establecida por la disposición adicional cuadragésima tercera de la LIRPF, se ha regulado partiendo de la idea de que la renta es obtenida por los deudores de la obligación originaria, o lo que es lo mismo, por los transmitentes en la dación en pago.

En resumen, a la pregunta de quién obtiene un beneficio económico a consecuencia de la dación en pago y cómo identificarlo, una interpretación ajustada a la redacción actual de la LIRPF y a la doctrina administrativa es considerar que el contribuyente del IRPF es el sujeto que transmite el bien objeto de la dación en pago. Sin embargo, esta interpretación no ofrece el mejor resultado posible.

Nuestra investigación ha revelado casos que se alejan de lo que, en principio, se ofrece como la conclusión más apriorística. Uno de ellos se produce cuando la posición del *solvens* no la ostenta el propio deudor sino un garante o un tercero interesado en la extinción de la obligación originaria. Es claro que un hipotecante no deudor que tiene que entregar un inmueble en pago de un préstamo cuyo capital no ha recibido, nunca va a obtener una riqueza de esta operación.

Asimismo, queda patente la dificultad en la identificación del sujeto que obtiene la riqueza en aquellos casos en los que la dación en pago ha servido para extinguir obligaciones de diversa procedencia. Así, el TS[22] ha confirmado una liquidación del IRPF del ejercicio 1989 en la que se atribuye al *accipiens* o acreedor de la obligación originaria la ganancia patrimonial derivada de la dación en pago. La renta se genera por el abono de un dividendo mediante la adjudicación de bienes inmuebles cuyo valor comprobado era mucho mayor que el importe del dividendo acordado. La Administración liquidó a los socios, por un lado, el rendimiento del capital y, por otro lado, una ganancia de patrimonio por la diferencia entre el importe del dividendo y el valor de mercado de los inmuebles recibidos. En este caso, una vez dilucidado que atendiendo a la naturaleza jurídica de la operación era una dación en pago, el TS aborda la cuestión preguntándose si el valor del bien recibido a cambio del dividendo es igual o superior al importe de ese dividendo y concluye que «no ofrece dudas que, cualquiera que sea la naturaleza de la operación efectuada, si el valor del bien entregado excede del importe del dividendo, los recurrentes obtienen un incremento patrimonial»[23]. Es decir, los socios (adquirentes y acreedores de la obligación originaria) tributan por las dos operaciones realizadas: de una parte, el dividendo

22. STS, de 3 abril 2007 (RJ 2007, 4084).
23. *Ibidem*, FJ 5.

aprobado que tributa como rendimiento del capital mobiliario y, de otra, la dación en pago que genera una ganancia patrimonial.

También se trata un caso conflictivo en la STSJ de Andalucía 32/2000, de 12 enero de 2000 (JT 2000, 16), en la que se cuestionaba una liquidación del IRPF de los ejercicios 1988 y 1989 de un trabajador por cuenta ajena que recibió a cambio del salario, acciones liberadas de la propia sociedad. La naturaleza jurídica de la operación es la de dación en pago, pero el Tribunal califica la totalidad de la renta generada como rendimiento del trabajo por el valor nominal de las acciones. Este criterio difiere del expresado en la STS antes comentada, porque si la operación es una dación en pago, implicaría que en el contrato de trabajo se pactó inicialmente el salario en efectivo y, con posterioridad, se acordó la *datio pro soluto* para cancelar el crédito por los salarios adeudados a cambio de la entrega de las acciones liberadas. Si se hubiese resuelto aplicando el criterio de la STS antedicha, el trabajador tributaría por el salario íntegro devengado como rendimiento del trabajo. A su vez, la dación en pago generaría una ganancia o pérdida patrimonial, que se calcularía por la diferencia entre el valor de las acciones y el importe íntegro del rendimiento del trabajo, aun cuando fuese el *accipiens* o acreedor de la obligación originaria.

En conclusión, la interpretación del artículo 11 de la LIRPF basada en la titularidad del elemento patrimonial entregado tiene limitaciones y no permite resolver los casos más complejos y aquellos en los que se recurre a la dación en pago con finalidades defraudatorias o elusivas.

La dación en pago es un negocio complejo, por ello, creemos que el criterio no debe identificar a una de las dos partes de la dación en pago como el titular de la riqueza generada y abogamos por un análisis de la capacidad económica generada desde una perspectiva global. El criterio no debería descartar desde el inicio que el acreedor haya obtenido alguna renta como consecuencia de la operación.

Esto se explica teniendo en cuenta, en primer lugar, que uno de los rasgos identificativos de la dación en pago es que se realiza una prestación diferente de la debida *ab initio*[24]. En segundo lugar, es relevante que las normas de derecho privado no hayan regulado la equivalencia de prestaciones ni hayan establecido norma de valoración alguna. En suma, si comparamos el valor de la prestación originaria y el de la nueva prestación, observamos que es posible que la dación en pago genere una pérdida en cualquiera de las partes.

24. BELINCHÓN ROMO, M. R., en *La dación en pago en Derecho..., op. cit.* ha explicado que en la dación en pago diferenciamos la obligación preexistente y válidamente constituida —en este caso el préstamo— y la nueva prestación pactada —que consiste en la transmisión del poder de disposición sobre el bien inmueble otorgado como garantía real a título de pago—.

Es necesario marcar una regla de cuantificación para identificar la renta generada por la dación en pago, es decir, si la ganancia la obtiene el *solvens* o el *accipiens* de la dación en pago y el criterio de imputación subjetiva de la renta no puede condicionar el resultado de esta identificación, ni la irrelevancia fiscal de la pérdida patrimonial que pueda experimentar una de las partes. Nosotros abogamos por la regulación de la dación en pago desde la perspectiva del Derecho privado. En nuestra opinión ello haría posible establecer alguna norma que midiera la capacidad económica que se pone de manifiesto con la operación, teniendo en cuenta la riqueza creada por la interacción de la obligación originaria y de la dación en pago. Para ello nos serviría de referencia la doctrina del TS que afirma que el crédito que se extingue con la dación en pago tendrá la consideración del precio en el contrato de compraventa. Aplicando este parámetro de comparación se podría analizar el resultado de la operación de dación en pago de los bienes inmuebles para la cancelación del préstamo hipotecario buscando la capacidad económica o riqueza generada sin condicionar la imputación al *solvens* o al *accipiens*.

4.3. EL ELEMENTO TEMPORAL DEL HECHO IMPONIBLE

Las ganancias o pérdidas patrimoniales deben ser declaradas en la autoliquidación del período impositivo en el que tenga lugar la alteración patrimonial (artículo 14.1.c de la LIRPF). La dificultad de su interpretación procede del debate aún abierto en la doctrina civil acerca del carácter real o consensual de la dación en pago. Por tanto, es difícil identificar el momento en el que comienzan a desplegar los efectos jurídicos que le caracterizan.

La DGT[25] se fija en la efectiva transmisión de la propiedad de la cosa dada en pago que se produce con la *traditio,* sin perder de vista la libertad de medios de prueba admitidos por el ordenamiento jurídico. Su argumentación se basa en la teoría del título y el modo desarrollada para la compraventa. El Centro Directivo, después de citar expresamente como fundamento la STS de 27 de abril de 1983 en la parte que afirma que «la constancia de un contrato de compraventa en documento privado no transfiere por sí sola el dominio si no se acredita la tradición de la cosa vendida», resuelve indicando que «la tradición puede realizarse de múltiples formas, entre las que pueden citarse para los bienes inmuebles: la puesta en poder y posesión de la cosa, la entrega de las llaves o de los títulos de pertenencia o el otorgamiento de escritura pública».

25. Consulta de la DGT de 9 marzo de 2000 (JUR 2001, 216731).

Por otro lado, en cuanto a la prueba de la fecha de la transmisión, los documentos privados son ineficaces para acreditar la fecha en la que se ha realizado el acto o contrato, incluso si las firmas han sido legitimadas[26].

En conclusión, la Administración entiende que se realiza el hecho imponible del IRPF cuando se produzcan los efectos traslativos de la dación en pago (artículo 14.1.c de la LIRPF), que en nuestra opinión es la solución más adecuada para este negocio[27]. Así, desde la perspectiva de este impuesto, se ha preferido la opción de considerar perfeccionada la dación en pago con la entrega del *aliud,* en línea con lo establecido para la dación de bienes integrantes del patrimonio histórico español en pago de tributos.

4.4. LOS SUPUESTOS DE NO SUJECIÓN

Aunque no se han establecido supuestos de no sujeción vinculados a la operación que estudiamos, hay que señalar dos cuestiones. En primer lugar, que es posible aplicar los coeficientes de abatimiento o reductores a la renta generada por la dación en pago cuando la fecha de adquisición del elemento patrimonial entregado es anterior al 31 de diciembre de 1994[28].

En segundo lugar, resulta procedente comentar la problemática surgida acerca de la aplicación del supuesto de no sujeción a IRPF de aquellas rentas sometidas a gravamen por el ISD, que guarda relación directa con la dación en pago.

La interpretación de la LIRPF que permite subsumir la dación en pago en el supuesto del artículo 33 de la LIRPF, no ha sido pacífica. Fue necesario que el artículo 10 del RDL 6/2012 estableciera que estaba exenta del IRPF «la ganancia patrimonial que se pudiera generar en los deudores (...) con ocasión de la dación en pago de su vivienda» para que la DGT cambiara el criterio mantenido hasta ese momento.

26. STSJ de Cataluña 645/2013, de 12 junio de 2013 (JT 2014, 5), FJ 4: «el Tribunal Supremo en sentencia de 27 de mayo de 1983 (RJ 1983, 2516) que declara la ineficacia, a efectos de prueba de la fecha de un documento privado, respecto a tercero, de una legitimación de firmas en documento privado de compraventa de finca, por tratarse de documento comprendido en el artículo 1280 del CC».
27. *Vid.* Capítulo primero, apartados 1.4.3 y 1.5.
28. La Ley 18/1991, del IRPF, estableció el sistema de los coeficientes de abatimiento para eliminar el efecto de la inflación de estas rentas. El RDL 7/1996 reformó este sistema, pero mantuvo el beneficio fiscal para aquellos bienes adquiridos antes de 31 de diciembre de 1994. La Ley 35/2006 introdujo un mecanismo para conseguir su desaparición de forma paulatina, que consiste en excluir la aplicación de los coeficientes reductores a la parte de la ganancia patrimonial generada entre el 20 de enero de 2006 y la fecha de la transmisión. Por último, la Ley 26/2014, de 27 de noviembre ha restringido nuevamente su aplicación, estableciendo un límite asociado al valor de transmisión de estos elementos de 400.000 €.

Antes de la aprobación del RDL 6/2012, la Administración[29] abogaba por situar la ganancia eventualmente obtenida por el deudor dentro del ámbito del hecho imponible del ISD. Este criterio había sido abiertamente criticado por la doctrina. Así, el profesor FALCÓN Y TELLA había afirmado que no existe en operaciones de este tipo ningún ánimo de liberalidad, ni por parte del deudor que entrega el inmueble, ni por parte de la entidad financiera. Por ese motivo no se puede sostener la tributación de la dación en pago por el ISD[30].

La jurisprudencia ha afirmado que, al carecer de una regulación completa en el CC, a la dación en pago se le aplican algunas reglas dictadas para la compraventa, paradigma de negocio traslativo y oneroso. Lo cual descarta el ánimo de liberalidad.

Por si ello no fuera suficiente, la doctrina administrativa resultaba incompatible con el supuesto de no sujeción del artículo 6.4 de la LIRPF, que establece la no sujeción de la renta que se encuentra gravada por el ISD. Es decir, descarta la posibilidad de que una misma operación genere una renta sujeta a ambos impuestos.

La Hacienda Tributaria de Navarra[31], a diferencia de la AEAT, en 2011 afirmaba que la dación en pago estaba sujeta a gravamen por el IRPF, debiendo tributar el deudor por ella. Sin embargo, caía en un error parecido cuando diseccionaba la operación haciendo tributar la rebaja o condonación de los intereses

29. Informe de 26 de septiembre de 2011, de la Subdirección General de Impuestos Patrimoniales, Tasas y Precios Públicos, n.º 34560.

30. FALCÓN Y TELLA, R.: «Dación en pago de inmuebles hipotecados: consecuencias en el IRPF del deudor, en el IS de la entidad financiera y en el IIVTNU». *Quincena Fiscal Aranzadi.* núm. 12 (2012). BIB 2012, 1150. En el mismo sentido, JORBA JORBA, O.: «Breve referencia a las consecuencias fiscales de la dación en pago», *Quincena Fiscal,* núm. 20 (2010) pp. 37-46 y Gabinete de estudios AEDAF: «La dación en pago: análisis del concepto y régimen jurídico según la jurisprudencia», *Revista Técnica Tributaria*, núm. 83 (2008), pp. 89 a 98. También, QUERALT SOLARI, N.: *Dación en pago de deudas. Opinión de DGT y Tribunales*. Consultado en http://www.legaltoday.com/practica-juridica/fiscal/fiscal/dacion-en-pago-de-deudas-opinion-de-dgt-y-tribunales
Desde una perspectiva eminentemente práctica, MARÍN, A (recuperado de http://www.abelMARÍN.es/dacion-en-pago-valencia.html, consultado 21 de enero de 2023) recomienda, reseñar en la propia escritura que no existe *animus donandi* o también la inclusión de la siguiente clausula: «ambas partes manifiestan que el presente negocio jurídico responde a un acuerdo transaccional en evitación de reclamación judicial de una deuda que el transmitente reconoce adeudar y haberle sido reclamada, y que no existe *animus donandi* en la voluntad de saldar total y definitivamente la deuda». Este consejo profesional no garantizaba que la Administración se abstuviese de liquidar el ISD, toda vez que, a efectos tributarios, la Administración tributaria puede recalificar los contratos celebrados, de acuerdo con lo preceptuado en el artículo 13 LGT, prescindiendo de la forma o denominación que las partes le dieran y atendiendo a su auténtica naturaleza jurídica, para liquidar la obligación tributaria de que se trate.

31. Resolución de la Hacienda Tributaria de Navarra de 21 enero de 2011 (JT 2012, 1365). El caso planteado es el siguiente: En diciembre de 2005 se produjo la transmisión a una entidad de un conjunto de fincas, aplazándose el pago del 90 por 100 del precio pactado. Llegado

pactados de forma independiente y como una operación celebrada con ánimo de liberalidad. Así, sostenía que el acreedor obtenía una pérdida patrimonial no deducible y el deudor un ingreso computable[32].

El Departamento de Hacienda y Finanzas del Gobierno Vasco[33] en esa fecha también circunscribía la tributación de la dación en pago al IRPF. Con un criterio acertado estimaba que la renta producida por la dación en pago tributaría como ganancia patrimonial para el transmitente.

Posteriormente, fruto de la aprobación del RDL 6/2012, se produce un cambio en la doctrina administrativa del Estado[34]. Su nuevo criterio es que la ganancia patrimonial que pudiera obtener el deudor por la dación en pago de la vivienda para hacer frente al préstamo hipotecario quedará sujeta en su totalidad al IRPF y no al ISD. Además, cuando se trata de la dación en pago del CBP se declara su exención en el primer impuesto citado.

Este cambio fue ratificado y ampliado en 2013[35]. En esta ocasión, se trataba de una dación en pago a una entidad financiera, en cumplimiento de la cual se entregaba el inmueble hipotecado que tenía un valor inferior a la deuda pendiente. La DGT[36] afirmaba que «la entidad financiera condona la totalidad de la

---

el vencimiento, la adquirente sólo pudo pagar el 16,60 por 100 más del precio total, pactándose un aplazamiento y el devengo de 10% de intereses de demora. Posteriormente acordaron la dación en pago todas las cuotas indivisas de las fincas rústicas adquiridas en diciembre de 2005, así como otra cuota indivisa de una finca rústica.
Se analiza la tributación en el Impuesto sobre la Renta del ejercicio 2008. La renta generada por la dación se califica como ganancia patrimonial y se obtiene por diferencia entre el «precio» de las fincas y el valor de los créditos que se extinguen. Ahora bien, la Administración considera que los intereses deben tributar por separado. Como se trata de intereses indemnizatorios, generan ganancia patrimonial. Si se acuerda una rebaja o condonación en los intereses, se considera pérdida no deducible para el acreedor y un ingreso para el deudor. En suma, la Administración divide artificialmente en negocio y aplica el tributo por separado a la parte de la deuda correspondiente a los intereses.

32. *Ibidem*.
33. Resolución del Departamento de Hacienda y Finanzas del Gobierno Vasco de 4 octubre 2011 (JUR 2012, 13997) que analiza el caso de un contribuyente del IRPF no deudor que realiza una dación en pago de asunción de deuda de un inmueble para liberar a los deudores que eran sus padres y su hermana. La Administración indica, además, que si el transmitente libera a los deudores sin recibir ninguna contraprestación a cambio, se entiende producida una condonación a título lucrativo, y representa una pérdida patrimonial no deducible precisamente, por tratarse de una liberalidad.
34. Informe de la DGT de 10 de mayo de 2012, núm. de referencia 1856-11.
35. Consulta de la DGT de fecha 9 de mayo de 2013 (E-0305-13). La misma argumentación se despliega en la consulta de 22 de abril de 2013 (V1359-13) en la que concluye: «La adjudicación de una vivienda en pago de una deuda del transmitente con el adquirente está sujeta a la modalidad de transmisiones patrimoniales onerosas del ITPAJD por el concepto de adjudicación en pago de deudas, y nunca al Impuesto sobre Sucesiones y Donaciones, y ello con independencia de que el valor declarado de la vivienda sea inferior a la totalidad de la deuda, siempre que esta queda condonada en su totalidad».
36. Consulta de la DGT de fecha 9 de mayo de 2013 (E-0305-13).

deuda de la consultante y prestataria; ahora bien, no es del todo cierto que parte de la deuda se condone sin recibir nada a cambio, es decir, sin contraprestación, y, por lo tanto, a título lucrativo o de liberalidad. Y ello, porque debe analizarse la operación en su conjunto, como una única operación, y no como dos operaciones diferentes (parte de la deuda a cambio de vivienda y parte de la deuda a cambio de nada). En este sentido, no se puede considerar que la condonación sea estrictamente a título de mera liberalidad, pues la entidad financiera no condona sin más, sino que la condona como parte de un negocio jurídico mediante el cual recibe un inmueble en pago de una deuda pendiente. Por tanto, no cabe entender que en la operación concurra *"animus donandi"*, lo cual impide calificarla como donación, ni siquiera parcialmente».

Hemos de reconocer el avance que ha supuesto el cambio de criterio de la Administración, en especial, al reconocer que «debe analizarse la operación en su conjunto (...) y no como dos operaciones diferentes»[37], al rechazar de plano que en la operación concurra *animus donandi* y al excluir la calificación como donación, pero hemos de criticar la fundamentación basada en la condonación que ha utilizado la DGT.

En nuestra opinión, la dación en pago no produce ninguna condonación. De acuerdo con el análisis pormenorizado de esta figura realizado en el capítulo primero, podemos afirmar que la dación en pago, una vez verificada la entrega por el *solvens,* produce la extinción de la obligación originaria que unía al deudor con la entidad financiera. No existe condonación alguna, sino que se trata del cumplimiento de la nueva prestación pactada, que es diversa a la inicial.

La nueva doctrina administrativa resulta más acorde con la jurisprudencia del TS, que ha insistido en la naturaleza onerosa de la dación en pago, descartando la concurrencia de *animus donandi* en las partes contratantes. El TS[38] asevera con rotundidad que, al margen de debates doctrinales sobre su naturaleza jurídica, la dación en pago está «regulada analógicamente en nuestro Derecho por las normas de la compraventa al carecer de reglas específicas (sólo se encuentran alusiones en los arts. 1521, 1636 y 1849 del CC), por ello, el crédito que con ella se satisface adquiere la categoría de precio del bien o bienes que se entregan».

Esta incertidumbre generada en torno a la tributación en el IRPF o en el ISD de la dación en pago ha llamado la atención de PATÓN GARCÍA, quien aboga por «el reconocimiento explícito para los deudores de la exención en el impuesto sobre donaciones de los importes condonados por la dación en pago además de

37. *Ibidem.*
38. STS de 7 diciembre 1983 (RJ 1983, 6923), de la Sala de lo Civil. También la STS de 3 abril 2007 (RJ 2007, 4084) confirmatoria de la SAN de 22 octubre 2001, FJ 5: «Justamente por aplicación analógica de las normas de la compraventa a la dación en pago nos encontramos con que la dación del inmueble en pago del dividendo es una auténtica transmisión onerosa».

no tributar en IRPF»[39]. Ciertamente son numerosos los problemas de técnica legislativa y el desinterés por articular medidas que ofrezcan seguridad jurídica a los contribuyentes que se encuentran en dificultades económicas. Al mismo tiempo, son constantes los problemas tributarios causados por la ausencia de regulación de este negocio jurídico.

4.5. LAS EXENCIONES APLICABLES A LA DACIÓN EN PAGO

Hay varios supuestos de exención que podrían resultar de aplicación a las ganancias patrimoniales generadas por la dación en pago. En primer lugar, aquellos específicos para estas operaciones. Así, atendiendo a un orden cronológico, comentaremos la exención aplicable a las daciones en pago realizadas para la cancelación de deudas tributarias, la exención establecida en el RDL 6/2012 para los deudores hipotecarios sin recursos, que fue posteriormente ampliada y quedó incorporada al artículo 33.4.d) de la LIRPF y la exención aplicable a las daciones en pago en procedimientos concursales.

En segundo lugar, la exención por transmisión de vivienda habitual de personas de más de 65 años o en situación de dependencia severa o gran dependencia; la exención por reinversión en una nueva vivienda habitual y la exención por transmisión de un inmueble adquirido entre 1 de mayo de 2012 y 31 de diciembre de 2012 (que alcanza al 50% de la ganancia y solo se aplica a bienes inmuebles urbanos, afectos y no afectos), aunque no son específicas de la operación que estudiamos, pueden resultar aplicables en algunos casos.

4.5.1. LA EXENCIÓN DE LAS DACIONES EN PAGO REALIZADAS PARA LA CANCELACIÓN DE DEUDAS TRIBUTARIAS

La exención de las daciones en pago realizadas para la cancelación de deudas tributarias, establecida en la letra c) del apartado 4 del artículo 33 de la LIRPF, era la única dación en pago regulada en la LIRPF hasta marzo de 2012.

El presupuesto de hecho se circunscribe a la entrega de bienes integrantes del Patrimonio Histórico Español que estén inscritos en el Inventario General de Bienes Muebles o en el Registro General de Bienes de Interés Cultural. Además, solo se admite para el pago de deudas tributarias.

Por imperativo del principio de legalidad (artículo 31 CE y artículo 8 de la LGT) y la prohibición de interpretación analógica de las normas tributarias (artículo 14 de la LGT), esta exención no puede ser aplicada a la entrega de cualquier otro tipo de bienes que no formen parte del Patrimonio Histórico Español. Tampoco para la cancelación de otras deudas que no sean de naturaleza tributaria. Asimismo, queda excluida del beneficio fiscal la renta generada por

39. PATÓN GARCÍA, G.: «Medidas fiscales en la Ley de segunda oportunidad». *Revista CESCO de Derecho de Consumo*, núm. 13 (2015), p. 20.

la venta de las obras de arte a un contribuyente para su posterior dación en pago a un ente público[40].

4.5.2. LA EXENCIÓN DE LA DACIÓN EN PAGO DE LA VIVIENDA HABITUAL

4.5.2.1. Antecedentes

El RDL 6/2012 estableció, entre otras medidas, un beneficio fiscal especial para la dación en pago de la vivienda habitual efectuada por deudores hipotecarios sin recursos. Así, el artículo 10 del RDL 6/2012 añadió la disposición adicional trigésima sexta a la LIRPF, que quedó redactada de la siguiente forma:

> «Estará exenta de este Impuesto la ganancia patrimonial que se pudiera generar en los deudores comprendidos en el ámbito de aplicación del artículo 2 del Real Decreto-ley 6/2012, de 9 de marzo, de medidas urgentes de protección de deudores hipotecarios sin recursos, con ocasión de la dación en pago de su vivienda prevista en el apartado 3 del Anexo de dicha norma».

Se trataba de una exención total de la ganancia patrimonial generada por la dación en pago de la vivienda habitual del deudor. No se incluyó en la exención la pérdida patrimonial derivada de estas operaciones, por lo que podían generar una renta del ahorro negativa a compensar con otras rentas de la misma clase en ese periodo impositivo o en los cuatro siguientes, en los términos del artículo 49.1.b) de la LIRPF.

La DGT interpretó la disposición adicional trigésima sexta de la LIRPF en el sentido de que las ganancias de patrimonio generadas por la dación en pago de la vivienda habitual, realizadas por los deudores que se encontraran en el

---

40. SAN de 13 de mayo de 2010 (JT 2010, 590), FJ 3: «Efectivamente, como refleja la factura 05/2000, el Sr. Nemesio transmite 33 de sus obras a la entidad Caja de Ahorros de Zaragoza, Aragón y Rioja. Por mor de dicha transmisión, la entidad financiera se convierte en propietaria de dichas obras, que salen del patrimonio del recurrente. El hecho posterior consistente en la dación de pago de dichas obras en favor de la Administración Tributaria, no enerva la eficacia de esa transmisión, pues se produce en el seno de una "relación jurídico-tributaria", entre cuyas partes no se encuentra el Sr. Nemesio. La dación en pago presupone que lo entregado por el contribuyente está en el ámbito de su patrimonio y en virtud de titularidad dominical.
La consecuencia derivada es la de que, las 33 obras que pasan a formar parte del Museo Nacional de Arte Reina Sofía, se transmiten por la entidad financiera, como propietaria de las mismas, y no por el Sr. Nemesio». En el FJ 4 se afirma: «no cabe duda de que la transmisión operada de las 33 obras de arte lo han sido en el contexto de la actividad profesional del Sr. Nemesio, pues entrega estas obras a cambio de una cantidad que percibe; transacción que está sujeta al IVA.
Es el "*hic et nunc*" de la operación regularizada, sin que proceda alargar las consecuencias del destino final de las obras más allá de esa transacción entre particulares, pues en dicho destino final interviene un contribuyente distinto, ya propietario de las obras. (...) Por tanto, el importe percibido ha de calificarse como rendimientos obtenidos por el ejercicio de una profesión artística, como la norma fiscal determina».

umbral de exclusión establecido en el RDL 6/2012, estarían exentas de gravamen en la medida en que se cumplieran los requisitos establecidos en dicha norma[41].

El supuesto de hecho de la exención exigía el cumplimiento de numerosos requisitos, los cuales fueron objeto de críticas tanto por la doctrina[42] como por los colectivos que abogaban por la dación en pago. Haciendo eco de algunas de estas opiniones, la regulación fue modificada en diversas ocasiones en la línea de ir ampliando paulatinamente su ámbito de aplicación[43].

Los requisitos de la dación en pago del CBP, establecidos en el RDL 6/2012, se pueden agrupar en tres clases:

En primer lugar, atendiendo a su régimen jurídico, solamente estaban exentas aquellas daciones en pago previstas como tercera medida en el CBP. En su redacción original, la aplicación del CBP se limitaba a los contratos de préstamo o crédito garantizados con hipoteca inmobiliaria cuyo deudor se encontrase situado en el umbral de exclusión y que estuviesen vigentes a la fecha de su entrada en vigor. Posteriormente, se amplió a los avalistas hipotecarios del deudor principal y, a continuación, a los fiadores (en ambos casos, solo respecto de su vivienda habitual y con las mismas condiciones que las establecidas para el deudor hipotecario). Por último, tras la Ley 5/2019, de 15 de marzo, reguladora de los contratos de crédito inmobiliario, la *datio pro soluto* se aplica a todos los préstamos hipotecarios, con independencia de su fecha de celebración[44].

En segundo lugar, los requisitos subjetivos del acreedor y del deudor. Respecto al primero, se exigía que fuese una entidad de crédito u otra entidad que, de manera profesional, realizase la actividad de concesión de préstamos o créditos hipotecarios (artículo 5 del RDL 6/2012). Estaba previsto que la transmisión pudiera celebrarse a favor de un tercero designado por el acreedor, sin establecer requisitos a cumplir por el tercero-adquirente.

41. Consulta de la DGT de fecha 3 de marzo de 2014 (V0561-14).
42. BERROCAL LANZAROT, A. I.: «La reforma del Real Decreto-Ley 6/21012...», *op. cit.*, p. 11: «resulta necesaria la revisión del umbral de exclusión, procurando su ampliación y, rebajar las exigencias para la efectividad de las medidas».
43. El RDL 6/2012 ha sido modificado en numerosas ocasiones. Comenzando por la Ley 1/2013, de 14 de mayo, de medidas para reforzar la protección a los deudores hipotecarios, reestructuración de deuda y alquiler social, que modifica los artículos 2, 3, 4, 5, 6, el Anexo y añade el artículo 3.bis y el capítulo VI. Esta norma amplió su ámbito de aplicación al modificar los requisitos del «umbral de exclusión», separándolos e identificando los que son necesarios para cada medida del CBP. Después, la Ley 8/2013, de 26 de junio, de rehabilitación, regeneración y renovación urbanas, modifica los artículos 2 y 3.bis. Esta norma amplía la protección a los fiadores. El RDL 6/2012 ha sido modificado posteriormente en varias ocasiones, aunque estos cambios no han tenido trascendencia para la cuestión que estudiamos porque el RDL 8/2014, operó cambios determinantes en el supuesto exento que comentaremos en el siguiente apartado.
44. Sobre la evolución del ámbito de aplicación del CBP, *vid*. apartado II.1 del capítulo primero.

Respecto al *solvens*, que podía ser el deudor, los codeudores, el fiador o el avalista, se exigía que se encontrasen en situación de exclusión. El umbral de exclusión se identificaba por la concurrencia de los siguientes requisitos[45]:

1. Con carácter general, que los ingresos de la unidad familiar no superasen el triple del IPREM anual calculado a 14 pagas.

2. La aparición de cambios en la situación económica en los últimos cuatro años o que «hayan sobrevenido en dicho período circunstancias familiares de especial vulnerabilidad» [artículo 3.1.b) del RDL 6/2012].

3. Que la cuota hipotecaria fuese superior al 50% de los ingresos netos de la unidad familiar.

4. Que el conjunto de los miembros de la unidad familiar careciese de cualesquiera otros bienes o derechos patrimoniales suficientes con los que hacer frente a la deuda.

5. Que se tratase de un crédito o préstamo garantizado con hipoteca sobre la única vivienda en propiedad del deudor o deudores y concedido para la adquisición de la misma.

6. Que se tratase de un crédito o préstamo que careciese de otras garantías, reales o personales o, en el caso de existir estas últimas, que no dispusiera de otros bienes o derechos patrimoniales suficientes con los que hacer frente a la deuda.

7. En el caso de que existiesen codeudores que no formasen parte de la unidad familiar, deberían estar incluidos en las circunstancias 4, 5 y 6 anteriores.

FALCÓN Y TELLA[46] ha criticado la definición tan restrictiva del umbral de exclusión puesto que restringía la aplicación de esta exención a un grupo muy limitado de contribuyentes.

En tercer lugar, los requisitos objetivos, dentro de los cuales distinguimos dos subgrupos: aquellos relativos al negocio que generaba la deuda y aquellos relativos al inmueble. Los primeros son:

1. Que la obligación originaria procediese de un préstamo o crédito.

45. Estos requisitos han sido comentados con detalle en el apartado 1.7.3 del capítulo primero.

46. FALCÓN Y TELLA, R.: «Dación en pago de inmuebles hipotecados: consecuencias en el IRPF del deudor, en el IS de la entidad financiera y en el IIVTNU». *Revista Quincena Fiscal*, núm. 12 (2012). BIB 2012/1150. En el mismo sentido, SALCEDO BENAVENTE, J. M.: «La fiscalidad de las daciones en pago tras el Real Decreto-Ley 6/2012: una oportunidad perdida». *Quincena fiscal*, núm. 19 (2012), pp. 115-121.

2. Que se hubiese garantizado con hipoteca inmobiliaria sobre la vivienda habitual.

3. Que el préstamo no tuviese otras garantías, reales o personales o, en el caso de existir estas últimas, que los garantes carecieran de otros bienes o derechos patrimoniales suficientes con los que hacer frente a la deuda.

4. Que la finalidad del préstamo fuese financiar la adquisición de la vivienda habitual.

Y, los requisitos objetivos relativos al inmueble que se iba a entregar son:

1. Que se tratase del bien hipotecado y que fuese la única vivienda en propiedad del deudor o deudores.

2. Que constituyese la vivienda habitual en el momento de la entrega.

3. Que el valor de adquisición de la vivienda no superase el límite máximo indicado en el artículo 5.2 del RDL 6/2012.

4. Que la vivienda no estuviera gravada con cargas posteriores.

El cumplimiento de estos requisitos se justificaba documentalmente ante la entidad financiera. No obstante, la Administración tributaria podía requerir al deudor que acreditase todas estas circunstancias para comprobar su autoliquidación del IRPF[47]. De los informes de la Comisión para el seguimiento del cumplimiento del CBP se deduce que en la práctica han surgido numerosos problemas de acreditación documental en sede de la entidad financiera, lo que generando inseguridad jurídica al contribuyente.

Esta carencia en la gestión de las medidas del CBP, que se lleva a cabo sin la participación de la Administración, tiene consecuencias en el IRPF, en el IIVTNU y en el IBI, puesto que tampoco se han previsto mecanismos que faciliten la adecuada gestión catastral de la dación en pago. VÁZQUEZ-CARRASCO[48] ha recomendado el establecimiento de un procedimiento que

47. En este sentido, la consulta vinculante de la DGT de fecha 3 marzo de 20147 (V0561/14): «la valoración de la concurrencia de dichos requisitos en el momento en que se produce la dación en pago, al ser una cuestión de hecho, no corresponde a este Centro directivo, correspondiendo su valoración a los órganos que tienen atribuidas las competencias de comprobación e inspección de la Administración Tributaria y que deberá acreditar el contribuyente a su requerimiento por cualquier medio de prueba admitido en Derecho, según dispone el artículo 106.1 de la Ley 58/2003, de 17 de diciembre, General Tributaria (BOE de 18 de diciembre)». En los mismos términos, la consulta vinculante de la DGT de fecha 3 de marzo de 2014 (V0561-14).

48. VÁZQUEZ-CARRASCO, R.: «La Tributación local en las daciones en pago de Bienes Inmuebles». *Quincena fiscal*, núm. 19 (2013), págs. 87-96.

garantice al deudor que la Administración será informada de que se ha entregado a la entidad financiera la documentación acreditativa de la aplicación del CBP.

El último cambio del RDL 6/2012, aprobado por el artículo 10.1 de Real Decreto-ley 19/2022, ha modificado el artículo 3.3.d) *in fine* añadiendo lo siguiente:

> «En el caso de que la entidad acreedora tenga en su poder datos o documentación acreditativa sobre alguno de los extremos referidos en las letras anteriores, el deudor estará exonerado de su acreditación ante la entidad.
>
> Asimismo, a fin de acreditar que cumple con las condiciones de elegibilidad, el deudor podrá autorizar al sujeto adherido, expresamente y por escrito, a que obtenga información directamente de la Agencia Estatal de la Administración Tributaria, Entidades Gestoras de la Seguridad Social y Registros de la Propiedad y Mercantiles».

El resultado es reducir la carga de la prueba que corresponde al deudor por dos vías, la primera es evitar que el acreedor requiera reiteradamente documentación que obra en su poder y la segunda es la posibilidad de autorizar a la entidad financiera para que obtenga la información de la Administración y de los Registros de la Propiedad y Mercantil.

4.5.2.2. La finalidad de la exención del artículo 33.4.d) de la LRIPF

El RDL 8/2014 introdujo una nueva letra d) en el apartado 4 del artículo 33 de la Ley del IRPF. Posteriormente, el artículo 122 de la Ley 18/2014[49] consolidó la modificación de la LIRPF estableciendo que:

> «Uno. Con efectos desde 1 de enero de 2014 y ejercicios anteriores no prescritos, se añade una nueva letra d) al apartado 4 del artículo 33, que queda redactada de la siguiente forma:
>
> 'd) Con ocasión de la dación en pago de la vivienda habitual del deudor o garante del deudor, para la cancelación de deudas garantizadas con hipoteca que recaiga sobre la misma, contraídas con entidades de crédito o de cualquier otra entidad que, de manera profesional, realice la actividad de concesión de préstamos o créditos hipotecarios.
>
> Asimismo, estarán exentas las ganancias patrimoniales que se pongan de manifiesto con ocasión de la transmisión de la vivienda en que concurran los requisitos anteriores, realizada en ejecuciones hipotecarias judiciales o notariales.
>
> En todo caso será necesario que el propietario de la vivienda habitual no disponga de otros bienes o derechos en cuantía suficiente para satisfacer la totalidad de la deuda y evitar la enajenación de la vivienda».

49. Ley 18/2014, de 15 de octubre, de aprobación de medidas urgentes para el crecimiento, la competitividad y la eficiencia, publicada en el BOE núm. 252, de 17 de octubre de 2014.

El legislador justifica esta modificación de la LIRPF «por razones de equidad y de cohesión social»[50]. Como afirma el TSJ de Murcia[51], esta exención tiene una doble finalidad, por un lado, es «una medida dirigida a paliar los efectos de la crisis por razones de equidad y cohesión social», por otro lado, viene a proteger a las familias que entregan sus viviendas a la entidad de crédito.

La Directiva 2014/17/UE[52], nos ayuda a identificar la motivación de la exención. La Directiva describe la situación de impago de un préstamo hipotecario como un riesgo para la estabilidad financiera, al igual que para los prestamistas y los consumidores. Hace un llamamiento a buscar soluciones alternativas al procedimiento de ejecución, en concreto, en el considerando 27 insta a derribar los obstáculos a la dación en pago. Es más, en el artículo 28.4 dispone que «los Estados miembros no impedirán que las partes en un contrato de crédito puedan acordar expresamente que la transferencia de la garantía o ingresos derivados de la venta de la garantía al prestamista basten para reembolsar el crédito».

La norma busca un equilibrio entre los intereses del acreedor y del consumidor. Para ello, recomienda favorecer el reembolso evitando el endeudamiento a largo plazo, pero sin descartar el procedimiento de ejecución. Y al mismo tiempo, ordena el establecimiento de procedimientos que logren la obtención del mejor precio por la propiedad del inmueble hipotecado.

También, dispone la obligación de que los Estados miembro faciliten la situación de los deudores buscando la cohesión social. En este sentido, se refiere a «las circunstancias prácticas y las necesidades razonables de gastos de manutención del consumidor (...) a garantizar la protección de las condiciones mínimas de subsistencia y establecer medidas para facilitar el reembolso evitando al mismo tiempo el endeudamiento a largo plazo»[53].

Esta Directiva favorece la dación en pago como una solución ante el incumplimiento del deudor hipotecario. Sus postulados no alcanzan al ámbito tributa-

50. Apartado IX de la Exposición de Motivos de la Ley 18/2014: «En primer lugar, con efectos desde 1 de enero de 2014 y ejercicios anteriores no prescritos, por razones de equidad y cohesión social, se declara exenta la ganancia patrimonial que pudiera ponerse de manifiesto como consecuencia de la dación en pago o de un procedimiento de ejecución hipotecaria que afecte a la vivienda habitual del contribuyente».

51. STSJ de Murcia de 14 julio de 2017 (JUR 2017, 214692), FJ 3: «La introducción de esta exención tributaria en la Ley del Impuesto a través de la Ley citada se inserta como una medida dirigida a paliar los efectos de la crisis por razones de equidad y cohesión social, para proteger a aquellas familias que, por no poder hacer frente al pago de sus hipotecas, se veían obligadas a ceder sus viviendas a las entidades de crédito, y era aplicable con carácter retroactivo (desde el 1 de enero de 2014), e incluso para ejercicios anteriores no prescritos».

52. Directiva 2014/17/UE del Parlamento Europeo y del Consejo, de 4 de febrero de 2014, sobre los contratos de crédito celebrados con los consumidores para bienes inmuebles de uso residencial y por la que se modifican las Directivas 2008/48/CE y 2013/36/UE y el Reglamento (UE) núm. 1093/2010, DOUE L/60, de 28 de febrero de 2014.

53. Considerando 27 de la Directiva 2014/17/UE.

rio, pero sí crean un marco jurídico de protección al consumidor en el que tiene perfecto encaje esta exención que favorece que el contribuyente se libere de la deuda, en cuanto que le exime del gravamen devengado por la dación en pago del inmueble hipotecado.

Desde el punto de vista interno, este cambio normativo ha generalizado la exención de la ganancia patrimonial obtenida por la dación en pago de la vivienda habitual. Nuestra conclusión se basa en tres argumentos. En primer lugar, porque desvincula la exención del RDL 6/2012, que es una norma de carácter excepcional, y la incorpora de manera definitiva a la LIRPF.

En segundo lugar, porque al desaparecer los requisitos de la situación de exclusión del *solvens* y de las características de la vivienda, comentados en el apartado anterior, se amplían los supuestos a los que se aplica la exención.

En tercer lugar, porque la modificación de la LIRPF tiene efectos retroactivos[54]. El legislador le ha conferido el máximo grado de retroactividad, por ello resulta aplicable a todos los periodos impositivos no prescritos desde el 17 de octubre de 2014.

En suma, se busca que el beneficio fiscal llegue al máximo número de contribuyentes.

Por último, es una exención objetiva total, por lo que alcanza íntegramente a la cuota devengada por la ganancia patrimonial generada por la dación en pago. Ahora bien, como su antecesora, esta exención solo se aplica a la ganancia, no así a la pérdida patrimonial. Esto implica que, necesariamente se tendrá que cuantificar la renta generada y, si es una ganancia patrimonial, se aplicará la exención que afecta a la obligación de pago de la cuota tributaria, que no a la de declarar. Y si, por el contrario, el resultado es una pérdida patrimonial, será renta del periodo impositivo a efectos de su integración y compensación.

4.5.2.3. Las operaciones incluidas en la exención

El supuesto de hecho de la exención comprende tanto la dación en pago como las ejecuciones hipotecarias, judiciales o notariales, de la vivienda habitual del contribuyente.

Del estudio de las consultas vinculantes emitidas desde 2015[55] resulta que la DGT ha apostado por realizar una interpretación amplia de la exención. Se puede afirmar que «la Administración admite sin objeciones la aplicación de esta exención cuando se trata de la transmisión de la vivienda hipotecada con efectos

54. Entró en vigor el 17 de octubre de 2014, pero desplegó efectos retroactivamente para todos los periodos impositivos no prescritos en esa fecha.
55. La consulta vinculante de la DGT de 27 mayo 2015 (V1628-15) viene a resumir la doctrina administrativa.

extintivos de una deuda preexistente»[56]. La doctrina administrativa se centra en la concurrencia del doble efecto traslativo y extintivo propio de la dación en pago y resta importancia a otras cuestiones que son objeto de debate por la doctrina *ius privatista,* pero que no van a afectar a la calificación de las rentas generadas por la operación.

Una de las grandes polémicas relativas a la dación en pago versa sobre el alcance de los efectos extintivos de la obligación originaria. Ya hemos comentado en el primer capítulo que, debido a la ausencia de una regulación de la figura, existen serias dificultades a la hora de determinar si es imprescindible que la deuda preexistente quede extinguida con la entrega del *aliud,* quedando el *solvens* liberado frente al *accipiens.* Solo el RDL 6/2012 ha establecido con meridiana claridad que la dación en pago conllevará la extinción de la obligación y la liberación del *solvens*. Pues bien, la Administración ha sentado un criterio bastante amplio, soslayando este debate doctrinal. Siguiendo esta línea de interpretación favorable al contribuyente, admite la aplicación de la exención aun cuando la dación en pago suponga la cancelación parcial de la deuda[57].

Otra cuestión a destacar es que, en la práctica, ha sido habitual formalizar la dación en pago a favor de un tercero, como condición impuesta por el acreedor, siendo aquel en muchos casos una sociedad de gestión de activos designada por la entidad financiera. Existen numerosos pronunciamientos de la DGT[58] sobre ello afirmando que «la dación en pago no queda desnaturalizada ni muta su naturaleza por el hecho de que se haga a favor de un tercero, distinto del acreedor hipotecario, siempre que sea éste el que imponga tal condición para acceder a la dación y la acepte como extintiva de la obligación (...) posibilidad admitida en el Código Civil para el pago de las obligaciones (artículos 1162 y 1163)»[59]. La Administración argumenta su interpretación por un lado, en la dicción literal del artículo 33.4.d) de la LIRPF, que «no limita taxativamente a favor de quién ha de hacerse la dación»[60], y por otro lado, en la finalidad de la norma, que también ha establecido la exención para las ejecuciones hipotecarias en las que «se pro-

56. PALADINI BRACHO, I.: «La tributación de la dación en pago en cuanto situación familiar problemática», en CUBERO TRUYO, A. y TORIBIO BERNARDEZ, L. (Dir.): *Análisis transversal de la atención al hecho familiar en el ordenamiento tributario*. Aranzadi. Pamplona, 2020, p. 427.

57. La consulta vinculante de la DGT de 30 mayo de 2019 (V1228/19) señala que: «la dación en pago puede suponer tanto la cancelación total como la parcial de la deuda, en aquellos casos en que se pacte que la entrega de la vivienda sólo extingue parte de la deuda». En el mismo sentido, las consultas vinculantes de la DGT de 24 abril 2015 (V1249-15) y de 7 octubre 2015 (V2948-15).

58. En este sentido, destacan dos consultas vinculantes de la DGT de 29 de enero de 2015 (V0324/15 y V0325/15), la consulta vinculante de la DGT de 27 de mayo de 2015 (V1628/15) y la consulta vinculante de la DGT de 2 de octubre de 2018 (V2646/18).

59. Consulta vinculante de la DGT de 29 de enero de 2015 (V0324-15), p. 4.

60. Consulta vinculante de la DGT de 29 de enero de 2015 (V0324-15), p. 4.

duce una transmisión a favor de un tercero que no será la entidad financiera acreedora en la mayor parte de los casos» [61].

Sobre la base de la justificación expuesta, la Administración también ha aceptado aplicar esta exención a la transmisión de la vivienda hipotecada, cualquiera que sea la denominación que las partes hubieran dado al contrato formalizado. En este sentido, la DGT [62] ha afirmado en numerosas ocasiones que «esas transmisiones o daciones en pago a favor de un tercero autorizado e impuesto por la entidad acreedora deben ser objeto de la nueva exención prevista en el artículo 33.4.d) de la LIRPF» [63], siempre que se cumplan los demás requisitos establecidos en dicho precepto. Aplicando este criterio tan amplio se ha declarado exenta la ganancia generada en la transmisión de la vivienda habitual mediante compraventa y subrogación de créditos con garantía hipotecaria celebrada entre el deudor y un tercero (normalmente, una sociedad dependiente de la entidad bancaria acreedora), puesto que se transmitía el inmueble hipotecado y la entidad bancaria declaraba plenamente extinguido el préstamo con esta operación [64]. Es decir, cuando del contrato celebrado deriva el doble efecto traslativo y extintivo, y la entidad financiera manifiesta su voluntad de otorgar efectos liberatorios para el *solvens,* la Administración deja a un lado la denominación que las partes han dado al negocio y considera que la renta ha sido generada por una dación en pago.

La Administración ha admitido la aplicación de la exención del artículo 33.4.d) de la LIRPF a «la ganancia patrimonial derivada de la transmisión de la vivienda habitual del deudor hipotecario a favor, no de la entidad acreedora, sino de un tercero, en la fase de liquidación de un procedimiento concursal» [65], siempre que se cumplan los requisitos necesarios.

Por último, en la vía contencioso-administrativa no existen pronunciamientos que cuestionen la práctica administrativa. Sobre este tema la problemática tratada por TSJ se refiere a la prueba y a la valoración de la misma [66] , mientras el TS suele asumir la calificación jurídica de la instancia. En sus pronuncia-

61. Consulta vinculante de la DGT de 27 de mayo de 2015 (V1628-15), p. 3.
62. Consultas vinculantes de la DGT 25 de enero de 2016 (V0261-16); de 7 octubre 2015 (V2948-15); de 15 febrero 2019 (V0342-19); de 16 de abril de 2015 (V1175-15); de 2 de octubre de 2018 (V2646-18) y de 7 de octubre de 2015 (V2948-15).
63. Consulta vinculante de la DGT de 24 de abril de 2015 (V1249-15), p. 2.
64. Consultas vinculantes de la DGT de 25 de enero de 2016 (V0261-16) y de 7 de octubre de 2015 (V2948-15).
65. Consulta vinculante de la DGT de 24 junio 2019 (V1546-19), p. 2.
66. En la STSJ de Andalucía 417/2020, de 4 de febrero de 2020 (JUR 2020, 178046), se afirma que la calificación se realiza en atención a todas las pruebas aportadas al proceso y en el FJ 3 continua indicando: «En efecto, el recurso contencioso administrativo, pese a la denominación que utiliza la Ley, no constituye una nueva instancia de lo resuelto en vía adminis-

mientos cita su jurisprudencia consolidada acerca de la interpretación de los contratos, de acuerdo con la cual esta es una cuestión que corresponde a los tribunales de instancia, salvo los supuestos de «ilegalidad, arbitrariedad o falta de razonabilidad»[67].

4.5.2.4. Los requisitos de la exención de la dación en pago de la vivienda habitual

La Administración ha insistido en la importancia de que se cumplan todos los requisitos establecidos en el artículo 33.4.d) de la LIRPF, que son:

1. Que se entregue la vivienda habitual deudor o de su garante.
2. Que el *solvens* no disponga de otros bienes o derechos en cuantía suficiente para satisfacer la totalidad de la deuda y evitar la enajenación de la vivienda.
3. Que la dación sirva para la cancelación de las deudas garantizadas con la hipoteca sobre la vivienda habitual.
4. Que el acreedor sea una entidad de crédito o cualquier otra entidad que, de manera profesional, realice la actividad de concesión de préstamos o créditos hipotecarios.

En nuestra opinión, los requisitos para la aplicación de la exención a las daciones en pago se agrupan en dos categorías: requisitos subjetivos y objetivos.

Respecto a los requisitos subjetivos identificamos, por un lado, aquellos que afectan al acreedor o *accipiens*. Se limita a las entidades de crédito u otras entidades que, de manera profesional, realicen la actividad de concesión de préstamos o créditos hipotecarios[68]. Se admite que la transmisión se celebre a favor de un tercero designado por el acreedor, sin que se hayan establecido requisitos para este último.

---

trativa, sino que se trata de un auténtico proceso, autónomo e independiente de la vía administrativa, en el que resultan aplicables los derechos y garantías constitucionales reconocidos, y en donde pueden invocarse nuevos motivos o fundamentos jurídicos no invocados en vía administrativa, con posibilidad de proponer prueba y aportar documentos que no fueron presentados ante la Administración para acreditar la pretensión originariamente deducida, aun cuando se mantenga la necesidad de la previa existencia de un acto expreso o presunto, salvo que se trate de inactividad material o de vía de hecho de la Administración , y no quepa introducir nuevas cuestiones o pretensiones no hechas valer en la vía administrativa».

67. STS 982/2016 de 4 de mayo de 2016 (RJ 2016, 2448), FJ 2: «Como una constante jurisprudencia enseña la interpretación de los contratos, en principio, corresponde a los Tribunales de instancia, al igual que la fijación de los hechos y la valoración de la prueba, con la salvedad de que se acredite que se incurrió en ilegalidad, arbitrariedad o falta de razonabilidad».

68. Consulta vinculante de la DGT de 20 de octubre de 2016 (V4533-16) se descarta la aplicación de la exención en atención a que la sociedad acreedora no cumplía este requisito.

Por otro lado, los que se refieren al *solvens*. Este puede ser el deudor, los codeudores, el fiador, el avalista o el hipotecante no deudor[69]. No es necesario que se encuentre en situación de exclusión, si bien, se tendrá en cuenta la situación patrimonial de quien entrega la vivienda. De tal manera que la exención solo es aplicable a aquellos que, en el momento de la transmisión, no dispongan de otros bienes o derechos patrimoniales suficientes «para satisfacer la totalidad de la deuda y evitar la enajenación»[70]. La DGT ha admitido que «la situación de solvencia sobrevenida del deudor posterior a la transmisión de la vivienda habitual no impide la aplicación de la exención»[71]. En el caso de que existan codeudores, se analiza la situación patrimonial de cada uno de ellos.

Nos hemos preguntado a quién corresponde probar que concurre la situación patrimonial que se describe en la exención. Al tratarse de la aplicación de un beneficio fiscal, del juego de las reglas sobre la carga de la prueba resultaría, en principio, que esta obligación recae sobre el contribuyente, pero por su contenido —esto es, la inexistencia de bienes y derechos en su patrimonio suficientes para cumplir la obligación originaria— supone acreditar un hecho negativo. El TSJ de Castilla-La Mancha[72] ha matizado que «debe considerarse cumplido, por la justificación de la falta de constancia oficial de tales bienes o derechos. (...) mientras no constara justificada la existencia de otros bienes o derechos distintos de aquellos que refleja el expediente y de cuya información disponía la Administración Tributaria, debía considerarse debidamente justificada la inexistencia de otros bienes o derechos con los que hacer frente al pago de las referidas deudas, a los efectos de la aplicabilidad de la exención».

Pasamos a analizar los requisitos objetivos, que son tres: en primer lugar, que la obligación originaria proceda de un préstamo o crédito que se haya garantizado con hipoteca inmobiliaria sobre la vivienda habitual; en segundo lugar, que se entregue el bien hipotecado, y, en tercer lugar, que constituya la vivienda habitual del *solvens* en el momento de la entrega. El primero se refiere a la obligación originaria y los dos últimos, al objeto de la dación en pago.

Es fundamental que el inmueble transmitido mediante dación en pago sea la vivienda habitual del *solvens*[73]. Y en este sentido hemos de criticar que la disposición adicional 23.ª de la LIRPF, que establece la definición legal de «vivienda habitual a los efectos de determinadas exenciones», no haya mencionado expresamente la exención de la dación en pago de la vivienda habitual.

69. Consultas vinculantes de la DGT de 16 de agosto de 2019 (V2200-19) y de 24 de junio de 2019 (V1546-19).
70. Artículo 33.4.d) *in fine* de la LIRPF.
71. Consulta vinculante de la DGT de 25 de enero de 2016 (V0261-16), p. 4.
72. STSJ de Castilla-La Mancha de 20 de noviembre de 2019 (JUR 2020, 73714), FJ 5.
73. Consultas vinculantes de la DGT de 15 de diciembre de 2016 (V5309-16) y de 4 de diciembre de 2015 (V3903-15).

En 2012, cuando el RDL 6/2012 creó esta exención asociada al CBP, aún se encontraba vigente la definición de vivienda habitual contenida en el artículo 68.1.3.º de la LIRPF[74], regulador de la deducción por adquisición de la misma, que se interpretaba de forma transversal a cualquier referencia a la vivienda habitual contenida en la LIRPF. CUBERO TRUYO ha criticado esa aplicación extensiva cuando afirma que «el término vivienda habitual resulta empleado por la Ley del IRPF en diferentes acepciones, y algunas no son inscribibles en el concepto que regía a los efectos de la deducción por adquisición de vivienda y que ahora rige para ciertas exenciones enumeradas en la disposición adicional vigésima tercera»[75].

Cuando fue derogada la deducción por adquisición de vivienda habitual, el artículo 1.8 de Ley 16/2012[76] modificó la disposición adicional 23.ª de la LIRPF, estableciendo el mismo concepto de vivienda habitual «a los efectos de determinadas exenciones». Sin embargo, entre estas exenciones no se ha incluido la referencia expresa a la exención del artículo 33.4.d) de la LIRPF. Puesto que se trata de una lista taxativa[77], ese cambio ha provocado una laguna que afecta a la exención de la dación en pago dc vivienda habitual.

Este vacío normativo de la disposición adicional 23.ª de la LIRPF cobra importancia en la interpretación de la exención que estudiamos puesto que en el cuarto párrafo del artículo 105.1.c) del TRLRHL el legislador define este término para la exención homónima en el IIVTNU:

74. Artículo 68.1.3.º de la LIRPF: «Se entenderá por vivienda habitual aquella en la que el contribuyente resida durante un plazo continuado de tres años. No obstante, se entenderá que la vivienda tuvo aquel carácter cuando, a pesar de no haber transcurrido dicho plazo, se produzca el fallecimiento del contribuyente o concurran circunstancias que necesariamente exijan el cambio de vivienda, tales como separación matrimonial, traslado laboral, obtención de primer empleo o de empleo más ventajoso u otras análogas».

75. CUBERO TRUYO, A.: «Rechazo a un criterio administrativo no previsto en la Ley del IRPF e inconstitucional: la imputación de renta por los garajes o trasteros de la vivienda habitual que no hayan sido adquiridos conjuntamente». Revista Técnica Tributaria, 127, 2019, p. 75. También PABLO VARONA, C. de: «La fiscalidad de la vivienda en el IRPF», en VARONA ALABERN, J. E. (Dir.): *La fiscalidad de la vivienda en España*. Civitas. Pamplona. 2012. Ha criticado esa «vocación de generalidad» del concepto establecido en el artículo 54 del Reglamento del IRPF con el argumento de que «lo cierto es que éste lo regula en el capítulo dedicado a la deducción por inversión en vivienda habitual, extendiéndose expresamente únicamente a la exención por reinversión en vivienda habitual» (p. 154).

76. Ley 16/2012, de 27 de diciembre, por la que se adoptan diversas medidas tributarias dirigidas a la consolidación de las finanzas públicas y al impulso de la actividad económica, publicada en el BOE núm. 312, de 28 de diciembre de 2012.

77. CUBERO TRUYO, A.: «Rechazo a un criterio administrativo no previsto en la Ley del IRPF e inconstitucional: la imputación de renta por los garajes o trasteros de la vivienda habitual que no hayan sido adquiridos conjuntamente». Revista Técnica Tributaria, 127, 2019, p. 74: «Lo verdaderamente relevante radica, llamamos la atención, en los preceptos para los que se declara la aplicabilidad de este concepto reeditado de vivienda habitual (...) enumeración taxativa de los supuestos en los que sí resulta aplicable».

«A estos efectos, se considerará vivienda habitual aquella en la que haya figurado empadronado el contribuyente de forma ininterrumpida durante, al menos, los dos años anteriores a la transmisión o desde el momento de la adquisición si dicho plazo fuese inferior a los dos años».

Si comparamos la disposición adicional 23.ª IRPF y el precepto transcrito, resultan llamativas diferencias. En primer lugar, en cuanto al número mínimo de años de utilización de la vivienda y, en segundo lugar, en cuanto a las excepciones contempladas. Así, el TRLRHL relaciona la vivienda habitual con el empadronamiento ininterrumpido durante los dos años anteriores a la transmisión y admite que el inmueble tenga esta consideración aun cuando no se haya alcanzado el tiempo suficiente, siempre que el contribuyente estuviese empadronado desde la adquisición del inmueble. En cambio, la disposición adicional 23.ª de la LIRPF[78] exige que el inmueble sea la residencia habitual durante un plazo de tres años y, si se transmite antes de haber alcanzado esta antigüedad, tendrían que concurrir «circunstancias que necesariamente exijan el cambio de vivienda» para que no pierda su carácter.

La DGT, aunque ha reiterado en numerosas ocasiones la importancia de que el inmueble entregado sea la vivienda habitual del transmitente en el momento de la celebración de la dación en pago, no se ha pronunciado expresamente sobre la cuestión planteada. Ni siquiera en aquellas consultas en las que hace referencia al concepto de vivienda habitual establecido en el TRLRHL y, a continuación, se pronuncia sobre la exención de la dación en pago en el IRPF. Esta circunstancia nos ha llamado la atención dado que dicho Centro Directivo del Ministerio de Hacienda y Función Pública ha descartado que esté exenta la ganancia patrimonial si el inmueble dejó de ser la vivienda habitual antes de la entrega[79], lo cual es habitual en la llamada «hipoteca puente». Sin embargo, cuando en la fecha de la transmisión el inmueble sigue siendo la residencia del contribuyente, la Administración resta importancia a otras circunstancias como

78. Así el precepto dispone: «A los efectos previstos en los artículos 7.t), 33.4.b), y 38 de esta Ley se considerará vivienda habitual aquella en la que el contribuyente resida durante un plazo continuado de tres años. No obstante, se entenderá que la vivienda tuvo aquel carácter cuando, a pesar de no haber transcurrido dicho plazo, concurran circunstancias que necesariamente exijan el cambio de vivienda, tales como celebración de matrimonio, separación matrimonial, traslado laboral, obtención de primer empleo o de empleo más ventajoso u otras análogas.
Cuando la vivienda hubiera sido habitada de manera efectiva y permanente por el contribuyente en el plazo de doce meses, contados a partir de la fecha de adquisición o terminación de las obras, el plazo de tres años previsto en el párrafo anterior se computará desde esta última fecha».

79. Consulta vinculante de la DGT de 4 diciembre de 2015 (V3903-15). Se ha denegado la aplicación del beneficio fiscal cuando la dación en pago se realiza para cancelar la denominada «hipoteca puente» porque no constituía la vivienda habitual en la fecha de la transmisión.

la situación registral del inmueble[80], en solución de continuidad con la doctrina administrativa dictada para la deducción por la adquisición de la vivienda habitual[81].

Tampoco los tribunales de Justicia han resuelto esta cuestión. En relación con la vivienda habitual los pronunciamientos se centran en cuestiones de hecho como el domicilio manifestado por el contribuyente en las escrituras públicas de dación en pago[82], en las propias declaraciones tributarias[83] o en las manifestaciones realizadas en procedimientos tributarios[84].

Además, la derogación del artículo 68.1.3.º de la LIRPF dejó huérfana la remisión normativa establecida en artículo 4. NUEVE de la Ley 91/1991, del Impuesto sobre el Patrimonio. También en el Impuesto sobre Sucesiones y Donaciones tiene consecuencias, ya que la reducción por la transmisión *mortis causa* de la vivienda habitual del causante se delimita acudiendo al «concepto a efectos de la aplicación de la deducción por inversión en su adquisición prevista en la legislación del IRPF»[85].

Teniendo en cuenta la importancia del concepto vivienda habitual para la delimitación del supuesto de hecho de la exención que estudiamos, intentaremos proponer tres alternativas que faciliten la aplicación de la norma.

80. Consulta vinculante de la DGT de 14 de febrero de 2017 (V0379-17) se admite que la vivienda habitual pueda estar constituida por dos fincas registrales cuya adquisición se ha formalizado en la misma fecha, pero en dos escrituras públicas diferentes. Así, p. 2: «Al respecto, se debe precisar que dentro del concepto de vivienda habitual puede incluirse todo tipo de edificación con independencia de cómo se encuentre inscrita registralmente. Por lo tanto, en la medida en que la edificación transmitida compuesta por una planta baja y un primer piso tenga la consideración de vivienda habitual del deudor, podrá resultar de aplicación la exención prevista en el transcrito artículo 33.4.d) de la LIRPF».
81. CALVO VÉRGEZ, J.: *La adquisición de la vivienda habitual en el IRPF: deducción por inversiones y gastos y exención por reinversión*. Aranzadi. Pamplona, 2010, p. 22: «sí que se admitió la posibilidad de incluir dentro del concepto de vivienda habitual a determinados inmuebles (...) trastero utilizado como vivienda (...) *lofts*». PABLO VARONA, C. de: «La fiscalidad de la vivienda en el IRPF», en VARONA ALABERN, J. E. (Dir.): *La fiscalidad de la vivienda..., op. cit.* p. 155: «Es preciso que la vivienda sea apta para ser utilizada como vivienda, pues solo de esa manera podrá servir de vivienda habitual del contribuyente. Esa aptitud no deriva necesariamente de su reconocimiento por la normativa urbanística».
82. STSJ de Islas Canarias 525/2016, de 2 de diciembre de 2016 (JUR 2017, 156071), FJ 3: «lo cierto es que a pesar de que en la escritura pública se recoge que no se trata de su vivienda habitual, lo cierto es que (...) hace prueba pero no con la consideración de prueba *iure et de iure*, sino *iuris tantum*, es decir, cabe la prueba en contrario, y el hoy recurrente ha presentado numerosa prueba anterior y posterior a la fecha de la escritura pública que acredita su vinculación y relación con la citada vivienda».
83. STSJ de Murcia 456/2017, de 14 julio de 2017 (JUR 2017, 214692).
84. *Ibidem*.
85. ROZAS VALDÉS, J. A.: «La vivienda en el Impuesto sobre Sucesiones y Donaciones» en VARONA ALABERN, J. E. (Dir.): *La fiscalidad de la vivienda en España*. Civitas. Pamplona. 2012, p. 505.

Una alternativa es que la LIRPF haga mención expresa en la disposición adicional 23.ª de la LIRPF a la letra d) del aparado 4 del artículo 33. Esto supondría una continuidad con el concepto de vivienda habitual utilizado hasta ahora, pero arrastraría las limitaciones que conlleva. En concreto, «la rigidez de la fórmula legal»[86] con la que se han descrito las excepciones a la utilización continuada durante tres años. El problema estriba en que se ha rechazado que las dificultades económicas sean una circunstancia que necesariamente exija el cambio de vivienda antes de tres años, en particular, la entrega a causa de la imposibilidad de afrontar el préstamo hipotecario.

GONZÁLEZ-CUELLAR SERRANO[87] afirma que «las normas tributarias que recaen sobre la vivienda tienen distintas finalidades» y que «su adecuación al orden constitucional debe ser analizada en función de aquellas a las que se dirija». Cuando la finalidad es contributiva, se analizarán desde la perspectiva de la capacidad económica, mientras que, si la finalidad es extrafiscal, el juicio de idoneidad de la norma se basará en el derecho a disfrutar de una vivienda digna y adecuada (artículo 47 CE), así como en el principio de igualdad. Este planteamiento nos conduce al interrogante de saber si la definición de vivienda habitual establecida en la disposición adicional 23.ª de la LIRPF producirá el efecto de que la exención se aplique a todos los ciudadanos que se encuentren en una situación análoga, en relación con la finalidad de la norma.

Creemos que no; es más, podría generar una disparidad de trato fiscal carente de justificación. Si comparamos la situación de dos contribuyentes que entregan el inmueble hipotecado al acreedor para la cancelación de la deuda hipotecaria, ambos han utilizado el bien como residencia habitual, con la única diferencia del tiempo de uso, que para el primero han sido tres años y para el segundo han sido menos de tres años. De acuerdo con la definición tradicional de vivienda habitual a efectos del IRPF, solo el primero habría transmitido su vivienda habitual. Por ello, adoptar la definición de vivienda habitual de la disposición adicional 23.ª de la LIRPF no consigue que la exención alcance el objetivo de paliar los efectos de la crisis económica logrando la equidad y la cohesión social.

En cambio, en otro impuesto directo, el Impuesto sobre Sociedades, se ha adoptado otra solución. La LIS ha establecido un régimen especial aplicable a las entidades dedicadas al arrendamiento de vivienda. A la hora de concretar su ámbito de aplicación, no define el término «arrendamiento de vivienda» sino que se remite al artículo 2.1 de la Ley 29/1994[88]. La DGT ha interpretado la norma

86. PABLO VARONA, C. de: «La fiscalidad de la vivienda...», *op. cit.*, pp. 178 y 179.
87. GONZÁLEZ-CUELLAR SERRANO, M. L.: «La vivienda en los tributos locales», en VARONA ALABERN, J. E. (Dir.): *La fiscalidad de la vivienda en España*. Civitas. Pamplona, 2012, p. 705.
88. Ley 29/1994, de 24 de noviembre, de Arrendamientos Urbanos, publicada en el BOE núm. 282, de 25 de noviembre de 1994.

afirmando que «el arrendamiento (...) debe tener por destino primordial satisfacer la necesidad permanente de vivienda del arrendatario, siempre que se cumplan los requisitos y condiciones establecidos en dicha Ley para los contratos de arrendamiento de viviendas»[89]. Pues bien, el artículo 2.1 de la Ley 29/1994 dispone que «se considera arrendamiento de vivienda aquel arrendamiento que recae sobre una edificación habitable cuyo destino primordial sea satisfacer la necesidad permanente de vivienda del arrendatario». Para la exención de la dación en pago de vivienda habitual en el IRPF carece de sentido la remisión a la Ley 29/1994, pero una solución adecuada puede ser interpretar el término vivienda habitual como aquella «edificación habitable cuyo destino primordial sea satisfacer la necesidad permanente de vivienda del arrendatario» (entendiendo arrendatario como poseedor u ocupante del inmueble). Esta definición va ligada a las condiciones del inmueble (debe ser habitable), al uso primordial que se hace del mismo (como vivienda o residencia del poseedor) y a la vocación de permanencia.

La segunda alternativa es que el artículo 33.4.d) de la LIRPF se remita expresamente a la definición de vivienda habitual establecida en el cuarto párrafo del artículo 105.1.c) del TRLRHL. Pero este precepto tampoco es fácil de interpretar.

La finalidad de la norma no es definir el concepto «vivienda habitual» como un sinónimo de vecindad administrativa o inscripción en el padrón municipal. No nos parece acertado considerar que este artículo establezca una definición de vivienda habitual, puesto que su interpretación sería que esta equivale indefectiblemente a la vecindad administrativa con una antigüedad de dos años. No tendría sentido denegar la exención a un contribuyente que ha logrado acreditar que el inmueble transmitido mediante dación en pago era su residencia habitual por el mero hecho de no estar inscrito en el padrón municipal. Este concepto tan reduccionista estaría reñido con la interpretación de un beneficio fiscal que tiene una finalidad extrafiscal relacionada con el derecho a la vivienda, reconocido en el artículo 47 de la CE, con la protección a la familia, con la equidad y con la cohesión social.

El artículo 105.1.c) del TRLRHL busca el objetivo de facilitar la carga de la prueba, otorgando al empadronamiento la categoría de medio de prueba privilegiado o de «una presunción de residencia en el término municipal, mientras no se acredite otra residencia que sea contraria a la que aquella inscripción

89. Consulta vinculante de la DGT de 6 de octubre de 2016 (V4294/16). En el mismo sentido, las consultas vinculantes de la DGT de 23 de septiembre de 2016 (V4066/16) y de 27 de enero de 2016 (JUR 2016, 61896).

denote»[90]. En conclusión, la remisión a este precepto tampoco solucionaría nuestro problema.

La tercera alternativa es interpretar el término vivienda habitual de acuerdo con los conceptos jurídicos elaborados por la doctrina. En este sentido, toman relevancia las semejanzas entre la definición de «vivienda habitual» y la de «vivienda permanente» establecida en el artículo 4.2 del Modelo de Convenio de la OCDE.

CUBERO TRUYO y TORIBIO BERNÁRDEZ han comentado que «el Modelo de la OCDE se inclina en el apartado a) del citado artículo 4.2 por respaldar la residencia en el Estado donde la persona tenga una vivienda permanente a su disposición y en el Estado con el que mantenga relaciones personales y económicas más estrechas (el centro de intereses vitales)»[91]. Los autores destacan la idoneidad del criterio basado en el centro de intereses vitales para determinar la residencia del contribuyente y, acerca de la definición de vivienda permanente, llaman la atención de que «se debe constatar que la persona haya dispuesto lo necesario para que el alojamiento esté disponible en cualquier momento, de una manera continuada y no ocasionalmente para estancias de corta duración»[92]. Por último, abogan por que «el periodo temporal al que ha de extenderse la comparación entre el tiempo en el que el sujeto está en un país o en otro, ha de ser un periodo "lo suficientemente dilatado" como para determinar si la residencia es habitual así como la periodicidad de las estancias»[93].

CHICO DE LA CÁMARA[94] define la «vivienda permanente» como una vivienda que se encuentre «amueblada y reservada para su uso con intención

90. CASERO BARRÓN, R.: «La repercusión de la familia en la determinación de la residencia en el territorio de una Comunidad Autónoma», en CUBERO TRUYO, A. y TORIBIO BERNARDEZ, L. (Dir.): *Análisis transversal de la atención al hecho familiar en el ordenamiento tributario*. Aranzadi. Pamplona, 2020, pp. 227 a 243. El autor ha analizado la jurisprudencia civil sobre el domicilio civil afirmando que «no hay dificultad en admitir que en la apreciación del domicilio civil pueda ser tenida en cuenta la inscripción en el padrón, como una presunción de residencia en el término municipal, mientras no se acredite otra residencia que sea contraria a la que aquella inscripción denote» (p. 238).

91. CUBERO TRUYO, A. y TORIBIO BERNÁRDEZ, L.: «Propuestas para una reorientación del concepto de residencia en la Ley del IRPF, a la búsqueda de una mayor coherencia con los criterios de los Convenios de doble imposición» *Revista de Fiscalidad Internacional y Negocios Transnacionales*, 12, 2019, RR-4.4.

92. CUBERO TRUYO, A. y TORIBIO BERNÁRDEZ, L.: «Propuestas para una reorientación del concepto de residencia en la Ley del IRPF, a la búsqueda de una mayor coherencia con los criterios de los Convenios de doble imposición» *Revista de Fiscalidad Internacional y Negocios Transnacionales*, 12, 2019, RR-4.2.

93. *Ibidem*, RR-4.5: «El ejemplo prototípico de determinación de la residencia fiscal atendiendo a los datos de varios años y no solo de uno, lo representa la legislación de Estados Unidos, con su test de la presencial sustancial».

94. CHICO DE LA CÁMARA, P.: «Fiscalidad inmobiliaria de los no residentes», en VARONA ALABERN, J. E. (Dir.): *La fiscalidad de la vivienda en España*. Civitas. Pamplona. 2012, pp. 749 a 790.

de residir de manera continuada y no ocasional». Lo relevante para el autor no es «la permanencia en la propiedad o posesión», sino «el uso de la vivienda para su utilización en la vida doméstica y cotidiana», la intención acreditada de convertir el inmueble en «la vivienda o domicilio permanente del contribuyente (...) sin que quepa exigirle un número de días determinados de permanencia»[95].

También CASERO BARRÓN[96], partiendo de los conceptos de la Teoría General del Derecho sobre el domicilio, identifica dos elementos que permiten vincular al contribuyente con el territorio en aplicación del artículo 4.2 del Modelo de Convenio de la OCDE. En primer lugar, un elemento objetivo que es la presencia física y, en segundo lugar, un elemento subjetivo que es la intención estable de permanencia. Esta será entendida como la voluntad de establecerse de manera efectiva y permanente, poniendo de relieve la finalidad o la intención de duración en el tiempo. Este segundo elemento es el que permite diferenciar entre residencia (habitual) y estancia (esporádica), a la vez que justifica el hecho de restar importancia a las ausencias esporádicas (por vacaciones o por desplazamientos puntuales).

Determinar la residencia habitual es una tarea rodeada de incertidumbre en la que caso a caso, atendiendo a las pruebas aportadas, el órgano competente adoptará una decisión. Como afirma CARMONA FERNÁNDEZ[97], «la prueba de la efectiva permanencia en un territorio determinado de una determinada persona, hora a hora, es materialmente inviable (incluso para empleados), a no ser que la tarea probatoria entre en los terrenos de lo policial». Máxime, si tenemos en cuenta que los procedimientos tributarios que afectan a la exención de la dación en pago de la vivienda habitual se incoan años después de la fecha en la que ha cesado la utilización efectiva de la misma.

Teniendo en cuenta la importancia del concepto vivienda habitual para la delimitación del supuesto de hecho de la exención que estudiamos, estimamos que la mejor interpretación del concepto vivienda habitual es aquel que permite que el inmueble en cuestión sea considerado la vivienda habitual cuando de los hechos que han sido acreditados resulta, por un lado, la presencia física o permanencia del contribuyente en una determinada vivienda y, por otro lado, la intención confirmada de que constituya su residencia habitual, es decir, su intención de utilizarla en la vida doméstica y cotidiana con una vocación de permanencia. Por ello, descartamos introducir en el artículo 33.4.d) de la LIRPF la remisión expresa a las normas tributarias anteriormente citadas, en aras de la interpretación basada en los conceptos elaborados por la doctrina.

---

95. *Ibidem*, p. 753.
96. CASERO BARRÓN, R.: «La repercusión de la familia en la determinación...», *op. cit.*
97. CARMONA FERNÁNDEZ, N.: «Residencia de las personas físicas y las entidades; prórroga legal y cambios de residencia», en SERRANO ANTÓN, F. (Coord.): *Fiscalidad internacional*. CEF. Madrid, 2001, p. 66.

Comparando los requisitos actuales con lo dispuesto en el RDL 6/2012, concluimos que se han reducido considerablemente. En cuanto al régimen jurídico regulador de la operación, la norma se desvincula de la aplicación del CBP del RDL 6/2012. Lo cual, por un lado, amplia el supuesto de hecho a cualquier dación en pago acordada en virtud de la autonomía de la voluntad y, por otro lado, generaliza la exención al desligarla de una norma de carácter excepcional.

La mayor reducción en los requisitos se refiere al deudor o garante y consiste en desvincular la exención de la situación de exclusión del *solvens*. Así, han desaparecido, entre otros, los límites vinculados a los ingresos y al patrimonio de la unidad familiar, al igual que aquellos relativos a la cuantía de la cuota mensual del préstamo.

En la actualidad, solo se exige que el transmitente no disponga de bienes o derechos suficientes para satisfacer la totalidad de la deuda y evitar la enajenación de la vivienda. Consideramos[98] que «este requisito ciertamente es una circunstancia de hecho que debe ser acreditada y que ha generado cierta litigiosidad»[99]. En cambio, la aplicación de la exención ha estado acompañada de cierta tendencia continuista por la Administración, que la ha denegado basándose en que la cuantía de la renta de la unidad familiar no había variado respecto al momento de solicitar financiación. No obstante, los tribunales[100] han rechazado esta interpretación, indicando que la lectura correcta del nuevo precepto supone que «el transmitente (ya sea deudor o garante) tendrá que acreditar que no dispone de otros bienes o derechos suficientes para satisfacer la deuda contraída. (...) Indica que el requisito lleva a comparar el importe de la deuda pendiente y del patrimonio del deudor»[101].

También hay que destacar positivamente que este requisito ya no se exija a todos los miembros de la unidad familiar. El artículo 33.4.d) de la LIRPF ha introducido una perspectiva individual más acorde con la configuración del IRPF, impuesto personal del deudor o codeudor. Por ello, en la actualidad, la inexistencia de bienes o derechos suficientes para satisfacer la totalidad de la deuda se refiere solo al contribuyente, sin tener en cuenta el patrimonio de la unidad familiar al completo.

98. PALADINI BRACHO, I.: «La tributación de la dación en pago...», *op. cit.*, p. 431.
99. El día 5 de julio de 2014 se publicó en el BOE, el Real Decreto-Ley 8/2014, de 4 de julio, de aprobación de medias urgente para el crecimiento, la competitividad y la eficiencia. El artículo 122 modificó la LIRPF añadiendo una nueva letra d) al apartado 4 del artículo 33, con efectos retroactivos. Entonces, quedaban exentas las daciones en pago de vivienda habitual celebradas desde el 1 de enero de 2014 y ejercicios anteriores no prescritos. Este precepto de aplicación retroactiva ha motivado numerosos procedimientos para solicitar la aplicación de la nueva exención a daciones en pago realizadas en los ejercicios no prescritos (desde 2009, en adelante, salvo casos particulares en los que se hubiese interrumpido la prescripción por algún motivo), algunos de los cuales han terminado en sede judicial.
100. STSJ de Murcia 638/2019, de 3 de diciembre de 2019 (JT 2020, 144), FJ 3.
101. PALADINI BRACHO, I.: «La tributación de la dación en pago...», *op. cit.*, p. 431.

Respecto al inmueble que se transmite, se requiere que sea la vivienda habitual del transmitente y que sea el inmueble otorgado como garantía real, pero se han eliminado otras exigencias (el valor de adquisición máximo y que sea la única vivienda en propiedad del *solvens)*. Ahora bien, aunque la norma parece haber eliminado la exclusión del gravamen cuando se entregan viviendas gravadas con cargas posteriores, la realidad es que, si se hallan cargas a favor de otro acreedor, la operación de hecho será inviable —a excepción de las celebradas en un procedimiento concursal—.

Respecto a la obligación originaria, se requiere que sea una deuda garantizada con hipoteca sobre la vivienda habitual. Se ha eliminado la exigencia de que la misma haya servido para financiar la adquisición del inmueble. Y, aunque el precepto habla de «la cancelación de las deudas garantizadas con la hipoteca» [102], no se exige la extinción de la totalidad de la deuda como consecuencia de la dación en pago.

En el siguiente cuadro comparativo se exponen con detalle los requisitos establecidos en una y otra norma.

Tabla 1. Comparativa de los requisitos exigidos para aplicar la exención de la ganancia patrimonial generada por la dación en pago de la vivienda habitual

Término de comparación	RDL 6/2012	Artículo 33.4.d) de la LIRPF
Régimen jurídico y efectos extintivos	Dación en pago del CBP, que conlleva la extinción total de la deuda.	Cualquier dación en pago, para cancelación total o parcial de la deuda.
Requisitos subjetivos	Acreedor o *accipiens*: que sea una entidad de crédito u otra entidad, que de manera profesional, realice la actividad de concesión de préstamos o créditos hipotecarios	*Idem.*
	La transmisión puede celebrarse a favor de un tercero designado por el acreedor, sin establecer requisitos subjetivos para el adquirente.	*Idem.*
	Solvens: deudor, codeudores, fiador o avalista, siempre que se encuentren en situación de exclusión, definida como: 1. Con carácter general, los ingresos de la unidad familiar no pueden superar el triple del IPREM anual calculado a 14 pagas.	*Solvens*: deudor o garante del deudor. No se exige situación de exclusión. 1. No se exige.

102. Artículo 33.4.d) de la LIRPF.

Término de comparación	RDL 6/2012	Artículo 33.4.d) de la LIRPF
	2. La aparición de cambios en la situación económica en los últimos cuatro años o que «hayan sobrevenido en dicho período circunstancias familiares de especial vulnerabilidad» [artículo 3.1.b) del RDL 6/2012].	2. No se exige.
	3. Que la cuota hipotecaria sea superior al 50% de los ingresos netos de la unidad familiar.	3. No se exige.
	4. Que el conjunto de los miembros de la unidad familiar de los miembros de la unidad familiar carezca de cualesquiera otros bienes o derechos patrimoniales suficientes con los que hacer frente a la deuda.	4. Solo se analiza la situación patrimonial del propietario de la vivienda, no de la unidad familiar
	5. Que se trate de un crédito o préstamo garantizado con hipoteca que recaiga sobre la única vivienda en propiedad del deudor o deudores y concedido para la adquisición de la misma.	5. No se exige.
	6. Que se trate de un crédito o préstamo que carezca de otras garantías, reales o personales o, en el caso de existir estas últimas, que carezca de otros bienes o derechos patrimoniales suficientes con los que hacer frente a la deuda.	6. No se exige.
	7. En el caso de que existan codeudores que no formen parte de la unidad familiar, deberán estar incluidos en las circunstancias 4, 5 y 6 anteriores.	7. Solo se exige el requisito iv, en los términos antedichos.
Requisitos objetivos relativos a la obligación originaria	1. Que la obligación originaria proceda de un préstamo o crédito.	1. *Idem*.
	2. Que se haya garantizado con hipoteca inmobiliaria sobre la vivienda habitual.	2. *Idem*.
	3. Que el préstamo no tenga otras garantías, reales o personales o, en el caso de existir estas últimas, que los garantes carezcan de otros bienes o derechos patrimoniales suficientes con los que hacer frente a la deuda.	3. No se exige.
	4. Que la finalidad del préstamo sea financiar la adquisición de la vivienda habitual.	4. No se exige.
Requisitos objetivos relativos a	1. Que se entregue el bien hipotecado.	1. *Idem*.

Término de comparación	RDL 6/2012	Artículo 33.4.d) de la LIRPF
la vivienda transmitida	2. Que sea la única vivienda en propiedad del deudor o deudores.	2. No se exige.
	3. Que constituya la vivienda habitual en el momento de la entrega.	3. *Idem*.
	4. Que el valor de adquisición de la vivienda no supere el límite máximo indicado en el artículo 5.2 del RDL 6/2012.	4. No se exige.
	5. Que la vivienda no esté gravada con cargas posteriores.	5. No se exige.

Por último, la exención del artículo 33.4.d) de la LIRPF entró en vigor el 5 de julio de 2014 y desplegó efectos retroactivos desde el 1 de enero de 2014 y para los ejercicios anteriores no prescritos. Se trata de una norma con el más alto grado de retroactividad que venía a solventar la situación de aquellos contribuyentes que habían celebrado la dación en pago de su vivienda habitual, pero no cumplían los requisitos del RDL 6/2012 para disfrutar de la exención. No obstante la bondad indiscutible de la medida, cabe señalar que, si se hubiera aprobado y publicado la norma una semana antes, todas las daciones en pago celebradas en el año 2009 se habrían beneficiado de ella[103], lo que habría garantizado una solución homogénea a todos los contribuyentes que se vieron afectados por la crisis económica de 2008. A su vez, resulta criticable la ausencia de una campaña específica que facilitase a los contribuyentes la regularización de su situación tributaria. Existen antecedentes la creación de herramientas informáticas por la Administración tributaria para que los contribuyentes se beneficiasen de exenciones que previamente les habían sido denegadas, como es el caso de la devolución masiva de la prestación de maternidad[104]. En este caso, incluso se procedió a la revocación de oficio de las resoluciones desestimatorias de la rectificación de las autoliquidaciones que los contribuyentes habían promovido.

103. El 5 de julio de 2014 entró en vigor del Real Decreto-ley 8/2014, de 4 de julio, de aprobación de medidas urgentes para el crecimiento, la competitividad y la eficiencia y, de acuerdo con el artículo 8 de la Orden EHA/799/2010, de 23 de marzo, por la que se aprueba el modelo de declaración del IRPF, ejercicio 2009, el periodo voluntario para declarar finalizó el día 30 de junio de 2010. Por lo que habría prescrito el derecho del contribuyente a solicitar la rectificación de la autoliquidación si no se había interrumpido previamente la prescripción del IRPF de 2009.

104. FERNÁNDEZ CORTÉS, T.: «La devolución de las prestaciones...», *op. cit.*

4.5.3. LA EXENCIÓN DE LAS RENTAS OBTENIDAS POR EL DEUDOR EN PROCEDIMIENTOS CONCURSALES

La Disposición adicional cuadragésima tercera de la LIRPF regula la exención de las rentas obtenidas por el deudor en procedimientos concursales en los siguientes términos:

> «Estarán exentas de este Impuesto las rentas obtenidas por los deudores que se pongan de manifiesto como consecuencia de quitas y daciones en pago de deudas, establecidas en un convenio aprobado judicialmente conforme al procedimiento fijado en la Ley 22/2003, de 9 de julio, Concursal, en un acuerdo de refinanciación judicialmente homologado a que se refiere el artículo 71 bis y la disposición adicional cuarta de dicha Ley, en un acuerdo extrajudicial de pagos a que se refiere el Título X o como consecuencia de exoneraciones del pasivo insatisfecho a que se refiere el artículo 178 bis de la misma Ley, siempre que las deudas no deriven del ejercicio de actividades económicas».

El artículo 4. Tres del RDL 1/2015 introdujo este beneficio fiscal en la LIRPF. Poco después, la Ley 25/2015 consolidó esta exención. Nuevamente nos encontramos con una modificación de la LIRPF de carácter retroactivo, puesto que entró en vigor el día 1 de marzo de 2015, pero despliega sus efectos a partir del 1 de enero de 2015, es decir, es una norma con retroactividad de grado medio o relativa.

Como vemos, es una constante en esta materia la adopción de medidas fiscales para reducir la tributación de los contribuyentes del IRPF que hayan caído en peor fortuna mediante el recurso al decreto-ley de aplicación retroactiva.

La utilización por el Gobierno de una norma con rango de ley, de carácter provisional, se explica por dos circunstancias. Por un lado, la necesidad de dar una solución a los ciudadanos ante una crisis económica que se extendía en el tiempo. Por otro lado, la mayoría absoluta que había conseguido en esa legislatura el Partido Popular.

Desde una perspectiva jurídica, si bien es posible el recurso a este tipo de norma jurídica en materia fiscal, no es menos cierto que implica menor seguridad jurídica para los ciudadanos. El Decreto-ley puede ser objeto de impugnación ante el TC, con independencia incluso de su convalidación parlamentaria. Ahora bien, la realidad ha puesto de relieve que ninguno de los legitimados para formalizar el recurso de inconstitucionalidad[105] ha emprendido este tipo de acciones para impugnar una exención que beneficia claramente a los ciudadanos.

Por último, es significativo que el legislador no haya actualizado las remisiones normativas a la legislación concursal. Esta deficiencia técnica no es una

105. De acuerdo con el artículo 162.1.a) de la CE son «el Presidente del Gobierno, el Defensor del Pueblo, 50 Diputados, 50 Senadores, los órganos colegiados ejecutivos de las Comunidades Autónomas y, en su caso, las Asambleas de las mismas».

circunstancia nueva, nos remitimos en este punto a lo expuesto sobre el concepto de vivienda habitual. Observamos que de nuevo el legislador ha descuidado la técnica legislativa, en este caso, al regular la exención de las rentas obtenidas por el deudor en procedimientos concursales.

Para dar solución a esta situación, hemos creado una tabla para actualizar las remisiones normativas a los nuevos preceptos del TRLC.

Tabla 2. Sobre la actualización de las remisiones normativas del TRLC

Remisiones a la LC 2003	Remisiones al TRLC
un convenio aprobado judicialmente conforme al procedimiento fijado en la Ley 22/2003, de 9 de julio, Concursal	un convenio aprobado judicialmente conforme al procedimiento fijado en el Real Decreto Legislativo 1/2020, de 5 de mayo, por el que se aprueba el texto refundido de la Ley Concursal
en un acuerdo de refinanciación judicialmente homologado a que se refiere el artículo 71 bis y la disposición adicional cuarta de dicha Ley	en un plan de reestructuración a que se refieren los artículos 627 y siguientes de dicho Texto Refundido
en un acuerdo extrajudicial de pagos a que se refiere el Título X	en un plan de reestructuración a que se refieren los artículos 627 y siguientes de dicho Texto Refundido
como consecuencia de exoneraciones del pasivo insatisfecho a que se refiere el artículo 178 bis de la misma Ley	como consecuencia de exoneraciones del pasivo insatisfecho a que se refieren los artículos 486 a 502 del mismo Texto Refundido

La exención se aplica a las rentas obtenidas como consecuencia de las quitas, las daciones en pago y las exoneraciones del pasivo insatisfecho. Está diseñada para beneficiar a aquellos deudores, «siempre que las deudas no deriven del ejercicio de actividades económicas» [106]. Esta circunstancia limita enormemente la aplicación del beneficio fiscal a los nuevos planes de reestructuración, que únicamente pueden ser celebrados por quienes tengan la condición de empresario o profesional (artículo 583.1 TRLC).

De un análisis más exhaustivo del supuesto de hecho de la exención se deducen los numerosos requisitos exigidos por la normativa, que vamos a agrupar en tres categorías para su exposición. En su descripción se interpretarán conjuntamente la legislación tributaria y la concursal.

106. Disposición adicional cuadragésima tercera de la LIRPF.

4.5.3.1. Los requisitos subjetivos

La Disposición adicional cuadragésima tercera de la LIRPF establece que quedan exentas «las rentas obtenidas por los deudores».

En primer lugar, dado que es un beneficio fiscal del IRPF, el deudor debe ser contribuyente del Impuesto tal como se describe en el artículo 8 de la LIRPF. Este precepto engloba tanto a las personas físicas con residencia habitual en el territorio español, como a las personas físicas con residencia en el extranjero por el ejercicio de algún cargo o empleo oficial descrito en el artículo 10 de la LIRPF, así como a aquellas personas físicas que se siguen considerando contribuyentes del Impuesto aunque hayan cambiado su residencia a un territorio considerado paraíso fiscal.

Además, se aplicará la exención a quienes, de acuerdo con los criterios subjetivos de individualización de rentas del artículo 11 de la LIRPF, sean titulares de los bienes, derechos y elementos patrimoniales de los que provenga la ganancia o pérdida patrimonial, en el caso de la dación en pago.

En segundo lugar, creemos que la expresión «deudores» debe ser interpretada en sentido amplio, entendida como «deudor concursado», es decir, estableciendo una relación con los presupuestos de la declaración de concurso regulados en los artículos 1 y 2 del TRLC, así como quienes estén en situación de insolvencia probable —artículo 584 del TRLC—. Al describirse las operaciones de las que proceden las rentas, la LIRPF hace referencia a procedimientos concursales y preconcursales, por lo que, es necesario que el deudor se encuentre en situación de insolvencia actual, inminente o probable[107]. En este sentido, identificamos una limitación «porque los deudores insolventes con un solo acreedor no podrán aplicar esta exención, dado que la existencia de un único acreedor impide la celebración de un acuerdo extrajudicial de pagos, de un acuerdo de refinanciación homologado y de un convenio concursal»[108].

Además, creemos que el término «deudores» debe interpretase en sentido amplio, entendido como las «persona[s] obligada[s] a satisfacer una deuda o prestación»[109]. Lo cual nos llevaría a admitir la aplicación de la exención tanto al deudor principal de un préstamo o crédito, como a los garantes que, como consecuencia del incumplimiento de aquel, deben satisfacer una prestación. Sin embargo, la declaración de concurso del deudor principal no es suficiente para que los avalistas, los fiadores y los hipotecantes no deudores se sirvan de la exención. Será preciso que concurra la situación de insolvencia en ellos.

---

107. La descripción de estas situaciones se ha comentado en el capítulo primero.
108. PALADINI BRACHO, I.: «*La tributación de la dación en pago en cuanto situación...*» *op. cit.*, p. 433.
109. RAE: Diccionario panhispánico del español jurídico, consultado 5/7/2021 https://dpej.rae.es/lema/deudor-ra

4.5.3.2. Los requisitos formales

De acuerdo con el precepto que estudiamos, solo quedan exentas las rentas producidas por las quitas y las daciones en pago contenidas en un convenio de acreedores, en un plan de reestructuración o en un plan de pagos vinculado a la exoneración del pasivo insatisfecho. También quedan exentas las rentas puestas de manifiesto en las exoneraciones de pasivo insatisfecho. Nos remitimos a los apartados sobre la dación en pago en la legislación concursal en los que comentamos con detalle todas las cuestiones relativas al régimen sustantivo de estos instrumentos.

Se hace necesario llamar la atención sobre la exclusión de la exención cuando la dación en pago se celebre en fase de liquidación. Nos parece una limitación del ámbito de aplicación carente de una justificación aparente. Se han incluido en la exención fiscal las exoneraciones del pasivo insatisfecho que se conceden, precisamente, ante la imposibilidad de que el deudor llegue a satisfacer todas sus deudas. Sin embargo, la delimitación del presupuesto de hecho excluye las rentas producidas por las daciones en pago formalizadas en fase de liquidación que, por otra vía, consiguen unos efectos similares: la extinción de las obligaciones y la liberación del deudor declarado en concurso.

Esta diferencia solo se explica por los problemas derivados de la ausencia de regulación de la dación en pago. Por ello, consideramos que las particularidades de la operación no han sido tenidas en cuenta a la hora de aprobar esta exención, es decir, que el legislador no tenía la intención de limitar la aplicación de este beneficio fiscal a las daciones en pago realizadas en fase de liquidación.

4.5.3.3. Los requisitos objetivos

Encontramos dos presupuestos para la aplicación de la exención. En primer lugar, que la renta exenta proceda de una quita, de una dación en pago o de una exoneración del pasivo insatisfecho.

En segundo lugar, «que las deudas no deriven del ejercicio de actividades económicas» [110]. Esta descripción no excluye *ab initio* a los empresarios individuales, porque no conforma un requisito subjetivo de la exención, sino que la exclusión se define en atención el tipo de deudas que se extinguen.

Partimos de la descripción del supuesto de hecho de la exención, que excluye del mismo «las deudas no deriven del ejercicio de actividades económicas» [111]. El significado de «derivar», dicho de una cosa, significa que esta tiene su origen en otra cosa [112]. En este sentido, el precepto está excluyendo de la

110. Disposición adicional cuadragésima tercera *in fine* de la LIRPF.
111. Disposición adicional cuadragésima tercera *in fine* de la LIRPF.
112. Real Academia Española: Diccionario de la lengua española. Consultado en la web https://dle.rae.es/derivar

exención aquellas deudas que tienen su origen en el ejercicio de actividades económicas. Es decir, se atiende al origen de la deuda que se cancela con la dación en pago. Como argumentaremos a continuación, existen ciertas dificultades en la aplicación de este criterio, tanto por la definición de los rendimientos de la actividad económica, como por la identificación del origen de la deuda en los negocios financieros.

Los rendimientos de actividades económicas han sido definidos en el artículo 27.1 de la LIRPF de acuerdo con una acepción clásica[113]. Respecto a la actividad consistente en el arrendamiento de inmuebles, el apartado segundo de este mismo artículo establece como requisito que se cuente con una mínima estructura empresarial, en concreto, que se disponga «al menos, una persona empleada con contrato laboral y a jornada completa». La consecuencia del incumplimiento de este requisito sería que las deudas relacionadas con esta actividad no se considerasen «derivadas de actividades económicas», por lo cual, si se acuerda la dación en pago, las rentas quedarían exentas.

El TS se ha pronunciado reiteradamente relativizando la frontera marcada por el artículo 27.2 de la LIRPF. Así, en la STS de fecha 28 de octubre de 2010[114] dictaminó que «reducir la actividad empresarial a la necesidad de tener empleados y local y en base a ello afirmar que como no se tiene no se desarrolla actividad empresarial, no es correcto, ya que la actividad empresarial se define por la actividad que se desarrolla, siendo la existencia de empleados o no un dato a considerar pero no lo esencial, que consiste en la ordenación de medios para desarrollar la actividad de beneficio». Y en el mismo sentido respecto al arrendamiento de vivienda, la STS 1240/2020, de 1 de octubre de 2020, afirma que «no puede entenderse que la actividad empresarial solamente se cumple cuando la entidad tiene una persona empleada y un local afecto a la actividad»[115]. Aunque es una doctrina referida al IS, creemos que se puede extrapolar al IRPF. Por lo tanto, el incumplimiento del requisito mínimo de contar con una persona asalariada no sería fundamento suficiente para negar la exención de la Disposición adicional cuadragésimo tercera de la LIRPF a un contribuyente del IRPF.

Una posible interpretación del criterio delimitador del origen de la deuda es en función de la condición del acreedor cuyo crédito se cancela. El resultado es

113. Los rendimientos de actividades económicas han sido definidos como «aquellos que, procediendo del trabajo personal y del capital conjuntamente, o de uno solo de estos factores, supongan por parte del contribuyente la ordenación por cuenta propia de medios de producción y de recursos humanos o de uno de ambos, con la finalidad de intervenir en la producción o distribución de bienes o servicios». Se incluyen en esta categoría «los rendimientos de las actividades extractivas, de fabricación, comercio o prestación de servicios, incluidas las de artesanía, agrícolas, forestales, ganaderas, pesqueras, de construcción, mineras, y el ejercicio de profesiones liberales, artísticas y deportivas», así como los que procedan de sociedades profesionales.

114. STS de fecha 28 de octubre de 2010, FJ 4 (RJ 2010, 5587).

115. STS 1240/2020, de 1 de octubre de 2020, FJ 1 (RJ 2020, 3910).

que cualquier deuda relacionada con la obtención de rendimientos de actividades económicas, quedaría excluida de la exención. En concreto, las deudas comerciales y, en general, cualquier deuda con un proveedor del negocio quedarían excluidas de la exención. Como ha señalado LILLO DÍAZ, «la financiación sin coste, las líneas de crédito y el descuento comercial y los préstamos bancarios son los tres productos más utilizados»[116]. Esto supone excluir, desde el punto de vista de los ingresos, cualquier producto financiero que permita al empresario anticipar la disposición de los créditos de sus clientes. Y desde el punto de vista de los gastos, quedarían extramuros tanto las deudas directas con proveedores, como las derivadas de líneas de crédito que se utilicen para financiar las adquisiciones de bienes o servicios que sean necesarios para la obtención de los rendimientos de actividades económicas, incluidas, las retribuciones del personal asalariado.

Los empresarios individuales no tienen limitada su responsabilidad patrimonial, es decir, responden con todo su patrimonio presente y futuro tanto de las deudas derivadas de sus negocios, como de las deudas relacionadas con su vida personal y familiar. Al mismo tiempo, no hay impedimento legal para que utilicen sus recursos indistintamente para operaciones relacionadas con sus actividades empresariales y con sus necesidades personales. Además, en el concurso de acreedores no se establece una clasificación de las deudas que diferencie aquellas derivan de las actividades económicas del deudor de las que no lo hacen.

El criterio del destino del crédito ofrece un resultado desdibujado o ambiguo cuando las cantidades prestadas se han destinado a financiar conjuntamente deudas personales y deudas derivadas del ejercicio de actividades económicas. Para resolver la situación, nos parece que la finalidad manifestada en el contrato de préstamo o crédito no sirve de prueba suficiente para sostener la aplicación de la exención. En cualquier caso, este criterio legal sería de utilidad si se atiende al destino final de la suma obtenida. Ello supone admitir la aplicación de la exención cuando los fondos no se hayan destinado a financiar una inversión empresarial y, a su vez, aceptar la exención parcialmente cuando la suma no haya recibido más de un destino.

Si nos detenemos en las fuentes de financiación de las inversiones empresariales, las pequeñas y medianas empresas suelen utilizar en una proporción mayor los fondos propios para sufragar sus actividades. Desde la crisis de 2008, las empresas muestran una tendencia a la «desbancarización»[117], en especial, las de mayor tamaño. Sin embargo, desde mayo de 2020 esta tendencia parece

116. LILLO DÍAZ, M. J.: *La fiscalidad de la financiación de las sociedades*. Universidad a distancia de Madrid. 2020, p. 121.

117. *Ibidem*, p. 120.

haber retrocedido. El endeudamiento de empresas no financieras ha aumentado, con un claro incremento de los préstamos de entidades financieras[118].

Así, es relevante hacer una comparación de la aplicación de la exención en diferentes contextos. Los empresarios individuales recurren a las entidades de crédito para hacer posibles sus actividades empresariales y, en otros casos, los emprendedores financian las aportaciones a los fondos propios de las sociedades de capital por esta vía. En estos casos, la solución elegida por el legislador genera una diferencia de trato fiscal, puesto que un empresario individual que haya financiado su actividad económica a través de un préstamo otorgado por una entidad financiera, no podrá aplicar esta exención. Mientras que la consecuencia es la contraria, si la forma jurídica elegida para emprender el negocio ha sido una sociedad de capital y el préstamo fue otorgado al socio para financiar la aportación al capital. Desde la perspectiva del IRPF, dicha deuda no está relacionada con la obtención de rendimientos de actividades económicas[119], luego, si el socio cancela su deuda con la entidad financiera mediante la dación en pago de cualquier elemento patrimonial, la renta queda exenta, siempre que haya sido acordada en alguna de las operaciones descritas en la Disposición adicional cuadragésimo tercera de la LIRPF.

Al mismo tiempo, creemos que muchos negocios se financian mediante un préstamo concedido a la sociedad avalado por los socios. Llegado el caso, si la empresa no cumple y el socio formaliza la dación en pago con la entidad financiera, también podría aplicar la exención, siempre que él esté en situación de insolvencia y se formalice mediante alguno de los acuerdos antes citados.

El criterio legal, se puede considerar adecuado para las quitas y las exoneraciones del pasivo insatisfecho, puesto que son operaciones en las que no existe una contraprestación, es decir, en la operación no hay más elemento real que la deuda que se va a extinguir. Pero en la dación en pago, que despliega el doble efecto extintivo y traslativo, se podría vincular la exclusión de la exención a la afectación del bien o derecho entregado. Ello supone que no queden exentas las daciones en pago de elementos patrimoniales afectos a las actividades económicas del contribuyente, al margen del origen del crédito. Este criterio resulta más objetivo en supuestos de confusión entre el patrimonio personal y empresarial del deudor. Básicamente, sería una solución para aquellos supuestos en los que no hay una delimitación clara entre el pasivo personal y el profesional. Ahora bien, con la redacción actual del precepto, no es posible llegar a esta conclusión por el camino de la exégesis normativa.

118. MAQUEDA, A.: «La deuda de las empresas se dispara en 55.000 millones desde marzo». *El País*, 16 de agosto de 2020, recuperado de https://elpais.com/economia/2020-08-15/deuda-privada.html

119. Salvo que se trate de una sociedad profesional.

El legislador podría haber diferenciado los requisitos para la exención de la renta derivada de la dación en pago sobre la base de la exclusión de las rentas generadas por transmisión de elementos patrimoniales afectos a actividades económicas. Como venimos indicando, esta opción solo es posible para la dación en pago, pero es una alternativa más objetiva para conseguir excluir de gravamen las rentas relacionadas con las actividades económicas del deudor. Creemos que la ausencia de regulación de la dación en pago vuelve a oscurecer su tratamiento fiscal, toda vez que el legislador no ha previsto una regla específica para definir la exclusión de la exención que estamos analizando.

4.5.3.4. Propuesta de *lege ferenda*

Por los motivos expuestos en los apartados anteriores, consideramos procedente modificar la norma, incorporando las remisiones normativas a la legislación concursal vigente y diferenciando los requisitos para las distintas operaciones exentas, en aras a facilitar la exención de las rentas obtenidas por los deudores como consecuencia de la dación en pago. En este sentido, proponemos que el precepto adopte la redacción siguiente:

> *Disposición adicional cuadragésima tercera. Exención de rentas obtenidas por el deudor en procedimientos concursales.*
>
> *Estarán exentas de este Impuesto las rentas obtenidas por los deudores y los garantes que se pongan de manifiesto como consecuencia de quitas y daciones en pago de deudas, establecidas en un convenio aprobado judicialmente conforme al procedimiento fijado en el Real Decreto Legislativo 1/2020, de 5 de mayo, por el que se aprueba el texto refundido de la Ley Concursal, en un plan de reestructuración a que se refieren los artículos 627 y siguientes de dicho Texto Refundido o como consecuencia de exoneraciones del pasivo insatisfecho a que se refieren los artículos 486 a 502 del Texto Refundido antes indicado.*
>
> *Así mismo, estarán exentas las rentas obtenidas por los deudores y garantes que se pongan de manifiesto como consecuencia de daciones en pago de deudas formalizadas en fase de liquidación del concurso de acreedores.*
>
> *La aplicación de la exención queda condicionada para las quitas y las exenciones del pasivo insatisfecho a que las deudas no deriven del ejercicio de actividades económicas, mientras que las rentas procedentes de daciones en pago estarán exentas cuando los elementos patrimoniales entregados no se encuentren afectos a actividades económicas.*

4.6. LA CUANTIFICACIÓN DE LA GANANCIA O PÉRDIDA PATRIMONIAL DERIVADA DE LA DACIÓN EN PAGO

En la mayoría de los casos la renta generada por la dación en pago será calificada como ganancia o pérdida patrimonial del deudor. La ganancia o pérdida patrimonial que el deudor obtenga como consecuencia de la dación en pago, se integrará en la base imponible del ahorro[120] en el periodo impositivo «en que tenga lugar la alteración patrimonial» [artículo 14.1. c) de la LIRPF]. Si la operación ha generado una pérdida patrimonial, esta se compensará con otras ganancias patrimoniales del mismo tipo o con otras rentas del ahorro con los límites previstos en el artículo 49 de la LIRPF.

La normativa del IRPF no prevé ninguna regla especial para la cuantificación de las rentas derivadas de una dación en pago. De nuevo, nos encontramos ante una situación de indeterminación que va a causar problemas interpretativos.

El principal problema que hemos detectado es que se otorga un papel principal a la transmisión del bien en todos los casos, mientras el resultado de la extinción de la obligación se vuelve irrelevante en determinadas circunstancias, en concreto, cuando el valor de mercado del bien entregado es superior a la cuantía de la deuda extinguida. En este apartado analizaremos con detalle cómo se cuantifica la ganancia o pérdida patrimonial y señalaremos aquellos casos en los que la dación en pago debería suponer una pérdida para el deudor si se tomaran en consideración tanto el resultado procedente del efecto traslativo, como el del efecto extintivo.

El origen del problema se encuentra, por un lado, en la inexistencia de normas jurídicas de cuantificación aplicables a la dación en pago y, por otro lado, en la ausencia de concreción en el ordenamiento jurídico sobre las características de la dación en pago.

Este negocio despliega efectos traslativos, por ello, aplicaremos el artículo 34.1.a) de la LIRPF, que establece la regla general de cuantificación de las ganancias o pérdidas patrimoniales derivadas de la transmisión de elementos patrimoniales. En consecuencia, la renta se cuantifica por «diferencia entre los valores de adquisición y transmisión» de los mismos.

A la hora de determinar estos valores, la discusión se centra en el valor de transmisión. La doctrina administrativa actualmente considera que el valor de transmisión debería coincidir con el valor de mercado del elemento entregado. Esta doctrina ha ido evolucionando a lo largo del tiempo, a medida que se han ido introduciendo las exenciones analizadas en los apartados anteriores. Nos parecen más acertados los cambios en la argumentación jurídica que en las conclusiones.

En cambio, el TS en las últimas sentencias ha indicado que el valor de transmisión coincidirá con la cuantía de la obligación que se extingue, siempre que no sea inferior al valor de mercado del bien entregado, en cuyo caso, prevalecerá este. Es curioso que esta interpretación va en la línea de los criterios de valoración de la Administración tributaria más antiguos que asimilaban la dación en

120. *Vid*. artículo 46.b de la LIRPF.

pago a la permuta. Nos parece un planteamiento criticable por estar basado en una asimilación que ha sido rechazada en otras sentencias del Alto Tribunal emanadas de la Sala de lo Civil.

Las transmisiones realizadas mediante dación en pago, de acuerdo con la doctrina del TS, tienen carácter oneroso. Por ello, abogamos porque las reglas de valoración para determinar los valores de adquisición y de transmisión de los elementos patrimoniales afectados por la operación sean las reglas generales previstas en el artículo 35 de la LIRPF.

De acuerdo con este precepto, el valor de adquisición está formado por:

> «a) El importe real por el que dicha adquisición se hubiera efectuado.
>
> b) El coste de las inversiones y mejoras efectuadas en los bienes adquiridos y los gastos y tributos inherentes a la adquisición, excluidos los intereses, que hubieran sido satisfechos por el adquirente.
>
> En las condiciones que reglamentariamente se determinen, este valor se minorará en el importe de las amortizaciones». (artículo 35.1 de la LIRPF).

En la determinación del valor de adquisición no hay ninguna especialidad respecto a cualquier otro tipo negocio traslativo del dominio. El TEAC [121] lo ha descrito indicando que cuando lo haya adquirido a título oneroso, «estará formado por el resultado de sumar el importe real por el que lo haya adquirido, más el coste de las inversiones y mejoras efectuadas en el mismo y los de los gastos y tributos inherentes a la adquisición, excluidos los intereses, que hubieran sido satisfechos por él, y restarle el importe de las amortizaciones correspondientes en las condiciones que reglamentariamente se determinen». En cambio, si la adquisición fue a título lucrativo, se toma como valor de adquisición «—*ex* artículo 36 de la Ley 35/2006— el valor que dicho tuviera al momento de su adquisición aplicando las normas del ISD, sin que pudiera exceder de su valor de mercado entonces».

Acerca del valor de transmisión, el artículo 35.2 de la LIRPF establece una regla de valoración basada en el «importe real» o «importe efectivamente satisfecho», salvo que resulte inferior al valor de mercado del elemento patrimonial transmitido, que tendremos que adaptar a la dación en pago.

De acuerdo con la jurisprudencia del TS [122] sobre la dación en pago expuesta en el capítulo primero, el crédito que se extingue en la dación en pago cumple la misma función que el precio en la compraventa, es decir, que representa la contraprestación de la transmisión del bien. Por lo que el valor de transmisión

121. Resolución del TEAC de fecha 31 mayo de 2021 (JUR 2021, 178766), FJ 2.º.
122. STS de 13 febrero 1989 (RJ 1989, 831), entre otras.

debería coincidir con la cuantía de la obligación que se extingue, puesto que es el importe efectivamente satisfecho.

Además, el precepto incorpora un límite mínimo para el valor de transmisión, una previsión *ad cautelam* basada en la aplicación del valor de mercado (artículo 35.2 *in fine* de la LIRPF). El resultado es que el valor de transmisión utilizado para cuantificar la ganancia patrimonial derivada de la dación en pago nunca será inferior al valor de mercado del elemento transmitido, persuadiendo de estrategias para reducir de manera ficticia el valor de transmisión.

MATA SIERRA y GONZÁLEZ APARICIO[123] llegan a la misma regla de valoración por la vía de la aplicación a la dación en pago de la regla especial de valoración de la incorporación de bienes y de las ganancias patrimoniales no justificadas.

El TS[124] llega a una conclusión parecida aplicando la norma especial de valoración de las permutas del artículo 37.1. h) de la LIRPF, cuando afirma que:

> «El cálculo de la ganancia o pérdida patrimonial derivada de la dación en pago de un inmueble en cancelación del préstamo hipotecario pendiente se realizará por la diferencia entre el valor de adquisición del bien que se cede —en este caso el inmueble del deudor— y el valor de transmisión, determinado por el valor de la deuda que se extingue a cambio, conforme resulta del artículo 37.1 de la LIRPF, relativo a normas específicas de valoración (...)
>
> Por lo demás, este es el criterio que asume el informe de la Dirección General de Tributos de fecha 10 de mayo de 2012. Por lo tanto, si a afectos de IRPF (en el caso que no juegue la exención), la ganancia o pérdida patrimonial viene delimitada por la diferencia entre el valor de adquisición de la vivienda y el importe de la deuda cancelada (si es mayor que el valor de mercado de la vivienda en el momento de la dación en pago), la coherencia del sistema tributario refuerza la exégesis de que la base imponible del ITPyAJD, en su modalidad de TPO, deba calcularse también sobre el importe de esa misma deuda hipotecaria cancelada».

No compartimos este criterio basado en la aplicación de la regla especial de valoración establecida para la permuta, puesto que la dación en pago no es asimilable a ella. Precisamente por ese motivo, hemos propuesto la aplicación de la regla general de valoración del artículo 35.2 de la LIRPF.

La doctrina administrativa se ha decantado por vincular el valor de transmisión con el valor de mercado del elemento entregado. Los argumentos jurídicos empleados por la Administración han ido evolucionando a lo largo del

---

123. MATA SIERRA, M. T. y GONZÁLEZ APARICIO, M.: «La dación en pago en el contexto de crisis económica: problemática fiscal». *RCYT CEF*, núm. 392 (2015), pp. 5-42.

124. STS de 31 de enero de 2019 (RJ 2019, 483), FJ 4. En el mismo sentido, las SSTS de 19 de mayo de 2020 (RJ 2020, 1208) y STS de 7 de febrero de 2020 (ROJ: STS662/2019).

tiempo. Al principio, en el informe de la DGT de 10 de mayo de 2012 se parte de la norma aplicable a las permutas, afirmando que[125]:

> «Para el cálculo de la ganancia o pérdida patrimonial derivada de la dación en pago, se aplican las reglas previstas para la permuta de bienes o derechos, esto es, la ganancia o pérdida patrimonial se determina por diferencia entre el valor de adquisición del bien o derecho que se cede y el mayor de los dos siguientes:
>
> i) El valor de mercado del bien o derecho entregado.
>
> ii) o el valor de mercado del bien o derecho que se recibe a cambio».

En cambio, en las consultas de la DGT de 2018 y posteriores, se ha descartado la asimilación de la dación en pago y la permuta, con buen criterio. Actualmente, se recurre a la regla general del artículo 35 de la LIRPF. En este sentido, la DGT[126] afirma que «para el cálculo de la ganancia o pérdida patrimonial el valor de transmisión será el importe del crédito que se extingue, valor que coincidirá con el valor de mercado del inmueble entregado. Por otra parte, el valor de adquisición sería el determinado atendiendo a las reglas expuestas».

Es cierto que su interpretación de la LIRPF ha evolucionado, adecuando los argumentos jurídicos a las consideraciones de la doctrina *ius privatista* sobre la dación en pago. Valoramos positivamente que haya descartado la equiparación entre esta y la permuta, pero la consecuencia jurídica no nos parece la más ajustada al sentido de la normativa del Impuesto.

La Administración hace coincidir el importe del crédito con el valor de mercado del inmueble, lo cual, plantea varios interrogantes.

Si para el deudor el valor de transmisión es igual al importe del crédito que, a su vez, coincide con el valor de mercado del elemento transmitido, nos planteamos si es posible que encontremos supuestos en los que este axioma no se cumpla.

En el caso de que el valor de mercado sea superior al importe del crédito ¿este último sería irrelevante para la cuantificación de la renta del deudor? Y, en el caso de comprobación de la declaración del deudor ¿el montante de la deuda extinguida sería irrelevante a efectos fiscales? La respuesta lógica del criterio de la DGT sería afirmativa, ya que lo determinante es el valor de mercado del inmueble y no la suma adeudada.

125. LOBATO MARTÍN, L; MONEDERO ARANDILLA, J. L. y FERNÁNDEZ-PICAZO CALLEJO, J. L.: *Manual del Impuesto Sobre la Renta de las Personas Físicas*. Tirant lo Blanch. Valencia, 2014, p. 66.

126. Consultas vinculantes DGT de 18 junio 2018 (V1726-18 y V1728-18), así como, de 25 junio 2018 (V1859-18), p, 3.

Y en la situación contraria, es decir, si el valor de mercado es inferior al importe del crédito ¿el montante de la deuda extinguida sería irrelevante a efectos fiscales? La respuesta lógica, de acuerdo con el criterio de la DGT, sería afirmativa ya que lo determinante es el valor de mercado del inmueble, no la suma adeudada.

No estamos de acuerdo con la equiparación del valor de transmisión y el valor de mercado del elemento entregado que postula la DGT. La dación en pago es un negocio complejo y global, que afecta a diferentes elementos patrimoniales, por lo que no resulta adecuado para medir la capacidad económica real del deudor atender al valor de mercado del elemento entregado y dejar al margen el valor de la obligación que se extingue. Ello equivale a tener en cuenta exclusivamente la renta generada por la transmisión y obviar los efectos —ganancia o pérdida— que pueda generar la extinción del crédito.

Aunque nosotros consideramos que la ganancia patrimonial se debería cuantificar aplicando las reglas generales del artículo 35 de la LIRPF, probablemente ello va a plantear diversos problemas.

El primero que detectamos es la interdependencia entre diversas relaciones jurídicas para determinar la renta generada por la dación en pago. Este negocio tiene como presupuesto la existencia previa de una obligación que no puede ser cumplida en los términos pactados. El TS ha afirmado reiteradamente que el crédito que se extingue con la dación en pago tiene la función del precio en la compraventa. Por ello, interpretamos la referencia legal a «el importe efectivamente satisfecho» (artículo 35.2 *in fine* de la LIRPF) en el sentido de que el valor de transmisión es la cantidad adeudada o el importe del crédito que se extingue.

En el caso particular de la dación en pago realizada por una persona física que entrega el inmueble ofrecido como garantía real de un préstamo concedido por una entidad financiera, no podemos obviar la problemática en torno a la existencia de cláusulas abusivas[127] en estos contratos, puesto que la cuantificación de la ganancia patrimonial del deudor se lleva a cabo partiendo de la cuantía del crédito y la mayoría de las cláusulas abusivas implican el incremento de la cuantía del crédito. Esta situación puede ser corregida por la aplicación de la

127. En la actualidad se acepta la aplicación de las normas comunitarias que garantizan la posición de los consumidores a los contratos de préstamo hipotecario, incluso a los que se encuentran en ejecución judicial. La mayoría de las cláusulas abusivas implican el incremento de la cuantía del crédito del acreedor. Entre otras, se han declarado abusivas las referidas a las comisiones de apertura, a la cláusula suelo en los intereses remuneratorios, a los intereses moratorios abusivos, a los gastos e impuestos de formalización de la hipoteca y a la aplicación del IRPH. En tercer lugar, la consecuencia es que estas cláusulas son declaradas nulas y quedan sin efecto, en este sentido, LYCZKOWSKA, K.: «Los intereses en los contratos de préstamo y las normas que rigen su licitud». *Revista CESCO de Derecho de Consumo*, núm. 5, 2013, p. 108: La normativa comunitaria conlleva que «los jueces nacionales únicamente

exención específica para la dación en pago de la vivienda habitual de deudores sin recursos que ya hemos comentado.

El segundo problema es que no existe una norma jurídica de Derecho privado que garantice la equivalencia entre las prestaciones del *solvens* y del *accipiens*, salvo en la dación de bienes del Patrimonio Histórico Español en pago de deuda tributaria. El TRLC establece ciertas reglas para garantizar que ningún acreedor reciba un bien o derecho en pago cuyo valor sea superior al importe de su crédito, pero no al contrario. La consecuencia de ello es que existe bastante dificultad a la hora de identificar si la operación ha generado alguna renta y quién la obtiene.

Dado que no es un presupuesto o requisito la equivalencia entre la prestación originaria y la nueva prestación pactada, cualquiera de las dos partes —*solvens* o *accipiens*— puede obtener una renta con la dación en pago. Aquí entra en juego el principio de autonomía de las partes, de tal manera que, dependiendo de la habilidad negociadora, del patrimonio del deudor y de la posición de poder fáctico o económico de las partes, la dación en pago puede generar una renta o beneficio en cualquiera de ellas. Incluso puede darse el caso de que no se genere renta alguna.

Creemos que la premisa para saber si se existe renta debería tener en cuenta el valor de las prestaciones acordadas en la relación jurídica originaria y el valor de mercado del elemento patrimonial entregado. Así, para el deudor habría que comparar, por un lado, el importe de la deuda que se extingue con el valor de mercado del elemento y, por otro lado, el valor de adquisición del elemento entregado y su valor de mercado. En cambio, para el acreedor, la comparación se establecería entre el valor de mercado del elemento recibido y el importe de la deuda que se cancela. En consecuencia, si el valor de mercado, el valor de la deuda y el valor de adquisición coinciden, no se genera renta en la operación.

Siguiendo este planteamiento, el deudor obtendría una renta si el importe de la deuda que se extingue fuese superior al valor de adquisición del elemento patrimonial entregado a cambio. Aquí, las suspicacias pueden venir del hecho de que se haya falseado el cálculo del importe de la obligación que se cancela[128], pero la Administración está facultada para comprobar e inspeccionar al contribuyente. Se trataría de una cuestión de prueba. Este problema no se plantearía cuando la determinación de la deuda se hubiera realizado en un procedi-

---

[van] a dejar sin aplicación la cláusula abusiva, pero no permite la modificación de su contenido, su integración o su sustitución. En consecuencia, el contrato debe subsistir en la medida en que, en virtud de las normas del Derecho interno, tal persistencia del contrato sea jurídicamente factible (...) Si el juez nacional entra a evaluar la cláusula del interés, ya sea remuneratorio o moratorio, la aplicación de la doctrina de la STJUE de 14 de junio 2012 conlleva la ineficacia total de la cláusula en el caso de su abusividad».

128. Una práctica bancaria consiste en valorar el inmueble y, si fuera necesario, reducir la deuda para que no supere dicho valor.

miento judicial, que es lo que acontece en los casos de adjudicación (considerada también dación en pago legal o necesaria). En cambio, si se aplica el límite mínimo que hace coincidir el valor de transmisión con el valor de mercado solo para la entrega del elemento patrimonial, se puede generar una renta ficticia o inexistente en el deudor puesto que este no recibe más contraprestación que la extinción de la deuda. Esta disfunción se corrige aplicando el valor de mercado a los dos elementos, como se cuantifica el resultado en el IS[129].

La dación en pago presenta unos rasgos particulares cuando se trata de la entrega del bien inmueble hipotecado para la extinción del préstamo que sirvió para financiar la adquisición.

El préstamo hipotecario está diseñado para obtener una suma que no supere el 80% del valor de tasación. Si la cantidad prestada se utilizó para financiar la adquisición del inmueble hipotecado y se ha cumplido la premisa anterior, es sencillo que el valor de adquisición sea superior al importe de la deuda que se cancela, salvo un incumplimiento reiterado de la obligación de devolución desde los primeros plazos o la existencia de intereses abusivos o una sobrevaloración del bien en la tasación.

Los parámetros de comparación para identificar si el *accipiens* ha obtenido alguna renta con la dación en pago serían el valor de mercado del elemento patrimonial que recibe y el importe de su crédito[130]. Aquí sí debería entrar en juego el valor de mercado del elemento patrimonial ya que, si esta diferencia es positiva, recibe más de lo que se pactó inicialmente, es decir, implícitamente se está compensando al acreedor de los perjuicios causados por el incumplimiento del *solvens*. En cambio, si la diferencia es negativa, el acreedor está recibiendo una contraprestación inferior a la que pactó originariamente, materializando una pérdida patrimonial.

Está claro que el importe de la deuda que se extingue es una constante en la ecuación ya que, al ser el préstamo de una suma de dinero, se parte de una cantidad objetiva y determinada (aunque luego sea necesario añadir los conceptos accesorios). Pero el valor del elemento transmitido no tiene esas cualidades, ya que para el deudor tiene un valor (el importe por el que fue adquirido) y para el acreedor tendrá un valor distinto (representado por el valor de mercado en el momento de la celebración de la dación en pago). Si el valor de mercado del elemento patrimonial es superior a la deuda preexistente, esa riqueza va a parar a manos del acreedor. No obstante, el acreedor recibe una contraprestación distinta a la que había pactado, en el caso de los inmuebles, con el problema añadido de que se trata de bienes ilíquidos con unos costes de transmisión altos. Hacerle tributar por el valor de mercado del elemento incrementará su valor

129. *Vid*. apartado 5.3 del capítulo siguiente.

130. En este sentido, MATA SIERRA, M. T. y GONZÁLEZ APARICIO, M.: «La dación en pago...», *op. cit*.

fiscal, lo que tendrá relevancia, básicamente, en el momento en que esos elementos sean transmitidos de nuevo. Este planteamiento pone de manifiesto la interdependencia entre la prestación originaria y la nueva prestación pactada, al igual que plasma el alcance del resultado de la operación en términos económicos.

En nuestra opinión, el valor de mercado no es expresivo de la renta obtenida por el deudor ya que su único beneficio es la extinción de la deuda originaria, en contra de lo que afirma ROMERO FLOR[131]. Esta situación se ha producido en los años previos a la crisis económica, cuando el valor de los inmuebles se incrementaba a gran velocidad y las tasaciones reflejaban, al menos en parte, ese incremento del valor futuro. También cuando se ha recurrido a un préstamo puente garantizado con una hipoteca sobre una vivienda destinada a la venta, que financiaba la adquisición de otro inmueble, puesto que en este caso la entidad financiera estaba anticipando el valor de transmisión que se esperaba obtener con la enajenación de la vivienda. Por último, si el deudor no declaró el precio de adquisición efectivamente satisfecho cuando adquirió el inmueble que luego entregó en pago, también se va a poner de manifiesto una renta por la diferencia entre el montante de la deuda que se extingue y el valor de adquisición del elemento entregado al acreedor.

Se ha llegado a hablar de una dación en pago «estratégica», entendida como aquella realizada por un contribuyente solvente, movido por el ánimo de beneficiarse de la caída de los precios de los inmuebles en el mercado. En esta operación el deudor persigue el objetivo de entregar el inmueble hipotecado para cancelar su deuda —así traslada, en parte, el riesgo de la inversión inmobiliaria a la entidad financiera— y recuperar su capacidad de endeudamiento. En estas operaciones el deudor juega con la posibilidad de realizar nuevas inversiones en otro tipo de activos o incluso, de adquirir otro inmueble por un precio más bajo. Pues bien, incluso en este caso, el valor de mercado no es expresivo de la renta obtenida por el deudor[132].

Una conclusión es clara, la dación en pago es «la solución menos mala» en contextos de iliquidez, dado que permite al deudor maximizar el valor del bien, evitando los costes de ejecución. Ahora bien, el resultado o la riqueza generada por el posible incremento del valor de mercado del elemento patrimonial entregado solo beneficia al *solvens* en el caso de que se le permita extinguir una mayor

131. ROMERO FLOR, L. M.: «La dación en pago, un mal menor. Tratamiento fiscal de la dación en pago». *Revista CESCO de Derecho de Consumo*, núm. 4 (2012).

132. Supongamos que se ha adquirido un inmueble por un precio de 100, con una financiación del 100% y que, en el momento de celebrar la dación en pago, el montante de la deuda viva son 95 y el valor de mercado es 80. La cuantificación de la renta del deudor sería 95-100, lo que arroja una pérdida de 5. Sin embargo, si atendemos al valor de mercado sería 80-100, lo que arroja una pérdida aun mayor (20). Queda demostrado que su único beneficio proviene de la extinción de la deuda originaria.

cantidad de deuda con el acreedor, puesto que esa es la única contraprestación que percibe por la dación en pago.

4.7. LA ESPECIAL REFERENCIA A LOS GARANTES Y AL PAGO POR TERCERO

4.7.1. LA DACIÓN EN PAGO REALIZADA POR UN GARANTE

Se puede dar el caso de que la dación en pago se celebre entre el acreedor y el garante del deudor, tanto si se ofreció una garantía personal, como si se constituyó una garantía real sobre un bien que no era propiedad del deudor. Así, nos encontramos que la transmisión del bien no la realiza el prestatario sino una tercera persona que se brindó a garantizar el crédito, por lo que, la deuda no se extingue para el deudor principal.

En este caso, desde la perspectiva del garante, hay que analizar, en primer lugar, la tributación de la renta generada por la dación en pago y, en segundo lugar, la tributación que corresponde al derecho que el garante ostenta frente al deudor principal.

Respecto a la primera, no hay ninguna particularidad. Al igual que la dación en pago celebrada por el deudor principal, si el garante reúne los requisitos, podrá beneficiarse de las exenciones ya comentadas. Tampoco hay diferencias en cuanto a las normas de cuantificación ni respecto a la consideración como renta del ahorro.

Respecto a la segunda, si el deudor principal no ha satisfecho su deuda, hasta el punto de que el acreedor ha optado por ejecutar la garantía, es poco probable que el *solvens* consiga resarcirse del primero. Lo cual nos situaría ante la existencia de una posible pérdida patrimonial. Ahora bien, la DGT [133] ha afirmado que «el referido pago realizado por el consultante en su condición de garante no constituye de forma automática una pérdida patrimonial, pues en principio se configura como un derecho de crédito (por el importe de la deuda pagada) que el consultante tiene contra la sociedad prestataria».

Esta pérdida patrimonial, que no procede de una transmisión de elementos patrimoniales de acuerdo con los artículos 45 y 46 de la LIRPF, constituye renta general. Lo cual es muy interesante para el garante puesto que podría suponer una reducción en el tipo gravamen aplicado, que es progresivo.

El contribuyente puede aprovechar dicha pérdida patrimonial para compensarla con otras ganancias del mismo tipo. Si el resultado fuese un saldo negativo, se compensará con el saldo positivo que arroje la integración de los rendimientos y las imputaciones de renta obtenidas en el mismo período impositivo, con el

133. Consulta vinculante de la DGT de 30 de mayo de 2019 (V1228-19), p. 5.

límite del 25 por ciento de dicho saldo positivo. Y, si tras la compensación efectuada en el ese periodo impositivo no se hubiera agotado la pérdida patrimonial, su importe se compensará en los cuatro ejercicios siguientes.

La regla de imputación temporal de este tipo de pérdidas patrimoniales, prevista en la letra k) del artículo 14.2 de la LIRPF, limita la posibilidad de compensación al introducir nuevos requisitos. El precepto establece que:

> «Las pérdidas patrimoniales derivadas de créditos vencidos y no cobrados podrán imputarse al período impositivo en que concurra alguna de las siguientes circunstancias:
>
> 1.º Que adquiera eficacia una quita establecida en un acuerdo de refinanciación judicialmente homologable a los que se refiere el artículo 71 bis y la disposición adicional cuarta de la Ley 22/2003, de 9 de julio, Concursal, o en un acuerdo extrajudicial de pagos a los cuales se refiere el Título X de la misma Ley.
>
> 2.º Que, encontrándose el deudor en situación de concurso, adquiera eficacia el convenio en el que se acuerde una quita en el importe del crédito conforme a lo dispuesto en el artículo 133 de la Ley 22/2003, de 9 de julio, Concursal, en cuyo caso la pérdida se computará por la cuantía de la quita.
>
> En otro caso, que concluya el procedimiento concursal sin que se hubiera satisfecho el crédito salvo cuando se acuerde la conclusión del concurso por las causas a las que se refieren los apartados 1.º, 4.º y 5.º del artículo 176 de la Ley 22/2003, de 9 de julio, Concursal.
>
> 3.º Que se cumpla el plazo de un año desde el inicio del procedimiento judicial distinto de los de concurso que tenga por objeto la ejecución del crédito sin que este haya sido satisfecho.
>
> Cuando el crédito fuera cobrado con posterioridad al cómputo de la pérdida patrimonial a que se refiere esta letra k), se imputará una ganancia patrimonial por el importe cobrado en el período impositivo en que se produzca dicho cobro».

En primer lugar, hay que indicar que no se han actualizado las remisiones normativas al TRLC, aunque este precepto ha sido modificado en dos ocasiones después de la aprobación del TRLC.

En segundo lugar, la DGT hace hincapié en el cumplimiento de los requisitos establecidos en el precepto citado. Así, afirma que el garante «podría computar una pérdida patrimonial en el caso de que llegue a transcurrir un año desde el inicio de un procedimiento judicial, distinto del concurso, que tenga por objeto la ejecución del crédito sin que este haya sido satisfecho» [134].

En nuestro entorno, es habitual que este tipo de garantías sean prestadas por familiares cercanos y cumplir los requisitos necesarios para conseguir el

134. *Ibidem*, p. 6.

reconocimiento de una pérdida patrimonial resulta complicado[135]. Desde una perspectiva estrictamente pragmática, sería muy conveniente que los propios deudores o los garantes dieran los pasos necesarios para cumplir los requisitos, aunque el deudor sea un familiar cercano. En nuestra opinión, estas condiciones van a suponer que el garante no pueda deducir la pérdida patrimonial y, por ende, no va a tributar en el IRPF de acuerdo con su verdadera capacidad económica.

4.7.2. LA DACIÓN EN PAGO REALIZADA POR UN TERCERO AJENO A LA RELACIÓN JURÍDICA ORIGINARIA

Es posible que la dación en pago sea formalizada entre un tercero y el acreedor, puesto que la doctrina civilista no ha descartado que la operación sea formalizada por un tercero que acuerda con el acreedor la dación en pago de una deuda ajena.

En este supuesto, de acuerdo con lo preceptuado en el artículo 1210 CC, el transmitente se subroga en la posición del acreedor respecto al deudor, por tanto, el derecho de crédito no se extingue con la dación en pago, solo cambia el acreedor.

Desde el punto de vista fiscal, la situación del *solvens* es similar a la descrita en el apartado anterior. Así, en cuanto a la pérdida patrimonial que el pago de una deuda ajena pueda representar, no se va a considerar una renta inmediatamente. Es más, si el *solvens* decide condonar la deuda, se considerará una liberalidad que, a efectos tributarios, no genera una pérdida patrimonial deducible, por aplicación del artículo 33.5.d) de la LIRPF.

4.8. LA CUANTIFICACIÓN DE LOS RENDIMIENTOS DE ACTIVIDADES ECONÓMICAS DERIVADOS DE LA DACIÓN EN PAGO

La dación en pago realizada por un contribuyente que sea empresario y que suponga la entrega de existencias generará rendimientos de la actividad económica.

Cuando estas rentas se cuantifiquen en estimación directa, se aplicarán las normas del IS que vamos a tratar en el siguiente capítulo, al cual nos remitimos para evitar duplicidades.

135. PALADINI BRACHO, I.: «*La tributación de la dación en pago en cuanto situación...*» *op. cit.*, p. 437: «el cumplimiento de este requisito en operaciones realizadas entre familiares obligaría al inicio de procedimientos judiciales de reclamación de deuda o de declaraciones de concurso promovidos por familiares cercanos, lo cual consideramos poco ajustado al concepto de relación familiar de nuestro entorno. No obstante, desde un punto de vista técnico, podría ser una sana práctica jurídica».

5

La cuantificación del resultado contable de la dación en pago y su tributación en el Impuesto sobre Sociedades

En este capítulo vamos a analizar la tributación de la dación en pago celebrada por un deudor que sea contribuyente del IS. Al igual que en el IRPF, nos centraremos en la dación en pago en sentido estricto que se caracteriza porque la nueva prestación pactada consiste en la transmisión de la plena propiedad de un activo del deudor.

Este negocio puede celebrarse en diversos supuestos. En primer lugar, la dación de bienes del Patrimonio Histórico Español en pago de deudas tributarias, que tiene unos beneficios fiscales propios.

En segundo lugar, la dación en pago celebrada en el marco de un plan de reestructuración preconcursal, que solo será posible cuando el deudor realice actividades económicas, por lo que descartamos que pueda ser realizada por entidades patrimoniales[1].

En tercer lugar, la dación en pago celebrada cuando el deudor haya sido declarado en concurso de acreedores. En este contexto, tendremos que analizar las normas contables específicas relativas a la aprobación de un convenio de acreedores, que afectará tanto el resultado de la operación como al ejercicio en el que se produce el devengo.

En cuarto lugar, la dación en pago celebrada al amparo de la autonomía de la voluntad.

1. La LIS diferencia entre aquellas empresas que realizan una actividad económica y las entidades patrimoniales (artículo 5 de la LIS). Así, como explica MALVÁREZ PASCUAL, L. A.: «El Impuesto sobre Sociedades», *op. cit.*, p. 196, se modula la tributación de las segundas a través de «la imposibilidad de aplicar determinadas ventajas fiscales». Se ha definido la «actividad económica» siguiendo el concepto clásico de «la ordenación por cuenta propia de los medios de producción y de recursos humanos o de uno de ambos con la finalidad de intervenir en la producción o distribución de bienes o servicios» (artículo 5.1 de la LIS). Esta definición legal se completa con dos reglas especiales. La primera de ellas, la que tiene relevancia para nosotros, se aplica a las empresas dedicadas a la actividad de arrendamiento de inmuebles ya que es uno de los sectores en los que se ha recurrido a la dación en pago. Para que se considere que la empresa realiza una «actividad económica» se ha de cumplir un requisito *sine qua non*, esto es que «para su ordenación se utilice, al menos, una persona empleada con contrato laboral y jornada completa» (artículo 5.1, segundo párrafo de la LIS). No obstante, ya hemos comentado en el apartado 5.5.3. que la STS de 28 de octubre de 2010 (RJ 2010, 5587) ha criticado este requisito indicado que lo relevante es la ordenación por cuenta propia de los medios necesarios para desarrollar la actividad empresarial. La segunda establece la definición legal de entidad patrimonial. El artículo 5.2 de la LIS dispone que «se entenderá por entidad patrimonial y que, por tanto, no realiza una actividad económica, aquella en la que más de la mitad de su activo esté constituido por valores o no esté afecto, en los términos del apartado anterior, a una actividad económica». Para ello, se valorarán los elementos patrimoniales atendiendo a «la media de los balances trimestrales del ejercicio de la entidad» (artículo 5.2 de la LIS) y se excluirán del cálculo el dinero o los derechos de crédito procedentes de la transmisión de elementos patrimoniales afectos a actividades económicas o de ciertos valores, siempre que la enajenación se haya realizado en el periodo impositivo o en los dos periodos impositivos anteriores (artículo 5.2 de la LIS).

En líneas generales, la LIS ha prescindido de regular la dación en pago, por lo que son muy relevantes para la fiscalidad las normas reguladoras de la determinación del resultado contable de la dación en pago. En este capítulo vamos a detenernos en el examen de las normas contables de registro y valoración aplicables a esta operación, puesto que de ellas dependerá la renta sometida a gravamen por el IS.

Resulta trascendente analizar las reglas de valoración de los elementos patrimoniales afectados. En primer lugar, del pasivo financiero, puesto que cabe la posibilidad de que existan diferencias entre los criterios contables seguidos para valorar el pasivo y el resultado de la liquidación de la deuda en el momento de la celebración de la dación en pago.

En segundo lugar, hemos de analizar las reglas de valoración del activo transmitido. Hay que indicar que lo más habitual es que en la sociedad transmitente el elemento entregado haya sido un activo no corriente, en concreto, un inmovilizado o una inversión inmobiliaria. Ahora bien, no hay que descartar que el activo entregado haya formado parte de las existencias y, en ese caso, la repercusión contable de la operación es distinta.

Para terminar, se comentará la situación particular de la dación en pago parcial, así como las peculiaridades de las entidades que aplican las adaptaciones del PGC a las empresas inmobiliarias y a las empresas constructoras.

5.1. LAS EXENCIONES APLICABLES A LA RENTA GENERADA POR LA DACIÓN EN PAGO

Las exenciones reguladas en el artículo 9 de la LIS son subjetivas y ninguna de ellas se refiere específicamente a la dación en pago. No obstante, hay que analizar si a la operación que estudiamos le resulta de aplicación alguna exención general prevista para la transmisión onerosa por el tipo de activo entregado en pago o por la condición del sujeto que la celebra.

Por un lado, las entidades parcialmente exentas del artículo 9.3 de la LIS aplican el régimen especial regulado en el capítulo XIV del Título VII de la LIS (artículos 109 a 111). Una de las particularidades de este es que quedan exentas las rentas «que se pongan de manifiesto en la transmisión onerosa de bienes afectos a la realización del objeto o finalidad específica»[2] de la entidad, a condición de que se reinvierta el precio total obtenido en los términos descritos en el artículo 110.1.c) de la LIS.

La Administración[3] ha identificado los requisitos establecidos en el artículo 110.1.c) de la LIS, señalando que:

2. Artículo 110.1.c) de la LIS.
3. Consulta vinculante de la DGT de fecha 14 de agosto de 2019 (JUR 2019, 278566).

«Para que la renta que se ponga de manifiesto en la transmisión de elementos afectos a la realización del objeto o finalidad específica quede exenta, deberán cumplirse los siguientes requisitos:

– La renta ha de ponerse de manifiesto exclusivamente mediante una transmisión onerosa.

– Los bienes transmitidos deben estar afectos a la realización del objeto o finalidad específica de la entidad.

– El total del producto obtenido debe destinarse a nuevas inversiones en elementos de inmovilizado relacionados con el objeto o finalidad específica de la entidad.

– La nueva inversión deberá realizarse dentro del año comprendido entre el año anterior a la fecha de entrega o puesta a disposición del elemento patrimonial y los 3 años posteriores.

– La nueva inversión deberá mantenerse en el patrimonio de la entidad durante 7 años, excepto que su vida útil conforme al método de amortización, de los admitidos en el artículo 12.1 de la LIS, que se aplique fuere inferior».

La dación en pago es una transmisión onerosa, pero en esta operación no se cumple el requisito de la reinversión. En este sentido, la DGT[4] ha negado la exención de la renta obtenida por la dación en pago de un solar edificable porque no parece que «el total del producto obtenido en la trasmisión se vaya a destinar en los plazos previstos a realizar nuevas inversiones en elementos de inmovilizado relacionados con el objeto de o finalidad específica de la entidad consultante, puesto que su destino será la cancelación de las deudas contraídas»[5].

Por otro lado, las rentas positivas obtenidas por la dación en pago de los inmuebles adquiridos entre mayo y diciembre de 2012 quedarán parcialmente exentas. La disposición final primera del RDL 18/2012 modificó el Real Decreto Legislativo 4/2004, añadiendo la exención de rentas derivadas de la transmisión de determinados inmuebles, que fue incorporada a la Ley reguladora del Impuesto entonces vigente, como la Disposición adicional decimosexta. Este beneficio fiscal se encuentra actualmente regulado en la Disposición adicional sexta de la LIS.

Los requisitos para que resulte aplicable la exención son compatibles con la dación en pago:

i. Que mediante la operación realizada se produzca la transmisión de la propiedad.

4. *Ibidem.*
5. *Ibidem.*

ii. Que el objeto transmitido sea un bien inmueble que cumpla todos los requisitos siguientes:
   a. Que sea de naturaleza urbana.
   b. Que se encuentre registrado entre los activos no corrientes o los activos no corrientes mantenidos para la venta.
   c. Que hubiera sido adquirido a título oneroso entre el 12 de mayo y el 31 de diciembre de 2012.

iii. No quedan exentas las operaciones si la adquisición o la transmisión del bien ha sido realizada con una entidad del mismo grupo o con la persona que ostente en control de la contribuyente o con un familiar que reúna los lazos de parentesco descritos en el precepto.

La DGT[6] considera que el inmueble adquirido mediante la dación en pago en este periodo abre la puerta a la aplicación de esta exención. El argumento esgrimido es que «esta dación en pago constituye una adquisición a título oneroso, y, por tanto, la transmisión de las viviendas adjudicadas podría acogerse a la exención prevista en la disposición adicional primera del mencionado Real Decreto-Ley siempre y cuando se cumplan todos y cada uno de los requisitos allí establecidos».

La Administración admite que la dación en pago es un negocio traslativo del dominio[7], por lo que creemos que la renta obtenida por el deudor que entrega un bien inmueble que reúne todas las condiciones descritas para extinguir una deuda, también debería quedar exenta de tributación por el IS.

Hemos analizados las exenciones aplicables a la dación en pago, que destacan por su escasez, por lo que, es necesario estudiar la cuantificación de la base imponible del IS.

5.2. EL REFLEJO EN LA BASE IMPONIBLE DEL IS DE LA DACIÓN EN PAGO

La estimación directa es el método generalizado[8] para la determinación de la base imponible en el IS. Este método de cuantificación parte del resultado contable, sobre el que se realizan los ajustes o las correcciones que procedan

6. Consulta vinculante de la DGT de 29 de julio de 2013 (JUR 2013, 309401).
7. Entre otras, la consulta vinculante de la DGT de fecha 14 de agosto de 2019 (JUR 2019, 278566).
8. MALVÁREZ PASCUAL, L.: «El Impuesto sobre...», *op. cit.*, p. 191: «El método de estimación objetiva solo está previsto en el régimen especial de entidades navieras en función del tonelaje», MALVÁREZ PASCUAL, L. A.: «La base imponible: cuestiones generales», en UCELAY SANZ, I, LÓPEZ RODRÍGUEZ, J., MALVÁREZ PASCUAL, L. A. y MARTÍN ZAMORA, M. P.: *Impuesto sobre Sociedades 2002.Comentarios y casos prácticos*. Centro de

de acuerdo con lo preceptuado en la LIS. Posteriormente, se compensan las bases imponibles negativas pendientes de ejercicios anteriores.

El primer elemento de la base imponible es el resultado contable, es decir, el saldo de la cuenta de pérdidas y ganancias del ejercicio. Así, la LIS realiza una «remisión genérica a las normas contables»[9], permitiendo su eficacia a efectos fiscales. El segundo elemento son los ajustes que corrigen el resultado contable para que los ingresos y gastos del ejercicio se ajusten a las disposiciones de la LIS.

Uno de nuestros primeros hallazgos es que la LIS no ha previsto cuál ha de ser el reflejo en la base imponible de la dación en pago, por ello, las normas contables adoptan el máximo protagonismo[10]. En especial, la Resolución del ICAC de fecha 1 de marzo de 2013, que sienta las bases del registro contable de la dación en pago y las normas de valoración básicas a seguir, sin que quede a la empresa margen de decisión ni vacío o incertidumbre posible[11].

Teniendo en cuenta que el PGC ha establecido el principio de preferencia del fondo sobre la forma, MALVÁREZ PASCUAL y MARTÍN ZAMORA advierten de que su aplicación, desde el punto de vista fiscal, «podría desembocar en

Estudios Financieros, Madrid, 2002. También BAS SORIA, J. M.: «Artículo 10. Concepto...», *op. cit.*, p. 134, afirma que la estimación directa «es el método general de determinación de la base imponible».

9. MALVÁREZ PASCUAL, L.: «El Impuesto sobre...», *op. cit.*, p. 192. En el mismo sentido se pronuncia el autor desde 2002 en MALVÁREZ PASCUAL, L. A.: «La base imponible...», *op. cit.*, pp. 46 y 47: «el legislador ha eludido el establecimiento de una normativa fiscal que regule de forma completa y sistemática la totalidad de los componentes positivos y negativos de la base imponible (...) se produce una remisión genérica a las normas contables, regulándose tan solo aquellos aspectos en los que se considera necesario establecer *efectos diferentes* a los previstos por las normas contables o *superar la insuficiencia* de las mismas. De ahí que se pueda decir que el núcleo esencial de la base imponible se regula en el vigente impuesto a través de normas de naturaleza mercantil (...) el legislador ha considerado aplicable en el ámbito fiscal la normativa contable en aquellos puntos en los que ha establecido que es adecuada a la naturaleza y a los principios que han de regir el impuesto».

10. MALVÁREZ PASCUAL, L. A. y MARTÍN ZAMORA, P.: «La calificación contable y fiscal de una operación de equity swap combinada con una ampliación de capital. La recalificación a efectos fiscales de una operación no regulada en la LIS: análisis de la SAN de 23 de diciembre de 2019, rec. núm. 456/2016». Revista de contabilidad y tributación: Comentarios, casos prácticos. Centro de Estudios Financieros, núm. 451, 2020, han indicado que, de acuerdo con el artículo 10.3 de la LIS, «su consideración a efectos del IS se establece por las normas contables» (p. 152). Los autores afirman que «la calificación correcta de esta operación ha de ser realizada en aplicación de los principios y normas contables, debiendo ser aceptada la conclusión a la que se llegue en dicho ámbito a efectos del IS» (p. 153).

11. De acuerdo con la disposición final primera de la Ley 16/2007, estas resoluciones son «normas de obligado cumplimiento». Aunque resultan difícilmente incardinables en el sistema de fuentes del Derecho, BAS SORIA, J. M.: «Artículo 10. Concepto y determinación de la base imponible» en Sánchez Pedroche, J. A. (Dir.): *Comentarios a la Ley del Impuesto sobre Sociedades y su normativa reglamentaria.* Tirant lo Blanch. Valencia, 2017, p. 146 ha destacado que «el alcance natural de las mismas» es «el tratamiento de los casos particulares de operaciones que una norma de carácter general como es el Plan no puede contemplar».

dos consecuencias prohibidas por el derecho tributario»[12]. Estas consecuencias serían la interpretación económica en la calificación de las operaciones realizadas y la analogía referida al hecho imponible del IS.

La calificación de las operaciones gravadas de acuerdo con la interpretación económica chocaría frontalmente con el artículo 13 de la LGT, ya que este precepto establece que la calificación de las operaciones sujetas a gravamen se realiza atendiendo la naturaleza jurídica.

El registro contable de la operación dejará constancia de la extinción de la obligación del *solvens,* y de la transmisión del activo entregado. Es decir, la contabilidad reflejará la reducción del pasivo y la baja del activo del deudor. La posibilidad de que existan diferencias entre el valor del pasivo y del activo es alta. Por ello, esta operación puede dar lugar a un resultado en la cuenta de pérdidas y ganancias que, como sabemos, es el punto de partida para la cuantificación de la base imponible del IS. En consecuencia, el deudor integra en la base imponible del IS la renta real que, en su caso, haya generado la dación en pago.

A su vez, del análisis jurídico de la dación en pago, hemos concluido que tiene identidad propia y su naturaleza jurídica se corresponde con la de un medio de pago. Por ello, en este negocio las partes acuerdan la extinción de una obligación preexistente a cambio de la entrega de un activo del deudor. Es característico de este acuerdo el doble efecto extintivo y traslativo del dominio. Además, son elementos diferenciadores de la dación en pago la existencia de una obligación asumida con anterioridad y la concurrencia del consentimiento del acreedor que acepta una nueva prestación a título de pago (*aliud pro alio*). En conclusión, la calificación atendiendo a los principios contables es respetuosa con la que resulta del análisis de su naturaleza jurídica.

Ahora bien, no podemos decir lo mismo de la dación para el pago. De acuerdo con la Resolución del ICAC de 1 de marzo de 2013, el tratamiento contable no diferencia entre la dación en pago y para el pago, es decir, en ambos casos causarán baja el activo y el pasivo como consecuencia de la *datio*. La preeminencia del fondo económico de la transacción determina que la cuestión relevante sea la liquidación total o parcial de una deuda mediante la entrega de un activo no monetario, con independencia de su configuración jurídica.

12. MALVÁREZ PASCUAL, L. A. y MARTÍN ZAMORA, P.: «La calificación contable y fiscal...», *op. cit.*, p. 157: «el principio de preferencia del fondo sobre la forma (...) posibilitaría establecer las consecuencias tributarias de una operación en función de la realidad que subyace tras la misma. Esto conduciría a la recalificación de una operación cuando la formalidad jurídica empleada no coincida con su sustancia económica, de tal forma que un hecho u acto se podría calificar en función de los resultados económicos que produzca. Por ello, resulta necesario un precepto que clarifique este marco de relaciones» en aras de la seguridad jurídica.

Sin embargo, desde el punto de vista jurídico, la dación para el pago se caracteriza por el efecto *pro solvendo*. Es decir, no despliega efectos traslativos inmediatos —puesto que otorga a los acreedores la facultad de realización del bien con «la finalidad de que con el valor que obtengan puedan satisfacer sus respectivos créditos en la medida de lo posible» [13]— y los efectos extintivos, suelen depender del resultado de la realización de los bienes, aunque nada obsta que se pacten plenos efectos satisfactivos del crédito. En cualquier caso, la empresa va a registrar contablemente la baja de estos elementos porque, desde el momento en que se produce su entrega, cesa la posibilidad de obtener rendimientos económicos de los mismos en el futuro. En el supuesto de la dación para el pago, teniendo en cuenta que el bien sale del control de la empresa cuando los entrega al acreedor para que proceda a su enajenación, la operación se registrará contablemente cuando sea posible determinar con fiabilidad el alcance de los efectos extintivos. Esto supone que podría darse el caso de que la empresa tuviese que tributar en el momento de la entrega del bien al acreedor, con independencia de que la transmisión de la propiedad se produzca posteriormente y a favor de un tercero.

En resumen, la calificación atendiendo a los principios contables es respetuosa con la que resulta del análisis de su naturaleza jurídica. En el siguiente apartado continuaremos analizando el registro contable, en concreto, el reflejo de la operación en la cuenta de pérdidas y ganancias.

5.3. LA CUANTIFICACIÓN DEL RESULTADO CONTABLE DE LA DACIÓN EN PAGO

La dación en pago supone dar de baja un pasivo financiero y el activo transmitido. Por tanto, cuando no exista igualdad o equivalencia entre los valores de estos elementos, se reconocerá un resultado contable. El ICAC ha resuelto que es necesario diferenciar el resultado financiero y el resultado de explotación. Para cuantificar cada uno de ellos, se utiliza el valor razonable del elemento transmitido. De esta manera, en la cuenta de pérdidas y ganancias queda reflejado el resultado de integrar el componente financiero y el componente asociado a la actividad económica de la empresa propiamente dicho.

5.3.1. LA CUANTIFICACIÓN DEL RESULTADO CONTABLE DE LA DACIÓN EN PAGO CUANDO SE HA TRANSMITIDO UN ELEMENTO DEL INMOVILIZADO MATERIAL O UNA INVERSIÓN INMOBILIARIA

Cuando el elemento que transmite la entidad deudora figure en el inmovilizado no financiero de su contabilidad, el registro contable de la dación en pago se ajustará a lo que disponen la Resolución del ICAC de 1 de marzo de 2013

13. BELINCHÓN ROMO, M. R.: *La dación en pago...*, *op. cit.*, pp. 136.

(apartado 2.5 de la Norma Cuarta) y la consulta del ICAC núm. 2 del BOICAC núm. 94 de junio de 2013. Por ello, el registro contable de la dación en pago produce dos resultados distintos.

Por un lado, un resultado de la explotación «por la diferencia entre el valor razonable del inmovilizado entregado y su valor en libros»[14], que se registra en una cuenta del subgrupo (67) Pérdidas procedentes de activos no corrientes y gastos excepcionales, o en una cuenta del subgrupo (77) Beneficios procedentes de activos no corrientes e ingresos excepcionales, según proceda.

Y, por otro lado, un resultado financiero, «por la diferencia ente el valor en libros del pasivo financiero que se cancela y el valor razonable del inmovilizado que se entrega»[15], que queda registrado en una cuenta del subgrupo (66) Gastos financieros o en una cuenta del subgrupo (76) Ingresos financieros, según corresponda.

Baja del activo: valor razonable – valor contable del activo = Rdo. de explotación
Baja del pasivo: valor contable del pasivo – valor razonable del bien = Rdo. financiero

Desde el punto de vista del Pasivo, cuando se da de baja, se saldan las cuentas en las que han sido contabilizadas las obligaciones que se van a extinguir con la dación en pago. No referimos a las partidas de Deuda a largo plazo (17), Deuda a corto plazo (520) y los Intereses (527) devengados de acuerdo con el método del tipo de interés efectivo. Cuando proceda, se reconocerá un resultado financiero.

En conclusión, la operación queda reflejada en el resultado de explotación y en el resultado financiero y el ICAC utiliza el valor razonable del activo entregado para cuantificar ambos resultados. Precisamente, la interrelación entre la obligación originaria y el resultado de la dación en pago se pone de manifiesto en el resultado financiero.

Para terminar, queremos llamar la atención sobre el hecho de que es frecuente que estos resultados no sean del mismo signo, es decir, que el resultado financiero sea una ganancia mientras el resultado de explotación sea una pérdida. En cualquier caso, lo que resulta claro es que, como consecuencia de la dación en pago, en la cuenta de pérdidas y ganancias del deudor se refleja el resultado contable generado tanto por la extinción del pasivo, como por la transmisión del activo afectados, lo que supone que el contribuyente llevará a su base imponible el resultado de esta operación.

14. *MEMENTO CONTABLE. Año 2022*, marginal 1795.1.
15. *Ibidem*.

5.3.2. LA CUANTIFICACIÓN DEL RESULTADO CONTABLE DE LA DACIÓN EN PAGO CUANDO SE HAN TRANSMITIDO EXISTENCIAS

Dentro del activo corriente se encuentra el grupo 3 de Existencias, «íntimamente ligado a la generación del resultado de explotación» [16]. En este grupo se registran por separado tanto las mercaderías que han sido adquiridas a terceros para su venta sin transformación, como los productos fabricados por la empresa —desde las materias primas hasta los productos terminados—. Así, «dentro del concepto existencia, es posible reconocer no sólo los bienes sino también el coste de producción de los servicios, siempre que no se hubiese reconocido aún el ingreso por prestación de servicios correspondiente» [17].

En el supuesto de que se transmitiesen existencias mediante dación en pago, la contabilización se ajustaría a la solución prevista en la consulta del ICAC núm. 2 del BOICAC núm. 94 de junio de 2013.

La dinámica es similar a la descrita en el apartado anterior. Cuando se celebra la dación en pago hay que dar de baja las existencias entregadas y cancelar los pasivos financieros. Además, habrá que reflejar el resultado de explotación y el resultado financiero.

El primero es la diferencia ente el valor razonable y el valor en libros del activo entregado, si bien, se va a integrar en la cuenta de pérdidas y ganancias a través de la inclusión en el importe neto de la cifra de negocios del valor razonable de los activos que se dan de baja. El segundo es la diferencia entre el valor de la deuda y el valor razonable del bien entregado.

Existen dos métodos de ordenación de entradas y salidas de existencias. El PGC «permite el empleo del procedimiento administrativo» [18] para el registro de las existencias, sin embargo, «propone un sistema de cuentas especulativo y divisionario» [19].

En aquellas empresas que utilizan el método administrativo, la contabilización será similar a la descrita para el inmovilizado material, puesto que se emplea la misma cuenta para registrar las entradas y las salidas de mercancías, con la particularidad de que no habría amortizaciones acumuladas de los elementos.

16. ARQUERO MONTAÑO, J. L., RUIZ ALBERT, I., JIMÉNEZ CARDOSO, S. M., ZAMORA RAMÍREZ, C., ABAD NAVARRRO, C., FRESNEDA FUENTES, S., DONOSO ANÉS, A., GONZÁLEZ GONZÁLEZ, J. M. y CARO FERNÁNDEZ, S.: *Contabilidad financiera: aplicación..., op. cit.,* p. 189.
17. *Ibidem,* p. 190.
18. *Ibidem,* p. 191.
19. *Ibidem.*

En cambio, si la empresa utiliza el método especulativo, el resultado de la operación no se registra en la cuenta del elemento entregado. En el procedimiento especulativo, las operaciones vinculadas con las existencias se registran a través de partidas del grupo 3 Existencias, de cuentas del grupo 6 como Compras y Variación de existencias y del subgrupo 70 Ventas de mercaderías, de producción propia, de servicios, etc. Al final del ejercicio, se calcula el consumo de existencias. A continuación, el resultado de ventas de existencias se obtiene por diferencia entre las ventas y el consumo de mercaderías.

Consumo de existencias = (Existencias iniciales – existencias finales) + compras

Resultado de venta de existencias = Ventas – consumo de existencias

En el caso de la dación en pago, la cancelación total de la deuda se carga por el valor del pasivo y la entrega del activo se abona por su valor razonable como una venta de mercadería, con su reflejo en el importe neto de la cifra de negocios. El asiento se cuadra dejando constancia del resultado financiero de la operación en una cuenta del subgrupo (66) Gastos financieros o en una cuenta del subgrupo (76) Ingresos financieros, según corresponda.

Por otro lado, las Normas Internacionales de Contabilidad establecen que «cuando las existencias sean enajenadas, el importe en libros de las mismas se reconocerá como un gasto del ejercicio en el que se reconozcan los correspondientes ingresos ordinarios»[20]. El registro contable de la salida del elemento entregado se realiza al final del ejercicio, utilizando la cuenta Variación de existencias. El cargo en la cuenta indicada consigue que llegue a la cuenta de resultados el valor en libros del activo entregado, haciendo que el resultado de explotación integre la diferencia entre el valor razonable del activo y su valor en libros.

Si se hubieran dotado correcciones valorativas de las existencias entregadas, sería necesario saldar la cuenta que refleje los deterioros del valor.

5.3.3. EL CASO ESPECIAL DE LA DACIÓN EN PAGO PARCIAL

La NRV 9.ª.3.4. del PGC prevé que se dará de baja un pasivo o parte del mismo cuando la obligación se extinga, especificando que ello sucede cuando se ha satisfecho, se ha cancelado o ha expirado. El registro contable tiene su incidencia en la cuenta de resultados quedando registrado, por un lado, la baja del activo como un resultado de explotación y, por otro lado, la baja del pasivo que arroja un resultado financiero.

La NRV 9.ª.3.4. del PGC prevé una norma especial aplicable a la dación en pago parcial, que dispone:

20. Norma Internacional de Contabilidad NIC/2 de 3 noviembre de 2008, apartado 34.

«La diferencia entre el valor en libros del pasivo financiero o de la parte del mismo que se haya dado de baja y la contraprestación pagada incluidos los costes o comisiones en que se incurra y en la que se recogerá asimismo cualquier activo cedido diferente del efectivo o pasivo asumido, se reconocerá en la cuenta de pérdidas y ganancias del ejercicio en que tenga lugar».

En estos casos, la dación en pago produce un resultado financiero por la diferencia entre el valor contable del pasivo y la suma entregada más los costes y comisiones inherentes a la operación, más el activo entregado o el pasivo asumido que representa el importe de la contraprestación pactada.

Resultado financiero = Valor contable de la parte del pasivo – (contraprestación + costes y comisiones + cualquier activo cedido o pasivo asumido)

El problema es que la NRV 9.ª.3.4. del PGC no regula el criterio para valorar el activo entregado. En nuestra opinión, habrá que estar al valor razonable del activo, como indica la Resolución del ICAC de 1 de marzo de 2013 en el apartado 2.5 de la Norma 4.ª.

Además, nos podemos encontrar que la operación de dación en pago parcial venga acompañada de una novación modificativa de las condiciones del pasivo financiero. Entonces, tal como dispone la NRV 9.ª.3.4. del PGC, si se produce una modificación sustancial de las condiciones actuales de un pasivo financiero, se registra la baja del pasivo original y se reconoce el nuevo pasivo que surja.

Para considerar que se ha producido la modificación de las condiciones del pasivo financiero se han definido en la NRV 9.ª.3.4 del PGC dos situaciones:

En primer lugar, «cuando el valor actual de los flujos de efectivo del nuevo contrato, incluida cualquier comisión pagada, neta de cualquier comisión recibida, difiera al menos en un diez por ciento del valor actual de los flujos de efectivo remanentes del contrato original, actualizados ambos importes al tipo de interés efectivo de este último»[21].

En segundo lugar, se ha previsto que «ciertas modificaciones en la determinación de los flujos de efectivo pueden no superar este análisis cuantitativo, pero pueden dar lugar también a una modificación sustancial del pasivo, tales como: un cambio de tipo de interés fijo a variable en la remuneración del pasivo, la reexpresión del pasivo a una divisa distinta, un préstamo a tipo de interés fijo que se convierte en un préstamo participativo, entre otros casos»[22].

21. NRV 9.ª.3.4 del PGC.
22. *Ibidem*.

De acuerdo con lo expuesto, si se pacta la dación en pago parcial y se renegocia la deuda pendiente ampliando el plazo de amortización del préstamo, habrá que dar de baja la totalidad del pasivo preexistente y reconocer un nuevo pasivo, de acuerdo con las condiciones pactadas. Los costes de la transacción se reconocerán en la cuenta de resultados del ejercicio en que se produce el acuerdo.

El problema es que la NRV 9.ª.3.4. del PGC no regula el criterio de valoración del nuevo pasivo. La norma solo dispone que, en los casos en los que haya que dar de baja el pasivo primigenio y reconocer un nuevo pasivo por la obligación subsistente, «el coste de transacción debería distribuirse entre el pasivo que se cancela, lo que supondrá un menor beneficio o mayor pérdida en la cancelación, y el nuevo pasivo, que se tratará de acuerdo con las normas aplicables a su categoría»[23].

Cuando la dación en pago parcial se pacta en un convenio de acreedores, dado que implica la subsistencia de la deuda en las condiciones acordadas en el mismo, en el ejercicio en el que el convenio reciba la aprobación judicial, el deudor realizará el registro contable en dos etapas:

a) En primer lugar, «analizará si se ha producido una modificación sustancial de las condiciones de la deuda para lo cual descontará los flujos de efectivo de la antigua y de la nueva empleando el tipo de interés inicial»[24].

b) En segundo lugar, en el caso de que el cambio sea sustancial, «registrará la baja de la deuda original y reconocer[á] el nuevo pasivo por su valor razonable (lo que implica que el gasto por intereses de la nueva deuda se contabilice a partir de ese momento aplicando el tipo de interés de mercado en esa fecha; esto es, el tipo de interés incremental del deudor o tasa de interés que debería pagar en ese momento para obtener financiación en moneda y plazo equivalente a la que ha resultado de los términos en que ha sido aprobado el convenio)»[25].

A continuación, analizaremos los criterios de valoración que resultarán aplicables a la dación en pago, con especial detenimiento en las normas contables de valoración de los elementos afectados.

23. JIMÉNEZ CARDOSO, S., ARQUERO MONTAÑO, J. L. y RUIZ ALBERT, I.: *Plan General de Contabilidad..., op. cit.*, p. 106.
24. NRV 9.ª.3.4 del PGC y Consulta del ICAC de BOICAC núm. 76/2008.
25. *Ibidem*.

5.4. LOS CRITERIOS DE VALORACIÓN APLICABLES A LA DACIÓN EN PAGO

5.4.1. LOS CRITERIOS GENERALES DE VALORACIÓN APLICABLES A LA DACIÓN EN PAGO

El capítulo III del Título IV de la LIS (artículos 17 a 20), que se ocupa de los criterios de valoración, solo ha previsto la regla específica del artículo 19.5 aplicable a la dación en pago de deuda tributaria. Esta regla se aplica al supuesto particular de la dación de bienes del Patrimonio Histórico Español en pago de deuda tributaria, por lo que no resulta extrapolable a otras operaciones que no sean subsumibles en dicho supuesto.

También descartamos la aplicación de las reglas de valoración de las permutas. Hemos expuesto en el primer capítulo los motivos por los cuales la dación en pago no es asimilable a la permuta. Dicha asimilación sería una interpretación inadecuada del acuerdo basada en un error conceptual sobre el negocio jurídico celebrado, en concreto, se trataría de un error en la identificación de las obligaciones asumidas por las partes de la dación en pago. Partiendo de esta premisa, se descarta la aplicación de las normas de valoración a precio de mercado (artículo 17.4 y 5 de la LIS).

Ante la ausencia de una norma especial para la dación en pago voluntaria, nos centraremos en el análisis de los criterios generales de valoración. Pues bien, la regla general del artículo 17.1 de la LIS consiste en una remisión a «los criterios previstos en el Código de Comercio», sin olvidar los posibles ajustes o correcciones por la aplicación de la LIS. En consecuencia, el legislador está admitiendo a efectos fiscales las normas de valoración establecidas en los artículos 38. f) y 38. Bis.2 del C. de Com. y, por extensión, las normas de valoración del PGC y de las resoluciones del ICAC.

De acuerdo con las normas de registro contables expuestas en los apartados anteriores[26], los valores a tener en cuenta para calcular el resultado de la dación en pago son el valor contable del pasivo, así como el valor razonable y el valor en libros del activo entregado.

26. Si se entregan activos fijos, por un lado, se reconoce un resultado extraordinario por la diferencia ente el valor razonable y el valor en libros del activo entregado. Por otro lado, se reconoce un resultado financiero por la diferencia entre el valor en libros del pasivo y el valor razonable del bien entregado. En cambio, si se entregan activos corrientes, por un lado, el valor razonable de los activos se incluye en el importe neto de la cifra de negocios y el valor contable de esos elementos llega a la cuenta de pérdidas y ganancias a través del consumo de existencias. De este modo el resultado de explotación refleja la diferencia ente el valor razonable y el valor en libros del activo entregado. Por otro lado, se registrará un resultado financiero por la diferencia entre el valor contable del pasivo y el valor razonable del bien entregado.

5.4.1.1. La valoración contable del Pasivo

La dación en pago para la extinción de una obligación de naturaleza financiera es la más común. El PGC[27], a efectos de su valoración, divide los pasivos financieros en dos categorías: los pasivos financieros a coste amortizado y los pasivos financieros a valor razonable con cambios en la cuenta de pérdidas y ganancias.

Pues bien, a coste amortizado se valoran, entre otras partidas, los débitos y partidas a pagar, que incluyen «los débitos por operaciones comerciales y los débitos por operaciones no comerciales con flujos de pagos determinados o determinables que se espera cancelar a su vencimiento»[28]. El coste amortizado del pasivo financiero parte del valor inicial, al que se añaden los costes financieros devengados de acuerdo con el método del tipo de interés efectivo y se minora en los importes reintegrados al acreedor.

Coste amortizado = Deuda a l/p + Deuda a c/p + Coste financiero del periodo

En el supuesto de que el pasivo corresponda con un préstamo, ello implica que la diferencia entre la cuantía de la deuda viva calculada según las condiciones contractuales pactadas en el préstamo no va a coincidir con el coste amortizado del pasivo financiero. El motivo es que las comisiones que se satisfacen con ocasión de la concesión de la financiación se reconocen contablemente a lo largo de los años de duración del préstamo, generando unos intereses implícitos que se incorporan al valor del pasivo financiero a medida que avanza el plazo de amortización. Esta diferencia surge porque el tratamiento contable se basa en criterios económico-financieros para hallar los flujos de efectivo asociados a la financiación, mientras que el importe de la deuda exigible depende únicamente de las condiciones pactadas en el negocio jurídico de préstamo celebrado.

En cambio, esta particularidad no se presenta cuando se trata de una pyme que ha reconocido contablemente el pasivo imputando en la cuenta de pérdidas y ganancias los costes de la transacción en el momento de contraer la obligación. En este caso, «los intereses devengados se contabilizarán en la cuenta de pérdidas y ganancias, aplicando el método del tipo de interés efectivo» (NRV 9.ª. 2.1.2. del PGC de Pymes), pero no existirá diferencia entre los intereses explícitos y el gasto correspondiente a los intereses devengados, calculados según el método del tipo de interés efectivo, por cuanto este último coincidirá con el tipo nominal del contrato de préstamo.

27. Los criterios de valoración del PGC tienen una correspondencia con reglas de valoración para los pasivos financieros que ha previsto el C. de Com. en los artículos 38.f) y 38. Bis. 2.
28. ARQUERO MONTAÑO, J. L., RUIZ ALBERT, I., JIMÉNEZ CARDOSO, S. M., ZAMORA RAMÍREZ, C., ABAD NAVARRRO, C., FRESNEDA FUENTES, S., DONOSO ANÉS, A., GONZÁLEZ GONZÁLEZ, J. M. y CARO FERNÁNDEZ, S.: *Contabilidad financiera: aplicación práctica del PGC 2007*. Pirámide. Madrid, 2009, p. 97.

En el caso de que no se atiendan los pagos acordados, los intereses moratorios se reconocerán contablemente como un gasto del ejercicio. En este sentido, no se va a recalcular el tipo de interés efectivo por dos motivos. En primer lugar, porque no se puede hacer una estimación fiable del tiempo durante el cual se va a prolongar el retraso en el pago y, en segundo lugar, por la aplicación del principio de importancia relativa, puesto que el hecho probablemente carezca de relevancia atendiendo a la cuantía del gasto.

En resumen, el valor contable o valor en libros del Pasivo refleja su coste amortizado. Pueden existir diferencias entre el valor contable del pasivo y la suma pendiente de pago a la entidad financiera. Estas diferencias se cargarán como gasto financiero, con su correspondencia en la cuenta de los Intereses devengados y no pagados y en la de la Deuda a corto plazo. Estas variaciones en el valor contable del Pasivo tienen incidencia en el resultado de la dación en pago, puesto que el valor contable del pasivo juega el papel del valor de transmisión en el cálculo del resultado financiero. De esta forma, si la diferencia entre el coste amortizado y la deuda pendiente con el acreedor ha generado un gasto financiero, a continuación, el resultado financiero de la dación en pago será más elevado. Si la citada diferencia generó un ingreso y supuso la reducción del valor del pasivo, cuando se registre la dación en pago, el resultado financiero será menor.

La dación en pago afecta también a los activos. En la contabilidad de la entidad deudora, el activo figurará de acuerdo con su naturaleza, por lo que puede tratarse de un inmovilizado material, de una inversión inmobiliaria, así como, de existencias.

5.4.1.2. La valoración contable del inmovilizado material

Una de las magnitudes relevantes para cuantificar la renta generada por la dación en pago es el valor contable o valor en libros del inmovilizado material entregado. Ese valor se muestra en el balance de situación, en el que los activos «se presentan por su importe neto»[29]. El valor contable o en libros es precisamente ese importe neto, que se calcula partiendo del valor inicial por el que el activo fue registrado, minorado en «su amortización acumulada y cualquier corrección valorativa por deterioro acumulada que se haya registrado»[30].

29. *MEMENTO CONTABLE. Año 2022*, marginal 1266.
30. *Ibidem*.

El valor en libros coincidirá con la valoración posterior[31] del activo.

Valor posterior = Valor inicial – (amortizaciones acumuladas + deterioro del valor)

Ciertas actuaciones sobre el inmovilizado material suponen un incremento en el valor contable. Esto sucede en el caso de que se hayan realizado grandes reparaciones, renovaciones, ampliaciones o mejoras. La activación de los costes asociados a estas actividades tendrá un impacto en el valor contable del activo y tendrá la repercusión correspondiente en el resultado de explotación.

La otra magnitud es el valor razonable del inmovilizado material entregado, que se asimila al valor de mercado. En el apartado 6.º.2 del MCC del PGC se regulan las normas para la determinación del valor razonable[32]. Pues bien, el art. 1.1 del Real Decreto 1/2021[33] ha introducido un nuevo criterio de determinación del valor razonable, en línea con la NIIF núm. 13[34].

El PGC describe un entorno ideal para la transacción del elemento patrimonial y ordena que la estimación del valor razonable se haga partiendo del

31. NRV 2.ª.2 del PGC: El inmovilizado material, con posterioridad a su reconocimiento inicial, se valora «por su precio de adquisición o coste de producción menos la amortización acumulada y, en su caso, el importe acumulado de las correcciones valorativas por deterioro reconocidas».
La amortización del inmovilizado material se regula en la NRV 2.ª.2.1 del PGC y en la Resolución del ICAC de 1 de marzo de 2013, por la que se dictan normas de registro y valoración del inmovilizado material y de las inversiones inmobiliarias.
El deterioro del valor de los activos se regula en NRV 2.ª. 2.2 del PGC y en la Resolución del ICAC de 18 de septiembre de 2013, por la que se dictan normas de registro y valoración e información a incluir en la memoria de las cuentas anuales sobre el deterioro del valor de los activos. Para cuantificar el deterioro se comparan, por un lado, el valor contable del activo y, por otro lado, el importe recuperable. El PGC ha establecido que el importe recuperable es el mayor entre el valor razonable del inmovilizado menos los costes de venta y su valor en uso.
32. MCC, apartado 6.º.2 del PGC: El valor razonable es definido como «el precio que se recibiría por la venta de un activo o se pagaría para transferir o cancelar un pasivo mediante una transacción ordenada entre participantes en el mercado en la fecha de valoración. El valor razonable se determinará sin practicar ninguna deducción por los costes de transacción en que pudiera incurrirse por causa de enajenación o disposición por otros medios».
33. Real Decreto 1/2021, de 12 de enero, por el que se modifican el Plan General de Contabilidad aprobado por el Real Decreto 1514/2007, de 16 de noviembre; el Plan General de Contabilidad de Pequeñas y Medianas Empresas aprobado por el Real Decreto 1515/2007, de 16 de noviembre; las Normas para la Formulación de Cuentas Anuales Consolidadas aprobadas por el Real Decreto 1159/2010, de 17 de septiembre; y las normas de adaptación del Plan General de Contabilidad a las entidades sin fines lucrativos aprobadas por el Real Decreto 1491/2011, de 24 de octubre, publicado en el BOE núm. 26, de 30 de enero de 2021.
34. Esta modificación se aplica a los ejercicios que se inicien a partir del 1 de enero de 2021.

cumplimiento de ciertas condiciones[35]. Asimismo, descarta que el valor razonable «sea resultado de una transacción forzada, urgente o como consecuencia de una situación de liquidación involuntaria»[36]. La dación en pago es una forma especial de pago o subrogado del cumplimiento, cuya utilidad se pone de manifiesto en entornos de crisis económica, cuando resulta difícil realizar los bienes optimizando el precio de enajenación. Precisamente, la dación en pago facilita la extinción de la obligación del deudor mediante la realización de una nueva prestación, que no era la pretendida por el acreedor, pero que se le ofrece más ventajosa que el resultado de la enajenación del activo. En consecuencia, esta operación no reúne las condiciones que marca el PGC para que pueda servir para estimar el valor razonable del elemento transmitido.

La concreción del valor razonable debe ajustarse a las siguientes indicaciones:

i. «El valor razonable se estima para una determinada fecha»[37].

ii. Hay que tener en cuenta tanto las condiciones del activo o pasivo relevantes «a la hora de fijar el precio»[38], como «la capacidad de un participante en el mercado para que el activo genere beneficios económicos en su máximo y mejor uso»[39].

Para el caso de los activos se estará, entre otras, a las siguientes condiciones relevantes para fijar su precio:

a) El estado de conservación y la ubicación.

b) Las restricciones, si las hubiere, sobre la venta o el uso del activo.

La regla general que establece el PGC es que «el valor razonable se calculará por referencia a un valor fiable de mercado»[40]. Se considera que la mejor referencia de este valor es «el precio cotizado en un mercado activo», sin embargo,

---

35. De acuerdo con el MCC, apartado 6.º.2 del PGC, se presumirá, salvo prueba en contrario, que la transacción se ha realizado «a) entre partes interesadas y debidamente informadas, en una transacción en condiciones de independencia mutua» y b) «en el mercado principal del activo o pasivo, entendiendo como tal el mercado con el mayor volumen y nivel de actividad», o en ausencia de un mercado principal, «en el mercado más ventajoso al que tenga acceso la empresa para el activo o pasivo, entendido como aquel que maximiza el importe que se recibiría por la venta del activo o minimiza la cantidad que se pagaría por la transferencia del pasivo, después de tener en cuenta los costes de transacción y los gastos de transporte».
36. MCC, apartado 6.º.2 del PGC.
37. *Ibidem*.
38. *Ibidem*.
39. *Ibidem*.
40. *Ibidem*.

no existen mercados que reúnan las condiciones necesarias[41] para todos los tipos de activos, como sucede con los inmuebles.

En estos casos, el valor razonable se determinará mediante la aplicación de modelos y técnicas de valoración que sean «consistentes con las metodologías aceptadas y utilizadas por el mercado para la fijación de precios»[42] y que se basen en «datos observables»[43] y otros factores que sean tenidos en consideración al fijar el precio. Entre los modelos y técnicas de valoración citados en el PGC, en nuestra opinión, los que resultan más adecuados para los inmuebles son «el empleo de referencias a transacciones recientes en condiciones de independencia mutua entre partes interesadas y debidamente informadas, si estuviesen disponibles»[44] y la estimación por «referencias al valor razonable de otros activos que sean sustancialmente iguales»[45].

5.4.1.3. La valoración contable de las inversiones inmobiliarias

Las inversiones inmobiliarias se valoran aplicando los criterios contenidos en las normas de registro y valoración relativas al inmovilizado material que hemos expuesto, de acuerdo con la remisión que establece la NRV 4.ª del PGC.

5.4.1.4. El valor en libros y el valor razonable de las existencias

La valoración contable de los elementos entregados que figuraban registrados como existencias se establece en la NRV 10.ª del PGC y la Resolución del ICAC de 14 de abril de 2015, que regulan la valoración y registro de las existencias. La valoración inicial viene dada por su coste[46].

41. MCC, apartado 6.º.2 del PGC establece que se entiende por «mercado activo» aquél que reúna las siguientes condiciones:
«a) Los bienes o servicios negociados son homogéneos;
b) Pueden encontrarse, prácticamente en cualquier momento, compradores y vendedores dispuestos a intercambiar los bienes o servicios; y
c) Los precios son públicos y están accesibles con regularidad, reflejando transacciones con suficiente frecuencia y volumen».
42. MCC, apartado 6.º.2 del PGC.
43. *Ibidem.*
44. *Ibidem.*
45. *Ibidem.*
46. La valoración inicial de las existencias viene dada por su coste, al que se van a añadir los impuestos indirectos que gravan la adquisición y que no sean recuperables de la Hacienda pública, así como, los intereses intercalarios, cuando la construcción o fabricación de las existencias requiera un periodo superior a un año. El coste se concreta haciendo referencia al precio de adquisición (NRV 10.ª.1.1 del PGC) o coste de producción((NRV 10.ª.1.2 del PGC). La Resolución del ICAC de 14 de abril de 2015 es la norma reglamentaria sobre el coste de producción y se aplica para el cálculo del coste de producción de las existencias, del inmovilizado material y de las inversiones inmobiliarias que han sido fabricadas por la empresa.

Para la valoración posterior de las existencias se recurre al valor neto realizable[47]. La Norma 5.ª.2 de la Resolución del ICAC de 18 de septiembre de 2013 dispone que la estimación más fiable del valor neto realizable es «el valor razonable». Además, se han previsto dos reglas especiales.

La primera es aplicable a la valoración de las existencias «que han sido objeto de un contrato de venta o prestación de servicios en firme cuyo cumplimiento deba tener lugar posteriormente»[48]. El valor de las existencias comprometidas no será objeto de corrección valorativa, siempre que «el precio de venta estipulado en dicho contrato cubra, como mínimo, el precio de adquisición o el coste de producción de tales bienes y servicios, más todos los costes pendientes de realizar que sean necesarios para la ejecución del contrato»[49].

La segunda, presentada como una extensión de la primera, dispone que «la empresa no corregirá el valor de las materias primas siempre que espere que los productos terminados a los que se incorporen sean vendidos por encima del coste y de los correspondientes gastos de comercialización». En este caso, las materias primas se valorarán al «precio de reposición» que, «salvo prueba en contrario, es la mejor medida disponible de su valor neto realizable»[50].

El valor de las existencias puede verse afectado por pérdidas reversibles e irreversibles. Las primeras darán lugar a correcciones valorativas mientras que las segundas se reconocerán como un menor valor de las existencias. Concretamente, las pérdidas de valor irreversible de carácter ordinario quedan registradas en la cuenta Variación de existencias (61/71). Por su parte, las de carácter extraordinario dan lugar a un gasto excepcional, en la cuenta Gastos excepcionales (678)[51].

Las correcciones valorativas reflejan depreciaciones reversibles de los activos. Así, si el valor por el que están registradas las existencias en la contabilidad

---

47. La MCC 6.ª.3 del PGC lo define como sigue: «El valor neto realizable de un activo es el importe que la empresa puede obtener por su enajenación en el mercado, en el curso normal del negocio, deduciendo los costes estimados necesarios para llevarla a cabo, así como, en el caso de las materias primas y de los productos en curso, los costes estimados necesarios para terminar su producción, construcción o fabricación».
48. Norma 5.ª.3 de la Resolución del ICAC de 18 de septiembre de 2013.
49. *Ibidem*.
50. Norma 4.ª.4 de la Resolución del ICAC de 18 de septiembre de 2013, que también prevé que «cuando no se vaya a continuar con la fabricación del producto del que forman parte las materias primas o éstas no se vayan a utilizar en el proceso productivo», la mejor estimación del valor neto realizable será «el importe que se puede obtener por su enajenación en el mercado, deduciendo los costes estimados de venta necesarios para llevarla a cabo, si este último importe fuese menor que el precio de reposición».
51. ARQUERO MONTAÑO, J. L., RUIZ ALBERT, I., JIMÉNEZ CARDOSO, S. M., ZAMORA RAMÍREZ, C., ABAD NAVARRRO, C., FRESNEDA FUENTES, S., DONOSO ANÉS, A., GONZÁLEZ GONZÁLEZ, J. M. y CARO FERNÁNDEZ, S.: *Contabilidad financiera: aplicación..., op. cit.*.

es superior al valor neto realizable, «se efectuarán las oportunas correcciones valorativas reconociéndolas como un gasto en la cuenta de pérdidas y ganancias»[52]. Para ello se utilizará la cuenta Pérdidas por deterioro de existencias (693).

5.4.1.5. Las repercusiones en el IS de los criterios contables de valoración

Al inicio de este apartado hemos afirmado que no se han adoptado normas de valoración especiales para estas operaciones, con la salvedad de las establecidas en el artículo 19.5 de la LIS, lo cual nos puede llevar a pensar que, si el legislador acepta las normas contables, no se van a producir ajustes como consecuencia de la dación en pago; pero ello no es del todo cierto. Tomando como punto de partida el régimen contable establecido en el PGC para los elementos involucrados en la operación, vamos a analizar los supuestos en los que encontraremos diferencias entre su valor contable y fiscal.

En primer lugar, la LIS no ha establecido un tratamiento fiscal específico para los pasivos financieros que se darán de baja, asumiendo la calificación y las reglas de valoración contables. En consecuencia, estos pasivos figuran por el coste amortizado y no existirán diferencias entre el valor contable y fiscal.

En segundo lugar, si se entregan elementos registrados como existencias, no existe una norma fiscal sobre su valoración. Por lo que las normas contables tienen plena eficacia a efectos del IS.

La norma de valoración posterior de las existencias prevé que aparezcan en el balance por su valor neto realizable. Es más, si se dieran las circunstancias necesarias, la empresa dejaría constancia del deterioro del valor de las existencias, lo que implicaría incluir un gasto en la cuenta de pérdidas y ganancias. El artículo 13.2 de la LIS no limita la deducibilidad de las pérdidas por deterioro del valor de los activos corrientes, por lo que asume plenamente el tratamiento contable. La consecuencia es que el valor fiscal y el valor contable de las existencias coincidirá y no será necesario realizar ajuste alguno.

En tercer lugar, en la valoración contable del inmovilizado material se tienen en cuenta elementos que han sido expresamente regulados por la LIS. De un lado, se ha establecido el tratamiento fiscal de la amortización del inmovilizado material, intangible y de las inversiones inmobiliarias. De otro lado, el artículo 13.2 de la LIS no permite la deducción de las pérdidas por deterioro de estos

52. NRV 10.ª. 2 del PGC. En el mismo sentido, la norma 5.ª.2 de la Resolución del ICAC de 18 de septiembre de 2013 recomienda tomar como referencia el valor de mercado y regula la cuantificación del deterioro en los mismos términos que el PGC. Así, la Norma 5.ª.8 de la Resolución del ICAC de 18 de septiembre de 2013 dispone que «cuando el valor neto realizable sea inferior al valor razonable, la empresa contabilizará una pérdida por deterioro si el valor neto realizable es inferior al valor en libros de las existencias».

activos fijos. El importe acumulado de las amortizaciones y de las correcciones valorativas por el deterioro minora el valor contable de los mismos. Por ello, hay que analizar, en cada caso concreto, si existen diferencias entre los valores fiscales y contables de los elementos involucrados. De ser así, sería necesario integrar en la base imponible del IS esa diferencia con ocasión de la dación en pago.

Las correcciones de la base imponible que se realizan como consecuencia de la reversión de las diferencias entre el valor contable y el valor fiscal de los elementos patrimoniales afectados se regulan en el artículo 20 de la LIS. Este precepto prevé unos supuestos muy amplios —ya que se ocupa de la integración en la base imponible de cualquier diferencia valorativa que se produzca en cualquier elemento patrimonial— y no establece ninguna especialidad para la transmisión efectuada mediante dación en pago.

También puede ocurrir que la empresa cambie el destino del activo. Tendrán relevancia fiscal dos alternativas, por un lado, el traspaso de activo corriente a inmovilizado y, por otro lado, la situación inversa, es decir, el traspaso de inmovilizado a existencias. El activo afectado por el cambio mantendrá su valor contable. La LIS tampoco ha establecido que el valor fiscal del elemento cambie como consecuencia del traspaso. En consecuencia, aunque el activo ha dejado de formar parte de las existencias, el deterioro del valor que fue deducido antes de la reclasificación al inmovilizado, no pierde la consideración de gasto deducible. En cambio, si se trataba de un inmovilizado que fue objeto de una corrección valorativa y dicho gasto no fue deducido por aplicación del artículo 13.2.a) de la LIS, al producirse el cambio al activo corriente, el obstáculo para la eficacia fiscal del deterioro del valor desaparece.

Hemos comentado las cuestiones generales, contables y fiscales, que plantea la dación en pago, pero no hemos agotado el tema, ya que, existe una regla especial aplicable a la dación en pago celebrada para la extinción de deudas tributarias.

5.4.2. LA DACIÓN DE BIENES INTEGRANTES DEL PATRIMONIO HISTÓRICO ESPAÑOL EN PAGO DE LA DEUDA TRIBUTARIA

En el artículo 19.5 de la LIS ha previsto una regla especial aplicable a la dación de bienes integrantes del Patrimonio Histórico Español en pago de deudas tributarias. El precepto dispone:

> «No se integrarán en la base imponible las rentas positivas o negativas que se pongan de manifiesto con ocasión del pago de las deudas tributarias a que se refiere el apartado 2 del artículo 125 de esta Ley y de las deudas tributarias a que se refiere el artículo 73 de la Ley 16/1985, de 25 de junio, del Patrimonio Histórico Español».

Esta regla especial resulta aplicable a las rentas devengadas por la dación de bienes integrantes del Patrimonio Histórico Español en pago de la deuda tributaria, que puede corresponder con la propia cuota del IS o con otras deudas tributarias[53].

El pago de la deuda tributaria mediante entrega de bienes integrantes del Patrimonio Histórico Español se corresponde con la dación en pago en sentido estricto, ya que se trata de la extinción de una deuda (en este caso, la deuda tributaria), a cambio de la transmisión de la propiedad de «bienes integrantes del Patrimonio Histórico Español que estén inscritos en el Registro General de Bienes de Interés Cultural o en el Inventario General»[54], previa aceptación por la Administración.

Una de las características de esta exención es que está limitada a la dación en pago a favor de un acreedor concreto, que es la Administración tributaria, y con una finalidad específica, que es la extinción de deudas tributarias.

La regla especial que estamos analizando se aplica tanto a las rentas positivas —por lo que «la plusvalía tácita no sale a relucir a efectos fiscales en esta transmisión»[55]—, como a las rentas negativas. En consecuencia, no se generarán pérdidas computables en el ejercicio ni bases imponibles negativas deducibles en ejercicios futuros.

En suma, el resultado contable que ha registrado la entidad originado por esta operación tendrá que ser corregido realizando los ajustes necesarios (aumentos o disminuciones). En este sentido, habrá que eliminar de la base imponible los dos resultados integrados en la cuenta de pérdidas y ganancias, tanto en el resultado financiero, como en el resultado de explotación.

A continuación, analizaremos el elemento temporal del hecho imponible, indicando las particularidades que presenta la operación que estudiamos.

5.5. LOS CRITERIOS DE IMPUTACIÓN TEMPORAL APLICABLES A LA DACIÓN EN PAGO

La renta generada por la dación en pago tributará en el periodo impositivo en el que se produzca su devengo. El artículo 11.1 de la LIS no regula este concepto y se remite a la normativa contable, que tampoco ha establecido una definición legal. Lo que ambas normas dejan claro es la desvinculación del

53. Artículo 65 del Real Decreto 111/1986, de 10 de enero, de desarrollo parcial de la Ley 16/1985, de 25 de junio, del Patrimonio Histórico Español.
54. Artículo 125.2 de la LIS y artículo 65 del Real Decreto 111/1986, de 10 de enero, de desarrollo parcial de la Ley 16/1985, de 25 de junio, del Patrimonio Histórico Español.
55. *MEMENTO PRÁCTICO FRANCIS LEFEBVRE IMPUESTO SOBRE SOCIEDADES*, 23 de junio de 2021, marginal 2531.

devengo con la corriente monetaria, así como la exigencia de correlación entre los ingresos y los gastos.

El registro contable de los ingresos se producirá cuando se cumplan los criterios de probabilidad en la percepción de los mismos y sea posible determinar su valor de manera fiable (MCC 5.ª del PGC). La NRV 14.ª del PGC ha desarrollado estos conceptos.

La NRV 14.ª.3 del PGC dispone que los ingresos ordinarios se valorarán por «el importe monetario» o por el «valor razonable de la contrapartida» recibida. La valoración de la contraprestación será, salvo evidencia en contrario, el precio acordado, deducidos el importe de descuentos o rebajas concedidas por la empresa y los intereses incorporados al nominal de los créditos[56]. Los impuestos que graven las ventas y deban ser repercutidos a un tercero tampoco se considerarán ingresos.

Respecto al primer criterio, se ha establecido que los ingresos se entienden obtenidos cuando se produzca la transferencia del control de los bienes a los clientes. Y tras la reforma operada por el Real Decreto 1/2021, se define esta situación en el sentido de que sea el cliente quien ostente «la capacidad para decidir plenamente sobre el uso de ese elemento patrimonial y obtener sustancialmente todos sus beneficios»[57], e incluso pueda «impedir que otras entidades decidan sobre el uso del activo y obtengan sus beneficios»[58].

Las cuentas anuales tienen que mostrar la imagen fiel del patrimonio, de la situación financiera y de los resultados de la empresa. Para alcanzar este fundamental objetivo, las operaciones que realiza la empresa se van a registrar en su contabilidad atendiendo «a su realidad económica y no sólo a su forma jurídica»[59]. En este sentido, la NRV 14.ª.1 del PGC ha indicado que el registro de los ingresos atiende «al fondo económico de las operaciones». Esta norma de registro y valoración plantea el problema de la aplicación del principio del fondo sobre la forma en el IS a la operación de dación en pago.

Antes de profundizar en los argumentos de nuestra conclusión, anticiparemos que para la dación en pago el criterio contable lleva al mismo resultado que el criterio jurídico. No obstante, en la dación para el pago la aplicación del criterio contable y jurídico es posible que no coincidan. El contenido de este negocio conlleva la transmisión del control de los activos sin que ello produzca automáticamente la transmisión de la propiedad de aquellos ni la extinción de las obli-

56. NRV 14.ª.3. primer párrafo del PGC: «No obstante, podrán incluirse los intereses incorporados a los créditos comerciales con vencimiento no superior a un año que no tengan un tipo de interés contractual, cuando el efecto de no actualizar los flujos de efectivo no sea significativo».
57. NRV 14.ª.2 PGC.
58. *Ibidem*.
59. Artículo 34.2 C. de Com.

gaciones del deudor. Por lo que el registro contable se realizará cuando sea posible determinar la cuantía de la deuda que se extingue, con independencia del momento en el que se produzcan los efectos traslativos.

Desde el punto de vista contable, los ingresos se entienden obtenidos «cuando se produzca la transferencia del control de los bienes o servicios comprometidos con los clientes»[60]. Para estar seguros de que ha llegado este momento, el PGC establece un proceso en cinco pasos que nos llevará a identificar cuándo se registran los ingresos ordinarios en la contabilidad de la empresa.

El primer paso es «identificar el contrato (o contratos) con el cliente», es decir, verificar que exista un acuerdo del que nacen derechos y obligaciones exigibles.

El segundo paso consiste en identificar la obligación u obligaciones en virtud de las cuales se asume el compromiso de transferir los bienes o prestar los servicios a un cliente.

El tercer paso «determinar el precio de la transacción» o la contraprestación pactada. Que, en el caso de la dación en pago, se equipara con la cuantificación del crédito o de la contraprestación originaria.

El cuarto paso es «asignar el precio de la transacción a las obligaciones a cumplir»[61]. Se trata de identificar «los precios de venta individuales de cada bien o servicio distinto que se hayan comprometido en el contrato»[62], o bien, si el precio de venta unitario o individual no es «observable de modo independiente»[63], se recurriría a una estimación del precio de venta.

El quinto paso es «reconocer el ingreso por actividades ordinarias cuando (a medida que) la empresa cumple una obligación comprometida (...) cumplimiento que tiene lugar cuando el cliente obtiene el control de ese bien o servicio»[64].

El PGC reitera el criterio para identificar la fecha en la cual se reconocerá contablemente el ingreso en la NRV 14.ª.2 del PGC que dispone «la empresa reconocerá los ingresos derivados de un contrato cuando (o a medida que) se produzca la transferencia al cliente del control sobre los bienes o servicios comprometidos (es decir, la o las obligaciones a cumplir)».

60. NRV 14.ª.1 del PGC.
61. NRV 14.ª.1. d) del PGC.
62. *Ibidem*.
63. *Ibidem*.
64. NRV 14.ª.1. e) del PGC.

Con la dación en pago se asumen obligaciones que se van a cumplir en un momento determinado, por ello, los ingresos se reconocerán contablemente en la fecha en que las mismas se entiendan cumplidas. La NRV 14.ª.2.2 del PGC marca unos «indicadores» del cumplimiento de la obligación, que sirven de orientación para saber cuándo se ha transferido el control de los bienes o servicios que son:

a) El cliente asume los riesgos y beneficios significativos inherentes a la propiedad del activo.

b) La empresa ha transferido la posesión física del activo.

c) El cliente ha recibido (aceptado) el activo a conformidad de acuerdo con las especificaciones contractuales.

d) La empresa tiene un derecho de cobro por transferir el activo.

e) El cliente tiene la propiedad del activo.

Estos indicadores no se han incorporado como requisitos o condiciones, sino como hitos en la relación con el cliente, por ello, tienen carácter orientativo. De hecho, creemos que se ha adoptado la regla general de «la transferencia del control de los bienes o los servicios» antes comentada y una regla especial, representada por el criterio específico para las obligaciones que serán cumplidas a lo largo del tiempo[65].

Desde el punto de vista jurídico, la interpretación más coherente con la naturaleza de la dación en pago es entender que se perfecciona cuando se produzca la transmisión del poder de disposición sobre el *aliud*. Lo cual, aplicando la teoría del título y el modo, requiere el acuerdo y la entrega o *traditio* de la cosa transmitida. Pues bien, siguiendo esta interpretación, el registro contable de la operación se producirá cuando se perfeccione la dación en pago.

5.5.1. LAS PARTICULARIDADES DEL REGISTRO CONTABLE DE LA DACIÓN EN PAGO CELEBRADA EN CONCURSO DE ACREEDORES

En el caso particular de un deudor declarado en concurso de acreedores que haya concluido un convenio en el que se prevé la dación en pago para la extinción de ciertos créditos, el registro contable se hará en dos etapas.

65. En este sentido interpretamos la NRV 14.ª.2.1. *in fine* del PGC: «Si la transferencia del control sobre el activo no se produce a lo largo del tiempo la empresa reconocerá el ingreso siguiendo los criterios establecidos para las obligaciones que se cumplen en un momento determinado».

En primer lugar, cuando se dicte la sentencia que apruebe el convenio, la empresa deudora analizará si las nuevas condiciones de las deudas son sustancialmente diferentes a las de los pasivos originarios[66]. De ser así, se dará de baja el pasivo primitivo y se reconocerá un nuevo pasivo por su valor razonable, quedando reflejada la diferencia que pueda existir entre los valores de estos pasivos como un ingreso en la cuenta de pérdidas y ganancias.

En segundo lugar, se procederá a registrar contablemente la extinción del nuevo pasivo y la baja del activo entregado. Ahora bien, los ajustes contables referidos quedarán reflejados en el ejercicio en que se apruebe judicialmente el convenio, «siempre que de forma racional se prevea su cumplimiento y que la empresa pueda seguir aplicando el principio de empresa en funcionamiento»[67].

Creemos que, si se cumplen las condiciones indicadas, la empresa va a reflejar la dación en pago, reconociendo la transmisión del control de los activos comprometidos por la dación en pago sin esperar a la fecha en la que se celebre la operación. De ello se deduce que, en el supuesto específico de la dación en pago celebrada en ejecución de un convenio de acreedores, el registro contable sigue un criterio de imputación temporal —y, por ende, el fiscal— que no coincide con la configuración jurídica como negocio real, que es la que se ajusta en mayor medida a su naturaleza jurídica. Además, el criterio del ICAC se basa en la eficacia novatoria del convenio; sin embargo, en la actualidad se ha descartado que la dación en pago despliegue efectos novatorios, toda vez que representa un medio especial de pago.

Una vez analizadas estas cuestiones desde el punto de vista contable, fijaremos nuestra atención en las consecuencias fiscales.

5.5.2. LAS REPERCUSIONES EN LA TRIBUTACIÓN DE LA DACIÓN EN PAGO DE LAS NORMAS FISCALES SOBRE EL ELEMENTO TEMPORAL DEL IS

Los criterios de imputación temporal de la LIS, aunque no establezca normas específicas para el negocio que estudiamos, plantea cuestiones que pueden ser relevantes para la fiscalidad de la dación en pago.

En primer lugar, las diferencias entre el valor contable y fiscal del elemento transmitido como consecuencia de la dación en pago van a ser incluidas en la base imponible del IS en el periodo impositivo en el que el elemento sea transmitido.

En segundo lugar, si el elemento tuviera asociadas provisiones por desmantelamiento, retiro o rehabilitación, se aplicaría el apartado 7 del artículo 11

66. *Vid*. aparado 4.2.3. sobre el caso especial de la dación en pago parcial.
67. Consulta del ICAC, BOICAC núm. 76/2008.

de la LIS. Este precepto trata la eliminación de provisiones que, habiendo sido deducibles, no pasen por la cuenta de pérdidas y ganancias.

En tercer lugar, el apartado 13 del artículo 11 de la LIS establece una regla especial de imputación temporal para los casos de quitas y esperas acordadas en procesos previstos en el TRLC. Esta norma no resultará aplicable a la dación en pago celebrada en el seno de un proceso concursal. El motivo es que la dación en pago tiene una naturaleza jurídica propia que la diferencia de la quita y de la espera.

En cuarto lugar, cuando la dación en pago sea una operación celebrada entre empresas del mismo grupo, aun cuando no tengan que consolidar sus cuentas anuales, se estará a lo establecido en el apartado 9 del artículo 11 de la LIS. Este precepto introduce una regla especial que demoraría en el tiempo la inclusión de la renta negativa que eventualmente hubiese generado la dación en pago. Este criterio de imputación temporal no se aplica a las rentas positivas, ni a las pérdidas derivadas de la entrega de existencias. Dado que la dación en pago conlleva la obtención de un resultado de explotación y de un resultado financiero, habría que interpretar el precepto para averiguar si la norma afecta a estos resultados por separado o al resultado final que luce en la cuenta de pérdidas y ganancias (que representa la integración y compensación de ambos). La segunda posibilidad se ajusta en mayor medida a la capacidad económica puesta de manifiesto por el *solvens*. No obstante, la cuestión es discutible ya que el precepto describe el supuesto de hecho haciendo referencia a «las rentas negativas generadas en la transmisión de elementos del inmovilizado material, inversiones inmobiliarias y valores representativos de deuda», que podría asimilarse al resultado de explotación de la dación en pago, al margen del resultado financiero. Si bien, esta lectura de corte literal no concuerda con la finalidad de la norma que es evitar que las rentas negativas sean deducidas antes de que el grupo pierda el control del activo.

De acuerdo con esta regla especial, el periodo impositivo en el que las rentas negativas van a ser relevantes en el IS del *solvens* se asocia al momento en que los elementos transmitidos sean dados de baja en el balance de la entidad adquirente, o en el momento en el que sean enajenados a terceros que no formen parte del grupo, o en el momento en el que algunas de las entidades que son parte de la dación en pago dejen de estar integradas en el grupo de sociedades, o si el elemento es amortizable, en los periodos impositivos que restan de vida útil a los elementos transmitidos, en función del método de amortización utilizado para ellos.

Por último, la dación en pago puede afectar a los gastos financieros deducibles en el periodo impositivo. El artículo 16 de la LIS establece un límite que representa el importe máximo de gastos financieros netos que podrán ser deducidos en el ejercicio. Este límite se determina, para cada contribuyente, tomando dos referencias, de las cuales se selecciona la que arroje un mayor importe. Por un lado, se ha dispuesto que, en todo caso, serán deducibles un millón de euros de gastos financieros netos anuales y, por otro lado, el 30 % del beneficio operativo del ejercicio —esta magnitud se aplica si el resultado es superior al millón de euros—. Pues bien, en la dación en pago la calificación contable del elemento entregado condiciona su registro como resultado de la enajenación de inmovilizado o quedando reflejado en el importe neto de la cifra de negocio. El beneficio operativo[68] se verá condicionado por el resultado de explotación generado por la dación en pago de existencias, lo que a su vez tendrá consecuencias en la cuantía del límite de gasto financiero deducible. En cambio, si la dación en pago afecta a inmovilizado o a inversiones inmobiliarias el resultado de explotación obtenido en esta operación no tendrá influencia alguna en la cuantía de gasto financiero deducible, puesto que para la determinación del beneficio operativo se prescinde del resultado de enajenaciones de inmovilizado[69].

Hemos finalizado el estudio de las repercusiones generales en el IS de la dación en pago, ahora bien, en los sucesivos apartados analizaremos las parti-

68. En el tercer párrafo del artículo 16.1 de la LIS se establece que «el beneficio operativo se determinará a partir del resultado de explotación de la cuenta de pérdidas y ganancias del ejercicio determinado de acuerdo con el C. de Com. y demás normativa contable de desarrollo, eliminando la amortización del inmovilizado, la imputación de subvenciones de inmovilizado no financiero y otras, el deterioro y resultado por enajenaciones de inmovilizado, y adicionando los ingresos financieros de participaciones en instrumentos de patrimonio, siempre que se correspondan con dividendos o participaciones en beneficios de entidades en las que el porcentaje de participación, directo o indirecto, sea al menos el 5 %, excepto que dichas participaciones hayan sido adquiridas con deudas cuyos gastos financieros no resulten deducibles por aplicación de la letra h) del apartado 1 del artículo 15 de esta ley».

69. SUÁREZ DE CENTI MARTÍNEZ, L. y VIANA BARRAL, V.: «La limitación en la deducibilidad de gastos financieros en el Impuesto sobre Sociedades: análisis normativo y comentario crítico», en *Actualidad jurídica Uría Menéndez*, núm. 33, 2012, p. 27: «La importancia de la clasificación de los distintos elementos en los estados financieros de la compañía. Así, si un activo inmobiliario se registra en el balance de la compañía como inmovilización material o inversión inmobiliaria, el resultado de su enajenación se excluirá del concepto de beneficio operativo del ejercicio y, por tanto, el importe de gastos financieros netos deducibles en el ejercicio de esa enajenación no se verá afectado por el beneficio obtenido en la venta. Sin embargo, si el mismo activo inmobiliario se registra como existencia, el producto de su enajenación formará parte del resultado de explotación de la compañía y no se excluirá al calcular el beneficio operativo del ejercicio, de manera que el importe de gastos financieros deducibles se incrementará generalmente (en un 30 % del resultado por la enajenación del inmovilizado, salvo en aquellos casos en los que el 30 % del beneficio operativo del ejercicio sea inferior a un millón de euros). De acuerdo con lo anterior, cobra especial importancia en estos casos la doctrina del Instituto de Contabilidad y Auditoría de Cuentas en relación con la clasificación de bienes inmuebles como inmovilizado o como existencias». *Vid.* UCELAY SANZ, I.: «Doctrina del TEAC en materia de limitación en la deducibilidad fiscal de gastos financieros», en *Carta tributaria. Revista de opinión*, núm. 12 (2016); MARTÍNEZ MARTÍNEZ, I.: «La limitación a la deducibilidad de los gastos financieros en el Impuesto sobre Sociedades: Evolución y análisis comparativo», en *Estudios de Deusto: revista de la Universidad de Deusto*, vol. 67, núm. 2, 2019 y LILLO DÍAZ, M. J.: «La fiscalidad de la financiación...», *op. cit.*

cularidades que presenta la dación en pago de bienes inmuebles en los sectores inmobiliarios y de construcción.

5.6. LA FISCALIDAD DE LA DACIÓN EN PAGO DE BIENES INMUEBLES REALIZADA POR EMPRESAS INMOBILIARIAS Y CONSTRUCTORAS

La dación en pago de bienes inmuebles para la extinción de un crédito o préstamo es la variante de esta operación que ha tenido mayor relevancia. En concreto, cuando estas operaciones son realizadas por empresas inmobiliarias o constructoras, su fiscalidad presenta ciertas singularidades. Estas obedecen a las particularidades derivadas de la aplicación de las normas de adaptación del PGC para las empresas inmobiliarias[70] (en adelante PGCEI) y de las normas de adaptación del PGC para las empresas constructoras[71] (en adelante PGCEC) que vamos a analizar en este apartado.

5.6.1. LAS PARTICULARIDADES DE LA DACIÓN EN PAGO CELEBRADA POR UNA EMPRESA INMOBILIARIA

El rasgo distintivo de la dación en pago de las empresas inmobiliarias se encuentra en los elementos involucrados en la operación, puesto que, suponen la entrega de un bien inmueble para la extinción del préstamo concedido para la financiación de la promoción.

70. El PGCEI es obligatorio para aquellas empresas que realicen las actividades inmobiliarias, que consisten, principalmente, en la promoción o construcción con la intención de ofrecer los inmuebles resultantes en el mercado. Hay que señalar, además, que el PGCEI se aplicará a las «empresas de otros sectores que participan en el mercado inmobiliario» (PGCEI, Introducción I.2.), es decir, el hecho de que la actividad inmobiliaria para estas sea «complementaria o incluso accidental» (PGCEI, Introducción I.2.) no conlleva la exclusión del PGCEI. Al contrario, aquellas empresas en las que la actividad inmobiliaria es secundaria, tendrán que aplicar las especialidades del PGCEI a estas actividades y a sus actividades principales el PGC.

71. El PGCEC se aplica a las empresas constructoras. Se consideran incluidas en este sector aquellas empresas que llevan a cabo una actividad encaminada a la realización de obras, tanto de edificación como de ingeniería civil, que han de dar como fruto estructuras nuevas.
Una interpretación conjunta del ámbito de aplicación de las empresas constructoras e inmobiliarias deja claro que las primeras no realizarán la actividad de promoción (grupo 41 de la CNAE-2009) ni las actividades inmobiliarias de compraventa, alquiler, intermediación y gestión (la sección L de la CNAE-2009). En conclusión, se consideran constructoras aquellas empresas que «realizan solo la construcción de los inmuebles» (Introducción I.2 del PGCEI).

5.6.1.1. Los pasivos financieros consistentes en préstamos hipotecarios subrogables

En el sector de la promoción, es frecuente la financiación mediante «préstamos hipotecarios subrogables» [72]. Estos pasivos financieros generarán gastos de financiación específicos puesto que «se obtiene[n] para elementos individualizados y se cancela[n] a la venta de estos, bien porque el comprador se subrogue en la hipoteca, bien porque pague al contado» [73].

El PGCEI, siguiendo la clasificación del PGC, obliga a diferenciar estos pasivos financieros atendiendo a su duración. Por un lado, se registran aquellos pasivos que serán dados de baja en un plazo superior a 12 meses. Estos figuran en el grupo 1 y estarán relacionados con obras en curso de ciclo largo. Por otro lado, en el grupo 5 se registrarán los pasivos financieros cuyo plazo para la subrogación o cancelación sea igual o inferior a 12 meses (que servirán para financiar obra en curso de construcción de ciclo corto). El PGCEI recoge estas partidas en cuentas de cuatro dígitos [74].

Estos préstamos suelen ir incrementando la financiación de acuerdo con el desarrollo de las obras, de tal manera que se va aumentando el capital disponible a medida que el arquitecto va certificando las diferentes fases de la construcción. Contablemente, «según se vaya disponiendo de las cantidades necesarias en función de las fases de la construcción» [75], se va reconociendo el préstamo en el Pasivo.

5.6.1.2. La entrega de un inmovilizado material o de una inversión inmobiliaria.

Una de las peculiaridades de las empresas inmobiliarias es que un bien inmueble puede figurar registrado como existencias, como inmovilizado material o como inversión inmobiliaria, en función del uso al que esté destinado [76].

72. *MEMENTO CONTABLE. Año 2022*, marginal 9420.
73. *Ibidem*.
74. *Ibidem*: «El desglose de las cuentas es el siguiente:
- cuenta 1623 "Préstamos hipotecarios subrogables, a largo plazo de entidades de crédito del grupo";
- cuenta 1703 "Préstamos hipotecarios subrogables, a largo plazo de entidades de crédito";
- cuenta 5123 "Préstamos hipotecarios subrogables, a corto plazo de entidades de crédito del grupo";
- cuenta 5203 "Préstamos hipotecarios subrogables, a corto plazo de entidades de crédito"».
75. *MEMENTO CONTABLE. Año 2022*, marginal 9422.
76. Así, el artículo 35.1 del C. de Com. establece que «el activo circulante o corriente comprenderá los elementos del patrimonio que se espera vender, consumir o realizar en el transcurso del ciclo normal de explotación, así como, con carácter general, aquellas partidas cuyo vencimiento, enajenación o realización, se espera que se produzca en un plazo máximo de un año contado a partir de la fecha de cierre del ejercicio. Los demás elementos del activo deben clasificarse como fijos o no corrientes».

Los criterios de calificación del inmovilizado material se encuentran regulados en el PGCEI y coinciden con los del PGC y la Resolución del ICAC del 1 de marzo de 2013. Incluso las normas particulares establecidas para los solares no edificados y las construcciones tienen el mismo contenido. El registro contable de la dación en pago de estos activos se ajusta a las reglas generales que hemos expuesto en el apartado 6.3.1.

Los criterios de valoración del inmovilizado material también coinciden, si bien, el PGC obliga a incluir en el valor inicial los gastos de desmantelamiento o retiro y los de rehabilitación, mientras el PGCEI no ha explicitado norma alguna al respecto.

En cuanto a la activación de los gastos financieros, se aplica la Resolución del ICAC de 14 de abril de 2015 sobre el coste de producción. Estos gastos se distribuyen atendiendo al valor contable de los activos producidos o fabricados, y la principal diferencia con lo que había establecido el PGCEI, se encuentra en la regulación de los límites de la activación de los mismos[77]. De acuerdo con la citada Resolución del ICAC, por un lado, se excluye la atribución de gastos financieros a aquellos productos o partes de los mismos si el coste ha sido sufragado mediante de subvenciones, donaciones y legados específicos. Por otro lado, el importe máximo de gastos financieros que la empresa podrá activar durante el ejercicio es el total de gastos financieros en los que haya incurrido en ese periodo de tiempo.

La LIS, en principio, acepta las normas de valoración contable de estos activos (artículo 17.1 de la LIS). Podemos afirmar que la regla general es la admisión a efectos fiscales del valor contable del inmovilizado material e inversiones inmobiliarias en los términos descritos en la normativa contable. No obstante, se han previsto reglas especiales de valoración para aquellos elementos patrimoniales adquiridos mediante determinados negocios jurídicos, entre los que figuran la adquisición mediante una operación de fusión o escisión, así como a través de una permuta.

Cuando se produce la dación en pago de activos integrantes del inmovilizado material y de las inversiones inmobiliarias, es necesario revisar en cada caso las particularidades relativas a las amortizaciones y a las correcciones de valor sobre los activos, cuando se hayan realizado.

Otro componente del valor de los activos que hay que analizar aparece cuando la empresa ha asumido las obligaciones de desmantelamiento, retiro o rehabilitación al adquirir el elemento. En estos casos, los gastos que ello puede ocasionar en el futuro se activan, con abono en una provisión específica. Esta

77. En el PGCEI se definía el límite indicando que la parte de los activos financiados con fondos propios no permitía la incorporación de gasto financiero alguno al valor del activo. Esa previsión ha desaparecido.

provisión se lleva a gasto a través de la amortización del activo, incluso en el caso de que se haya asociado a un terreno o solar. El artículo 3.2 del RIS ha establecido que los costes de rehabilitación están incluidos en la base de la amortización[78]. La DGT[79] partiendo de la base de que la LIS ha aceptado las reglas de valoración contables y, a la vista de lo establecido en el RIS, ha señalado que cuando desde un punto de vista contable «el importe de la estimación inicial del valor de las obligaciones asumidas derivadas de la rehabilitación» forme parte del valor del inmovilizado material, «el gasto contable por la amortización de ese inmovilizado será fiscalmente deducible». Dado que el tratamiento contable de esta provisión es admitido a efectos fiscales, no se producen diferencias de valoración entre la valoración contable y fiscal. Otra particularidad de esta provisión es que cuando se produce su aplicación, se hace con abono en la cuenta del activo afectado sin pasar por la cuenta de pérdidas y ganancias del ejercicio. La LIS ha establecido que cuando se eliminen provisiones por no haber sido aplicadas a su finalidad —que es lo que ocurre cuando se transmite el inmueble—, hay que realizar un ajuste positivo para que la provisión se integre en la base imponible del IS[80].

También afecta al valor contable del inmovilizado material y de las inversiones inmobiliarias el deterioro de valor[81]. El artículo 13.2. a) de la LIS no deja lugar a dudas cuando establece que no serán deducibles «las pérdidas por deterioro del inmovilizado material, inversiones inmobiliarias e inmovilizado intangible, incluido el fondo de comercio». En conclusión, las pérdidas por el deterioro del valor generan una diferencia entre el valor contable y el valor fiscal del inmovilizado. La reversión de esta diferencia —prevista en el artículo 20 de la LIS—, se llevará a cabo a medida de la amortización o cuando se produzca la transmisión. En suma, cuando se produzca la entrega acordada con ocasión de

78. Artículo 3.2 del RIS: «Será amortizable el precio de adquisición o coste de producción, excluido, en su caso, el valor residual. Cuando se trate de edificaciones, no será amortizable la parte del precio de adquisición correspondiente al valor del suelo excluidos, en su caso, los costes de rehabilitación».

79. La cita es de la consulta de la DGT de fecha 18 de febrero de 2010 (V0296-10). En el mismo sentido, la consulta de la DGT de fecha 11 de mayo de 2020 (V1350-20) indica que «en lo que se refiere a la valoración inicial, a efectos fiscales, de las fincas rústicas afectas a la actividad de explotación minera de extracción de piedra (canteras) a que se refiere el escrito de consulta, será el tratamiento contable que proceda de acuerdo con la normativa contable aplicable de conformidad con lo señalado en el informe del ICAC, el que se asumirá igualmente a efectos fiscales, de acuerdo con lo establecido en el artículo 10.3 de la LIS, anteriormente transcrito. En lo que se refiere a la valoración posterior, (...) en la medida en que el gasto contable en concepto de amortización de la fincas rústicas afectas a la actividad de explotación minera de extracción de piedra (canteras) a que se refiere el escrito de consulta responda a cualquiera de los métodos señalados en las letras a) a d) del artículo 12 de la LIS, o bien el contribuyente justifique su importe tal y como señala la letra e) de dicho artículo, se considerará que corresponde a su depreciación efectiva resultando fiscalmente deducible».

80. Artículo 11.7 de la LIS.

81. La NRV 2.ª.2.2 del PGC regula el registro contable de estas correcciones valorativas.

la dación en pago, se va a integrar en la base imponible del deudor dicha diferencia valorativa mediante una disminución o ajuste negativo.

5.6.1.3. La dación en pago de existencias

La posibilidad de que se celebre la dación en pago de un bien inmueble registrado entre las Existencias es exclusiva de las empresas que aplican el PGCEI y el PGCEC.

El PGCEI ha incluido en el grupo 3 elementos propios de la actividad de las empresas inmobiliarias como los edificios, los terrenos, los solares y las promociones en curso. Estos bienes integran el Activo corriente cuando están destinados a la venta. Sin embargo, si su aprovechamiento o explotación se realiza mediante arrendamiento, «se registran en la empresa como inversiones inmobiliarias»[82].

Como hemos señalado en los apartados anteriores, no existe una norma fiscal específica para la dación en pago de bienes inmuebles y tampoco para la regulación de la valoración de las existencias, por lo que las normas contables tienen plena eficacia a efectos del IS.

Centrándonos en la valoración de las existencias, la Norma 13.ª del PGCEI establece que se registrarán por el precio de adquisición o el coste de producción. Aquí la diferencia con el tratamiento establecido en el PGC para el circulante es que formará parte del valor de la construcción o del edificio el importe satisfecho por el solar o el terreno sobre el que se esté realizando la misma [Norma 13.ª. 5. b) del PGCEI].

Cuando se trate de existencias que necesiten un periodo de tiempo superior a un año para estar en condiciones de ser vendidas, el PGC indica que se incluirán los gastos financieros en el precio de adquisición o coste de producción[83]. La incorporación de estos gastos al coste del producto se produce hasta que el activo se encuentre preparado para el uso al que esté destinado o para su venta, así que se equipara con el plazo tenido en cuenta para la construcción de la edificación. Esto supone un cambio de criterio, pues tradicionalmente se había considerado que los terrenos y solares se encontraban en condiciones de explotación cuando estaban «en disposición de comenzar en ellos las obras necesarias para la construcción»[84]. La idea que subyace en este cambio es que en realidad es «a la finalización de la construcción, cuando el activo, en su conjunto»[85] está en condiciones de ser utilizado o vendido. Por ello, la activación de los gastos financieros se produce hasta que finalice la construcción, o dicho de otro modo,

82. *MEMENTO CONTABLE. Año 2022*, marginal 9397.
83. *MEMENTO CONTABLE. Año 2022*, marginal 9398.
84. *Ibidem*, marginal 9400.
85. *Ibidem*, marginal 9400.1.

«no cesaría la activación de carga financiera asociada a la adquisición del terreno siempre y cuando no se produjera una interrupción del proceso productivo»[86].

Cuando las existencias sean objeto de una corrección valorativa, no se producirá diferencia alguna entre su valor contable y fiscal, puesto que el artículo 13.2 de la LIS no limita la deducibilidad de las pérdidas por deterioro del valor de los activos corrientes. Por ello, no será necesario realizar correcciones al resultado contable con ocasión de la dación en pago de las existencias.

5.6.1.4. Los traspasos de existencias a inmovilizado material y viceversa

Existe la posibilidad de que la empresa cambie el destino del activo. El traspaso puede ser del activo corriente al inmovilizado y la situación inversa, es decir, del inmovilizado a las existencias.

En ambos supuestos, contablemente el elemento mantendrá su valor. La LIS no ha establecido nada al respecto, por lo que el valor fiscal del elemento no cambia como consecuencia del traspaso. Ello supone que, aunque el activo deje de formar parte de las existencias, el deterioro del valor que fue deducido antes de la reclasificación al inmovilizado, no pierde la consideración de gasto deducible. Por el contrario, si se trataba de un inmovilizado que fue objeto de una corrección valorativa y dicho gasto no fue deducible por aplicación del artículo 13.2.a) de la LIS, al producirse el cambio al activo corriente, el obstáculo para la eficacia fiscal del deterioro del valor desaparece.

El cambio de destino de inmovilizado a existencias está previsto en la norma 3.ª. c) del PGCEI y en la NRV 7.ª del PGC. Aunque la redacción de estos preceptos es muy distinta, el resultado de su aplicación no lo será. Se realizarán las correcciones valorativas de las existencias cuando su valor en libros sea superior al valor neto realizable. Por ello, creemos que los criterios de valoración no resultan contrarios[87].

Es cierto que el PGCEI ha incorporado el requisito de que el inmovilizado no haya sido explotado. Sin embargo, el ICAC[88] ha considerado que una utilización mínima o irrelevante de un inmovilizado no puede impedir el cambio al grupo de existencias para aquellos activos que se destinarán «a ser incorporados al ciclo de comercialización de la actividad ordinaria de la empresa». Para valorar la relevancia del uso que se ha dado a los bienes del inmovilizado se atiende «a la utilidad del propio bien, en términos cuantitativos y cualitativos» y a «la verdadera naturaleza de la operación», por tanto, «aquellos activos destinados a la

86. *Ibidem.*
87. *MEMENTO CONTABLE. Año 2022*, marginal 9413.
88. consulta núm. 3 del ICAC, BOICAC núm. 52 de 2002 y *MEMENTO CONTABLE. Año 2022*, marginal 9414.

venta como una parte de la actividad de comercialización propia de la sociedad, deberán formar parte, en su caso, de las existencias de las mencionadas empresas, sin que una utilización mínima o accidental debiera limitar ni alterar la verdadera calificación que procediera otorgar al bien».

Cuando la empresa adopte la decisión contraria, esto es, que los bienes pasen a destinarse a su uso propio o al alquiler, contablemente se hará el cambio de existencias a inmovilizado material o a inversión inmobiliaria. Esta situación está prevista en la norma 13.ª.5.c) del PGCEI. La incorporación al inmovilizado material se hará separando el valor del terreno o solar y el de la construcción. Así, se abona en una cuenta del subgrupo 73 Trabajos realizados para la empresa por el valor de adquisición o coste de producción del inmueble. En su caso, se traspasarán los deterioros del valor de esos elementos.

5.6.1.5. Las particularidades de la tributación de la dación en pago de un inmueble en construcción

La primera cuestión que plantean estas operaciones versa sobre el criterio de imputación de temporal de las rentas. En el apartado 6.5 hemos analizado las reglas establecidas en el PGC. En este apartado revisaremos la compatibilidad de la Norma de valoración 18.ª del PGCEI con las primeras.

El PGCEI permitía reconocer el ingreso por ventas cuando los bienes estuvieran en condiciones de entrega material a los clientes durante el ejercicio y, en particular, para los inmuebles en fase de construcción, cuando se hubieran incorporado al menos el 80 % de los costes de la construcción, sin tener en cuenta el valor del terreno. El ICAC[89] ha afirmado que lo establecido en el PGCEI entra en colisión con la NRV 14.ª del PGC.

La consulta del ICAC se basaba en la redacción original de la NRV 14.ª del PGG que ha estado en vigor hasta enero de 2021. No obstante, consideramos que el criterio expresado no se verá afectado por las modificaciones aprobadas, puesto que da especial protagonismo a dos circunstancias que coinciden con lo previsto en la regla general del NRV 14.ª.2 del PGC y con los indicadores de cumplimiento del apartado 2.2 de la misma. Así, se atiende, por un lado, a la transmisión de los riesgos y beneficios significativos inherentes a la propiedad de los bienes y, por otro lado, a que la empresa vendedora no retenga el control ni la gestión corriente de los bienes vendidos en un grado asociado normalmente con su propiedad. Ahora bien, las condiciones de obligado cumplimiento a las que hace referencia el ICAC han perdido este carácter y han pasado a ser indicadores.

El ICAC ha señalado que la transmisión del control de los bienes inmuebles en fase de construcción se producirá cuando concurran dos circunstancias. La

89. consulta núm. 8 del ICAC, BOICAC núm. 74 de 2008.

primera, es que el inmueble esté prácticamente terminado en atención a circunstancias como la emisión del certificado final de obra o de la certificación de la fase completada. La segunda, es que se haya otorgado escritura de compraventa o, en su defecto, que se haya puesto a disposición del cliente el inmueble.

Al margen del debate doctrinal sobre el carácter real o consensual de la dación en pago, creemos que el cumplimiento de la obligación del *solvens* pasa por la transmisión de la plena propiedad del bien inmueble. En nuestro Derecho, la teoría del título y el modo conlleva el doble requisito del consentimiento y de la entrega para que se perfeccione la transmisión. El criterio manifestado por el ICAC está en clara sintonía con la perspectiva jurídica. En conclusión, el devengo de la renta generada por la dación en pago se producirá en el periodo impositivo en el que se hayan cumplido ambos requisitos.

En segundo lugar, cuando se registra contablemente la venta de un inmueble en construcción, la empresa dotará una provisión para la terminación de construcciones[90]. «Esta partida recoge los gastos futuros estimados que son necesarios para concluir la construcción»[91] del inmueble transmitido mediante dación en pago. Esta partida permite reflejar gastos en los que no se ha incurrido por ser el importe estimado. Estos compromisos de terminación de la obra proceden de un hecho cierto, ocurrido y justificado como es la obligación de entregar el inmueble terminado al acreedor. No se trata de una obligación implícita o tácita, puesto que surge de la dación en pago acordada. Por ello, procede registrar contable una provisión y no un gasto cuando su importe no sea cuantificable en ese momento.

Desde el punto de vista fiscal, la dotación de la provisión representa un gasto deducible siempre que estos estén relacionados con la finalización de la obra. Al coincidir el tratamiento contable y fiscal, no habrá diferencias en cuanto a la valoración del elemento. Posteriormente, la aplicación de la provisión a su finalidad tampoco conllevará la realización de ajustes en la base imponible.

5.6.2. LAS PARTICULARIDADES DE LA DACIÓN EN PAGO CELEBRADA POR UNA EMPRESA CONSTRUCTORA

La actividad de la empresa constructora consiste básicamente en la realización de obras que van a dar lugar a una nueva edificación o estructura. Normalmente, el proyecto parte de la iniciativa del promotor o del propietario del terreno, por lo que la actividad del constructor se realiza por encargo o contrato. Aunque no es lo habitual, también está previsto que la empresa de construcción pueda realizar obras sin la existencia de encargo o contrato. En este caso, el producto de la obra se destinará a su venta posterior.

90. La cuenta 497 «Provisión para terminación de promociones» del cuadro de cuentas del PGCEI.

91. *MEMENTO CONTABLE. Año 2022*, marginal 9407.

Como explican MATA SIERRA y GONZÁLEZ APARICIO «en una empresa dedicada a la construcción, las viviendas construidas y puestas a la venta formarán parte de sus existencias, mientras que las oficinas y demás inmuebles destinados a la atención al público o a labores administrativas o de gestión formarán parte de su inmovilizado»[92]. En este sentido, la NRV 14.ª.2 del PGC dispone que «en el caso de las obligaciones contractuales que se cumplen en un momento determinado, los ingresos derivados de su ejecución se reconocerán en tal fecha. Hasta que no se produzca esta circunstancia, los costes incurridos en la producción o fabricación del producto (bienes o servicios) se contabilizarán como existencias».

El PGC ha previsto que el reconocimiento de los ingresos se produzca cuando «se cumplan los criterios de probabilidad en la obtención o cesión de recursos que incorporen beneficios o rendimientos económicos y su valor pueda determinarse con un adecuado grado de fiabilidad»[93]. En concreto, los ingresos procedentes de la venta de bienes se contabilizarán «cuando (o a medida que) se produzca la transferencia al cliente del control sobre los bienes o servicios comprometido (es decir, la o las obligaciones a cumplir)»[94].

En el mismo sentido puede ser interpretada la Norma 18.ª.b) del PGCEC que establece que los ingresos de las obras realizadas sin existencia de encargo o contrato se registran «una vez se produzca la transmisión efectiva de los bienes objeto de la construcción, de acuerdo con las condiciones de venta, registrando, en su caso, los costes previstos para la terminación de la obra ya vendida».

Habría que interpretar la referencia a «la transmisión efectiva de los bienes» del PGCEC no en el sentido jurídico del término, sino en el sentido económico, como «transferencia del control de los bienes o servicios comprometidos con los clientes»[95], es decir, como «la transmisión de los riesgos y beneficios significativos inherentes a la propiedad»[96].

En resumen, cuando la empresa constructora afronte la ejecución de una obra sin encargo y que aún no ha sido vendida, no procede el registro contable de los ingresos por las ventas hasta que no se transmitan los bienes resultantes.

Además, está previsto que la parte de la obra ejecutada al final de cada ejercicio figure en el balance como «Obras en curso» (subgrupo 34)[97]. En la parte tercera del PGCEC, se indica que las unidades de obra que se encuentren en ejecución parcial al cierre del ejercicio y que no se hayan computado como ven-

92. MATA SIERRA, M. T. y GONZÁLEZ APARICIO, M.: «La dación en pago...», *op. cit.*, p. 27.
93. MCC 5.ª del PGC.
94. PGC NRV 14.ª.2.
95. NRV 14.ª.1 del PGC.
96. *MEMENTO CONTABLE. Año 2022*, marginal 9325.
97. *Ibidem.*

tas o cifra de negocios, figurarán en el subgrupo citado. Al tratarse del grupo 3 Existencias, la incorporación de este activo se produce al final del ejercicio, mediante la activación de los costes en los que se haya incurrido, con abono a la cuenta (710) Variación de existencias de obras en curso[98].

La valoración de la obra en curso reflejará el coste de producción, cuyos elementos integrantes han sido definidos en la Norma 13.ª.3 del PGCEC en términos similares a las normas del PGCEI. En cuanto a las cuestiones relativas al criterio de distribución de los costes indirectos, y aunque no se han previsto expresamente en el PGCEC, consideramos que es aplicable el mismo tratamiento que a las empresas inmobiliarias, por la similitud que se produce entre la promoción y la construcción en estos trabajos realizados sin encargo, cuyo resultado va a ser la comercialización o venta de las edificaciones resultantes.

Al cierre del ejercicio, las unidades de obra finalizadas pasarán al subgrupo (35) Obras terminadas y figurarán en el activo del balance hasta su transmisión.

El registro contable de la dación en pago sigue la misma dinámica que el indicado para las empresas inmobiliarias. Así, la cancelación total de la deuda provocará la baja del pasivo por su valor en libros y la entrega del activo por su valor razonable como una venta de obra terminada, con su reflejo en el importe neto de la cifra de negocios. El asiento se cuadra dejando constancia del resultado financiero de la operación en una cuenta del subgrupo 66 Gastos financieros o en una cuenta del subgrupo 76 Ingresos financieros, según corresponda.

Por otro lado, la baja del elemento entregado se registra al final del ejercicio utilizando la cuenta de variación de existencias. De esta forma llega a la cuenta de resultados el valor en libros del activo entregado, haciendo que en el resultado de la explotación se integre la diferencia entre el ingreso por la venta del inmueble y su valor en libros. Todo ello, en consonancia con la Norma Internacional de Contabilidad que prevé que «cuando las existencias sean enajenadas, el importe en libros de las mismas se reconocerá como un gasto del ejercicio en el que se reconozcan los correspondientes ingresos ordinarios»[99].

98. *Ibidem*, marginal 9347.
99. Norma Internacional de Contabilidad NIC/2 de 3 noviembre de 2008, apartado 34.

6

La dación en pago de bienes inmuebles y el Impuesto sobre el Incremento del Valor de los Terrenos de Naturaleza Urbana

SUMARIO: 6.1. EL HECHO IMPONIBLE Y LOS SUPUESTOS DE NO SUJECIÓN POR INEXISTENCIA DE INCREMENTO EN EL VALOR DEL TERRENO EN LA DACIÓN DE BIENES INMUEBLES. 6.2. EL DEVENGO DEL IIVTNU COMO CONSECUENCIA DE LA DACIÓN EN PAGO. 6.3. EL SUJETO PASIVO DEL IMPUESTO DEVENGADO POR LA DACIÓN EN PAGO. 6.4. LA EXENCIÓN DE LA DACIÓN EN PAGO DE LA VIVIENDA HABITUAL. *6.4.1. Los requisitos subjetivos. 6.4.2. Los requisitos objetivos.* 6.5. LA CUANTIFICACIÓN DE LA BASE IMPONIBLE. 6.6. EL TIPO DE GRAVAMEN, LA CUOTA TRIBUTARIA Y LA GESTIÓN DEL IMPUESTO.

Cuando se pacta la dación en pago de un bien inmueble urbano se produce la transmisión onerosa de la titularidad de este elemento patrimonial y hay que analizar si se devenga el IIVTNU.

Un problema generalizado que aqueja al IIVTNU deriva de las reiteradas declaraciones de inconstitucionalidad por la vulneración del principio de capacidad económica producidas entre 2017 y 2021. La primera declaración de inconstitucionalidad fue referida a los impuestos forales y, desde entonces, el TC ha ido reiterando su pronunciamiento hasta que la STC 182/2021, de 26 de octubre, declaró definitivamente la inconstitucionalidad y nulidad de los artículos reguladores de la base imponible del IIVTNU. GARCÍA PRATS ha calificado esta situación como «declaración de inconstitucionalidad por partes o fascículos» [1].

---

1. GARCÍA PRATS, A.: «La inconstitucionalidad de la plusvalía municipal: pasado, presente y futuro» en GARCÍA PRATS, A. (dir.), *Jornada Tributaria «La Inconstitucionalidad de la "Plusvalía Municipal": Pasado, Presente y Futuro. La STC de 26 de Octubre de 2021: Cuestiones Problemáticas»*. Universidad de Valencia, Valencia, 17 de noviembre de 2021.

Tras la declaración de inconstitucionalidad total producida el 26 de octubre de 2021, se hacía imposible la exacción del IIVTNU hasta que el TRLRHL fuese enmendado. El RDL 26/2021[2], ha modificado los preceptos del TRLRHL que han sido declarados inconstitucionales. Asimismo, cabe señalar que la STC 17/2023, de 9 de marzo de 2023 ha desestimado el recurso de inconstitucionalidad formulado contra el RDL 26/202[3].

En la regulación vigente del IIVTNU, existen cuestiones concretas que afectan a la dación en pago y están relacionadas con diferentes elementos del mismo. En primer lugar, analizaremos el supuesto de no sujeción establecido en el artículo 104.5 del TRLHL y la cuantificación de la base imponible por el método de estimación directa, así como la nueva dinámica de aplicación del impuesto derivada de las nuevas normas de determinación de la base imponible por dos métodos de cuantificación distintos y la facultad de comprobar el valor reconocida a la Administración. En segundo lugar, estudiaremos la exención de la dación en pago de la vivienda habitual. Por último, señalaremos las cuestiones más relevantes en cuanto al cálculo de la cuota tributaria y las obligaciones de gestión.

6.1. EL HECHO IMPONIBLE Y LOS SUPUESTOS DE NO SUJECIÓN POR INEXISTENCIA DE INCREMENTO EN EL VALOR DEL TERRENO EN LA DACIÓN DE BIENES INMUEBLES

En este apartado analizaremos el IIVTNU tal como ha quedado redactado el TRLRHL después de la modificación aprobada por el RDL 26/2021, que ha añadido un apartado 5 en el artículo 104 —dedicado al hecho imponible—, ha modificado el artículo 107 —que regula la base imponible—, modificado el apartado 4 y añadido un apartado 8 en el artículo 110 —dedicado a las normas de gestión del IIVTNU—.

Atendiendo a su configuración legal se deduce que «el impuesto grava el incremento de valor que experimentan los terrenos urbanos puesto de manifiesto en el momento de la trasmisión de su propiedad y que se ha acumulado a

2. Real Decreto-ley 26/2021, de 8 de noviembre, por el que se adapta el texto refundido de la Ley Reguladora de las Haciendas Locales, aprobado por el Real Decreto Legislativo 2/2004, de 5 de marzo, a la reciente jurisprudencia del Tribunal Constitucional respecto del Impuesto sobre el Incremento de Valor de los Terrenos de Naturaleza Urbana, publicado en el BOE núm. 268, de 9 de noviembre de 2021.
3. El TC ha estimado que concurre el supuesto habilitante de la extraordinaria y urgente necesidad, al tiempo que ha negado que el RDL 26/2021 haya regulado materias vetadas a esta clase de norma jurídica, puesto que, no afecta al contenido constitucional del deber de contribuir (artículo 31.1 de la CE). Así, en el FJ 3 concluye que «atendiendo a la posición del IIVTNU en el sistema tributario español, puede afirmarse que la regulación impugnada, aunque modifique la base imponible de este impuesto local, no ha alterado sustancialmente la posición de los obligados a contribuir según su capacidad económica en el conjunto del sistema tributario, de manera que no ha afectado a la esencia del deber constitucional de contribuir al sostenimiento de los gastos públicos que enuncia el art. 31.1 CE».

lo largo de un período máximo de 20 años»[4]. El TC ha concretado cual es la riqueza gravada por este impuesto, indicando que «no estamos, pues, ante un impuesto que someta a tributación una transmisión patrimonial, pues el objeto del tributo no se anuda al hecho de la transmisión, aunque se aproveche esta para provocar el nacimiento de la obligación tributaria; tampoco estamos ante un impuesto que grave el patrimonio, pues su objeto no es la mera titularidad de los terrenos, sino el aumento de valor (la renta) que han experimentado con el paso del tiempo»[5].

El RDL 26/2021 ha creado un nuevo supuesto de no sujeción aplicable a las transmisiones de terrenos de naturaleza urbana en las que no exista incremento del valor, que ha quedado incorporado al apartado 5 del artículo 104 del TRLHL. De esta manera, se salva el primer motivo de inconstitucionalidad que aquejaba al IIVTNU derivado de que «el gravamen no se anuda necesariamente a la existencia de ese "incremento" sino a la mera titularidad del terreno durante un período de tiempo computable que oscila entre uno (mínimo) y veinte años (máximo). Basta, entonces, con que se sea titular de un terreno de naturaleza urbana para que el legislador anude a esta circunstancia, como consecuencia inseparable e irrefutable, un incremento de valor sometido a tributación que cuantifica de forma automática, mediante la aplicación al valor que tengan a efectos del Impuesto sobre Bienes Inmuebles al momento de la transmisión de un porcentaje fijo por cada año de tenencia [arts. 4.2 a) y 4.3], con independencia no sólo del *quantum* real del mismo, sino de la propia existencia de ese incremento»[6]. Ahora bien, el TC no indica en la STC 59/2017, de 11 de mayo, «los criterios específicos de valoración que deban servir para determinar si se ha producido el incremento del valor del terreno o no»[7].

Para constatar la inexistencia del incremento del valor del terreno se atenderá a la diferencia entre el valor de dicho terreno «en las fechas de transmisión y adquisición» (artículo 104.5, primer párrafo del TRLRHL). Además, tanto para el valor de transmisión como para el valor de adquisición del terreno se atiende al mayor de los siguientes valores: «el que conste en el título que documente la operación o el comprobado, en su caso, por la Administración tributaria» (artículo 104.5, tercer párrafo del TRLRHL). Para hallar estos valores, no se computan los gastos o tributos que graven dichas operaciones[8] . Por último, cuando sea necesario diferenciar la parte del valor que corresponde al suelo y a la construcción, «se tomará como valor del suelo a estos efectos el que resulte

4. PALADINI BRACHO, I.: «Disfuncionalidades del sistema tributario...», *op. cit.*, p. 600.
5. STC 26/2017, de 16 de febrero, FJ 2.
6. *Ibidem*, FJ 3.
7. PALADINI BRACHO, I.: «Interpretación y eficacia de las sentencias...», *op. cit.*, p. 225.
8. PALAO TABOADA, C.: «La inconstitucionalidad y nulidad de las normas sobre la base imponible del IIVTNU: La STC 182/2021, de 26 de octubre, y el RD-L 26/2021, de 8 de noviembre», *Nueva fiscalidad*, núm. 4, 2021, p. 57, ha criticado que «no se computen los gastos y tributos que graven la operación». HERNÁNDEZ GUIJARRO, F. y GOMAR

de aplicar la proporción que represente en la fecha de devengo del impuesto el valor catastral del terreno respecto del valor catastral total» (artículo 104.5, cuarto párrafo del TRLRHL). Esta proporción servirá para identificar el valor del terreno tanto si se trata del valor de transmisión, como del valor de adquisición.

El RDL 26/2021 establece dos criterios de valoración para cuantificar el incremento experimentado por el valor del terreno, uno hace referencia al valor que conste en el título que documente la operación y el segundo hace referencia al valor comprobado.

Respecto al primero, a lo largo de este trabajo hemos señalado que la dación en pago despliega efectos traslativos y extintivos, por lo que el crédito que se extingue cumple en este negocio la misma función que el precio en la compraventa[9]. La consecuencia lógica es que cuando se devenga el IIVTNU por la transmisión mediante dación en pago, el valor de transmisión coincidirá con la cuantía del crédito que figure en el documento en el que se ha formalizado la dación en pago, puesto que este representa la contraprestación de la transmisión del bien, y el valor de adquisición será el que conste en el título que documentó la adquisición. En cambio, cuando la dación en pago sea el título por el cual se ha adquirido el bien, se invertirá la situación y el valor de adquisición será la cuantía del crédito que se extinguió.

No hemos podido constatar la recepción de esta tesis por la jurisprudencia del TS acerca del IIVTNU. Por el momento se han dictado tres sentencias[10] relativas a devengos producidos por operaciones de dación en pago, en las que se han anulado las sentencias de instancia que aplicaban la tesis maximalista, pero el TS no se ha pronunciado acerca de cómo se calcula el incremento o decremento del valor del terreno. En concreto, la STS 532/2019, de 3 de abril, resuelve un caso en el que el negocio originario había sido una permuta de solar a cambio de una edificación futura que no se había llegado a realizar. Para extinguir esta obligación, se pactó la dación en pago al anterior propietario del solar. Cuando se celebró la dación en pago, catorce años después de la permuta, se consideró que el valor del terreno en ese momento era equivalente al valor de la obligación que se extinguía y así constaba en la escritura. El TS afirma que el contribuyente no tiene la carga de probar la minusvalía por un medio distinto de la exhibición de las escrituras públicas de adquisición y de transmisión, ya que «tales datos, a menos que fueran simulados, deberían ser suficientes, desde la

GINER, V.: «La catarsis del Impuesto...», *op. cit.*, p. 82: «el TC, a efectos de determinar el incremento de valor existente entre el momento de adquisición y de transmisión del terreno, parte de la "ganancia real neta", esto es, la diferencia existente entre el valor de adquisición, más los gastos y tributos soportados, y el valor de transmisión, menos los gastos y tributos soportados».

9. STS de 13 de febrero de 1989 (RJ 1989, 831).

10. STS 532/2019, de 3 de abril, STS 312/2020, de 3 de marzo y STS 1208/2019, de 23 de septiembre.

perspectiva del *onus probandi*, para desplazar a la parte contraria, al Ayuntamiento gestor y liquidador, la carga de acreditar en contrario, de modo bastante, que los precios inicial o final son mendaces o falsos o no se corresponden con la realidad de lo sucedido».

Asimismo, la STS 532/2019, de 3 de abril, indica que para valorar si se ha realizado el hecho imponible del IIVTNU se atiende al contexto económico de «burbuja inmobiliaria» y a «las fluctuaciones monetarias producidas a lo largo de esos 14 años»[11]. Sorprende la referencia a la dinámica de las fluctuaciones del valor del dinero, puesto que el legislador ha eliminado de las normas de cuantificación la actualización de los valores de adquisición para eliminar el efecto de la inflación en el IRPF y en el IS. Tampoco el TRLRHL hace referencia a ello[12]. No obstante, en la coyuntura inflacionista actual creemos que es adecuado incorporar algunas medidas para corregir las consecuencias de este fenómeno sobre la cuantificación de las rentas obtenidas por los contribuyentes.

Respecto al segundo criterio de valoración, es necesario analizar cuál es la interpretación adecuada de la referencia al «valor comprobado». La solución viene de la mano de la interpretación conjunta del artículo 104 del TRLRHL con los artículos 107.5 y 110.4 del TRLRHL. El artículo 104.5 del TRLRHL ha establecido que el resultado (incremento o decremento) del valor de los terrenos se obtiene por diferencia entre el valor de transmisión y el valor de adquisición. A su vez, estos valores se asignan atendiendo al mayor de los siguientes: al que resulte del título de adquisición y de transmisión o al valor comprobado por la

11. STS 532/2019, de 3 de abril, FJ 4: «como expresáramos en nuestra sentencia 1248/2018, de 17 julio (rec. 5664/2017), no cabe desdeñar *a priori* todo valor de prueba, aun indiciaria, a los precios recogidos en las escrituras públicas de adquisición y transmisión, de la misma manera que tampoco resulta procedente atribuir al interesado la carga de probar la pérdida patrimonial por medios distintos al de la exhibición de tales instrumentos ni, por último, exigir, a la postre, una prueba pericial para acreditar que se ha experimentado la minusvalía que situaría la transmisión efectuada fuera del ámbito objetivo de la aplicación del tributo. En otras palabras, tales datos, a menos que fueran simulados, deberían ser suficientes, desde la perspectiva del *onus probandi*, para desplazar a la parte contraria, al Ayuntamiento gestor y liquidador, la carga de acreditar en contrario, de modo bastante, que los precios inicial o final son mendaces o falsos o no se corresponden con la realidad de lo sucedido. No obstante, sobre la base de lo que se acaba de expresar, habrá de determinarse si se ha producido o no el hecho imponible de la plusvalía atendiendo a que de las escrituras se infiere que el terreno fue adquirido y vendido 14 años después por la misma cantidad, valoración que deberá considerar el contexto de las circunstancias económicas ligadas a la denominada "burbuja inmobiliaria" —a la que alude la Administración— así como a las fluctuaciones monetarias producidas a lo largo de esos 14 años y, finalmente, determinar las circunstancias aducidas por el propio Ayuntamiento de Pozuelo de Alarcón en torno a unas eventuales operaciones de permuta, dación en pago y compensación de créditos en lugar de una compraventa de suelo, razones todas ellas que determinan la necesidad de retrotraer las actuaciones para una valoración plena de la prueba por la sala de apelación».

12. PALAO TABOADA, C.: «La inconstitucionalidad y nulidad...», *op. cit.*, p. 57 ha señalado que el Real Decreto-ley 26/2021, de 8 de noviembre «tampoco se pronuncia sobre la corrección de la depreciación monetaria».

Administración. El artículo 107.5 del TRLRHL, regula la cuantificación de la base imponible por el método de estimación directa y establece que se cuantificará la base imponible por «el importe del incremento de valor», pero se remite expresamente al artículo 104.5 del TRLRHL para su cuantificación. Esto nos lleva a otorgar el máximo protagonismo a la correlación directa entre el hecho imponible y la base imponible. Por último, el artículo 110.4 del TRLRHL dispone que «respecto de dichas autoliquidaciones, sin perjuicio de las facultades de comprobación de los valores declarados por el interesado o el sujeto pasivo a los efectos de lo dispuesto en los artículos 104.5 y 107.5, respectivamente, el ayuntamiento correspondiente solo podrá comprobar que se han efectuado mediante la aplicación correcta de las normas reguladoras del impuesto, sin que puedan atribuirse valores, bases o cuotas diferentes de las resultantes de tales normas». Por lo tanto, la facultad de comprobación se circunscribe a los supuestos en los que no exista incremento del valor del terreno o cuando la base imponible se cuantifique por el valor «real» de dicho incremento [13]. En cambio, cuando se cuantifique atendiendo al incremento «legal» o por el método de estimación objetiva, la Administración solo puede comprobar que se han aplicado adecuadamente las normas reguladoras de la estimación objetiva. En conclusión, nos parece que el criterio de valoración consistente en el valor comprobado debe ser interpretado en conexión directa con la riqueza gravada, es decir, que el objetivo de esa comprobación de valor es identificar la plusvalía real y efectiva del terreno [14].

La consecuencia principal de la no sujeción por inexistencia del valor del terreno es que no surgirá el deber de contribuir por este tributo, sin que ello tenga consecuencias en el futuro. Así ha quedado reflejado en el artículo 104.5, sexto párrafo del TRLRHL cuando indica que en la siguiente transmisión de ese terreno «no se tendrá en cuenta el periodo anterior a su adquisición». Es decir, no se computará el número de años de tenencia del elemento correspondiente al titular anterior, aunque aquella transmisión quedara no sujeta por inexistencia de incremento del valor del terreno. En cambio, los supuestos de no sujeción

13. *Ibidem*, p. 61: «Prescindiendo de su desacertada redacción, esta reserva no es una excepción a la prohibición de comprobar el resultado de la estimación objetiva, la Administración no puede hacer en ningún caso *motu proprio*. La posibilidad de efectuar esta comprobación solo se le abre cuando el contribuyente hace uso de la facultad que le confiere en los citados preceptos de probar cuál ha sido la plusvalía real, en cuyo caso la Administración puede naturalmente llevar a cabo una comprobación y, en su caso, debatir las alegaciones de aquel».

14. En el FJ 5 de la STS de 1163/2018, de 9 de julio, el TS ha declarado que el objeto de la prueba es «la existencia de un minusvalía real», puesto que «el artículo 104.1 del TRLHL dispone que el impuesto "grava el incremento de valor que experimentan dichos terrenos (...)", y es la exégesis que el máximo intérprete de nuestra Constitución ha efectuado en la STC 59/2017 la que obliga a interpretar ese incremento de valor como un incremento de valor real para que la plusvalía gravada respete las exigencias que dimanan del principio de capacidad económica».

establecidos en el artículo 104.4 del TRLRHL[15] producen un diferimiento en la tributación, ya que «en la posterior transmisión de los inmuebles se entenderá que el número de años a lo largo de los cuales se ha puesto de manifiesto el incremento de valor de los terrenos no se ha interrumpido por causa de la transmisión derivada de las operaciones previstas en este apartado» (artículo 104.4, último párrafo del TRLRHL).

6.2. EL DEVENGO DEL IIVTNU COMO CONSECUENCIA DE LA DACIÓN EN PAGO

Cuando, como consecuencia de la dación en pago, se haya puesto de manifiesto la existencia de una plusvalía o incremento del valor del terreno, se realiza el hecho imponible del IIVTNU. En estos casos, el devengo se produce en la fecha de la transmisión del terreno urbano [artículo 109.1.a) del TRLRHL].

En la primera parte de este trabajo nos referimos a la formalización de la dación en pago y expusimos detalladamente los motivos que nos llevan a decantarnos por considerarlo un negocio real, que se resumen en que resulta más ajustado a su naturaleza jurídica como medio especial de pago. Además, para que se produzcan los efectos traslativos del dominio es necesaria la concurrencia del título y el modo, lo que implica que son requisitos necesarios tanto el acuerdo de voluntades como la entrega de la cosa. Si se transmite el poder de disposición sobre bienes inmuebles, la *traditio* se entiende producida cuando se otorgue la escritura pública. Todo ello, nos lleva a situar el devengo del IIVTNU en el momento de la entrega del inmueble.

Asimismo, está previsto en el artículo 109.4 del TRLRHL que cuando se haya pactado una condición suspensiva, «no se liquidará el impuesto hasta que ésta se cumpla». En cambio, si la condición pactada es resolutoria, al producirse la transmisión del terreno con todos sus efectos, la exacción del impuesto seguirá la dinámica habitual, sin perjuicio de la posibilidad de obtener la devolución cuando la condición resolutoria se cumpla.

15. Estos supuestos comprenden las transacciones de bienes inmuebles efectuadas a la Sociedad de Gestión de Activos Procedentes de la Reestructuración Bancaria, S. A. y las realizadas por esta sociedad a favor de entidades participadas directa o indirectamente por la misma en al menos el 50 por ciento o a los fondos de activos bancarios. También se aplica a las aportaciones o transmisiones que se produzcan entre los citados Fondos durante el período de tiempo de mantenimiento de la exposición del Fondo de Reestructuración Ordenada Bancaria a los Fondos. Estas operaciones se encuentran previstas en la Ley 9/2012, de 14 de noviembre, de reestructuración y resolución de entidades de crédito y el Real Decreto 1559/2012, de 15 de noviembre, por el que se establece el régimen jurídico de las sociedades de gestión de activos.

6.3. EL SUJETO PASIVO DEL IMPUESTO DEVENGADO POR LA DACIÓN EN PAGO

En las transmisiones onerosas el contribuyente del IIVTNU será el transmitente del terreno. Cuando la operación realizada es una dación en pago, el transmitente es el *solvens*. Esta posición la puede ostentar el propio deudor, un garante de la obligación o incluso un tercero. Los contribuyentes, tal como prevé el artículo 106.1.b) del TRLRHL, pueden ser personas físicas, jurídicas o entes de hecho del artículo 35.4 de la LGT.

En el caso particular de que el *solvens* fuese una persona física no residente en territorio español, el adquirente sería el sustituto del contribuyente (artículo 106.2 del TRLHL). Por lo que, si la trasmisión se produjo como consecuencia de la dación en pago, el sustituto sería el acreedor o un tercero designado por este para adquirir el inmueble.

El artículo 9 del RDL 6/2012 añadió un apartado 3 al artículo 106 del TRLRHL, que establecía un supuesto de sustituto específico para la dación en pago del CBP. De acuerdo con este precepto, la entidad que adquiriera el inmueble sería sustituto del contribuyente. Además, se dispuso que el sustituto no podría «exigir del contribuyente el importe de las obligaciones tributarias satisfechas».

Esta medida recibió críticas doctrinales porque la circunstancia de que el sustituto no pudiese repetir sobre el contribuyente la carga tributaria, alteraba las características básicas[16] de la figura. Además, se distorsionaba la configuración del impuesto[17], ya que hacía que el gravamen por la renta puesta de manifiesto no recayese sobre el contribuyente —que en este caso particular, era el deudor—, sino que sería el acreedor quien soportase la carga tributaria sin realizar el hecho imponible ni ostentar la riqueza sometida a tributación. Asimismo,

---

16. FALCÓN y TELLA, R.: «Dación en pago de inmuebles hipotecados: consecuencias en el IRPF del deudor, en el IS de la entidad financiera y en el IIVTNU». *Revista Quincena Fiscal*, num.12, 2012 (BIB 2012, 1150). También DEL BLANCO GARCÍA, A y GARCÍA CARRETERO, B.: *El Impuesto sobre el Incremento de Valor de los Terrenos de Naturaleza Urbana: análisis crítico y propuestas de reforma*. Editorial Reus. Madrid, 2021.
17. No estamos de acuerdo con DEL AMO GALÁN, O.: «Exención de la dación en pago en el Incremento de Valor de los Terrenos de Naturaleza Urbana». *Carta Tributaria. Revista de Opinión*, núm. 1, 2015 (LA LEY 3434/2015), p. 1: «el artículo 9 del Real Decreto-ley 6/2012, de 9 de marzo (LA LEY 4108/2012), de medidas urgentes de protección de deudores hipotecarios sin recursos, introdujo una modificación en el artículo 106 TLRHL, añadiendo un apartado 3 en virtud del cual "se invertía" el sujeto pasivo del Impuesto en el caso de dación en pago (...) Con ello se pretendía que quienes tuvieran que entregar a la entidad de crédito su vivienda en dación en pago para saldar la hipoteca no estuvieran obligados a soportar el pago del impuesto, sino que sería dicha entidad de crédito la que debería hacerlo».

porque el ámbito de aplicación era muy limitado, lo que perjudicaba la recaudación de los Ayuntamientos[18].

Una explicación para crear este supuesto de sustituto era no alterar las fuentes de ingresos municipales, aunque, desde un punto de vista técnico, la forma más acertada de logar atender a la situación de estos deudores sin recursos era exonerarles del cumplimiento de la obligación principal.

Poco después, el artículo 123.2 del RDL 8/2014 aprobó la exención de la dación en pago de la vivienda habitual y suprimió al sustituto para la dación en pago del CBP. Este cambio normativo ha favorecido a las entidades de crédito y otras entidades que, con carácter profesional, se dedican a la concesión de préstamos o créditos hipotecarios, puesto que han dejado de soportar el gravamen sin posibilidad de recuperar las cuotas tributarias abonadas. Además, cuando transmitan los inmuebles, computarán el periodo de generación del incremento desde la fecha de celebración de la dación en pago y no tendrán que incluir el número de años de tenencia del anterior titular, aunque este no tributó de manera efectiva[19].

6.4. LA EXENCIÓN DE LA DACIÓN EN PAGO DE LA VIVIENDA HABITUAL

El artículo 105.1.c) del TRLHL ha establecido la exención de aquellos incrementos del valor de los terrenos obtenidos por la dación en pago de la vivienda habitual de personas naturales.

18. Sobre los problemas derivados del sustituto MORENO SERRANO, B.: «A vueltas con la dación en pago y la plusvalía». *El Consultor de los Ayuntamientos*, núm. 15-16, 2014 (LA LEY 5015/2014), p. 4 afirma que «en el caso de daciones en pago efectuadas por deudores situados en el umbral de exclusión y solo en estos casos, el sujeto pasivo sustituto del IIVTNU y, por tanto, a quien el ayuntamiento debía liquidar el citado impuesto, era la entidad financiera que adquiría el inmueble.
En el resto de los casos de deudores hipotecarios que no entraran dentro del concepto del umbral de exclusión, aunque estuvieran en una situación precaria, eran éstos los que debían satisfacer el IIVTNU al ser los sujetos pasivos contribuyentes de este tributo y no existir, en estos supuestos, la figura del sujeto pasivo sustituto (salvo para las personas físicas no residentes).
Esto sin duda alguna era un hándicap para los ayuntamientos, sujetos activos del IIVTNU. En un gran porcentaje de los casos, el ayuntamiento no cobra el IIVTNU liquidado al deudor hipotecario. Después de infructuosos intentos para el cobro de la deuda tributaria, el ayuntamiento acaba declarando fallido al deudor e incobrable el crédito. Y todo ello con el coste que para el ayuntamiento supone todo este procedimiento recaudatorio».

19. GOMAR SÁNCHEZ, J. I.: «La exención por dación en pago en el IIVTNU: análisis de sus aspectos teóricos y prácticos». *Tributos Locales*, núm. 123, 2015-2016. p. 80: «Sin embargo la fórmula de la exención perjudica a los ayuntamientos y beneficia a las entidades bancarias». El autor explica que si el legislador hubiese optado por crear un supuesto de no sujeción, podría haber logrado un diferimiento en la tributación hasta la posterior transmisión del inmueble y, al mismo tiempo, conseguir que no tribute el *solvens*. Otra alternativa para no perjudicar a los Ayuntamientos era articular una compensación para ellos a cargo del Estado.

La operación exenta se caracteriza por tres elementos. El primero es la dualidad de efectos traslativos y extintivos que conlleva. El segundo, que es necesario que exista una obligación previa que no puede ser cumplida en los términos pactados. Y, por último, que el acreedor ha de prestar su consentimiento al *aliud pro alio*.

Tal como se ha descrito el supuesto de hecho de la exención, se trata de una dación en pago en sentido estricto, que se caracteriza porque la nueva prestación pactada consiste en la transmisión de la plena propiedad de la vivienda habitual del deudor o del garante. Lo que se deduce del supuesto de hecho de esta norma es que dación para el pago y la dación en pago de asunción de deuda no quedarían exentas.

Este beneficio fiscal está relacionado con la exención de la dación en pago de la vivienda habitual del IRPF. Para el legislador, con estas medidas fiscales se trata de atender los efectos de la crisis económica y se justifica en razones de equidad y de cohesión social. MORENO SERRANO afirma que la exención del IIVTNU está «destinada a atender la problemática social derivada de los desahucios». Y GOMAR SÁNCHEZ concreta aún más cuando indica que la exención «tiene por objetivo liberar del impuesto a quienes suscribieron créditos que no pudieron afrontar perdiendo su vivienda habitual y a la vez beneficiar a las entidades financieras que los aceptasen disminuyendo la carga fiscal del IIVTNU de las posteriores transmisiones de los mismos inmuebles»[20].

La exención se aprobó por el artículo 123.1 del RDL 8/2014[21]. Poco después, el artículo 123.1 de la Ley 18/2014, introdujo ligeras modificaciones con importantes consecuencias, que afectan a la prueba del cumplimiento de los requisitos patrimoniales o de solvencia.

La consecuencia de la exención es que se exime del cumplimiento de la obligación principal por el IIVTNU, no así de las obligaciones de declarar establecidas en el artículo 110 del TRLRHL. Asimismo, se entiende producido el hecho imponible por lo que, en la transmisión posterior del inmueble no se computará el número de años de tenencia por el *solvens*.

Son muchos los requisitos a cumplir para que se produzca el supuesto de hecho definido en la norma. Los podemos agrupar en requisitos subjetivos y objetivos.

20. GOMAR SÁNCHEZ, J. I.: «La exención por dación en pago...», *op. cit.*, p. 87. Además, en la p. 76: «Cuando alguien insolvente precisa acudir a la entrega de la propia vivienda habitual para solventar una obligación es cuando cabe preguntarse si tiene sentido gravar el incremento del valor del suelo que pueda ponerse de manifiesto».

21. Real Decreto-ley 8/2014, de 4 de julio, de aprobación de medidas urgentes para el crecimiento, la competitividad y la eficiencia, publicado en el BOE núm. 163, de 5 de julio de 2014.

6.4.1. LOS REQUISITOS SUBJETIVOS

En el primer grupo, identificamos aquellos que afectan al acreedor. La exención se ha limitado a las daciones en pago cuando los acreedores sean «entidades de crédito o cualquier otra entidad que, de manera profesional, realice la actividad de concesión de préstamos o créditos hipotecarios» [artículo 105.1.c) del TRLRHL]. No se ha exigido que el adquirente del inmueble tenga que ser el acreedor, por lo que también queda exenta la dación en pago celebrada a favor de un tercero designado por este[22]. En apoyo de nuestra afirmación señalaremos que lo relevante es la finalidad de la operación, es decir, que la transmisión se realice «para la cancelación de deudas garantizadas con hipoteca que recaiga sobre la misma, contraídas con entidades de crédito o cualquier otra entidad que, de manera profesional, realice la actividad de concesión de préstamos o créditos hipotecarios» [artículo 105.1.c), primer párrafo del TRLRHL]. Además, esta exención está inspirada en la dación en pago del CBP para la que se ha previsto que la adquisición del bien inmueble por «la propia entidad o tercero que ésta designe» (apartado 3 del anexo del RDL 6/2012).

También son requisitos subjetivos los que se refieren al *solvens*. Se exige que sea una persona física o natural. Será quien ostente la posición del deudor, del codeudor o del garante en el crédito hipotecario. No se ha indicado nada respecto al tipo de garantía prestada, ahora bien, únicamente queda exenta la entrega de la vivienda que esté gravada con la hipoteca constituida para garantizar la obligación originaria.

A diferencia del supuesto de sustituto contenido en el RDL 6/2012, la exención se desvinculó de los requisitos de la dación en pago del CBP. Esto supuso la ampliación de los supuestos a los que resultaba aplicable, puesto que no se encuentra limitada por el valor de la vivienda ni se requiere que el *solvens* se encuentre en el umbral de exclusión. En la actualidad, el requisito es «que el

22. En contra, GOMAR SÁNCHEZ, J. I.: «La exención por dación en pago...», *op. cit.*, pp. 93 y 94: «Las daciones efectuadas a favor de estas entidades [se refiere a las sociedades de gestión de activos creadas por las entidades bancarias] o de las que hubiesen sido creadas al amparo de la normativa de saneamiento bancario o de la Ley núm. 9/2012, de 14 de noviembre, de reestructuración y resolución de entidades de crédito deben ser consideradas como efectuadas a favor de las entidades financieras de las que son instrumento personificado (...) ha de levantarse el velo en aquellas daciones realizadas por deudores hipotecarios a favor de este tipo de entidades pues de otro modo ni se cumpliría el objetivo de proteger a los deudores que pierden su residencia habitual ni a las entidades financieras cuando posteriormente vendan, siendo así que es el propio legislador el que ha querido que los activos inmobiliarios tóxicos acaben en manos de las citadas sociedades de gestión.
Este levantamiento del velo no niega la consideración básica de que son daciones exentas las realizadas entre los deudores hipotecarios y sus acreedores, al revés, lo reafirma en la consideración de que las daciones realizadas a las sociedades de gestión de activos son daciones efectuadas a las entidades financieras que hay tras ellas, respecto de las cuales dichas sociedades de gestión no son sino meros instrumentos personificados de constitución obligatoria en virtud de mandato legal».

deudor o garante transmitente o cualquier otro miembro de su unidad familiar no disponga, en el momento de poder evitar la enajenación de la vivienda, de otros bienes o derechos en cuantía suficiente para satisfacer la totalidad de la deuda hipotecaria» [artículo 105.1.c), tercer párrafo del TRLRHL].

Nos parece criticable la exigencia de un requisito patrimonial referido a la unidad familiar puesto que no se ajusta al sistema de responsabilidad patrimonial individual del artículo 1911 del CC, que dispone «del cumplimiento de las obligaciones responde el deudor con todos sus bienes, presentes y futuros».

Además, el requisito se aplica sobre una definición amplia de los miembros componen la unidad familiar. El TRLRHL se remite a la definición establecida en la LIRPF que, en el artículo 82.1, establece dos modalidades de unidad familiar:

> «1.ª La integrada por los cónyuges no separados legalmente y, si los hubiera:
>
> a) Los hijos menores, con excepción de los que, con el consentimiento de los padres, vivan independientes de éstos.
>
> b) Los hijos mayores de edad incapacitados judicialmente sujetos a patria potestad prorrogada o rehabilitada.
>
> 2.ª En los casos de separación legal, o cuando no existiera vínculo matrimonial, la formada por el padre o la madre y todos los hijos que convivan con uno u otro y que reúnan los requisitos a que se refiere la regla 1.ª de este artículo».

Además, el concepto de unidad familiar se amplía con la equiparación del matrimonio y la pareja de hecho [artículo 105.1.c), quinto párrafo del TRLRHL].

Resulta bastante criticable que se defina el requisito relacionado con la solvencia del contribuyente atendiendo a la situación patrimonial de todos los integrantes de la unidad familiar «ampliada». Es más, este requisito se aplica con independencia de las normas reguladoras del régimen económico del matrimonio y de la pareja de hecho, así como de la necesaria separación entre el patrimonio de los progenitores y de los descendientes. La exención del IRPF, en su redacción vigente, establece este requisito patrimonial pero referido únicamente a los bienes y derechos de los que disponga el *solvens*, puesto que se suprimió la mención de otros miembros de la unidad familiar.

El artículo 123.1 de la Ley 18/2014 ha establecido una presunción *iuris tantum* del cumplimiento del requisito que estamos analizando. La consecuencia de esta presunción es que la exención se aplica a la hora de cuantificar el IIVTNU, sin perjuicio de la posibilidad de comprobación posterior[23]. Atendiendo

23. Asimismo, ha desaparecido la exigencia de que el transmitente acredite «la concurrencia de los requisitos previstos anteriormente (...) ante la Administración tributaria municipal» (artículo 123.1, del RDL 8/2014).

a la nueva regulación, es posible su aplicación por la Administración local sin necesidad de que el contribuyente presente los documentos acreditativos de la situación patrimonial de todos los miembros de la unidad familiar. Al mismo tiempo, también puede ser aplicada por el contribuyente al realizar su autoliquidación. El cambio normativo facilita la aplicación de la exención por los contribuyentes y por la Administración, sin perjuicio del control *a posteriori*[24] que realicen los Ayuntamientos.

La finalidad de este requisito va en la línea de una media antielusión o antifraude. Un requisito «salvavidas» que vendría a evitar la aplicación de la exención cuando quede acreditado que el contribuyente se ha despatrimonializado en beneficio de otros miembros de su unidad familiar. No obstante, las posibilidades de control por los Ayuntamientos son escasas. Los motivos son la ausencia de medios para llevar a cabo la labor de control y la escasa información acerca del patrimonio de los contribuyentes[25]. En atención a la presunción de su cumplimiento, este requisito solo restringirá la aplicación de la exención en aquellos casos más evidentes de solvencia del contribuyente[26]. En nuestra opinión, la necesidad de persuadir contra el fraude o la simulación en la dación en pago se vería reducida si existiese una regulación de esta figura que delimitase suficientemente los elementos básicos, así como los derechos y obligaciones de las partes.

El hecho de que el contribuyente o los integrantes de su unidad familiar hayan venido a mejor fortuna con posterioridad a la fecha del devengo del IIVTNU es irrelevante para la aplicación de la exención.

6.4.2. LOS REQUISITOS OBJETIVOS

Los requisitos objetivos de la exención de la dación en pago de la vivienda habitual son tres. El primero, que la operación celebrada sea la dación en pago o la ejecución hipotecaria judicial o notarial. El segundo, que la obligación originaria sea la deuda garantizada con la hipoteca sobre el inmueble entregado. Y

24. MORENO SERRANO, B.: «Ley 18/2014: nuevos cambios en la exención al IIVTNU de las daciones en pago». *El Consultor de los Ayuntamientos*, núm. 22, 2014 (LA LEY 7682/2014), p. 4: «Lo que deberán hacer ahora los ayuntamientos es seleccionar, a posteriori, aquellas transmisiones con ocasión de las daciones en pago que, por los datos de que se disponga, hagan pensar que no se cumplen los requisitos necesarios para poder gozar de la exención en el impuesto».
25. Como ha señalado GOMAR SÁNCHEZ, J. I.: «La exención por dación en pago...», *op. cit.*, p. 94: «Las Administraciones locales no tienen acceso por sí mismas a los datos del Impuesto sobre la Renta de las Personas Físicas cedentes o a los de otros tributos representativos de la capacidad económica global del sujeto pasivo».
26. *Ibidem*, p. 96: «finalmente se queda en instrumento preventivo de enfoque político cuya utilidad se reduce a los supuestos en los que una gran fortuna o un contribuyente de solvencia indubitada pretenda utilizar la exención para ahorrarse un impuesto local aparentando una dación por necesidad en donde esta no exista, lo que por otra parte debe ser ostensible o el Ayuntamiento tampoco podrá descubrir».

el tercero, que el bien transmitido sea la vivienda habitual del deudor o del garante.

Queda exenta la dación en pago celebrada para la extinción de deudas garantizadas con hipoteca que recaiga sobre la vivienda habitual del deudor hipotecario o del garante. Lo que se ha indicado sobre el origen de las deudas es que hayan sido contraídas con entidades de crédito o entidades dedicadas a la «concesión de préstamos o créditos hipotecarios»[27]. Por consiguiente, no es necesario que la deuda hubiese servido para financiar la adquisición de la vivienda, ni se han excluido las deudas derivadas de la realización de actividades empresariales, ni se ha marcado un límite máximo en cuanto a la cuantía del crédito que se extingue.

El elemento transmitido tiene que ser la vivienda habitual del *solvens* y el inmueble gravado con la hipoteca. El artículo 105.1.c) cuarto párrafo del TRLRHL ha establecido que «se considerará vivienda habitual aquella en la que haya figurado empadronado el contribuyente de forma ininterrumpida durante, al menos, los dos años anteriores a la transmisión o desde el momento de la adquisición si dicho plazo fuese inferior a los dos años». Esta norma contiene una definición legal específica de vivienda habitual que se fija en el dato objetivo del empadronamiento, separándose de criterios de fondo como la residencia. Esta interpretación permitiría beneficiarse de la exención a quienes no están residiendo de manera efectiva en el inmueble, pero constan empadronados en él.

El plazo de dos años es más reducido que el establecido en la Disposición adicional vigésima tercera de la LIRPF. Además, se permite la aplicación de la exención incluso cuando no se ha cumplido este plazo si el contribuyente estuvo empadronado en la vivienda desde la fecha de adquisición. Esto podría suceder en casos de separación o divorcio y traslado de la residencia por motivos laborales, entre otros. El criterio objetivo del TRLRHL aporta más seguridad jurídica a la hora de su aplicación que el establecido en la LIRPF, que se refiere a «circunstancias que necesariamente exijan el cambio de vivienda» (Disposición adicional vigésima tercera de la LIRPF). El margen de apreciación de la Administración a la hora de valorar si el cambio de residencia resultaba obligado es más amplio en el IRPF, por lo que existe cierta discrecionalidad a la hora de decidir sobre el inmueble en este último.

No obstante, la rigidez del criterio objetivo puede plantear problemas cuando los contribuyentes no figuren empadronados en el inmueble. GOMAR SÁNCHEZ[28] ha propuesto que esta norma sea interpretada como una presunción *iuris tantum*, lo que facilitaría aplicar la exención a contribuyentes que entregan su vivienda habitual, pero que no constan en el padrón municipal porque no

27. Artículo 105.1.c), primer párrafo del TRLRHL.
28. GOMAR SÁNCHEZ, J. I.: «La exención por dación en pago...», *op. cit.*

comunicaron el cambio del domicilio. En su opinión, sería el contribuyente quien tendría que acreditar que ha habitado en el inmueble, es decir, que constituía su residencia habitual.

Otra situación que se puede plantear es que el *solvens* estuviese empadronado en una zona calificada de uso industrial o en un local comercial[29]. En principio, se excluyen de la exención las daciones en pago de la vivienda habitual que tienen por objeto «solares, locales de negocio, naves industriales y supuestos equivalentes»[30], ahora bien, si esos inmuebles han sido transformados para el uso residencial, para GOMAR SÁNCHEZ[31] habría que atender a la realidad y admitir la posibilidad de que el contribuyente acredite que el inmueble constituye su domicilio habitual. En estos casos, el hecho de que el contribuyente conste empadronado en dicho lugar facilita la aplicación de la exención.

Hay que señalar también, el supuesto particular de la dación en pago de una vivienda en la que el contribuyente está empadronado, pero que, en realidad, no es su vivienda habitual, puesto que está siendo explotada en arrendamiento. En este caso, queda claro que hay una discrepancia entre el domicilio comunicado al Ayuntamiento y el lugar donde verdaderamente reside, por ello, no procedería la aplicación de la exención.

Por último, GOMAZ SÁNCHEZ[32] ha identificado ciertas situaciones que no se han contemplado en la norma, entre las que destacamos la que se produce cuando se ha habitado el inmueble de manera interrumpida, aunque los periodos de ocupación no superen los dos años. Lo mismo sucede cuando se ha cambiado el empadronamiento antes de celebrar la dación en pago. Tampoco se ha indicado si es necesario que el empadronamiento vaya acompañado de la titularidad durante el plazo de dos años.

---

29. *Ibidem*, p. 89: «Es preciso tener en cuenta en este sentido que si bien el empadronamiento del sujeto no debe admitirse en lugares que no puedan considerarse de uso residencial es frecuente aceptarlo tanto por que no se puede a veces verificar el tipo de uso del suelo permitido en el inmueble como sobre la consideración de que es preferible tener identificado jurídicamente el lugar en donde residenciar y localizar a una persona que tenerla de todas formas en el mismo lugar sin que conste en el padrón».
30. *Ibidem*, p. 89.
31. *Ibidem*, p. 90: «Aunque no puede establecerse una regla general dado que la casuística y las condiciones del inmueble pueden ser muy diversas cabe admitir que la vivienda habitual a la que se refiere la Ley de Haciendas Locales pueda consistir, con la oportuna prueba de ser realmente el lugar de residencia, en un inmueble que técnicamente y desde la pureza urbanística no cumplimente los requisitos exigidos por el Plan General y sus normas de desarrollo. Obviamente la prueba de que el lugar en concreto es o era la vivienda habitual corresponderá en caso de duda al interesado, que no obstante podrá a estos efectos utilizar el padrón en su apoyo. La Administración también podrá comprobar si es posible efectivamente residir en el lugar que alega el interesado, lo que no podrá admitirse, por ejemplo, en inmuebles sin cocina o baño».
32. *Ibidem*.

Para terminar, esta medida se aprobó por el artículo 123.1 del Real Decreto-ley 8/2014 con carácter retroactivo, de hecho, con el máximo grado de retroactividad posible[33]. De nuevo, se trata de una medida de aplicación retroactiva plena aprobada mediante decreto-ley, lo cual plantea la posible colisión con los principios de legalidad y de seguridad jurídica.

6.5. LA CUANTIFICACIÓN DE LA BASE IMPONIBLE

La base imponible se ha definido como «el incremento del valor de los terrenos puesto de manifiesto en el momento del devengo y experimentado a lo largo de un periodo de 20 años» (artículo107.1) y no existen reglas especiales para la cuantificación del impuesto devengado por la dación en pago.

Se han previsto dos métodos de cuantificación de la base imponible, y aunque con ello pierde su carácter «indiciario»[34], la estimación objetiva sigue siendo la regla general o el «método prioritario»[35]. La relación existente entre la estimación directa y la estimación objetiva en este impuesto es muy peculiar, porque «la base imponible que prevalecerá será la menor de ambas»[36].

De acuerdo con el método objetivo o estimativo, la base imponible será el resultado de multiplicar el valor del terreno en el momento del devengo por el coeficiente que corresponda al periodo de generación del incremento del valor.

El valor del terreno se define por remisión al Impuesto sobre Bienes Inmuebles, es decir, se concreta en el valor catastral del suelo en la fecha del devengo. Asimismo, se han previsto dos supuestos especiales. El primero se aplica cuando el valor catastral sea consecuencia de una ponencia de valores que no refleje modificaciones de planeamiento aprobadas con posterioridad a la misma. La segunda se aplica en aquellos casos en los que el inmueble no tenga un valor catastral en la fecha de la transmisión.

El TRLRHL ha otorgado a los Ayuntamientos la facultad de aprobar un coeficiente reductor del valor catastral del terreno «que pondere su grado de actualización» [artículo 107.2.a) último párrafo del TRLRHL]. Aunque es competencia de los entes locales el establecimiento del coeficiente reductor, el TRLRHL ha establecido el máximo del 15%.

Asimismo, cuando los valores catastrales se hayan modificado como consecuencia de un procedimiento de valoración colectiva de carácter general, también se ha previsto que los Ayuntamientos puedan aprobar una reducción de los

33. El artículo 123.1 del Real Decreto-ley 8/2014 dispone: «con efectos desde el 1 de enero de 2014, así como para los hechos imponibles anteriores a dicha fecha no prescritos, se añade una letra c) en el apartado 1 del artículo 105».
34. PALAO TABOADA, C.: «La inconstitucionalidad y nulidad...», *op. cit.*, p. 56.
35. *Ibidem*, p. 57.
36. PALAO TABOADA, C.: «La inconstitucionalidad y nulidad...», *op. cit.*, p. 57.

nuevos valores catastrales del terreno. Esta reducción se aplicará durante los cinco primeros años de efectividad de los mismos. El artículo 107.3 del TRLRHL ha establecido los límites generales de esta reducción indicando que el porcentaje máximo es el 60% y que se puede aprobar un porcentaje para cada uno de los años de aplicación de la reducción. Además, el valor resultante después de la reducción no pude ser inferior al valor catastral anterior al procedimiento de valoración colectiva.

El periodo de generación del incremento del valor se calcula atendiendo al número de años completos transcurridos desde la adquisición del inmueble. Una novedad importante es que van a quedar sujetas todas las operaciones, incluso aquellas en las que el periodo de generación es inferior a un año. En estos casos, se atenderá al número de meses completos que hayan transcurrido desde la adquisición del inmueble. En los supuestos de no sujeción, la regla general es que «se tomará como fecha de adquisición (...) aquella en la que se produjo el anterior devengo del impuesto» (artículo 107.4 del TRLRHL). No obstante, esta regla no se aplica a los supuestos de no sujeción por inexistencia de plusvalía o incremento en el valor del terreno.

Por último, el coeficiente aplicable sobre el valor del terreno será el que haya aprobado el Ayuntamiento del municipio en el que se encuentre situado el terreno, sin que pueda superar el límite que se encuentra regulado en el artículo 107.4 del TRLRHL.

El TC señaló que «no es posible el planteamiento del impuesto sobre la premisa de que el valor de los terrenos siempre se incrementa» [37] y coincidimos con MENÉNDEZ MORENO [38] en que el sistema de cuantificación previsto como regla general sigue anclado en ese planteamiento. Si observamos los coeficientes previstos en el TRLRHL para los inmuebles adquiridos entre 2007 y 2012 —que se sitúan entre el 0,13 y el 0,09—, nos damos cuenta de que incluso para aquellos inmuebles adquiridos cuando los valores estaban inflados por efecto de la burbuja inmobiliaria, la aplicación de la estimación objetiva puede dar lugar a la cuantificación de un incremento del valor del terreno. Del análisis

37. PALADINI BRACHO, I.: «Disfuncionalidades del sistema tributario...», *op. cit.*, p. 606.

38. MENÉNDEZ MORENO, A.: «La proyectada modificación del Impuesto sobre el Incremento de Valor de los Terrenos de Naturaleza Urbana: más de lo mismo». *Quincena Fiscal* núm. 10, 2018 (BIB 2018, 9103), p. 7: «el supuesto de no sujeción que se propone deviene necesario por mor de la descripción de la base imponible del IIVTNU, regulada en el artículo 107 TRLHL, ya que tanto en su redacción anterior como en la que ahora se propone y se comentará después, dicha base no mide el hecho imponible, sino que lo desvirtúa —sin entrar en los motivos de ello—, por lo que su aplicación genera automáticamente un incremento de valor del terreno, al margen de que este se haya o no realmente producido. Y este efecto o consecuencia de la regulación de la base del IIVTNU es, precisamente, lo que pretende contrarrestar la propuesta del nuevo y comentado supuesto de no sujeción: exonerar del pago del IIVTNU a las "situaciones de inexistencia de incremento de valor", que fue precisa y estrictamente —cabe recordar—, lo que la STC 59/2017 (RTC 2017, 59) consideró vulnerador de nuestra Constitución».

de los coeficientes podemos afirmar que el legislador estatal ha regulado este sistema objetivo de cuantificación con un enfoque continuista. Por lo que el resultado de este método objetivo de cuantificación es «la existencia de una riqueza o renta potencial en cualquier transmisión de terrenos de naturaleza urbana, con independencia de la renta real generada por la concreta operación»[39].

De los datos de los precios medios de la vivienda en España[40] se deduce que el precio medio del metro cuadrado se situaba en el último trimestre de 2022 en 1.700€. Si analizamos la evolución de los precios, los valores de adquisición medios eran inferiores al precio actual entre 2001 y 2004, así como entre 2011 y el tercer trimestre de 2022. En esos periodos, es posible justificar un coeficiente mayor de cero. Sin embargo, los valores de adquisición entre 2005 y 2011 eran superiores al precio medio actual, por lo que es difícil justificar un coeficiente mayor de cero para estas transacciones.

En conclusión, sigue vigente la afirmación del TC sobre el método objetivo de cuantificación del incremento de valor: «la normativa reguladora no admite como posibilidad ni la eventual inexistencia de un incremento ni la posible presencia de un decremento (...) estamos en presencia de una auténtica ficción jurídica conforme a la cual la mera titularidad de un terreno de naturaleza urbana genera, en todo caso, en su titular, al momento de su transmisión y al margen de las circunstancias reales de cada supuesto»[41].

En la actualidad, la ficción jurídica que representa la estimación objetiva en el ámbito de la base imponible solo afecta a los supuestos en los cuales se ha obtenido una plusvalía real y cuando su importe es superior al resultado del incremento «legal». El legislador intenta salvar la inconstitucionalidad mediante el supuesto de no sujeción aplicable cuando el contribuyente acredite que no ha existido un incremento «real» del valor del terreno, mediante la estimación directa de la base imponible y el reconocimiento a la Administración local de la facultad de comprobar el valor del terreno. El propio TC motivó su decisión en las limitaciones probatorias que se derivaban del precepto, puesto que suponía «impedir a los sujetos pasivos que puedan acreditar la existencia de una situación inexpresiva de capacidad económica»[42]. A su vez, la STC 182/2021, de 26 de octubre, admitió la constitucionalidad de la estimación objetiva cuando concurra alguna de las siguientes circunstancias:

> «(i) [B]ien no erigirse en método único de determinación de la base imponible, permitiéndose legalmente las estimaciones directas del incremento de valor.

39. *Ibidem*, p. 607.
40. TINSA: «El Precio de la Vivienda en España». Recuperado de https://www.tinsa.es/precio-vivienda/ (datos actualizados a 5 de octubre de 2022).
41. PALADINI BRACHO, I.: «Disfuncionalidades del sistema tributario...», *op. cit.*, p. 600, cita la STC 59/2017, de 11 de mayo, FJ 4 y la STC 26/2017, de 16 de febrero, FJ 6.
42. STC 59/2017, de 11 de mayo, FJ 5.

> (ii) [B]ien gravar incrementos medios o presuntos (potenciales); esto es, aquellos que previsiblemente o "presumiblemente se produce(n) con el paso del tiempo en todo terreno de naturaleza urbana"» [43].

PALAO TABOADA ha criticado la STC 182/2021, de 26 de octubre, mostrando su desacuerdo con la doctrina sobre las condiciones de constitucionalidad del método de estimación objetiva. En primer lugar, porque «el resultado del método objetivo tiene que ser una cantidad que constituya una aproximación aceptable a la que resultaría de la determinación directa del elemento tributario que se trata de cuantificar» [44]. En segundo lugar, por el carácter alternativo que se ha dado a estas dos condiciones. El autor afirma que «este carácter significa que es suficiente con que se cumpla una de ellas para que la estimación objetiva sea conforme con la Constitución, de manera que basta con que este método no sea único sino que exista también la estimación directa (...) la tesis anterior es insostenible, pues significa que cualquiera que sea la regulación de la estimación objetiva y por alejados que estén sus resultados de la realidad, la posibilidad que se ofrece al contribuyente de contrastarlos con los de la estimación directa haría inatacable este método desde la perspectiva constitucional» [45]. Estamos totalmente de acuerdo en que esto «vendría a ser una especie de seguro de constitucionalidad de la estimación objetiva» [46].

Para terminar, el método de estimación directa se ha previsto en el artículo 107.5 del TRLRHL, que se remite al 104. 5 del mismo texto normativo y calcula el incremento del valor del terreno por diferencia entre valor de transmisión y valor de adquisición. En este caso el incremento se calcula sobre la magnitud más elevada o el mayor valor que resulte de la aplicación de los criterios de valoración del artículo 104.5 del TRLRHL. El primero es el valor que conste en el título (de adquisición y de transmisión), lo que en el caso de la dación en pago será el importe de la deuda que se extingue. Y el segundo criterio de valoración nos plantea aún más dudas interpretativas porque el legislador habla del valor comprobado, pero no ha establecido la aplicación del valor de mercado, de tal manera que la Administración comprobará el valor sin tener un criterio de referencia [47].

6.6. EL TIPO DE GRAVAMEN, LA CUOTA TRIBUTARIA Y LA GESTIÓN DEL IMPUESTO

El tipo de gravamen vendrá fijado por cada Ayuntamiento, no obstante, se ha establecido el límite máximo del 30%.

43. STC 182/2021, de 26 de octubre, FJ 5.
44. PALAO TABOADA, C.: «La inconstitucionalidad y nulidad...», *op. cit.*, p. 46.
45. *Ibidem*, p. 47.
46. *Ibidem*, p. 48.
47. *Vid.* el apartado 6.1 de este capítulo.

Para la transmisión mediante dación en pago no se ha previsto ninguna bonificación específica, aunque no hay que descartar que por las características del inmueble que se está transmitiendo sea posible aplicar la bonificación prevista en el artículo 108.5 del TRLRHL para aquellos terrenos en los que «se desarrollen actividades económicas que sean declaradas de especial interés o utilidad municipal», cuando esta posibilidad se haya previsto en la ordenanza fiscal.

Los sujetos pasivos del IIVTNU están obligados a presentar la declaración tributaria y a acompañar los documentos acreditativos de los títulos de adquisición y transmisión[48] (artículos 104.5 y 110. 1 y 3 del TRLRHL). Para ser más exactos, es necesario en todo caso acompañar el documento en el que consta el acto o contrato que origina la imposición (artículo 110.3 del TRLRHL), es decir, el título de transmisión. Mientras que el título relativo a la adquisición debe ser aportado cuando se pretenda la aplicación de la no sujeción por inexistencia de incremento en el valor del terreno o la cuantificación de la base imponible por el incremento realmente obtenido (artículo 104.5, segundo párrafo del TRLRHL).

En este impuesto además de las obligaciones materiales y formales devengadas por la realización del hecho imponible —cuyo cumplimiento corresponde al contribuyente—, se ha establecido una obligación de información que recae sobre la otra parte del contrato. En el caso de la dación en pago realizada a favor de un tercero designado por el acreedor, no está claro si ambos tendrán que presentar la comunicación indicada en el artículo 110.7 del TRLRHL.

48. El impuesto se gestionará siguiendo el sistema de declaración tributaria o autoliquidación, dependiendo de lo que se haya establecido en la ordenanza fiscal del Ayuntamiento competente. La STS 175/2019, de 13 de febrero de 2019, FJ 6, ha aclarado que «la carga de la prueba de la inexistencia de plusvalía recae sobre el sujeto pasivo del impuesto con independencia de que el Ayuntamiento impositor haya previsto la gestión del IIVTNU por el procedimiento iniciado mediante declaración (artículos 128 a 130 de la LGT) o por el sistema de autoliquidación (artículo 120 LGT), en la medida en que (i) para la determinación y prueba de la inexistencia de una plusvalía gravable las actuaciones relevantes son las de manifestación de la realización del hecho imponible y de comunicación a la Administración de los datos relevantes para la cuantificación de la deuda tributaria, y (ii) sendas actuaciones corresponden por igual al obligado tributario se gestione el tributo por el procedimiento de declaración o por el sistema de autoliquidación».

7

La aplicación de los impuestos indirectos a la dación en pago

SUMARIO: 7.1. LA DELIMITACIÓN ENTRE IVA Y TPO EN LOS SUPUESTOS DE DACIÓN EN PAGO. *7.1.1. Las entregas realizadas por los urbanizadores de terrenos, los promotores y los constructores de edificaciones. 7.1.2. Las entregas realizadas por los arrendadores de bienes. 7.1.3. La dación en pago de empresas o de unidades económicas autónomas.* 7.2. LA TRIBUTACIÓN DE LA DACIÓN EN PAGO POR EL IMPUESTO SOBRE TRANSMISIONES PATRIMONIALES ONEROSAS. *7.2.1. El sujeto pasivo y la riqueza gravada. 7.2.2. La tributación de las daciones en pago formalizadas conjuntamente con operaciones de aportación no dineraria en la constitución o ampliación de capital. 7.2.3. La cuantificación de la base imponible en TPO. 7.2.4. El tipo de gravamen de TPO. 7.2.5. La fiscalidad de la dación en pago de bienes inmuebles.* 7.2.5.1. Las particularidades de la dación en pago de bienes inmuebles acordada en el marco de un procedimiento concursal. 7.2.5.2. Los tipos de gravamen aplicables a la dación en pago de bienes inmuebles. 7.3. LA TRIBUTACIÓN EN EL IVA DE LA DACIÓN EN PAGO. *7.3.1. El hecho imponible entrega de bienes y la dación en pago. 7.3.2. La base imponible. 7.3.3. Otros elementos del impuesto. 7.3.4. Las particularidades de la dación en pago de bienes inmuebles en el IVA.* 7.3.4.1. Las circunstancias que van a determinar si la dación en pago de bienes inmuebles queda sujeta a IVA. 7.3.4.2. Breve referencia a las exenciones inmobiliarias. 7.3.4.3. El devengo del IVA en la dación en pago de bienes inmuebles. 7.3.4.4. La inversión del sujeto pasivo. 7.3.4.5. El tipo de gravamen de IVA. *7.3.5. La tributación de la dación en pago de valores no cotizados que encubra una operación inmobiliaria.*

La dación en pago en sentido estricto queda sometida a gravamen por los impuestos indirectos IVA e ITPAJD. De hecho, los antecedentes normativos más antiguos que hemos encontrado se encuentran en el Decreto de 21 de marzo de 1958 por el que se aprueban los textos refundidos de la Ley y Tarifa de los Impuestos de Derechos Reales y sobre Transmisiones de Bienes[1] y en

1. BOE núm. 102, de 29 de abril de 1958. En la tarifa general de los Impuestos de Derechos Reales, el concepto 1 establece el tipo de gravamen del 6% para las adjudicaciones de bienes

el Decreto 1018/1967, de 6 de abril, por el que se aprueba el Texto Refundido de la Ley y Tarifas de los Impuestos Generales sobre las Sucesiones y sobre Transmisiones Patrimoniales y Actos Jurídicos Documentados[2].

En la actualidad, la fiscalidad indirecta de esta operación se centra la transmisión de la propiedad del bien. Este es el enfoque que marca el TRLITPAJD al regular, por un lado, el hecho imponible específico para esta operación —que ha asimilado a la transmisión de la propiedad del activo entregado— y, por otro lado, la exención de la entrega de dinero a título de contraprestación o pago (artículo 45.I.B. 4 del TRLITPAJD). Precisamente, el hecho imponible y la exención suponen la cara y la cruz de la misma moneda, puesto que la dación en pago constituye una forma especial de pago.

El IVA y el ITPAJD conviven en delicado equilibrio entre supuestos de delimitación positiva y negativa. El factor que resulta relevante para la tributación indirecta de la dación en pago es de carácter subjetivo. Se requiere que el transmitente tenga la condición de empresario o profesional para que la dación en pago quede sujeta a IVA, de lo contrario, estará sometida a TPO. La condición del adquirente tiene una importancia secundaria para la fiscalidad de la operación, básicamente, su relevancia se limita a los supuestos de dación en pago de bienes inmuebles.

Asimismo, analizaremos una particularidad de la dación en pago como es que la entrega puede ser realizada a favor del acreedor o de un tercero. En este segundo caso, se produce la extinción de una obligación que une al deudor y al acreedor, mientras la transmisión se produce del deudor a un tercero. Esta circunstancia ha de ser valorada desde el punto de vista de la capacidad económica gravada.

Por otro lado, analizaremos los elementos objetivos de la dación en pago. El primero de ellos es la obligación preexistente. En el capítulo anterior hemos reivindicado que, para los impuestos directos, este elemento juega un papel relevante en la identificación de las rentas o beneficios económicos generados por la dación en pago, sin embargo, la perspectiva en los impuestos indirectos es diferente. Estos gravan una capacidad económica relacionada con el consumo

---

inmuebles y derechos reales en pago de deudas o de su asunción o para pago de ellas, y el concepto 2 el tipo del 3% para las adjudicaciones de bienes muebles en pago de deudas o de su asunción con carácter de perpetuidad.

2. BOE núm. 118, de 18 de mayo de 1967. Esta norma establece un hecho imponible propio para la dación en pago en el artículo 55: «Se considerarán transmisiones onerosas y se liquidarán según la naturaleza y clase de los bienes y derechos de que se trate: 1.º Las adjudicaciones expresas de bienes y derechos de todas clases en pago de deudas o de su asunción o para pago de ellas (...) Los adjudicatarios para pago de deudas que acrediten haber transmitido al acreedor en solvencia de su crédito, dentro del plazo de dos años, los mismos bienes o derechos que les fueran adjudicados y los que justifiquen haberlos transmitido a un tercero para este objeto, dentro del mismo plazo, podrán exigir la devolución del Impuesto satisfecho por tales adjudicaciones».

o con la adquisición onerosa de determinados bienes o servicios. El impuesto indirecto que corresponda al negocio originario realizado habrá gravado esta riqueza en función de su contenido. En cambio, cuando se celebra la dación en pago, se tributa por la transmisión del elemento patrimonial.

En múltiples ocasiones, la obligación preexistente consiste en la entrega de una cantidad de dinero a título de contraprestación y la dación en pago representa una nueva vía para la extinción de esta obligación. En este sentido, si el valor de la prestación originaria y de la nueva no coinciden, descartaremos que se produzca un negocio a título lucrativo, en concreto, la condonación parcial. En la primera parte de este trabajo hemos analizado el carácter oneroso de la dación en pago y la inexistencia del requisito consistente en la equivalencia de las prestaciones. En consecuencia, los descuentos, las bonificaciones y las quitas no son presupuestos ni requisitos ni elementos integrantes de esta figura. No obstante, en el epígrafe correspondiente a la base imponible del IVA, reflexionaremos acerca de las consecuencias tributarias para la dación en pago de los descuentos y bonificaciones concedidos con posterioridad al devengo, aunque estos representan una circunstancia colateral.

El segundo elemento objetivo es la nueva prestación pactada o *aliud*. Nosotros hemos acotado nuestro trabajo al *aliud* consistente en la entrega de un activo, es decir, en la transmisión de un elemento patrimonial[3]. Precisamente este capítulo se va a centrar en la tributación en IVA y TPO de dicha transmisión.

Las circunstancias que resultan relevantes para la fiscalidad indirecta de la nueva prestación son las siguientes:

a) Que estos elementos transmitidos estén o no afectos al desarrollo de una actividad empresarial o profesional.

b) La naturaleza del activo transmitido, es decir, si es un bien mueble o inmueble o un derecho.

c) En el caso particular de la transmisión de un inmueble, que este hubiera constituido o no la vivienda habitual del *solvens*.

La fiscalidad indirecta de la dación en pago de bienes inmuebles presenta una problemática tributaria particular. Por un lado, cuando las transmisiones de inmuebles suponen la realización del hecho imponible del IVA y están exentas[4], se someten a gravamen por TPO, salvo que se renuncie a la exención. En

3. DIEZ-PICAZO Y PONCE DE LEÓN, L. M.: *Fundamentos de Derecho Civil..., op. cit.*, p. 631 denomina a esta operación «dación en pago en sentido estricto».

4. Quedan exentas en el IVA (artículo 20. UNO apartados 22 y 20 de la LIVA) las entregas de terrenos rústicos y, en general, de terrenos no edificables, así como, las entregas de los suelos destinados exclusivamente a parques y jardines públicos o a superficies viales de uso público. También se aplica la exención a las segundas y ulteriores entregas de edificaciones una vez culminada su construcción o rehabilitación.

este último supuesto, la operación finalmente tributa de manera efectiva por el IVA[5]. En estos casos, será un requisito para poder renunciar a la exención que el adquirente sea empresario o profesional y se producirá la inversión del sujeto pasivo.

Por otro lado, cuando la dación en pago tenga por objeto una empresa o una unidad económica autónoma la operación tiene un régimen tributario especial, de acuerdo con el cual solo se tributa por TPO cuando entre los activos empresariales haya bienes inmuebles y solo por la transmisión de estos.

7.1. LA DELIMITACIÓN ENTRE IVA Y TPO EN LOS SUPUESTOS DE DACIÓN EN PAGO

No se ha establecido una regla especial sobre la incompatibilidad de IVA y TPO para la dación en pago, por lo que esta operación, que supone la transmisión de un elemento patrimonial, se regirá por lo dispuesto en el artículo 7.5 del TRLITPAJD. En conclusión, se trata de la clásica distinción entre las transmisiones realizadas por empresarios o profesionales[6] en el desarrollo de su actividad económica —que quedarán sujetas a gravamen por el IVA—, mientras que las operaciones realizadas en el ámbito privado o al margen de la actividad económica, tributarán por TPO.

El TS[7] ha señalado que «la sujeción a TPO se produce (i) si se transmite con carácter oneroso un bien, (ii) si dicha transmisión "no es realizada" por un empresario en el marco de su actividad comercial y (iii) si no está sujeta al IVA. (...) La "operación", en definitiva, debe ser analizada desde la exclusiva perspectiva del transmitente del bien o derecho por la razón esencial de que la norma solo excluye el tributo cuando tal operación (que es, no lo olvidemos, "la transmisión de un bien o derecho") la "realiza" un empresario, o cuando la misma está sujeta a IVA (lo que se produce, en general, cuando la entrega es "realizada" por empresario o profesional)».

5. *Vid*. artículos 7.5 y 18 del TRLITPAJD, así como, el artículo 20. UNO. 22 y 20 y apartado DOS de la LIVA.
6. Al igual que las operaciones realizadas por quienes son considerados empresarios a efectos de IVA en virtud del artículo 5 de la LIVA, como los arrendadores de bienes, los promotores inmobiliarios o quienes lleven a cabo la urbanización de terrenos.
7. La cita es de la STS 1694/2019, de 11 de diciembre de 2019 (RJ 2020, 676), FJ3. Estos argumentos han sido reproducidos en la STS 1758/2019, de 16 de diciembre de 2019 (RJ 2019, 5462). FJ 2. También la STS 9/2021, de 15 de enero de 2021 (RJ 2021, 204), FJ 1: «La respuesta se justifica sobre la base de que la sujeción de estas operaciones al tributo indicado [TPO] en la medida en que lo esencial es analizarlas desde la perspectiva del particular que enajena el bien por cuanto (i) es dicho particular el que realiza la transmisión y, por tanto, el hecho imponible del impuesto y (ii) no hay ningún precepto legal que exonere del gravamen por la circunstancia de que el adquirente sea un comerciante que actúa en el seno del giro o tráfico empresarial de su actividad».

El supuesto de la letra b) del artículo 5. Uno de la LIVA establece una presunción *iuris tantum,* por lo que serán consideradas empresarios o profesionales las sociedades mercantiles[8], salvo prueba en contrario. Ello supone que, en los casos de dación en pago realizada por deudores que sean sociedades mercantiles, habrá que tomar en consideración la actividad real de estas y, si se encuentran inactivas, la operación tributará por TPO.

Además de la definición general y abstracta, la LIVA ha establecido que quienes realicen determinadas operaciones, aunque sea de forma ocasional, tendrán la consideración de sujetos pasivos. Son conocidos como «empresarios por disposición legal»[9]. Entre ellos se encuentran los arrendadores de bienes, los urbanizadores de terrenos, los promotores y los constructores de edificaciones destinadas a la venta o cesión —incluyendo también a quienes rehabiliten inmuebles—, así como a los transmitentes ocasionales de medios de transporte nuevos destinados a otro Estado miembro[10].

Precisamente en el sector inmobiliario es donde la dación en pago ha tenido más trascendencia. Pues bien, la interpretación del concepto de empresario o profesional a efectos de IVA plantea cuestiones relevantes para la fiscalidad de esta operación.

8. Así, RODRÍGUEZ MÁRQUEZ, J.: «Naturaleza, ámbito de aplicación, hecho imponible y concepto de empresario o profesional» en CHICO DE LA CÁMARA, P. y GALÁN RUIZ, J. (Dir.): *Comentarios a la Ley y el Reglamento del IVA*. T. I. Aranzadi Thomson Reuters. Pamplona, 2012, p. 95: «La doctrina administrativa ha puesto en tela de juicio la sujeción sin excepciones de las operaciones realizadas por sociedades mercantiles. En este sentido, puede citarse la resolución del TEAC de 28 de septiembre de 2005 (JT 2005,1572), niega que la transmisión de unos terrenos realizada por una sociedad limitada constituya el hecho imponible del IVA. Es preciso tener en cuenta que se trataba de una sociedad inactiva, que únicamente había realizado algunas operaciones de urbanización de los terrenos diez años atrás. (...) La nueva redacción del artículo 5. Uno. B) de la LIVA ya no considera a las sociedades mercantiles como empresarios *"en todo caso"*, sí no *"salvo prueba en contrario"*. Por tanto, nos encontramos ante una mera presunción *iuris tantum*, que puede ser destruida mediante la aportación de las correspondientes pruebas. De este modo, parece claro que, por ejemplo una sociedad inactiva —sea cual sea su titularidad—, de mera tenencia de bienes, no tendrá la consideración de sujeto pasivo a efectos de IVA».

9. RODRÍGUEZ MÁRQUEZ, J.: «Naturaleza, ámbito de aplicación,...», *op. cit.*, p. 99 se refiere a ellos como «empresarios por definición legal». RAMÍREZ GÓMEZ, S.: *El Impuesto sobre el Valor Añadido*. Civitas. Madrid, 1993 afirma que se trata de sociedades que adquieren la condición de sujetos pasivos del IVA no por la actividad empresarial o profesional a la que se dedican, sino en atención a las concretas operaciones que realizan.

10. Estas entregas de bienes quedan exentas de IVA en virtud de lo dispuesto en el artículo 25, apartados uno y dos de la LIVA.

7.1.1. LAS ENTREGAS REALIZADAS POR LOS URBANIZADORES DE TERRENOS, LOS PROMOTORES Y LOS CONSTRUCTORES DE EDIFICACIONES

Destacan por su relevancia para la dación en pago de bienes inmuebles los supuestos de la letra d) del artículo 5. Uno de la LIVA, puesto que esta operación queda sujeta a gravamen por el IVA cuando el deudor se dedique a la actividad inmobiliaria como urbanizador, promotor o constructor, incluso de forma ocasional.

RODRÍGUEZ MÁRQUEZ ha interpretado el precepto de la LIVA en el sentido de que la entrega de un inmueble estará sujeta a este impuesto «siempre que se realice una actividad urbanizadora, promotora o constructora encaminada a la posterior transmisión» [11]. El autor estima que la normativa española hace una transposición adecuada del artículo 12 de la Directiva 2006/112/CE, de 28 de noviembre (en adelante, Directiva IVA), ya que se ajusta a la STJUE de 15 septiembre 2011, Słaby y otros, C-180/10 y C-181/10, EU:C:2011:589 [12], por cuanto, «la realización de operaciones de transformación del suelo para convertirlo en urbano o la promoción de una edificación, en ambos casos para colocar estos bienes en el mercado, sí constituyen actuaciones que van mucho más allá de la mera gestión de un patrimonio» [13].

Como consecuencia, si la dación en pago es realizada por un deudor dedicado a la urbanización, la promoción y/o la construcción con la intención de vender los inmuebles resultantes, incluso si realiza esta actividad de manera ocasional, la entrega se considera realizada por un sujeto pasivo del IVA, por lo que quedará sujeta al Impuesto, aunque es posible que dicha entrega quede exenta.

11. RODRÍGUEZ MÁRQUEZ, J.: «Naturaleza, ámbito de aplicación,...», *op. cit.*, p. 102.
12. (TJCE 2011, 268).
13. *Ibidem*. En el mismo sentido, la STS de 13 de marzo de 2014 (RJ 2014, 2517), FJ 3: «La norma española respeta el sentido de la norma comunitaria. Así, la realización de operaciones de transformación del suelo para convertirlo en urbano o la promoción de una edificación, en ambos casos para colocar estos bienes en el mercado, sí constituyen actuaciones que van mucho más allá de la mera gestión de un patrimonio.
El precepto exige que la finalidad perseguida por el sujeto sea la de la venta del terreno o edificación.
Los mayores problemas se han suscitado en relación con la promoción de urbanizaciones. La LIVA no define las actividades de urbanización, por lo que debe atenderse al concepto que se deriva de la legislación sectorial. Con arreglo a la misma, la urbanización tiene por objeto reconvertir un terreno que no es apto para construir en otro susceptible de edificación, acondicionándolo para ello con servicios de abastecimiento de aguas, suministro de energía eléctrica, evacuación de aguas, acceso rodado, etc... Cuestión distinta es la de precisar cuándo tiene su inicio dicho proceso».

7.1.2. LAS ENTREGAS REALIZADAS POR LOS ARRENDADORES DE BIENES

La dación en pago de un bien que el deudor explota en arrendamiento se encuentra en el ámbito del IVA [artículo 5. Uno. letra c) de la LIVA]. Este supuesto está relacionado con el artículo 9.1 *in fine* de la Directiva IVA que dispone que «en particular será considerada actividad económica la explotación de un bien corporal o incorporal con el fin de obtener ingresos continuados en el tiempo».

Quedaría comprendida en este supuesto la dación en pago de bienes muebles e inmuebles [14] que hubieran sido cedido mediante un contrato de leasing, al igual que la dación en pago de vehículos de un deudor dedicado al alquiler de estos medios de transporte. No obstante, quedan excluidos de este supuesto quienes realicen dicha cesión de manera gratuita.

7.1.3. LA DACIÓN EN PAGO DE EMPRESAS O DE UNIDADES ECONÓMICAS AUTÓNOMAS

El artículo 7. 1.º del LIVA ha establecido la regla de no sujeción al IVA de la transmisión de la totalidad del patrimonio empresarial o de una unidad económica autónoma. A su vez, el artículo 7.5 de TRLITPAJD ha limitado la sujeción a TPO a «las entregas de aquellos inmuebles que estén incluidos en la transmisión de un patrimonio empresarial o profesional, cuando por las circunstancias concurrentes la transmisión de este patrimonio no quede sujeta al Impuesto sobre el Valor Añadido». Por tanto, solo se somete a gravamen por TPO la transmisión de los bienes inmuebles integrantes del patrimonio empresarial o de la unidad económica autónoma.

La regla de la no entrega del IVA se aplicará «a toda transmisión de un establecimiento mercantil o de una parte autónoma de una empresa con elementos corporales y, en su caso, incorporales que, conjuntamente, constituyen una empresa o una parte de una empresa capaz de desarrollar una actividad económica autónoma, siempre que el beneficiario de la transmisión tenga la intención de explotar el establecimiento mercantil o la parte de la empresa transmitida y no simplemente de liquidar de inmediato la actividad en cuestión» [15]. Todo ello, sin perjuicio de las medidas previstas en el párrafo segundo del artículo 19 de la Directiva de IVA que hayan podido adoptar los Estados miembros.

14. Cuando se trate de un bien inmueble que el deudor explote mediante la cesión de uso, se le considerará sujeto pasivo del IVA, aunque la transmisión del inmueble puede quedar exenta del Impuesto.
15. MENÉNDEZ GARCÍA, G.: «Artículo 7. 1.º de la LIVA». CHICO DE LA CÁMARA, P., y GALÁN RUIZ, J. (Dir.): *Comentarios a la Ley y el Reglamento del IVA*. T. I. Aranzadi Thomson Reuters. Pamplona, 2012, p. 128.

Tal como ha sido regulada por el legislador español y, teniendo en cuenta la jurisprudencia del TJUE, tendrían que concurrir varias circunstancias para su aplicación. En cuanto al elemento objetivo, se exige que se haya transmitido, al menos, una «unidad económica autónoma»[16]. La transmisión del patrimonio empresarial podría articularse mediante dación en pago, puesto que es un negocio jurídico con efectos traslativos del dominio. En este sentido, tal como afirma MENÉNDEZ GARCÍA[17], ni la Directiva de IVA ni la LIVA «limitan los actos y negocios que pueden quedar "no sujetos" al IVA cuando provoquen la transmisión de una unidad económica autónoma». Sin embargo, el TJUE ha descartado que se aplique este precepto cuando se trata del arrendamiento[18].

En cuanto al elemento subjetivo, es necesario que el adquirente acredite su intención de mantener los elementos transmitidos afectos al desarrollo de una actividad económica, que no tiene que ser la misma que realizaba el transmitente[19]. Creemos que esta circunstancia podría darse en la práctica con más facilidad cuando el acreedor hipotecario (entidad financiera) designe a un tercero como adquirente del bien en la operación de dación en pago, puesto que, como ha indicado el TJUE[20], las transmisiones no sujetas a IVA «son aquellas cuyo beneficiario tiene la intención de explotar el establecimiento mercantil o la parte de la empresa transmitida y no simplemente de liquidar de inmediato la actividad en cuestión».

Además, la LIVA ha excluido de la no sujeción aquellas transmisiones realizadas por quienes tienen la consideración de empresarios a efectos de IVA por dedicarse de manera ocasional a la urbanización, promoción, construcción o rehabilitación. También queda excluida la transmisión realizada por sujetos pasivos dedicados exclusivamente al arrendamiento, cuando se trate de la mera cesión de los bienes explotados[21]. En el supuesto concreto de la dación en pago, tendríamos que cerciorarnos de que el *solvens* no se encuentra en alguna de las situaciones descritas.

16. Con las expresiones unidad económica autónoma, parte autónoma de una empresa o parte de la empresa capaz de desarrollar una actividad económica autónoma se hace referencia a que el objeto transmitido sea un conjunto de elementos corporales y, en su caso, incorporales que se encuentren afectos a la actividad empresarial o profesional del transmitente y que permitan al adquirente desarrollar una actividad empresarial o profesional de forma autónoma.
17. MENÉNDEZ GARCÍA, G.: «Artículo 7. 1.º de la LIVA» *op. cit.*, p. 128.
18. *Vid.* STJUE de 19 diciembre 2018, Mailat, C-17/18, EU:C:2018:1038 (TJCE 2018, 310).
19. POZUELO ANTONI, F. de A.: «Algunos efectos en los impuestos patrimoniales...», *op. cit.*, p. 151: «Se flexibilizó, asimismo, el régimen de no sujeción, porque se aplica con independencia del régimen fiscal especial de neutralidad del IS y de que el adquirente continúe o no el ejercicio de la misma actividad».
20. STJCE de 27 noviembre 2003, Zita Modes, C-497/2001 (TJCE 2003, 395), apartado 44.
21. MENÉNDEZ GARCÍA, G.: «Artículo 7. 1.º...», *op. cit.*, p. 152: «Como se puede observar la referencia a estas transmisiones excluidas tiene un carácter meramente aclaratorio. como su objeto no constituye una unidad económica autónoma, esas transmisiones quedan fuera del ámbito de la delimitación positiva del supuesto de "no sujeción"».

En resumen, la operación que estudiamos estaría sujeta a IVA en los siguientes casos:

a) Cuando suponga la mera cesión de bienes o de derechos, definida como «la transmisión de éstos cuando no se acompañe de una estructura organizativa de factores de producción materiales y humanos, o de uno de ellos, que permita considerar a la misma constitutiva de una unidad económica autónoma» (artículo 7. 1.º séptimo párrafo de la LIVA). Así, no se aplicará a la transmisión que tenga por objeto exclusivo el inmueble otorgado en garantía, puesto que se consideraría una «mera cesión de bienes»[22], es decir, en este caso la operación va a estar sujeta a IVA, aunque puede quedar exenta entrando en juego TPO, como explicamos en el apartado anterior.

Para el TS es posible la dación en pago de una rama de actividad como algo distinto de la dación en pago de bienes concretos (que quedaría excluida de la no sujeción, como hemos indicado). La transmisión de un inmueble explotado como hotel que incluya el mobiliario y las instalaciones necesarias para continuar en funcionamiento se podría formalizar mediante la dación en pago de una unidad económica autónoma. Idéntica consideración merece el caso enjuiciado por el TS[23] , en el que se transmitían varios activos mediante dación en pago a una entidad financiera para extinguir deudas de los socios. En concreto, la operación comprendía la escisión de una rama de la actividad de la empresa y la creación de una sociedad con la aportación no dineraria de esta, posteriormente las acciones recibidas se transmitieron al acreedor en pago de unas deudas.

22. TORREGROSA CARNÉ, M. D.: «Principales modificaciones introducidas por la Ley 28/2014...», *op. cit.*, p. 2: «Por otra parte, se precisa que la "mera cesión de bienes y derechos", supuesto en el que no se aplica la no sujeción, consiste en la transmisión de éstos cuando no se acompañe de una estructura organizativa de factores de producción, materiales y humanos, o de uno de ellos, que permita considerar a la misma constitutiva de una unidad económica autónoma. Se recoge de este modo lo que ha venido siendo el criterio de la Dirección General de Tributos, con la novedad, ya comentada, de la exigencia expresa de que exista unidad económica en origen». También POZUELO ANTONI, F. de A.: «Algunos efectos en los impuestos patrimoniales...», *op. cit.*, p. 154: «la definición de mera cesión de bienes se mantiene con la Ley 28/2014 en términos parecidos, englobando en el concepto cualquier transmisión que no vaya acompañada de una estructura organizativa de factores de producción materiales y humanos».

23. STS 28 junio 2012 (RJ 2012, 7586), FJ 1: «Los requisitos establecidos por el precepto para que opere la no sujeción en ambos casos son:
1.– Transmisión de la totalidad del patrimonio empresarial o de una rama de actividad.
2.– Continuidad del adquirente con la actividad empresarial o profesional a que estaba afecto el patrimonio.
3.– Que los bienes objeto de la transmisión continúen afectos a la actividad que se realiza.
(...) De lo expuesto hasta ahora hemos de concluir que no es necesaria la transmisión de todo el patrimonio empresarial, basta una rama de actividad siempre que tenga sustanciación independiente, y así lo hemos declarado con anterioridad. Efectivamente, el problema radica no tanto en afirmar que ha de transmitirse absolutamente todas las relaciones jurídicas de

b) Cuando el deudor o *solvens* tenga la condición de empresario o profesional exclusivamente por su condición de arrendador de bienes [supuesto del artículo 5. Uno.c) de la LIVA] y la dación en pago suponga la mera cesión de los bienes explotados.

c) Cuando la dación en pago se haya efectuado por quien realice únicamente la urbanización de terrenos o la promoción, construcción o rehabilitación de edificaciones de forma ocasional [artículo 5, Uno, letra d) de la LIVA].

Las exclusiones previstas en el precepto hacen que sea difícil imaginar una dación en pago a favor de un acreedor que se dedique al negocio financiero que pueda subsumirse en este supuesto de no sujeción. No obstante, la dación en pago se puede celebrar a favor de un tercero designado por el acreedor que cumpla el requisito de destinar los elementos transmitidos al desarrollo de una actividad económica. Si entre los activos entregados hay bienes inmuebles, la aplicación de la no sujeción a IVA (artículo 7. 1.º de la LIVA) conlleva que la transmisión del inmueble quede sujeta a gravamen por TPO (artículo 7.5 del TRLITPAJD) y ello supone un coste fiscal no recuperable.

7.2. LA TRIBUTACIÓN DE LA DACIÓN EN PAGO POR EL IMPUESTO SOBRE TRANSMISIONES PATRIMONIALES ONEROSAS

La dación en pago queda sometida a gravamen por TPO como operación asimilada a una transmisión, puesto que el apartado segundo letra A) del artículo 7 del TRLITPAJD establece que tendrán la consideración de transmisiones patrimoniales «las adjudicaciones en pago y para pago de deudas, así como las adjudicaciones expresas en pago de asunción de deudas».

El reconocimiento específico que prevé el TRLITPAJD de la dación en pago demuestra la singularidad de este negocio o, como afirma el TS[24] «la especifi-

la empresa, sino en determinar qué relaciones jurídicas han de ser transmitidas para que se cumpla la previsión del precepto de "totalidad del patrimonio empresarial", o lo que es lo mismo, qué hemos de entender por patrimonio empresarial.

La clave nos la da la propia norma al señalar cual es la finalidad de la transmisión, la continuidad con idéntica actividad a la que se venía realizando por la anterior titular del patrimonio. El patrimonio empresarial en su totalidad es aquel conjunto de bienes y derechos indispensable para continuar con la actividad de forma idéntica a como la realizaba la anterior titular, ya que no es necesario la transmisión de un todo absoluto, sino de un todo en relación a un concreto patrimonio, aquel que sirve y es imprescindible para la realización de la actividad».

24. STS núm. 94/2019, de 31 de enero de 2019 (RJ 2019, 483), FJ 3: «Esta sentencia [se refiere a la STS de 5 de diciembre de 1998] ilustra con claridad la circunstancia de que la dación en pago tiene un tratamiento específico desde el punto de vista del hecho imponible en el apartado segundo del artículo 7 TRLITP, frente a los presupuestos más genéricos que

cidad de la dación en pago de deudas (adjudicaciones en pago) (...) en su modalidad TPO»[25], con independencia de otras cuestiones que han enturbiado su consideración como negocio oneroso.

Una de las singularidades que diferencian a la dación en pago de otros negocios traslativos es que constituye una forma especial de pago o «forma subrogada del cumplimiento de las obligaciones»[26], en la medida en que la transmisión de la plena propiedad de un bien produce los efectos liberatorios y extintivos propios del pago. A la hora de calificar el negocio a efectos tributarios, el alto Tribunal[27] presta especial atención a la «finalidad unitaria a la que respondía el consentimiento de las partes» e indica que los efectos transmisivos y extintivos no pueden «desligarse».

La necesidad de diferenciar este negocio de las daciones o adjudicaciones para el pago ha llevado a nuestros tribunales a identificar los elementos característicos de estos negocios y a estudiar con detalle las diferencias existentes entre ellos. En concreto, para la dación para el pago, se ha previsto que los adjudicatarios tributen por TPO, aunque este negocio no implique que hayan adquirido la propiedad. Asimismo, se ha previsto la devolución del impuesto en dos supuestos. En primer lugar, cuando «acrediten haber transmitido al acreedor en solvencia de su crédito, dentro del plazo de dos años, los mismos bienes o derechos que les fueron adjudicados» [artículo 7.2.A) *in fine* del TRLITPAJD] y, en segundo lugar, cuando «justifiquen haberlos transmitido a un tercero para este objeto, dentro del mismo plazo» [artículo 7.2.A) *in fine* del TRLITPAJD].

También el debate surgido en torno a la adjudicación en pago de asunción de deuda[28] ha coadyuvado a la formación de jurisprudencia sobre los elementos definitorios de estas operaciones. La STS de 5 de diciembre de 1998 ha forjado una sólida jurisprudencia que sigue siendo citada habitualmente. En ella se dife-

contempla su apartado primero. (...) La propia estructura del precepto permite apreciar la especificidad de la dación en pago de deudas (adjudicaciones en pago) como hecho imponible del ITPAJD, en su modalidad TPO, de modo que no resulta necesario indagar si la dación en pago deba incardinarse en el concepto de transmisiones onerosas por actos "inter vivos" o en la constitución de derechos reales... etc. (supuestos a los que se refiere el apartado primero artículo 7) sino que —como mantenemos—, tiene un reconocimiento propio y específico a efectos de la liquidación y del pago del impuesto».

25. *Ibidem*.
26. STS núm. 94/2019, de 31 de enero de 2019 (RJ 2019, 483), FJ 2.
27. *Ibidem*. El caso se trataba de la dación en pago de un bien inmueble, por lo que la sentencia dice textualmente que «la transmisión del inmueble no puede desligarse del elemento teleológico de pago de la deuda hipotecaria».
28. Nos referimos a la desaparición de la adjudicación en pago de asunción de deuda del TRLITPAJD durante 19 años, que dio pie a la consolidación de la jurisprudencia dictada por el TS sobre la distinción entre las tres figuras afines. El cénit de este debate se saldó con la anulación del artículo 29 del Real Decreto 828/1995, de 29 mayo, por el que se aprueba el Reglamento del Impuesto sobre Transmisiones Patrimoniales y Actos Jurídicos Documentados, declarada en la STS de 5 de diciembre de 1998 (RJ 1998, 9513).

rencian tres clases de adjudicaciones: la adjudicación en pago de deudas, la adjudicación en pago de asunción de deudas y la adjudicación para pago de deudas y, se asevera que «en la primera, el adjudicatario es acreedor del adjudicante por un crédito propio; en la segunda, resulta deudor de terceros por la cesión de deudas y bienes hecha por el adjudicante, y en la tercera recibe determinados bienes para, con ellos o con su producto, hacer el pago de deudas del adjudicante. De esta manera las dos primeras implican una verdadera transmisión del bien, sea en solvencia del crédito o en compensación de las deudas asumidas, por lo que la transmisión queda sujeta al Impuesto en condiciones normales. Por contra, en la adjudicación para pago de deudas el adjudicatario cumple una función vicaria que no va más allá de pagar las deudas del adjudicante con los bienes recibidos o con el producto de su venta y, por ello, se le reconoce el derecho a la devolución de lo cautelarmente ingresado por el Impuesto, caso de que en determinado plazo justifique haber cumplido aquel cometido»[29].

En cambio, no se han previsto normas específicas para la dación en pago respecto a otros elementos del hecho imponible de TPO como las reglas de localización y el devengo. Así, se aplicarán las reglas del artículo 6.1. A) del TRLITPAJD relativas a las primeras y se producirá el devengo «el día en que se realice el acto o contrato gravado», salvo que se hayan pactado condiciones suspensivas que posponen el devengo hasta el día en el que las limitaciones a la eficacia del negocio desaparezcan[30].

7.2.1. EL SUJETO PASIVO Y LA RIQUEZA GRAVADA

La modalidad TPO grava el desplazamiento oneroso de un bien o derecho desde un patrimonio a otro, quedando obligado al pago el adquirente. El TS ha afirmado que «en los tributos que gravan el consumo o la adquisición de los bienes (así lo hacen tanto IVA como TPO), la capacidad económica gravable se identifica en el adquirente que demuestra poseer capacidad para entregar el valor económico que resulta necesario para adquirir los bienes»[31]. Pues bien, en el caso de las «adjudicaciones» será «el adjudicatario»[32]. Utilizando la terminología propia de la dación en pago, sería el *accipiens*. La deducción lógica es que la capacidad económica que se grava reside en el acreedor que accede a la dación en pago. Sin embargo, PÉREZ-FADÓN MARTÍNEZ[33] ha cuestionado

29. STS de 5 de diciembre de 1998 (RJ 1998, 9513), FJ 4, en el que a su vez cita la STS de 17 de mayo de 1995 (RJ 1995, 3686).
30. Sobre la tributación de la condición suspensiva *vid*. ARTAMENDI GUTIÉRREZ, A. y EMILIANO COSTA, L.: «La condición como elemento delimitador de la eficacia de una compraventa en el ámbito tributario». *Revista de Contabilidad y Tributación. Centro de Estudios Financieros*, núm. 465, 2021, pp. 41-76.
31. STS 1758/2019, de 16 de diciembre de 2019 (RJ 2019, 5462), FJ 2.
32. SÁNCHEZ PINO, A. J.: «El Impuesto sobre Transmisiones Patrimoniales y Actos Jurídicos Documentados» en MALVÁREZ PASCUAL, L. A., RAMÍREZ GÓMEZ, S. y SÁNCHEZ PINO, A. J.: *Lecciones del Sistema Fiscal Español*. Tecnos. Madrid, 2021, p. 327.
33. PÉREZ-FADÓN MARTÍNEZ, J. J.: «La base imponible del ITP y AJD...», *op. cit.*

que las entidades financieras acreedoras deban ser los sujetos pasivos de TPO en la dación en pago, aunque no ha desarrollado argumentación al respecto.

De la jurisprudencia[34] se extrae la conclusión de que la riqueza del acreedor sometida a gravamen guarda relación con el doble efecto traslativo y extintivo de la dación en pago. Por ello, la base imponible se mide atendiendo al valor de mercado del elemento transmitido o al importe del crédito que se cancela, en concreto, por la mayor de dichas cantidades.

Sin embargo, en la dación en pago el precio o contraprestación pactada es la extinción del crédito, esta premisa evidencia la capacidad económica del acreedor. Eso nos permite afirmar que la deuda pendiente es uno de los parámetros para determinar la riqueza puesta de manifiesto por el adquirente, incluso cuando sea superior al valor de mercado de lo transmitido —forma similar a lo que sucedería en una compraventa en la que se ha pactado un precio superior al valor de mercado de lo adquirido—. Partiendo de esta premisa, se llena de sentido la siguiente afirmación del TS: «obviamente, la extinción de la deuda comporta un innegable beneficio para la recurrente [acreedora] y, en consecuencia, constituye una clara manifestación de su capacidad económica que, de esta manera, opera como medida del impuesto»[35].

La dación en pago es un negocio complejo, un subrogado del cumplimiento previsto para facilitar la extinción de una deuda que no puede ser cumplida en los términos pactados. Si nos fijamos en los intereses de las partes, encontraremos a un acreedor que va a recibir algo distinto de lo que esperaba. Ante esta realidad, ha sido admitida por la doctrina (y es común en la práctica) que la transmisión se formalice a favor de un tercero designado por el acreedor. Esta posibilidad también está prevista en el RDL 6/2012. En este caso, el adquirente del bien no es el acreedor y, por ende, el contribuyente será el tercero adquirente del bien.

Esto nos obliga a replantearnos cuál es la riqueza gravada. La decisión del TS es que TPO grava la capacidad económica que pone de manifiesto el acreedor que accede a la dación en pago. La primera referencia se encuentra en el FJ 4 de la STS de 31 de enero de 2019 cuando afirma que «la extinción de la deuda (...) constituye una clara manifestación de su capacidad económica». Esta interpretación ha sido reiterada en diversos pronunciamientos posteriores[36].

No obstante, en la dación en pago a favor de un tercero designado por el acreedor hay una única transmisión del bien, que pasa de ser propiedad del deu-

34. STS núm. 94/2019, de 31 de enero de 2019 (RJ 2019, 483).
35. *Ibidem*, FJ 5.
36. SSTS núm. 116/2019, 117/2019, 118/2019, de 4 de febrero de 2019 (RJ 2019, 479; RJ 2019, 487 y RJ 2019, 480, respectivamente), núm. 134/2019 de 6 de febrero de 2019 (RJ 2019, 491), núm. 149/2019 de 7 de febrero de 2019 (RJ 2019, 699), núm. 1174/2020 de 17 de septiembre de 2020 (RJ 2020, 3270).

dor a ser ostentado por un tercero. Por ese motivo, descartamos las denostadas interpretaciones económicas del Derecho que nos podrían llevar a pensar que estamos ante dos transmisiones a efectos de TPO, en la primera, tributaría el acreedor y, en la segunda, el tercero adquirente. Esta interpretación nos parece inadecuada tanto por la falta de correspondencia con los efectos jurídicos de la dación en pago, como por la falta de previsión del TRLITPAJD, que ha limitado la tributación por dos transmisiones a la dación para el pago, con el mecanismo de la devolución del Impuesto al acreedor (siempre que la segunda transmisión se produzca en el plazo de los dos años siguientes).

La cuestión problemática es la menor correspondencia en estos casos entre la riqueza gravada y el sujeto pasivo. Ahora bien, al no existir una regla especial sobre el sujeto pasivo de TPO, el resultado es que será contribuyente el adquirente del bien, aun cuando no sea el acreedor. Lo que planteamos es que, si aplicamos por extensión la doctrina del TS[37] sobre la cuantificación de la base imponible en virtud de la cual la dación en pago del inmueble hipotecado se fijará por el importe de la deuda que se extingue, cuando sea superior al valor de mercado del bien, haríamos tributar al tercer adquirente por un importe superior al valor de mercado del inmueble transmitido. No obstante, la extensión automática de una decisión del TS que parte de la premisa de que el acreedor hipotecario es el adquirente del inmueble, es discutible, toda vez que entre el acreedor y el tercer adquirente existirá otra relación jurídica que justifique o sirva de causa a la designación de éste como adquirente del inmueble.

En resumen, las alternativas que vislumbramos son dos. En primer lugar, considerar que el tercer adquirente tiene que cuantificar la base imponible por la cuantía de la deuda que se extingue, aunque es un tercero ajeno a dicha relación jurídica originaria o previa que determina el «precio o contraprestación» y podría darse el caso de que estuviese tributando por una capacidad económica superior a la que él ha puesto de manifiesto. Quizás esa sea la gran ventaja fiscal de la dación en pago para el acreedor, que le permite realizar la transmisión del bien directamente a un tercero, evitando tributar por TPO.

En segundo lugar, hacer tributar al adquirente por el valor del inmueble y al acreedor por la diferencia entre dicho valor y la cuantía de la deuda extinguida. Esta solución, que podría ser más ajustada a la capacidad económica de cada uno de ellos, no está prevista en la normativa del impuesto. Al carecer de cobertura legal, por aplicación del principio de legalidad, parece imposible hacer cumplir

37. STS de 31 de enero de 2019 (RJ 2019, 483), FJ 5: «de acuerdo con una interpretación conjunta de los artículos 10 y 46.3 TRITPAJD, en una dación en pago de un inmueble hipotecado al acreedor hipotecado, la base imponible del Impuesto sobre Transmisiones Patrimoniales y Actos Jurídicos Documentados, modalidad transmisiones patrimoniales onerosas, habrá de fijarse en función del importe de la deuda hipotecaria pendiente de amortizar que se extingue con la operación, cuando dicha deuda sea superior al valor real del bien inmueble que se transmite».

las obligaciones tributarias de TPO a alguien que no sea el adquirente del bien. De nuevo encontramos la necesidad de regulación expresa de la dación en pago en nuestro ordenamiento jurídico.

7.2.2. LA TRIBUTACIÓN DE LAS DACIONES EN PAGO FORMALIZADAS CONJUNTAMENTE CON OPERACIONES DE APORTACIÓN NO DINERARIA EN LA CONSTITUCIÓN O AMPLIACIÓN DE CAPITAL

Entre las modalidades TPO y OS se ha establecido una incompatibilidad en el artículo 1.2 del TRLITPAJD, resultando del precepto una norma aparentemente clara, según la cual «en ningún caso, un mismo acto podrá ser liquidado por el concepto de transmisiones patrimoniales onerosas y por el de operaciones societarias». Al mismo tiempo, el artículo 4 del TRLITPAJD establece que «a una sola convención no puede exigírsele más que el pago de un solo derecho, pero cuando un mismo documento o contrato comprenda varias convenciones sujetas al impuesto separadamente, se exigirá el derecho señalado a cada una de aquéllas, salvo en los casos en que se determine expresamente otra cosa». Así, esta disposición ha regulado el caso particular de que un mismo documento o contrato comprenda varias convenciones o negocios jurídicos, entonces, cada una de ellas será sometida a gravamen por el hecho imponible realizado, sea TPO u OS.

El TS[38] la denomina «regla de no sometimiento a gravamen de una sola convención», cuyo significado explica SÁNCHEZ PINO indicando que no tributarán por TPO aquellas transmisiones onerosas «que se produzcan en función del contrato de sociedad»[39]. En los casos de coincidencia se ha establecido la preferencia de OS como hecho imponible específico.

Esta cuestión ha generado amplia conflictividad por la diversidad de criterio de los Tribunales Superiores de Justicia sobre la tributación de las operaciones que combinan la constitución o la ampliación de capital mediante una aportación de bienes inmuebles hipotecados con la asunción de la deuda pendiente, cuando el valor del inmueble supera el nominal de las acciones o participaciones. Este debate ha sido resuelto por nuestro Alto Tribunal[40] que acoge desde 2013 la teoría de la duplicidad de convenciones. Así, afirma que «las partes efectúan dos convenciones perfectamente delimitadas y separables: la primera, la suscripción del capital mediante la aportación de inmuebles hipotecados; la segunda, la asunción —por la entidad de nueva constitución— del crédito hipotecario» toda

38. STS núm. 433/2020, de 18 de mayo de 2020 (RJ 2020, 1119), FJ 4.
39. SÁNCHEZ PINO, A. J.: «El Impuesto sobre Transmisiones Patrimoniales y Actos Jurídicos Documentados» en MALVÁREZ PASCUAL, L. A., RAMÍREZ GÓMEZ, S. y SÁNCHEZ PINO, A. J.: *Lecciones del Sistema Fiscal Español*. Tecnos. Madrid, 2021, p. 324.
40. STS núm. 431/2020 de 18 mayo de 2020 (RJ 2020, 1065), que cita en el FJ 2 la STS de 1 de julio de 2013.

vez que «es posible que las fincas hipotecadas se aporten a la sociedad sin que ésta asuma el crédito hipotecario pendiente» (FJ 4).

Es más, el TS[41] ha identificado dos indicadores de capacidad económica, que son, por un lado, «la aportación de los inmuebles "por su valor neto" (esto es, descontada la deuda pendiente) y la asunción de deuda por el crédito hipotecario que aún grava los inmuebles aportados» (FJ 4). Esta afirmación se sustenta en la independencia de la operación societaria respecto de la asunción de la deuda, puesto que «la primera de las convenciones es perfectamente posible sin la segunda y, por ello, no tiene por qué estar vinculada a ella» (FJ 4).

Este debate se planteaba al calor de la Directiva 2008/7/CE del Consejo, de 12 de febrero de 2008, relativa a los impuestos indirectos que gravan la concentración de capitales. Ahora bien, el TS[42] consideró que esta norma «se limita a determinar que la base imponible de la operación societaria objeto de tributación debe excluir el valor de las deudas que recaían sobre los bienes y que asume la persona jurídica (...) Pero de ahí no se desprende que la transmisión de esas deudas esté exenta de todo gravamen, pues el precepto, al igual que la Directiva, tiene por objeto el impuesto sobre las aportaciones a sociedades, no otros actos o negocios jurídicos que se realicen con ocasión de esas aportaciones». El TS[43] termina señalando que la base imponible de la adjudicación en pago de asunción de deudas será «el valor real de la parte del inmueble transmitido que se corresponde con el equivalente de la deuda adjudicada».

Esta jurisprudencia no ha estado exenta de polémica. En este sentido, el voto particular de D. José Antonio Montero Fernández y D. Isaac Merino Jara[44], quienes afirmaban que «la constitución de una sociedad mediante aportación de inmueble hipotecado cuando se produce la asunción de la deuda, sólo debe tributar por la modalidad de operaciones societarias», puesto que «existe una sola voluntad y una sola causa negocial cual es la constitución de la sociedad, sea cual sea la forma en que se articule»[45].

CALVO VÉRGEZ[46] ha comentado esta jurisprudencia del TS favorable a la existencia de dos convenciones y de «dos indicadores de capacidad económica identificables por separado» que han de tributar por OS y TPO, a la que ha

41. *Ibidem*.
42. STS núm. 432/2020, de 18 de mayo (RJ 2020, 1073), FJ 1.
43. STS núm. 433/2020, de 18 de mayo (RJ 2020, 1119), FJ 3.
44. *Ibidem*.
45. Los magistrados afirman que «conforme a las normas mercantiles, la aportación del inmueble hipotecado puede hacerse bien sin asunción del préstamo hipotecario, bien con asunción del préstamo, y a su vez, de forma interna, o mediante subrogación de la sociedad en la posición del deudor, pero también cabe la transmisión del activo y del pasivo cuando la deuda esté vinculada al bien aportado, tal y como ocurre en estos casos de aportación de inmueble hipotecado».
46. CALVO VÉRGEZ, J.: «La tributación de las adjudicaciones...», *op. cit.*, pp. 71 y 72.

designado «regla de doble liquidación». El autor ha señalado que esta regla no resulta aplicable cuando la adjudicación en pago de inmuebles con asunción de la deuda tiene lugar con ocasión de la disolución de la sociedad o por la reducción de capital, «siendo en dichos supuestos de aplicación exclusiva el gravamen del impuesto sobre OS». En este sentido, hay que recordar que desde 2010[47], el apartado 11.º del artículo 45.I.B del TRLITPAJD ha exonerado de gravamen todas las operaciones de creación, capitalización y mantenimiento de empresas, por lo que la operación va a tributar de manera efectiva solo por la adjudicación en pago de asunción de la deuda hipotecaria.

7.2.3. LA CUANTIFICACIÓN DE LA BASE IMPONIBLE EN TPO

El artículo 10 del TRLITPAJD ha sido modificado por la Ley 11/2021, de 9 de julio. El cambio afecta al criterio de valoración de la base imponible, pues se ha sustituido la referencia al «valor real» por la de «valor» a secas. Además, se ha introducido la regla general del «valor de mercado».

Al mismo tiempo, como ha comentado SÁNCHEZ PINO[48], para los bienes inmuebles «el nuevo apartado 2.º del artículo 10 sustituye el valor real por una valoración objetiva, el de referencia previsto en la normativa reguladora del

47. Esta exención fue introducida en el TRLITPAJD por el artículo 3 del Real Decreto-ley 13/2010, de 3 de diciembre, de actuaciones en el ámbito fiscal, laboral y liberalizadoras para fomentar la inversión y la creación de empleo que quedó redactado: «11. La constitución de sociedades, el aumento de capital, las aportaciones que efectúen los socios que no supongan aumento de capital y el traslado a España de la sede de dirección efectiva o del domicilio social de una sociedad cuando ni una ni otro estuviesen previamente situados en un Estado miembro de la Unión Europea».

48. SÁNCHEZ PINO, A. J.: «El Impuesto sobre Transmisiones Patrimoniales y Actos Jurídicos Documentados» en MALVÁREZ PASCUAL, L. A., RAMÍREZ GÓMEZ, S. y SÁNCHEZ PINO, A. J.: *Lecciones del Sistema Fiscal Español*. Tecnos. Madrid, 2021, pp. 327-328. Otros autores también han puesto de manifiesto que el cambio de mayor trascendencia es la aplicación del valor de referencia para la cuantificación de la base imponible de los bienes inmuebles, puesto que es un sistema objetivo de determinación manifiesto, así, MALVÁREZ PASCUAL, L.: «Comentarios al Proyecto de Ley...» *op. cit.*; VARONA ALABERN, J. E.: «El valor de referencia en el Proyecto de Ley de Medidas de Prevención y Lucha contra el Fraude Fiscal», *Revista de Contabilidad y Tributación*, núm. 458, CEF, 2021, pp. 5-50; PATÓN GARCÍA, G.: «Causas y posibles efectos de la dualidad en la valoración de inmuebles: ¿es el valor de referencia la solución?», *Revista Española de Derecho Financiero*, núm. 190, abril-junio 2021, pp. 15-34; MARÍN-BARNUEVO FABO, D./HERRERO DE HEGAÑA ESPINOSA DE LOS MONTEROS, J. M.: «La impugnación del valor de referencia», *Revista Técnica Tributaria*, núm. 134, julio-septiembre 2021, pp. 15-47; ROZAS VALDES, J. A.: «El valor de referencia desde la jurisprudencia del Tribunal Supremo», *Revista Técnica Tributaria*, núm. 134, julio-septiembre 2021, pp. 119-139; PÉREZ-FADÓN MARTÍNEZ, J. J.: «Ley de prevención y lucha contra el fraude fiscal: Consecuencias en la imposición patrimonial», *Carta Tributaria*, núm. 79, octubre 2021, pp. 1-15; VARONA ALABERN, J. E.: «El valor de referencia y el valor catastral: su incidencia en el sistema impositivo español», *Tributos Locales*, núm. 153, noviembre-diciembre 2021, pp. 16-58; o LASARTE ÁLVAREZ, R.: «La nueva configuración legal de la base imponible en los impuestos patrimoniales: el valor de referencia», *Tributos Locales*, núm. 153, noviembre-diciembre 2021, pp. 243-270.

Catastro inmobiliario, a la fecha del devengo del impuesto». Hace bastante tiempo que esta solución, basada en sustituir para la base imponible de TPO el criterio del valor real por otro valor de carácter objetivo, fue comentada por MALVÁREZ PASCUAL[49].

La doctrina coincide en que el valor de referencia es la apuesta del legislador para facilitar la exacción de TPO y al mismo tiempo terminar con la enorme litigiosidad que los procedimientos de comprobación de valores habían generado[50] .

49. MALVÁREZ PASCUAL, L. A.: «Los límites a la facultad de dictar actos de comprobación de valores de forma reiterada», *Centro de Estudios Financieros. Revista de Contabilidad y tributación*, núm. 216, 2001, p. 60: «La mayor parte de la problemática que suscita la valoración de bienes y derechos en los impuestos que gravan el tráfico patrimonial por actos inter vivos o mortis causa se solucionaría tomando como base un valor objetivo y no conceptos jurídicos indeterminados como "valor real" o "valor de mercado", que han de ser determinados en relación con cada transmisión sujeta al impuesto correspondiente».

50. GARCÍA NOVOA, C.: «Algunas novedades de la Ley de Medidas de Prevención y Lucha contra el Fraude Fiscal. Software de doble uso, lista de morosos y prohibición de amnistías fiscales». *Quincena fiscal*, núm. 17, 2021, pp. 21-52, citamos RR-2.1: «son la pura expresión de una reacción legislativa ante reveses judiciales de la Administración Tributaria» y explica que «se opta por alterar el ordenamiento a favor de la Administración como reacción a ciertos pronunciamientos judiciales», citando como ejemplo «el propio concepto de valor de referencia». MALVÁREZ PASCUAL, L. A.: «Comentarios al Proyecto de Ley...» *op. cit.*, RR-6.5, destaca, por un lado, «la elevada litigiosidad» y, por otro lado, las dificultades de la actividad comprobadora de la Administración tributaria. Afirma que «el método de comprobación consistente en la estimación por referencia a valores catastrales, multiplicados por índices o coeficientes, que recoge la LGT, no es idóneo para la valoración de bienes inmuebles en aquellos impuestos en que la base imponible viene determinada legalmente por su valor real. (...) este método es excesivamente genérico y no tiene en cuenta las características del bien concreto de cuya estimación se trata, salvo que tal método se complemente con la realización de una actividad estrictamente comprobadora directamente relacionada con el inmueble singular que se someta a avalúo, lo que dificulta en gran medida la facultad comprobadora de la Administración tributaria. La aplicación de este método de valoración por índices o coeficientes no dota a la Administración de una presunción reforzada de veracidad, por lo que la carga de la prueba acerca de la valoración sigue recayendo en la Administración, que debe motivar no solo el resultado de su valoración, sino también las razones por las que, a su juicio, el valor declarado no se corresponde con el valor real. Esta dificultad se añade a la ya existente respecto de otros medios de comprobación de valores (...) en la medida en que el TS exige una comprobación *in situ* del inmueble para que el informe sea motivado y singularizado, lo que exige la visita del mismo por un perito con la titulación adecuada». La finalidad del Proyecto de ley es «dar seguridad jurídica a los contribuyentes y a las Administraciones tributarias y reducir así la litigiosidad». VARONA ALABERN, J. E.: «El valor de referencia y el valor catastral: Su incidencia en el sistema impositivo español». *Tributos locales*, núm. 153, 2021, pp. 17-58, ha destacado que la finalidad perseguida es facilitar a la Administración tributaria la exacción del Impuesto dado que, cuando se ponga en marcha la aprobación y certificación de los valores de referencia, se reducirán enormemente los procedimientos de comprobación de valores que no servirán para cuestionar

A la dación en pago se le aplicará el artículo 10 del TRLITPAJD, por lo que la base imponible de TPO coincidirá con «el valor del bien transmitido o del derecho que se constituya o ceda», siendo deducibles las cargas que disminuyan su valor, pero no las deudas que incorporen una garantía real (prenda o hipoteca) sobre dichos bienes.

A su vez, el legislador equipara ese «valor» al «valor de mercado» [51] que será la regla general, siempre que lo transmitido no sean de bienes inmuebles. MALVÁREZ PASCUAL afirma que «este cambio tiene escasas consecuencias, pues la referencia al valor real era equiparable al valor de mercado».

Todavía cabe señalar que se ha incorporado al artículo 10 del TRLITPAJD la «regla del mayor valor», que obliga a cuantificar la base imponible por la cifra más elevada que resulte de aplicar tres criterios de valoración distintos: el valor de mercado, el valor declarado o la contraprestación pactada. Por ello, calculado el «valor de mercado» del bien o derecho transmitido, es necesario comprarlo con los otros dos parámetros que son el «valor declarado» por los interesados y «el precio o contraprestación pactada», ya que el contribuyente resulta obligado a tomar como base imponible la mayor de las tres.

Lo cierto es que esta regla, que hemos comentamos en el apartado anterior, se encontraba recogida en el artículo 46.3 del TRLITPAJD antes de la reforma del TRLITPAJD aprobada en 2021. Ahora esta previsión se ha añadido a las normas reguladoras de la base imponible, al tiempo que se ha mantenido entre aquellas dedicadas a la comprobación de valores.

La dación en pago de bienes muebles realizada por transmitentes que no tengan la condición de sujetos pasivos del IVA, quedará gravada por TPO. La base imponible se cuantificará por la cifra mayor de las siguientes: el valor de

una base imponible que se ajusta al valor de referencia del inmueble. PATÓN GARCÍA, G.: «Causas y posibles efectos...», *op. cit.*, pp. 15-34, afirma que el «problema de las comprobaciones masivas, automatizadas sin motivación que atenta contra los derechos y garantías del contribuyente se resuelve con una magnitud que permite cuantificar la base imponible de manera inequívoca, clara y con el debido respeto a la univocidad en la valoración y vinculación de la Administración a sus propios actos» y advierte de que se corre el riesgo de que el valor de referencia se halle desconociendo la realidad física de los inmuebles. SÁNCHEZ PINO, A. J.: «El valor de referencia: ¿Medida de prevención y lucha contra el fraude fiscal?» en ANÍBARRO PÉREZ, S. y CORCUERA TORRES, A. (Coord.): *Estudio sobre la prevención y lucha contra el fraude fiscal. Homenaje al Dr. D. Alejandro Moreno*. PROFIT. Valladolid, 2023, p. 2, ha señalado que el cambio más importante se encuentra en el establecimiento del valor de referencia para determinar la base imponible en la transmisión de bienes inmuebles, ya que, «con esta modificación, en realidad, se pretende sustituir la estimación directa de los bienes inmuebles, usualmente resultante de la aplicación de la comprobación de valores para determinar el valor real, por este nuevo sistema objetivo de cuantificación de la base imponible». Todo ello sin perder de vista que el legislador busca «superar la conocida conflictividad existente en esta materia».

51. El valor de mercado es definido como «el precio más probable por el cual podría venderse, entre partes independientes, un bien libre de cargas» (artículo 10 del TRLITPAJD).

mercado del bien entregado o el importe de la contraprestación pactada. El valor declarado pierde importancia en el sistema de autoliquidación. A continuación, se plantea la duda interpretativa acerca del importe de la contraprestación pactada, que fue resuelta por la STS de 31 de enero de 2019 cuando afirmó que el crédito actúa «con igual función que el precio en la compraventa»[52]. Sobre esta cuestión, los cambios operados por la Ley 11/2021 no tienen ninguna trascendencia y no será necesario adaptar la jurisprudencia del TS sobre esta materia. En este contexto jurídico, el procedimiento de comprobación de valores seguirá siendo la herramienta adecuada para la comprobación de las bases imponibles declaradas.

En el caso concreto de la dación en pago de bienes que no son inmuebles, cuando esta operación se haya acordado en el seno de un procedimiento concursal, se aplicará el artículo 46.5 TRLITPAJD. Esta norma se sitúa en un precepto dedicado a la comprobación de valores, aunque afecta a la cuantificación de la base imponible de TPO. El precepto establece que «se considerará que el valor fijado en las resoluciones del juez del concurso para los bienes y derechos transmitidos corresponde a su valor». Esta regla se aplica a «las transmisiones de bienes y derechos que se produzcan en un procedimiento concursal, incluyendo las cesiones de créditos previstas en el convenio aprobado judicialmente y las enajenaciones de activos llevadas a cabo en la fase de liquidación». Esta norma obliga a los contribuyentes y a la Administración a aceptar los valores aprobados por el juez en la dación en pago celebrada en un procedimiento concursal, es decir, la base imponible de TPO coincidirá con el valor fijado en las resoluciones judiciales y no cabrá la comprobación de valores.

En los apartados 2 y siguientes del artículo 10 del TRLITPAJD se establecen reglas especiales para la determinación de la base imponible que resultan aplicables cuando la dación en pago implique la transmisión de valores negociados en un mercado secundario oficial, de derechos de usufructo y de derechos reales, entre otros. Para nosotros tiene mayor interés la regla especial aplicable a los bienes inmuebles (apartados 2 a 4), que es donde se produce el mayor cambio normativo y la analizaremos en un apartado específico.

7.2.4. EL TIPO DE GRAVAMEN DE TPO

No existen disposiciones específicas que establezcan un tipo de gravamen correspondiente a estas operaciones, ni beneficios fiscales concretos para la

52. STS de 31 de enero de 2019 (RJ 2019, 483), FJ 2: «la STS de 23 de septiembre de 2002 enfatiza que para la satisfacción del débito pendiente, el acreedor acepta recibir del deudor determinados bienes de su propiedad, cuyo dominio pleno se le transmite para aplicarlo a la extinción total del crédito, actuando este crédito con igual función que el precio en la compraventa» y FJ 4: «consideramos que la base imponible del ITPAJD, en su modalidad TPO, debe venir determinada por el importe de la deuda hipotecada extinguida como consecuencia de la dación en pago, al ser superior, en el presente caso —como contraprestación pactada—, al valor del inmueble transmitido».

dación en pago. Por lo que la determinación de la cuota tributaria seguirá las reglas aplicables a la transmisión de los elementos patrimoniales que se entreguen al *accipiens*.

Las competencias normativas sobre el tipo de gravamen en ITPAJD han sido cedidas a las Comunidades Autónomas. No obstante, el artículo 11.1 del TRLITPAJD contiene disposiciones que se aplican con carácter supletorio, para el caso de que la Comunidad Autónoma no hubiese aprobado sus propios tipos de gravamen. Para TPO, los tipos de gravamen de aplicación supletoria son el 6% para «la transmisión de inmuebles, así como la constitución y cesión de derechos reales sobre los mismos, excepto los derechos reales de garantía», y el 4 % para «la transmisión de bienes muebles y semovientes, así como la constitución y cesión de derechos reales sobre los mismos, excepto los derechos reales de garantía. Este último tipo se aplicará igualmente a cualquier otro acto sujeto no comprendido en las demás letras de este apartado» [artículo 11.1. a) del TRLITPAJD]. A la transmisión de valores se le aplica la escala de gravamen del artículo 12.3 del TRLITPAJD.

En el caso de Andalucía, se han regulado dos tipos de gravamen para las transmisiones de elementos que no sean inmuebles o derechos reales sobre los mismos. Se trata, por un lado, del 8% para los vehículos de turismo y vehículos todoterreno que, según las características técnicas, superen los 15 caballos de potencia fiscal, así como, las embarcaciones de recreo con más de ocho metros de eslora[53]. Al mismo tipo quedan gravados otros bienes muebles que se puedan considerar como objetos de arte y antigüedades según la definición que de los mismos se realiza en la Ley 19/1991[54]. Por otro lado, el 1% resulta aplicable a vehículos de turismo, ciclomotores y motocicletas clasificados en el Registro de Vehículos con la categoría ambiental «0 emisiones», al igual que a bicicletas, bicicletas de pedales con pedaleo asistido y vehículos de movilidad personal, de acuerdo con las definiciones reguladas en el apartado A) del Anexo II del Real Decreto 2822/1998 y embarcaciones propulsadas de forma ecológica[55]. A las transmisiones de bienes muebles no comprendidos en estas categorías, se les aplicará el tipo del 4 % previsto en el TRLITPAJD.

La dación en pago de bienes inmuebles presenta unas particularidades en cuanto a su tributación por TPO que merecen ser tratadas de forma separada por su especificidad. Otra cuestión que analizaremos en este capítulo es la tributación de la dación en pago que teniendo por objeto títulos valores, representa la transmisión de bienes inmuebles[56].

53. Artículo 37 del Decreto Legislativo 1/2018, de 19 de junio.
54. Artículo 47 de la Ley 5/2021, de 20 de octubre.
55. Artículo 46 de la Ley 5/2021, de 20 de octubre.
56. Esta operación se encuentra regulada en el artículo 314 del Real Decreto Legislativo 4/2015, de 23 de octubre, por el que se aprueba el Texto refundido de la Ley del Mercado de Valores.

7.2.5. LA FISCALIDAD DE LA DACIÓN EN PAGO DE BIENES INMUEBLES

El planteamiento general de la tributación por TPO de la dación en pago de bienes inmuebles coincide con el que hemos expuesto en los epígrafes anteriores. Es decir, queda sujeta a gravamen por TPO la dación en pago que haya sido acordada por un deudor que no realice actividades empresariales o profesionales o, en general, siempre que no se trate de una entrega de bienes gravada por el IVA.

Como hemos explicado, en el caso de la dación en pago se realiza un hecho imponible específico establecido *ex profeso* en el artículo 7.2. A) del TRLITPAJD. La operación gravada es el desplazamiento oneroso del bien inmueble desde el patrimonio del deudor al patrimonio del *accipiens*, y la manifestación de capacidad económica de este tributo es el consumo o la adquisición de los bienes, que protagoniza el acreedor o el tercero en favor de quien se haya producido la transmisión. Básicamente, las diferencias se encuentran en el elemento espacial del hecho imponible, en el tipo de gravamen y, las más relevantes, afectan a la base imponible.

El elemento espacial del hecho imponible de TPO, que se regula en el artículo 6.1. A) del TRLITPAJD, sigue para los bienes inmuebles el criterio estricto de la territorialidad. De acuerdo con esta regla, tributaran por TPO las transmisiones de bienes inmuebles o de derechos reales sobre estos siempre que se encuentren situados en territorio español.

La principal singularidad de la dación de bienes inmuebles afecta a un elemento esencial que es la base imponible, puesto que se aplica el valor de referencia. En este apartado analizaremos la problemática que la doctrina ha identificado sobre este nuevo criterio de valoración y la necesaria adaptación de la jurisprudencia del TS sobre la materia. Además, en el caso de que la *datio pro soluto* se haya celebrado en el seno de un procedimiento concursal, se plantea una problemática muy concreta respecto al criterio de valoración de la base imponible, básicamente, se trata de una antinomia jurídica entre los artículos 10.2 y 46.5 del TRLITPAJD.

Por lo que se refiere a la regla especial prevista para la valoración de los bienes inmuebles, se establece el nuevo criterio del «valor de referencia» a la fecha del devengo del impuesto. Numerosos autores han pronosticado que esta modificación tendrá hondo calado, ya que representa un cambio de paradigma en la regulación de la base imponible de TPO[57].

57. Entre otros, VARONA ALABERN, J. E.: «El valor de referencia y el valor catastral...», *op. cit.*

En primer lugar, destaca que el legislador ha prescindido, al menos inicialmente, del valor de mercado para este tipo de bienes. La consecuencia es que este criterio de valoración queda relegado exclusivamente a los supuestos en los que no exista valor de referencia o en los que este no pueda ser certificado por la Administración competente (artículo 10.2 *in fine* del TRLITPAJD).

En segundo lugar, el criterio de valoración se completa con la «regla del mayor valor»[58]. Para el valor de referencia se ha adaptado esta regla, de tal manera que la base imponible será la mayor de las siguientes magnitudes: el «valor declarado» por los interesados, el «precio o contraprestación pactada» o el «valor de referencia» (evitando toda mención del valor de mercado). De nuevo, esta cláusula de cierre nos recuerda enormemente al artículo 46.3 del TRLITPAJD comentado anteriormente. Como hemos analizado, esta regla se sitúa entre las normas reguladoras de la base imponible y de la actividad de comprobación de valores. Sin embargo, para los bienes inmuebles el alcance de esta norma es completamente distinto al comentado anteriormente porque ninguno de estos valores requiere que la Administración tributaria realice una actividad de comprobación de valores. Todos ellos son valores concretos[59] que constan documentalmente, es decir, el valor declarado queda reflejado en la declaración o la autoliquidación suscrita por el contribuyente; el precio o contraprestación figurará en el acuerdo formalizado en una escritura pública, y el valor de referencia constará en el certificado emitido por la Dirección General del Catastro.

VARONA ALABERN[60] ha criticado la redacción dada a la regla del mayor valor, pues en su opinión, «la base imponible debería consistir en el mayor de los siguientes: valor de referencia y precio o contraprestación, sin permitir que el valor declarado por el sujeto pasivo se apartara de aquellos». Además, el autor considera que el contribuyente que incumpliese la regla del mayor valor en la determinación de la base imponible podría ser sancionado, puesto que los valores a comparar son «magnitudes precisas que no responden a un concepto jurí-

58. MALVÁREZ PASCUAL, L. A.: «Comentarios al Proyecto de Ley...», *op. cit.*, RR-6.5, afirma que «[n]u obstante, se establecen reglas específicas en dos supuestos. Primero, si el valor declarado por los interesados es superior, se tomará este como base imponible (...) También se modifica el artículo 30, relativo a AJD, estableciéndose que cuando la base se determine en función del valor de los bienes inmuebles, el valor no podrá ser inferior al señalado valor de referencia, por lo que este será un límite mínimo a efectos de la determinación de la base imponible».

59. Utilizamos la terminología de VARONA ALABERN, J. E.: «El valor de referencia en el Proyecto...», *op. cit.*

60. *Ibidem*, p. 42, en defensa de su opinión arguye que «no le reportaría al contribuyente ninguna ventaja declarar una cantidad superior a aquellas tres magnitudes, pensando en reducir la ganancia patrimonial en el IRPF derivada de una futura venta del inmueble, porque para calcular el valor de adquisición en el IRPF es necesario acudir al importe real que se pagó por el bien, lo que se identificaría —salvo simulación— con el precio de la operación, siendo aquel valor declarado en la adquisición totalmente irrelevante a estos efectos».

dico indeterminado»[61]. Otros autores estiman que la regla del mayor valor conllevará que el valor de referencia sea un «valor mínimo» a declarar y destacan que su finalidad es estrictamente recaudatoria[62] y que puede vulnerar el principio de capacidad económica[63].

El criterio de valoración por el valor de referencia va a cambiar por completo la aplicación de TPO para la dación en pago de bienes inmuebles. Este nuevo paradigma hace necesario reinterpretar la jurisprudencia del TS sobre la dación en pago, pues conlleva que el acreedor tendrá que declarar como base imponible la mayor de las siguientes magnitudes: el valor de referencia[64] del inmueble entregado o el importe de la deuda que se extingue. El valor declarado, que es tercer término de comparación pierde importancia en el sistema de autoliquidación.

Los mismo ocurre con la tributación de las operaciones que combinan la constitución o la ampliación de capital mediante una aportación de bienes inmuebles hipotecados con la asunción de la deuda pendiente, cuando el valor del inmueble supera el nominal de las acciones o participaciones. Procede reinterpretar esta jurisprudencia adecuándola a las nuevas normas de valoración de la base imponible y a la jurisprudencia sobre la dación en pago, de tal manera que sería la mayor de las siguientes magnitudes: el importe de la deuda o la parte del valor de referencia del inmueble transmitido que se corresponde con el equivalente de la deuda.

El valor de referencia apenas ha comenzado su andadura, y ya la doctrina ha sido bastante crítica por los problemas que plantea de colisión con el principio de capacidad económica, el respeto a la tutela judicial efectiva y el principio de reserva de ley. Además, van surgiendo otras discrepancias que la Administración está resolviendo en unos términos excesivamente favorables a los intereses recaudatorios.

---

61. *Ibidem*.
62. En este sentido, PATÓN GARCÍA, G.: *op. cit.*, y PÉREZ-FANDÓN MARTÍNEZ, J. J.: «La Orden HFP 1104/2021 fija el factor minorado en el 0,9», *Carta Tributaria*, núm. 80, noviembre 2021. En el Dictamen del Consejo de Estado también se ha cuestionado que se obligue a tributar «por el valor declarado del inmueble, frente al valor de referencia, cuando sea superior a este. (...) sin que la afirmación de que el valor declarado por el contribuyente es expresivo de su mayor capacidad económica justifique la alteración de ese carácter preferente (y solo para el supuesto de que sea superior)».
63. MALVÁREZ PASCUAL, L. A.: «Comentarios al Proyecto de Ley...», op. cit., RR-6.5 avisa sobre el peligro de que «el nuevo sistema de valoración encubra una subida impositiva, pues a través de un sistema de valoración objetiva se corre el riesgo de que se produzca una sobreimposición contraria al principio de capacidad económica». Esta situación llevada al extremo daría lugar a la vulneración del principio de capacidad económica por gravar riquezas inexistentes.
64. Se recurrirá al valor de mercado únicamente para los casos en los que no exista valor de referencia o cuando no pueda ser certificado.

7.2.5.1. Las particularidades de la dación en pago de bienes inmuebles acordada en el marco de un procedimiento concursal

Hay que añadir, además, que el criterio de valoración de la base imponible de TPO por el valor de referencia del artículo 10 del TRLITPAJD entra en colisión con la regla de valoración prevista en el artículo 46.5 del TRLITPAJD. Antes de 2021 la base imponible se cuantificaba por el valor real de los bienes transmitidos y la regla del artículo 46.5 del TRLITPAJD suponía que el valor de mercado coincidía con el indicado en la resolución dictada por el juez del concurso que, a su vez, tendría correspondencia con el avalúo del inventario. Esta situación se puede producir en la dación en pago de bienes inmuebles acordada en el marco de un procedimiento concursal.

En la actualidad, el criterio de valoración para los bienes inmuebles es el valor de referencia, que se ha establecido como una regla especial que no prevé excepciones. Pero el artículo 46.5 del TRLITPAJD se ha mantenido invariable, por lo que el contribuyente y la Administración tendrán que cuantificar la base imponible por el criterio marcado en este precepto, esto es, por «el valor fijado en las resoluciones del juez del concurso».

La existencia de dos criterios de valoración que no son coincidentes para un mismo elemento es una antinomia jurídica. En el caso de que la cuantía del valor de referencia de un inmueble no coincida con el valor fijado por el juez del concurso, nos preguntamos cuál será la magnitud que el contribuyente tendrá que declarar como base imponible. Atendiendo a la redacción literal de los preceptos, no podríamos aplicar por extensión la regla del mayor valor y decantarnos por la más alta de ambas.

Aplicando la regla del artículo 10.2 del TRLC este podría ser el mayor de los siguientes valores: el de referencia o el importe de la deuda extinguida (que sería la contraprestación pactada). Pero también cabe otra interpretación de acuerdo con el artículo 46.5 del TRLITPAJD, que nos llevaría a declarar «el valor fijado en las resoluciones del juez del concurso», que se habrá calculado de acuerdo con las normas de valoración de la masa activa. Así, el valor del inmueble a efectos concursales se determina de acuerdo con el valor razonable que resulte de un informe de tasación (artículo 273.1. 1.º del TRLC) o mediante una valoración actualizada (artículo 274 del TRLC).

Hay que recordar, además, que cuando se producen las transmisiones de bienes y derechos en un procedimiento concursal, no se aplica la regla del mayor valor para la cuantificación de la base imponible. Esto descarta que se tome como base imponible de TPO la cuantía de la deuda extinguida cuando sea superior al valor que se haya otorgado al bien inmueble.

La solución a esta colisión de normas jurídicas pasa por determinar si prevalece el valor de referencia, por tratarse de un inmueble, o el valor fijado por el juez del concurso, por ser una transmisión efectuada en un procedimiento concursal.

En nuestra opinión, el artículo 46.5 del TRLITPAJD tendría que ser considerada una norma especial para la determinación de la base imponible en todas las transmisiones acordadas en un procedimiento concursal, así, con independencia de la naturaleza de los elementos transmitidos, se atendería al «valor fijado en las resoluciones del juez del concurso». Como argumento a favor de esta interpretación señalaremos la jurisprudencia del TS[65] acerca de la cuantificación de la base imponible de TPO en los supuestos de adjudicación mediante subasta, puesto que existe una identidad de razón al tratarse de supuestos en los cuales el importe de la transacción es cierto[66]. VARONA ALABERN ha indicado que «el artículo 46.5 del TRLITPAJD otorga prioridad al valor fijado por el juez en un convenio concursal»[67]. Por los mismos motivos[68], creemos que en estos supuestos no cabría la aplicación de la regla del mayor valor, puesto que únicamente hay que tener en cuenta un valor, el precio de adjudicación. En

65. La STS de 19 noviembre 1996 (RJ 1996, 8303), FJ 1: «la intervención judicial en una adjudicación por subasta ha de considerarse garantía suficiente de la realidad del valor del bien así transmitido y de la innecesaridad, por tanto, de la comprobación administrativa de valores, cuya finalidad no podía ni puede ser otra que la de conocer el verdadero precio cuando existe duda de la certeza del manifestado por los obligados tributarios en los correspondientes instrumentos públicos o privados».

66. CALVO VÉRGEZ, J.: «Adquisiciones de inmuebles realizadas en virtud de subasta pública: la innecesariedad de su comprobación administrativa. Comentarios a la STSJ de Andalucía, núm. 3736/2003, Málaga, de 29 de diciembre». *Jurisprudencia Tributaria Aranzadi*, núm. 63, 2005 (BIB 2005, 949), p. 6: ha destacado de este criterio jurisprudencial que «cuando exista certeza acerca de la veracidad del importe de la transmisión y de la normalidad de su formación podrán identificarse los conceptos de "valor real" y "precio auténtico". Esto es lo que sucede concretamente en las intervenciones judiciales derivadas de una adjudicación por subasta, que constituyen garantía suficiente de la realidad del valor del bien transmitido, resultando de este modo innecesaria toda comprobación administrativa de valores».

67. VARONA ALABERN, J. E.: *El valor de referencia y el valor comprobado por la Administración tributaria*. Aranzadi. Pamplona, 2022, p. 41: «El artículo 46.5 del TRLITPAJD otorga prioridad al valor fijado por el juez en un convenio concursal, de tal forma que prosperará esa magnitud, aunque fuese inferior al valor de referencia, lo cual es razonable porque no tendría sentido conceder más relevancia a un valor administrativo calculado de forma masiva que a un valor determinado por el juez en una situación concreta y bien definida».

68. La STS de 19 noviembre 1996 (RJ 1996, 8303), FJ 1: «la intervención judicial en una adjudicación por subasta ha de considerarse garantía suficiente de la realidad del valor del bien así transmitido y de la innecesaridad, por tanto, de la comprobación administrativa de valores, cuya finalidad no podía ni puede ser otra que la de conocer el verdadero precio cuando existe duda de la certeza del manifestado por los obligados tributarios en los correspondientes instrumentos públicos o privados».

cambio, VARONA ALABERN afirma que «tendrá prioridad el valor de referencia cuando sea superior a aquel»[69].

7.2.5.2. Los tipos de gravamen aplicables a la dación en pago de bienes inmuebles

Las competencias normativas sobre el tipo de gravamen en ITPAJD han sido cedidas a las Comunidades Autónomas. Con carácter subsidiario, para la transmisión de bienes inmuebles se establece el tipo de gravamen del 6% para el hecho imponible TPO (artículo 11 del TRLITPAJD). En el TRLITPAJD no se encuentran normas especiales para la dación en pago, por lo que no hay diferencias respecto a la transmisión de la propiedad de los inmuebles por otros títulos.

En Andalucía se ha previsto para la transmisión de inmuebles un tipo general del 7%, así como varios tipos reducidos, siendo uno de ellos específico para la dación en pago de estos activos. En efecto, el artículo 45 de la Ley 5/2021, de 20 de octubre, ha fijado el tipo de gravamen reducido del 2% para las transmisiones de inmuebles al acreedor mediante dación en pago, para la extinción de las obligaciones garantizadas por sociedades de garantía recíproca o sociedades mercantiles del sector público estatal o andaluz cuyo fin sea la prestación de garantías destinadas a la financiación de actividades de creación, conservación o mejora de la riqueza forestal, agrícola, ganadera o pesquera de la Comunidad Autónoma de Andalucía. También se aplica el tipo reducido del 2% a las transmisiones realizadas como consecuencia de adjudicaciones judiciales o notariales.

La aplicación del tipo reducido de gravamen está condicionada a que el inmueble sea transmitido dentro de los cinco años siguientes a su adquisición por el acreedor, con entrega de la posesión del mismo, y que esta nueva operación esté sujeta y no exenta de la modalidad TPO.

Por último, el artículo 48 de la Ley 5/2021, de 20 de octubre, prevé unas bonificaciones que reducen la tributación del *solvens* por TPO. Como ya hemos indicado, el contribuyente de TPO por la dación en pago es el acreedor, sin embargo, en algunas ocasiones este negocio es acompañado del arrendamiento con opción de compra de la vivienda habitual que fue entregada en pago de su deuda hipotecaria. En estos casos, por la constitución y el ejercicio de opción

69. VARONA ALABERN, J. E.: *El valor de referencia..., op. cit.* p. 42: «El legislador también ha guardado silencio respecto del valor asignado en una subasta pública, lo que significa que se aplicará la regla general y, por ello, tendrá prioridad el valor de referencia cuando sea superior a aquel. No resulta aplicable ahora lo dispuesto en el artículo 39 del Real Decreto 828/1995, de 29 de mayo, por el que se aprueba el Reglamento del Impuesto sobre Transmisiones Patrimoniales y Actos Jurídicos Documentados (...) porque se trata de una norma reglamentaria que se debe entender derogada por los artículos 10 y 46.5 del TRLITPAJD, que poseen rango legal y son —en la redacción actual— posteriores a aquel precepto».

de compra de la vivienda se devenga del impuesto. El supuesto de hecho del beneficio fiscal tiene los siguientes requisitos:

i. Que se haya producido «la adjudicación de la vivienda habitual en pago de la totalidad de la deuda pendiente del préstamo o crédito garantizados mediante hipoteca de la citada vivienda» (artículo 48 de la Ley 5/2021, de 20 de octubre).

ii. Que se formalice un contrato de arrendamiento con opción de compra de la misma vivienda.

La bonificación alcanza al 100% de la cuota tributaria de TPO devengada por la constitución de la opción de compra. A su vez, si el deudor llega a ejercitar la opción de compra también tendrá una bonificación del 100% de la cuota tributaria por el concepto TPO.

7.3. LA TRIBUTACIÓN EN EL IVA DE LA DACIÓN EN PAGO

7.3.1. EL HECHO IMPONIBLE ENTREGA DE BIENES Y LA DACIÓN EN PAGO

El enfoque expuesto para TPO es reproducible para el IVA, aunque el hecho imponible de este impuesto no contempla de forma expresa la dación en pago. Los argumentos para sostener esta similitud están por un lado en la naturaleza jurídica y los efectos de la dación en pago y, por otro lado, en que ambos tributos gravan la capacidad económica que pone de manifiesto quien adquiere de forma onerosas los bienes transmitidos.

La dación en pago se caracteriza por los efectos traslativos y extintivos. Además, su naturaleza jurídica es la del pago, en concreto, representa una forma especial de pago. Así, la entrega de un bien a título de pago estará sujeta a IVA por el hecho imponible entrega de bienes, en cambio, la entrega de dinero a título de contraprestación o pago queda no sujeta de acuerdo con el artículo 7. 12.º de la LIVA.

Para que se devengue el IVA por el hecho imponible entrega de bienes será necesario que concurran los elementos objetivo, subjetivo, temporal y que la operación se localice en el territorio de aplicación del impuesto. Vamos a ir analizando brevemente cada uno de estos elementos del hecho imponible, comenzando por la descripción de la operación gravada.

El artículo 4. Uno de la LIVA dispone que «estarán sujetas al impuesto las entregas de bienes y prestaciones de servicios realizadas en el ámbito espacial del impuesto por empresarios o profesionales a título oneroso, con carácter habitual u ocasional, en el desarrollo de su actividad empresarial o profesional, incluso si se efectúan en favor de los propios socios, asociados, miembros o partícipes de las entidades que las realicen».

Por un lado, es sabido que se consideran entregas de bienes sujetas a IVA la transmisión del poder de disposición «a terceros de la totalidad o parte de cualesquiera de los bienes o derechos que integren el patrimonio empresarial o profesional de los sujetos pasivos, incluso las efectuadas con ocasión del cese en el ejercicio de las actividades económicas que determinan la sujeción al Impuesto» [artículo 4. DOS. b) de la LIVA]. La dación en pago produce la transmisión del poder de disposición de un bien del *solvens* al *accipiens*. Además, de la jurisprudencia europea[70] se desprende que «se considera "entrega de bienes" la transmisión del poder de disposición sobre un bien corporal con las facultades atribuidas a su propietario, aunque no haya transmisión de la propiedad jurídica del bien». En concreto, cuando una comunidad de bienes constituida para la promoción de viviendas adjudica sus bienes a los comuneros en el proceso de disolución[71], se realiza una entrega de bienes a efectos de IVA.

Por otra parte, «los fines o resultados perseguidos en la actividad empresarial o profesional o en cada operación en particular» (artículo 4. TRES de la LIVA) son irrelevantes a la hora de considerar una operación sujeta a IVA. Así, lo determinante de la sujeción al impuesto es que la entrega de bienes sea realizada por empresarios o profesionales[72] y tenga por objeto elementos que inte-

70. El concepto de entrega de bienes ha sido interpretado por la STJCE de 8 febrero 1990, Staatssecretaris van Financiën / Shipping and Forwarding Enterprise Safe, C-320/88, EU:C:1990:61, apartados 6 a 9: «6. Procede recordar que, según el apartado 1 del artículo 5 de la Sexta Directiva: "se entenderá por «entrega de bienes» la transmisión del poder de disposición sobre un bien corporal con las facultades atribuidas a su propietario".
7. Con arreglo a la redacción de esta disposición, el concepto de entrega de bienes no se refiere a la transmisión de la propiedad en las formas establecidas por el Derecho nacional aplicable, sino que incluye toda operación de transmisión de un bien corporal efectuada por una parte que faculta a la otra parte a disponer de hecho, como si ésta fuera la propietaria de dicho bien.
8. Esta interpretación es conforme con la finalidad de la Directiva que tiende, entre otras cosas, a que el sistema común del IVA se base en una definición uniforme de las operaciones imponibles. Ahora bien, este objetivo puede verse comprometido si la existencia de una entrega de bienes, que es una de las tres operaciones imponibles, estuviera sometida al cumplimiento de requisitos que difieren de un Estado miembro a otro, como ocurre con la transmisión de la propiedad en el Derecho civil.
9. Procede, pues, responder a la primera cuestión que el apartado 1 del artículo 5 de la Sexta Directiva debe interpretarse en el sentido de que se considera "entrega de bienes" la transmisión del poder de disposición sobre un bien corporal con las facultades atribuidas a su propietario, aunque no haya transmisión de la propiedad jurídica del bien».

71. CIRUELOS LARA, P.: «La renuncia a la exención del IVA en las operaciones inmobiliarias I». *Técnica Contable y Financiera*, núm. 31, 2020, p. 13. Fundamenta su afirmación en la Resolución del TEAC de 19/06/2018 (núm. de resolución 3326/2015).

72. Serán sujetos pasivos del impuesto las personas físicas, las personas jurídicas y los entes de hecho del artículo 35 de la LGT que realicen actividades empresariales o profesionales. Hemos tratado en el apartado 7.1. de este capítulo el concepto de empresario o profesional a efectos de este impuesto.

gren el patrimonio empresarial o profesional de estos. Incluso las transmisiones realizadas con la finalidad de saldar deudas pendientes —que es la finalidad de la dación en pago— se consideran parte de la actividad empresarial. Así, el TS[73] afirma que «la actividad empresarial de un promotor inmobiliario está integrada tanto por la típica venta voluntaria de pisos para obtener la rentabilidad propia de tal negocio, como por la venta forzosa derivada de la necesidad de atender las deudas generadas en dicha actividad (pues la misma implica no sólo la obtención de ingresos sino también la obligación de pagar las deudas, soportando, en su caso, cuando no pueda atenderlas voluntariamente, la ejecución forzosa del patrimonio —de modo que venta voluntaria y venta forzosa no son sino las dos caras de la misma actividad empresarial—)».

Además, para que una entrega de bienes sea sometida a gravamen en nuestro Estado es necesario que la operación se localice en el territorio de aplicación del impuesto[74]. Los puntos de conexión de las entregas de bienes se encuentran regulados en el artículo 68 de la LIVA. La regla general es que «las entregas de bienes que no sean objeto de expedición o transporte, se entenderán realizadas en el territorio de aplicación del Impuesto cuando los bienes se pongan a disposición del adquirente en dicho territorio» (artículo 68. Uno de la LIVA). Existen varias reglas especiales, de las cuales resultará relevante para la dación en pago la que se refiere a «las entregas de bienes muebles corporales que deban ser objeto de expedición o transporte con destino al adquirente», que se entenderán realizadas en el territorio de aplicación del Impuesto si la expedición o transporte se inicia en el referido territorio (artículo 68. Dos.1.º A de la LIVA). Asimismo, la regla especial que se aplica a «las entregas de bienes inmuebles que radiquen en dicho territorio» (artículo 68. Dos 3.º de la LIVA) tendrá importancia cuando se celebre la dación en pago de inmuebles.

El último elemento del hecho imponible es el elemento temporal. El devengo en la dación en pago sigue la regla general del artículo 75. Uno. 1.º de la LIVA, es decir, se produce «cuando tenga lugar su puesta a disposición del adquirente o, en su caso, cuando se efectúen conforme a la legislación que les sea aplicable».

Hemos argumentado, en la primera parte de este trabajo, que consideramos que la dación en pago es un negocio real que se perfecciona con la transmisión del *aliud*. Además, existe unanimidad entre la doctrina acerca de que los efectos extintivos se asocian a la entrega del bien ofrecido y no al momento en el que

73. STS de 3 de julio de 2007 (RJ 2007, 4956), FJ 4. En el mismo sentido, la STS de 18 de noviembre de 2009 (RJ 2009, 8069) y la STS de 29 de abril de 2010 (RJ 2010, 4756), FJ 3: «se entenderán en todo caso realizadas en el desarrollo de una actividad empresarial: (...) b) Las transmisiones o cesiones de uso a terceros de la totalidad o parte de cualesquiera bienes o derechos que integren el patrimonio empresarial o profesional de los sujetos pasivos, incluso las efectuadas con ocasión del cese en el ejercicio de las actividades económicas que determinen la sujeción al Impuesto».

74. El territorio de aplicación del impuesto se delimita en el artículo 3 de la LIVA.

deudor y acreedor alcanzan el acuerdo. En consecuencia, la mera aprobación de un plan de reestructuración que incorpore la dación en pago no supondrá el devengo de los impuestos correspondientes, que se producirá cuando se entreguen los activos. La misma situación se produciría en un convenio de acreedores o cuando se conceda la exoneración de pasivo insatisfecho con sujeción a un plan de pagos que contemple la dación en pago de activos a los acreedores.

Al tratarse de la transmisión de la propiedad, será necesario el título y el modo para que se produzca, es decir, se requiere tanto el acuerdo de voluntades como la entrega. Además, se producirá la *traditio* instrumental cuando se otorgue la escritura pública[75].

Por otro lado, existe una regla especial aplicable a los pagos anticipados. Así, el artículo 75. Dos de la LIVA prevé que los «pagos anticipados anteriores a la realización del hecho imponible» conllevan que el devengo se produzca «en el momento del cobro total o parcial del precio por los importes efectivamente percibidos». Esta regla se aplica a las permutas, sin embargo no podemos establecer una semejanza con la dación en pago puesto que, este negocio tiene una naturaleza jurídica propia como subrogado del cumplimiento[76] y se ha descartado su asimilación a la permuta.

7.3.2. LA BASE IMPONIBLE

En este apartado resulta fundamental la doctrina del TS que indica que el crédito que se extingue actúa «con igual función que el precio en la compraventa»[77].

La base imponible del IVA se encuentra regulada en el artículo 73 de la Directiva de IVA, el cual establece que «la base imponible estará constituida por la totalidad de la contraprestación que quien realice la entrega o preste el servicio obtenga o vaya a obtener, con cargo a estas operaciones, del adquiriente de los bienes, del destinatario de la prestación o de un tercero, incluidas las subvenciones directamente vinculadas al precio de estas operaciones». Esta es la regla general para las entregas de bienes y las prestaciones de servicios.

75. Artículo 1462 del CC: «Se entenderá entregada la cosa vendida cuando se ponga en poder y posesión del comprador.
Cuando se haga la venta mediante escritura pública, el otorgamiento de ésta equivaldrá a la entrega de la cosa objeto del contrato, si de la misma escritura no resultare o se dedujere claramente lo contrario».

76. Esta cuestión se ha tratado en el capítulo primero.

77. STS 94/2019, de 31 de enero de 2019 (RJ 2019, 483), FJ 2. En el mismo sentido, la STS de 19 de octubre de 1992 (RJ 1992, 8082) que, a su vez, en el FJ 2 indica que es la misma doctrina sentada en SSTS de 14 de septiembre de 1987, de 4 de octubre de 1989, de 15 de diciembre de 1989, de 29 de abril de 1991 y de 13 de febrero de 1989.

A su vez, el artículo 78. Uno de la LIVA establece, en términos similares, la regla general de cuantificación de la base imponible basada en el importe total de la contraprestación. En concreto, este dispone que será «el importe total de la contraprestación de las operaciones sujetas al mismo procedente del destinatario o de terceras personas». Hay que destacar que el apartado Dos del artículo 78 de la LIVA indica determinados conceptos que deben añadirse a la contraprestación, resultando de particular interés para nuestra investigación la referencia al «importe de las deudas asumidas por el destinatario de las operaciones sujetas como contraprestación total o parcial de las mismas» (artículo 78. Dos. 7.º de la LIVA). El TS ha indicado al respecto que «la contraprestación es algo más que el precio (por ejemplo, portes y envases), pero también algo menos que el precio (descuentos, bonificaciones y suplidos), siendo de señalar que el apartado Dos. 7 incluye en el concepto de contraprestación "el importe de las deudas asumidas por el destinatario de las operaciones sujetas como contraprestación total o parcial de las mismas"».

Nos ha llamado la atención que no se establezca ningún requisito ni respecto del origen de estas deudas ni relativas al acreedor. Todo esto parece confirmar que habría que incluir en la base imponible tanto las deudas asumidas por el adquiriente de los bienes como aquellas asumidas por un tercero. Además, el artículo 73 de la Directiva de IVA prevé la posibilidad de que la contraprestación se obtenga de un tercero. En consecuencia, podría entenderse que tanto la extinción del crédito preexistente —característico de la dación en pago—, como la asunción de deuda por el adquirente —propia de la dación en pago de asunción de deuda— encuentran encaje con facilidad en este precepto. En el caso de la adjudicación en subasta[78], que es similar a los anteriores, la base imponible es la suma del precio más las deudas asumidas por el adjudicatario. Además, el mismo tratamiento debería recibir la dación en pago cuando se formaliza a favor de un tercero designado por el *accipiens,* puesto que tanto la Directiva de IVA como la LIVA, admiten que la contraprestación provenga del adquirente o de un tercero, es decir, no debería suponer un problema que el adquirente no sea el acreedor.

El caso más problemático que se nos ocurre es el de la dación en pago cuando el *solvens* no es el deudor, si no que se celebra por un tercero hipotecante. Es

78. De manera similar, en una adjudicación en subasta judicial de un inmueble hipotecado aparece en el auto de adjudicación por un precio más la asunción de la deuda pendiente, en la STS de 29 abril 2010 (RJ 2010, 4756), FJ 4 se afirma que: «El motivo no puede prosperar por cuanto al precio fijado de 210.0000.007 ptas. ha de incorporarse el importe de la deuda garantizada con hipoteca a favor del Banco de Vitoria, habida cuenta de que, como señala la sentencia, se incluye en la contraprestación el importe de las deudas asumidas por el destinatario de las operaciones sujetas como contraprestación total o parcial de las mismas, según lo dispuesto en el artículo 78.2.7 de la Ley del IVA». Por lo tanto, el TS aplica la regla general del importe de la contraprestación al que añade las deudas asumidas por el adquirente. No se hace distinción en cuanto a que al origen de la deuda ni a quién sea el acreedor ni a la mayor cuantía de la deuda frente a la cantidad entregada en efectivo.

posible utilizar como argumento el artículo 78. Dos. 1.º de la LIVA, que establece que se añadirá a la base imponible «cualquier otro crédito efectivo a favor de quien realice la entrega o preste el servicio, derivado de la prestación principal o de las accesorias a la misma», ya que el *solvens* ostentará un derecho de crédito frente al deudor como consecuencia de la extinción de la deuda preexistente.

En definitiva, interpretamos que el legislador está asimilando una contraprestación consistente en el pago de una cantidad de dinero de curso legal a una deuda dineraria o a un crédito siempre que pueda ser expresado en dinero.

La interpretación propuesta no desconoce la doctrina del TJUE en esta materia, como no puede ser de otra manera, ya que la «contraprestación» que sirve para determinar la base imponible del IVA se considera un concepto comunitario. Como ha indicado el TJUE, la contraprestación ha de cumplir los siguientes requisitos:

En primer lugar, ha de existir un vínculo directo entre la prestación y la contraprestación, es decir, «es determinante que entre las partes exista un convenio sobre intercambio de prestaciones recíprocas, de modo que la retribución que una percibe constituya el contravalor real y efectivo del bien entregado a la otra» [79].

En segundo lugar, «dicha contraprestación ha de poder expresarse en dinero» [80].

En tercer lugar, «la contraprestación que sirve de base imponible para una entrega de bienes es un valor subjetivo, ya que la base imponible es la contraprestación realmente recibida y no un valor estimado según criterios objetivos» [81].

En resumen, partiendo de la premisa expuesta al inicio, la aplicación de estas normas a la dación en pago nos lleva a afirmar que, si la extinción del crédito es la contraprestación realizada por la entrega del bien, la base imponible será la cuantía de la deuda dineraria liquidada.

Nuestro criterio encuentra respaldo en la STS de 31 de enero de 2019 que, aunque fue dictada en un caso de dación en pago gravado por TPO, bajo el paraguas del principio de coherencia del sistema tributario, ha permitido al TS referirse al IVA indicando que «a efectos de la base imponible, de conformidad con el artículo 78 de la LIVA habría que contemplar el importe total de la contra-

---

79. STJCE de 15 de mayo de 2001, Primback, C-34/99, EU:C:2001:271 (TJCE 2001, 139), apartado 25.
80. STJCE de 16 octubre de 1997, Julius Fillibeck Söhne / Finanzamt Neustadt, C-258/95, EU:C:1997:491 (TJCE 1997, 207), apartado 14.
81. STJCE de 2 junio de 1994, Empire Stores / Commissioners of Customs and Excise, C-33/93, EU:C:1994:225 (TJCE 1994, 93), apartado 18.

prestación, es decir, el importe de la deuda hipotecaria extinguida, que constituye, precisamente, la contraprestación de la adjudicación en pago del inmueble al acreedor hipotecario»[82]. En el mismo sentido, el TEAC[83] afirma que «a efectos de IVA, también carece de una regulación especial, por lo que su base imponible debe ser determinada conforme a la regla general prevista en el artículo 78 de la LIVA (...) estará constituida por el importe total de la contraprestación obtenida, esto es, la cuantía de la deuda cuya dación extingue». MATA SIERRA y GONZÁLEZ APARICIO[84] se decantan por esta interpretación con base en la resolución del TEAC citada.

No obstante, se ha planteado por la Administración que la base imponible se determine atendiendo al valor del bien. Así, la Dirección General de tributos[85] ha afirmado en un caso en el que se «entrega un terreno urbanizable como contraprestación del pago de una deuda (...) será el valor del terreno el que se considere como base imponible del impuesto». Encontramos diversos argumentos para refutar esta interpretación.

Por un lado, tanto la Directiva de IVA (artículo 80) como la LIVA (artículo 79. cinco) han establecido que cuando se trate de una operación vinculada, la cuantificación de la base imponible atiende al valor de mercado del bien.

En cuanto a la interpretación del artículo 80 de la Directiva de IVA, el TJUE ha indicado en primer lugar, que «establece una excepción a la regla general prevista en el artículo 73 de ésta que, debido precisamente a su carácter excepcional, debe interpretarse en sentido estricto»[86]. En segundo lugar, que el obje-

---

82. STS 94/2019, de 31 de enero de 2019 (RJ 2019, 483), FJ4. Posteriormente este pronunciamiento ha sido reiterado en las SSTS 134/2019, de 6 de febrero de 2019 (ECLI:ES:TS:2019:481) y 116/2019, de 4 de febrero de 2019 (ECLI:ES:TS:2019:483).
83. Resolución del TEAC de 15 de febrero de 2006, núm. de resolución 2180/2004, FJ 4: «la presente operación no tiene la naturaleza jurídica de una permuta, por lo que no puede aplicarse la regla especial prevista en el artículo 79 para determinar la base imponible. Estamos ante un negocio jurídico al que, por falta de regulación expresa deben aplicársele analógicamente las reglas de la compraventa y que, a efectos de IVA, también carece de una regulación especial, por lo que su base imponible debe ser determinada conforme a la regla general prevista en el artículo 78 de la Ley del impuesto cuyo apartado Uno dispone que "la base imponible del impuesto estará constituida por el importe total de la contraprestación de las operaciones sujetas al mismo procedente del destinatario o de terceras personas". Por tanto, conforme a lo dispuesto en el artículo 78 de la LIVA, la base imponible de la operación de entrega de fincas estará constituida por el importe total de la contraprestación obtenida, esto es, la cuantía de la deuda cuya dación extingue».
84. MATA SIERRA, M. T. y GONZÁLEZ APARICIO, M.: «La dación en pago en el contexto de crisis económica: problemática fiscal». *Revista de Contabilidad y Tributación CEF* núm. 392 (noviembre 2015), p. 33.
85. Consultas de la DGT de 19 de febrero de 2012 (V2494-12) y de 6 de noviembre de 2013 (V3266-13).
86. STJUE de 26 abril 2012, Balkan and Sea Properties y Provadinvest, C-621/10 y C-129/11, EU:C:2012:248 (TJCE 2012, 102), apartado 45. Cita las sentencias de 21 de junio de 2007, Ludwig, C-453/05, EU:C:2007:369 apartado 21, y de 3 de marzo de 2011, Comisión/Países Bajos, C-41/09, EU:C:2011:108, apartado 58.

tivo de esta norma es «prevenir el fraude o la evasión fiscales»[87], lo que ocurre «cuando la persona concernida por la operación no disfruta plenamente de un derecho a deducción»[88]. En tercer lugar, que los requisitos previstos en el artículo 80 de la Directiva de IVA son exhaustivos, por lo que «una normativa nacional no puede determinar, apoyándose en dicha disposición, que la base imponible es el valor normal de mercado en casos no comprendidos entre los contemplados en la citada disposición»[89]. Por último, se afirma el efecto directo de este precepto, toda vez que «establece de modo inequívoco y exhaustivo los requisitos que deben concurrir para que un Estado miembro pueda establecer en su legislación la posibilidad de corregir la base imponible de una operación entre personas vinculadas»[90].

Por lo que respecta a la dación en pago, no es posible fundamentar en estos preceptos que la base imponible sea cuantificada por el valor de mercado del inmueble entregado, salvo que exista vinculación entre las partes y que alguna de ellas no tenga derecho a deducir todo el IVA soportado.

Por otro lado, nos hemos planteado la posibilidad de aplicar a la dación en pago la regla especial de cuantificación de la base imponible para aquellas operaciones cuya contraprestación no consista en dinero. Es cierto que en el artículo 79. Uno de la LIVA describe su supuesto de hecho con extraordinaria amplitud, como son «las operaciones cuya contraprestación no consista en dinero». No obstante, la aplicación a la dación en pago de la consecuencia jurídica de esta norma no ofrece el resultado más adecuado.

En los casos de pagos en especie, «se considerará como base imponible el importe, expresado en dinero, que se hubiera acordado entre las partes» (artículo 79. UNO primer párrafo de la LIVA). Y, a continuación, se establece una presunción *iuris tantum* de que «la base imponible coincidirá con los importes que resulten de aplicar las reglas previstas en los apartados tres y cuatro siguientes» (artículo 79. UNO segundo párrafo de la LIVA), es decir, los criterios de valoración de los autoconsumos. Esta regla resultaría aplicable si la dación en pago se ha celebrado para extinguir una obligación que no consistía en la entrega de una cantidad de dinero.

Si analizamos con más detalle esta cuestión, veremos que, para las entregas de bienes, el artículo 79. Tres de la LIVA diferencia las siguientes situaciones:

En primer lugar, «si los bienes fuesen entregados en el mismo estado en que fueron adquiridos sin haber sido sometidos a proceso alguno de fabricación, elaboración o transformación por el propio sujeto pasivo, o por su cuenta, la base

87. *Ibidem*, apartado 46.
88. *Ibidem*, apartado 48.
89. *Ibidem*, apartado 51.
90. *Ibidem*, apartado 58.

imponible será la que se hubiese fijado en la operación por la que se adquirieron dichos bienes.

Tratándose de bienes importados, la base imponible será la que hubiera prevalecido para la liquidación del impuesto a la importación de los mismos» (artículo 79. Tres de la LIVA).

En segundo lugar, «si los bienes entregados se hubiesen sometido a procesos de elaboración o transformación por el transmitente o por su cuenta, la base imponible será el coste de los bienes o servicios utilizados por el sujeto pasivo para la obtención de dichos bienes, incluidos los gastos de personal efectuados con la misma finalidad» (artículo 79. Tres de la LIVA).

En tercer lugar, «si el valor de los bienes entregados hubiese experimentado alteraciones como consecuencia de su utilización, deterioro, obsolescencia, envilecimiento, revalorización o cualquier otra causa, se considerará como base imponible el valor de los bienes en el momento en que se efectúe la entrega» (artículo 79. Tres de la LIVA). Además, el mismo precepto dispone que «se presumirá que ha tenido lugar un deterioro total» cuando estas operaciones tengan por objeto bienes adquiridos por entidades sin fines lucrativos definidas de acuerdo con lo dispuesto en el artículo 2 de la Ley 49/2002, «siempre que se destinen por las mismas a los fines de interés general que desarrollen».

En cambio, si la contraprestación no dineraria consiste en la prestación de un servicio, la base imponible atiende al «coste de prestación de los servicios incluida, en su caso, la amortización de los bienes cedidos» (artículo 79. Cuatro de la LIVA).

Así, cuando la contraprestación consiste en la entrega de bienes, la solución legal es establecer tres criterios de valoración que son el precio de adquisición, el coste de producción y «el valor de los bienes» en el momento de la entrega.

En el IVA, tradicionalmente, se evita la aplicación del valor de mercado —que está reservada a las operaciones vinculadas— en favor de la contrapresta-ción pactada. Lo cual resulta contradictorio con el hecho de que esté previsto cuantificar la base imponible por «el valor de los bienes en el momento en que se efectúe la entrega» (artículo 79. Tres. 3.º de la LIVA). Este criterio de valoración se aplica al supuesto particular de una operación cuya contraprestación no venga expresada en dinero y, además, el valor de adquisición de los bienes entregados no sea representativo «como consecuencia de su utilización, deterioro, obsolescencia, envilecimiento, revalorización o cualquier otra causa».

Si nos fijamos en la evolución histórica de la norma, el artículo 79 de la LIVA fue modificado por la Ley 28/2014[91] porque no respetaba las disposiciones de la

91. Ley 28/2014, de 27 de noviembre, por la que se modifican la Ley 37/1992, de 28 de diciembre, del Impuesto sobre el Valor Añadido, la Ley 20/1991, de 7 de junio, de modificación de los

Directiva de IVA. En opinión de TORREGROSA[92], el criterio de valoración de la base imponible introducido «se ajusta mejor a las disposiciones de la Directiva y, a su vez, a la interpretación sobre esta materia sostenida por el TJUE, principalmente en la sentencia de 19 de diciembre de 2012, Asunto C-549/11»[93]. Sin embargo, no afirma lo mismo de la presunción que hace coincidir el valor acordado por las partes «con los importes que resulten de las reglas previstas para los autoconsumos de bienes y servicios», puesto que no se infiere de la jurisprudencia del TJUE sobre el tema. Coincidimos con el autor, es más, creemos que la aplicación de los criterios de valoración de los autoconsumos para la determinación de la base imponible de la dación en pago da lugar a un resultado menos ajustado a la naturaleza jurídica de este negocio y al hecho imponible gravado —que es la entrega de bienes—, además, se encuentra más alejada de la doctrina del TJUE.

A diferencia de lo que ocurre en TPO, en el IVA no se ha incorporado en los preceptos dedicados a la base imponible ni el valor de referencia ni la regla del mayor valor.

Por último, nos gustaría mencionar que la interpretación que proponemos daría una solución al debate en torno a la existencia de una condonación parcial de la deuda cuando la dación en pago extingue una deuda por importe superior al valor del bien entregado. Creemos que la base imponible debe coincidir con la cuantía de la deuda dineraria, sin que prevalezca el valor de mercado del bien, y descartando que en la dación en pago exista *animus donandi*. Basamos nuestra interpretación en la singularidad de la dación en pago, que es un subrogado del cumplimiento. Es un negocio complejo y oneroso, en el que el crédito extinguido desempeña la función del precio o contraprestación en la compraventa. Además, va en línea con la configuración del IVA que grava el valor añadido y recae sobre el consumo[94] , es decir, la riqueza gravada se materializa en el precio pagado por el destinatario del bien (valor subjetivo), no en el valor objetivo del mismo. Es más, en el supuesto inverso, en el que el bien tuviera un valor superior al crédito extinguido, mantenemos el mismo criterio.

---

aspectos fiscales del Régimen Económico Fiscal de Canarias, la Ley 38/1992, de 28 de diciembre, de Impuestos Especiales, y la Ley 16/2013, de 29 de octubre, por la que se establecen determinadas medidas en materia de fiscalidad medioambiental y se adoptan otras medidas tributarias y financieras, publicada en el BOE núm. 288, de 28 de noviembre de 2014.

92. TORREGROSA CARNÉ, M. D.: «Principales modificaciones introducidas por la Ley 28/2014...», *op. cit.*, p. 5.

93. STJUE de 19 de diciembre de 2012, Orfey Balgaria, C-549/11, EU:C:2012:832, en el apartado 35 de esta sentencia se afirma: «Pues bien, el Tribunal de Justicia ya ha declarado que los contratos de trueque, en los que, por definición, la contraprestación deba pagarse en especie, y las transacciones en las que la contraprestación sea dineraria, son, desde el punto de vista económico y comercial, dos situaciones idénticas (véase, en este sentido, la sentencia de 3 de julio de 1997, Goldsmiths, C-330/95, Rec. p. I-3801, apartados 23 y 25)».

94. STJCE de 24 octubre de 1996, Elida Gibbs/Commissioners of Customs and Excise, C-317/94, EU:C:1996:400 (TJCE 1996, 196), apartado 19: «El principio básico consiste en

Todavía cabe señalar que esta interpretación puede suponer una mayor tributación para el acreedor que obtiene un bien cuyo valor es inferior a la deuda pendiente. Como alternativas, por un lado, el apartado Tres del artículo 78 de la LIVA, hace referencia a aquellas cantidades que se excluirán de la base imponible, entre las que se encuentran «los descuentos y bonificaciones que se justifiquen por cualquier medio de prueba admitido en derecho y que se concedan previa o simultáneamente al momento en que la operación se realice y en función de ella» (artículo 78. Tres. 2.º Primer párrafo de la LIVA). Lo que justificaría la minoración de la base imponible si acreedor y deudor acuerdan aplicar un descuento o bonificación que reduzca la deuda.

Por otro lado, el TEAR[95] ha admitido que no se incluyan en la base imponible las sumas condonadas por el acreedor antes de la transmisión del bien, siempre que no existan simulación ni conflicto en la aplicación de la norma tributaria. Es posible que la minoración de la deuda esté relacionada con la existencia de cláusulas abusivas en el contrato originario, lo que serviría de justificación para la reducción de la deuda por vía convencional. También es posible que un proceso de refinanciación, de reestructuración o un plan de viabilidad prevean quitas y daciones en pago, ahora bien, en estas situaciones existe un alto grado de incertidumbre. Ya hemos indicado que la dación en pago tiene efectos extintivos y traslativos, por lo que es probable que se pueda acreditar que la condonación y posterior venta al acreedor o a una filial son negocios artificiosos que buscan minorar la base imponible del IVA, puesto que los efectos perseguidos por las partes son los propios de la dación en pago. A todo ello hay que añadir el riesgo de que Hacienda cambie de criterio[96] e intente hacer tributar al deudor por el ISD como consecuencia de la condonación de la deuda, entendiendo que existe *animus donandi,* o por el IRPF si se produce una alteración patrimonial por la sustitución de las prestaciones inicialmente acordadas. En definitiva, estas alternativas generan inseguridad jurídica.

7.3.3. OTROS ELEMENTOS DEL IMPUESTO

En la operación de dación en pago se produce la entrega de los bienes a cambio de la extinción de las obligaciones del deudor. El sujeto pasivo del IVA,

---

que el sistema del IVA pretende gravar únicamente al consumidor final. Por consiguiente, la base imponible del IVA que deben percibir las autoridades fiscales no puede ser superior a la contraprestación efectivamente pagada por el consumidor final y que sirvió de base para el cálculo del IVA que grava en definitiva a dicho consumidor».

95. La Resolución del TEAR de Murcia de fecha 28 de septiembre de 2018 (núm. 30/03378/2015/00/00). Se trata de un caso en el que el banco condona parte de la deuda pendiente y luego el deudor transmite a su filial el inmueble hipotecado, que asume las deudas garantizadas, quedando liberado el deudor. El TEAR rechaza que deba incluirse en la base imponible la diferencia entre los importes de los préstamos hipotecarios y las cantidades asumidas como parte del pago del precio de la transmisión porque no se ha acreditado la existencia de simulación ni de conflicto en la aplicación de la normativa tributaria.

96. Respecto al expresado en la consulta de la DGT de 24 febrero de 2021 (V328/2021).

de acuerdo con la regla general del artículo 84. Uno. 1.º de la LIVA, será el deudor, puesto que es quien tiene la condición de empresario o profesional y realiza la entrega de los bienes sujeta al Impuesto.

Los sujetos pasivos tienen que cumplir todas las obligaciones tributarias asociadas a la realización del hecho imponible del IVA y, además, tienen el deber de «repercutir íntegramente el importe del impuesto sobre aquel para quien se realice la operación gravada» (artículo 88. Uno de la LIVA). De esta forma, la cuota de IVA devengada por la entrega de bienes acordada mediante dación en pago es soportada por quien ostenta la capacidad económica gravada, que es el consumo.

A su vez, este queda obligado a soportar la repercusión, siempre que la cuota se ajuste a lo dispuesto en la LIVA. La LIVA no ha establecido un tipo de gravamen para la dación en pago, por ello, se aplicará el que corresponda al elemento patrimonial transmitido. A estas operaciones les corresponderá el tipo general del 21% o los tipos reducidos establecidos en el artículo 91 de la LIVA dependiendo del elemento entregado.

La repercusión no se produce en los supuestos de inversión del sujeto pasivo previstos en del artículo 84. Uno.2.º de la LIVA. En estos casos, el cumplimiento de la obligación de ingresar la cuota de IVA devengada por la dación en pago le corresponde al destinatario de las operaciones sujetas al IVA. En el caso de la dación en pago, este puede ser el acreedor o un tercero designado por él para adquirir la propiedad de los bienes entregados. Los supuestos de inversión del sujeto pasivo que tienen mayor trascendencia para la dación en pago se producen cuando se entregan bienes inmuebles.

7.3.4. LAS PARTICULARIDADES DE LA DACIÓN EN PAGO DE BIENES INMUEBLES EN EL IVA

La dación en pago de bienes inmuebles, aunque no esté expresamente regulada en la LIVA, tiene un tratamiento muy particular en atención a la naturaleza de los bienes transmitidos. Además, esta operación requiere una mención especial ya que la dación en pago de bienes inmuebles celebrada para la extinción de un préstamo o crédito hipotecario es la *datio* con mayor relevancia en el tráfico.

Las particularidades de esta operación afectan a diversos elementos del IVA. En primer lugar, los supuestos vinculados a la delimitación entre IVA y TPO que se han analizado en el apartado 7.1 y que se producen cuando el *solvens* es urbanizador, promotor o constructor, así como, cuando es arrendador.

En segundo lugar, los supuestos de no sujeción a IVA de las transmisiones de empresas o de unidades productivas a los que hemos dedicado el apartado 8.1.3.

En tercer lugar, otras particularidades de la dación en pago de bienes inmuebles afectan a los criterios de sujeción espacial, puesto que únicamente se someten a gravamen las entregas de los inmuebles situados en el territorio de aplicación del IVA.

En cuarto lugar, acerca del devengo, la regla especial de los pagos anticipados plantea determinadas cuestiones de que son específicas de las transmisiones inmobiliarias como son las ejecuciones hipotecarias y la transmisión de derechos de aprovechamiento urbanísticos.

En quinto lugar, existen supuestos específicos de exenciones aplicables a la entrega bienes inmuebles, además, se ha establecido la facultad de renunciar a la exención. Cuando ello suceda, se producirá la inversión del sujeto pasivo.

Por último, existen tipos de gravamen reducidos en atención a las características de los inmuebles transmitidos.

A continuación, analizaremos las cuestiones más relevantes de la aplicación del IVA a la dación en pago de bienes inmuebles.

7.3.4.1. Las circunstancias que van a determinar si la dación en pago de bienes inmuebles queda sujeta a IVA

La entrega de un inmueble puede estar sujeta a tributación por IVA o por TPO, dependiendo de las circunstancias que concurran y, en algunos casos, se otorgan ciertas facultades a las partes para que, atendiendo a sus intereses, modulen la tributación de la operación. Así, existe cierto margen de decisión o economía de opción para los contribuyentes en las siguientes circunstancias:

Una primera posibilidad está relacionada con la consideración del *solvens* como sujeto pasivo del IVA, lo que supondrá que con la dación en pago se realiza el hecho imponible del IVA. Esto sucederá si los transmitentes pueden iniciar la explotación en arrendamiento de los inmuebles que se van a entregar, o bien, intervenir en la actividad urbanizadora o promotora, incluso de forma ocasional.

La segunda se desprende de la circunstancia de que el terreno transmitido pueda adquirir la condición de edificable, lo que conllevará que la entrega esté sujeta y no exenta de IVA[97] . Se ha excluido de la exención la transmisión de los terrenos que se encuentren en curso de urbanización y los inmuebles en construcción, siendo relevante la situación del inmueble en la fecha del devengo.

---

97. Nuestro legislador ha excluido de la exención las operaciones propias de la promoción inmobiliaria que suponen la transmisión de edificaciones en curso de construcción y los terrenos sobre los que se asientan, como ha indicado ADAME MARTÍNEZ, F.: «Las exenciones en operaciones...», *op. cit.*, p. 500: «la filosofía del IVA pasa por que no existan operaciones exentas con anterioridad a la primera de las transmisiones de un inmueble construido». La LIVA diferencia, por un lado, la «edificación» y el «terreno», y, por otro lado,

Pues bien, mediante la configuración del negocio como dación en pago sujeta a condición suspensiva, es posible hacer coincidir el devengo del IVA con el momento en el que el terreno sea edificable, siempre que concurran los demás elementos del hecho imponible.

La tercera surge de la facultad de renunciar a la exención inmobiliaria en el IVA y tiene como consecuencias que la operación estará sujeta y no exenta de IVA. En estos casos, se producirá la inversión del sujeto pasivo, al tiempo que se devengará la cuota variable de AJD. La existencia de este espacio de economía de opción sirve a aquellos acreedores que sean empresarios o profesionales y tengan derecho a deducir el IVA soportado, ya que podrán deducir la cuota de IVA devengada por la adquisición del inmueble, siempre que reúnan los requisitos necesarios para ello. En cambio, la cuota devengada por TPO —que no es un impuesto neutral— no será deducible por el empresario o profesional adquirente. No obstante, hay que tener en cuenta, además, que los tipos de gravamen de TPO, en la mayoría de los casos, son inferiores a los de IVA y que este impuesto es incompatible con la cuota variable de AJD. El IVA no solo es compatible con este último, sino que, además, algunas Comunidades Autónomas han establecido tipos incrementados que se aplican cuando se renuncia a la exención en el IVA.

Estas cuestiones son de interés para los fondos de inversión inmobiliaria[98]. Estas entidades tendrán derecho a deducir una parte del IVA soportado si desarrollan la actividad de explotación efectiva de los inmuebles, la información y el asesoramiento comercial, así como el análisis de mercado. La operación de dación en pago de un inmueble podría dar lugar a la entrega del bien a un fondo de inversión inmobiliaria. Dado que estos sujetos pasivos del IVA realizan conjuntamente actividades exentas y no exentas de gravamen, en estos casos,

---

distingue entre las edificaciones «en construcción» y las que se encuentran «finalizadas». Acerca de estos conceptos, *vid.* GALAPERO FLORES, R.: «Renuncia improcedente a la exención en operaciones inmobiliarias en el IVA. Sujeción al ITPO. Sentencia comentada: STS de 24 enero 2007». *Jurisprudencia Tributaria Aranzadi*, núm. 4, 2007 (BIB 2007, 627). En suma, el artículo 20. UNO. 20.° letra b) de la LIVA prevé que tributen en el IVA las entregas de los terrenos en los que se hallen enclavadas edificaciones en curso de construcción cuando se transmitan conjuntamente con las mismas, siempre que las entregas de dichas edificaciones estén sujetas y no exentas al impuesto. El legislador ha especificado que «los terrenos en que se hallen enclavadas las edificaciones comprenderán aquéllos en los que se hayan realizado las obras de urbanización accesorias a las mismas. No obstante, tratándose de viviendas unifamiliares, los terrenos urbanizados de carácter accesorio no podrán exceder de 5.000 metros cuadrados» (artículo 20. UNO. 22.° tercer párrafo de la LIVA).

98. Los fondos de inversión inmobiliaria tienen la consideración de «fondos comunes de inversión», ello supone que la actividad de gestión colectiva de fondos que desarrollan, aun cuando se dedique a la inversión en activos inmobiliarios, estará exenta de IVA. No obstante, la actividad de explotación efectiva de los inmuebles, la información y asesoramiento comercial y de análisis de mercado no estará exenta.

atendiendo a la redacción actual del artículo 20. DOS de la LIVA, es posible la renuncia a la exención en el IVA.

La identificación de los supuestos en los cuales existe la posibilidad de la economía de opción para los contribuyentes, pasa por el análisis detallado de las exenciones. La LIVA no contempla exenciones específicas aplicables a la dación en pago de bienes inmuebles, sin embargo, en atención al objeto transmitido, los supuestos de exenciones limitadas establecidos en el artículo 20. UNO apartados 20.º y 22.º de esta Ley van a regir la tributación de la operación que estamos estudiando. Estas exenciones traen causa de las letras j y k del apartado 1 del artículo 135 de la Directiva de IVA.

El primer precepto establece la exención de la transmisión de determinados terrenos no edificables, mientras el segundo regula la exención de la segunda o ulterior entrega de edificaciones y de los terrenos en los que se hallen enclavadas cuando la construcción o rehabilitación haya concluido. Aunque, el estudio detallado de las exenciones inmobiliarias sobrepasa los límites de este trabajo, indicaremos el estado actual de la cuestión.

7.3.4.2. Breve referencia a las exenciones inmobiliarias

La primera de estas exenciones se aplica a la entrega de terrenos rústicos y de terrenos no edificables, así como, a la entrega de los suelos destinados exclusivamente a parques y jardines públicos o a superficies viales de uso público. La dación en pago de estos elementos se ve afectada por la exención.

La entrega de terrenos urbanizados o en curso de urbanización, que forma parte del proceso de promoción inmobiliaria, está sujeta y no exenta de IVA.

Para dilucidar la tributación de la transmisión, el problema surge a la hora de identificar «cuándo un terreno se encuentra en curso de urbanización»[99], puesto que la LIVA no ha regulado expresamente esta cuestión y ello ha generado gran conflictividad.

Esta situación ha sido resuelta por los tribunales exigiendo que se haya iniciado la ejecución de las obras de urbanización del terreno para que su transmisión quede sujeta a IVA[100].

99. ADAME MARTÍNEZ, F.: «Las exenciones en operaciones...», *op. cit.,* p. 505.

100. ADAME MARTÍNEZ, F.: «Las exenciones en operaciones...», *op. cit.* El autor cita una STS de 24 de octubre de 2009, en el FJ 3 dice refiriéndose a los términos terrenos «urbanizados» o «en curso de urbanización»: «Para esta sala se trata de expresiones con sentido diferente al estrictamente jurídico, mereciendo tal consideración sólo aquellos terrenos en los que existen operaciones materiales de transformación física (...) el hecho de que un proyecto de urbanización esté en fase de ejecución, en el sentido urbanístico del término no es bastante para declarar la exención, pues en ésta lo que prima es la preparación material del suelo para la construcción».

En la actualidad, el artículo 7.4 del Real Decreto Legislativo 7/2015, de 30 de octubre, que aprueba el texto refundido de la Ley de Suelo y Rehabilitación Urbana, ha regulado esta cuestión, estableciendo como requisitos para considerar iniciadas las actuaciones de urbanización, en primer lugar, la aprobación y eficacia de «todos los instrumentos de ordenación y ejecución que requiera la legislación sobre ordenación territorial y urbanística para legitimar las obras de urbanización» y, en segundo lugar, que haya comenzado «la ejecución material de éstas». No obstante, existe jurisprudencia del TJUE que toma en consideración otros factores.

En cuanto a los medios de prueba para acreditar la realidad física del terreno, resulta adecuada el acta de recepción de las obras, la certificación final de obra, así como la cédula urbanística de las fincas. Otro medio de prueba es la situación registral, que goza de una presunción de veracidad de la exactitud e integridad de lo inscrito, no obstante, como afirma el TEAC[101], es posible acreditar por otros medios de prueba que la situación del terreno en el momento del devengo no se corresponde con esta.

La entrega de edificaciones una vez culminada su construcción o rehabilitación, cuando se trate de la primera entrega efectuada por el promotor, dará lugar a una entrega de bienes sujeta y gravada por el IVA. En cambio, la segunda y las posteriores entregas del inmueble realizadas por empresarios o profesionales, en el desarrollo de su actividad económica, quedan exentas de IVA. Hay que añadir, además, que se ha previsto la renuncia a esta exención cuando el adquirente también sea sujeto pasivo del impuesto.

Nuestro legislador ha definido la «primera entrega»[102] y ha indicado que «no tendrá la consideración de primera entrega la realizada por el promotor después de la utilización ininterrumpida del inmueble por un plazo igual o superior a dos años por su propietario o por titulares de derechos reales de goce o disfrute o en virtud de contratos de arrendamiento sin opción de compra, salvo que el adquirente sea quien utilizó la edificación durante el referido plazo» [artículo 20. UNO. 22.º A) segundo párrafo de la LIVA]. Es decir, la utilización ininterrumpida durante dos años hace que la transmisión del inmueble quede exenta de tribu-

101. Resolución del TEAC de 15 de julio de 2019 (JT 2019, 914), FJ 4: «la inscripción registral goza de una presunción de veracidad en cuanto a su exactitud e integridad. Por ello, el interesado en alegar que los datos registrales no se corresponden con la realidad, deberá acreditarlo, pues la presunción siempre operará a favor de dichos datos».

102. La definición de primera entrega se encuentra establecida en el artículo 20. UNO. 22.º. A) segundo párrafo de la LIVA. CALVO VÉRGEZ, J.: *La tributación de las operaciones inmobiliarias en la imposición indirecta*. Aranzadi. Pamplona, 2010, ha resumido los requisitos que debe reunir una transmisión para ser considerada una primera entrega, como regla general: a) Es necesario que la transmisión constituya una entrega de bienes a efectos de IVA. b) La entrega debe ser realizada por el promotor. c) Que la entrega se realice una vez finalizada la construcción o la rehabilitación.

tación en IVA, al considerar que ha tenido lugar «su primera ocupación», salvo que el adquirente sea quien utilizó la edificación durante el referido plazo.

También se ha definido la «obra de rehabilitación» [103] y se ha previsto que la entrega de un edificio o parte del mismo que haya sido rehabilitado se considere primera entrega sujeta a IVA. Al mismo tiempo, queda exenta la segunda o ulterior entrega de una edificación terminada o rehabilitada (artículo 20. UNO. 22.º de la LIVA). La incorporación de los edificios transformados en el circuito del IVA se ha llevado hasta sus últimas consecuencias, así se ha establecido que quedan sujetas y no exentas «las entregas de edificaciones para su rehabilitación por el adquirente, siempre que se cumplan los requisitos que reglamentariamente se establezcan» [artículo 20. UNO. 22.º.A), letra b de la LIVA].

7.3.4.3. El devengo del IVA en la dación en pago de bienes inmuebles

La particularidad del devengo de la dación en pago de inmuebles versa sobre la aplicación de la regla especial del devengo del IVA por los pagos anticipados anteriores a la realización del hecho imponible. Esta norma ha sido ampliamente aplicada en aquellos contratos inmobiliarios en virtud de los cuales se transmite un terreno a cambio de una edificación futura, en las ejecuciones hipotecarias, así como, en la compraventa de aprovechamiento urbanístico.

En el primer caso, el devengo anticipado se debe a la calificación del negocio como permuta, lo cual conlleva que la entrega del terreno produzca el devengo anticipado del IVA para la segunda entrega de bienes acordada. Ahora bien, no podemos establecer una semejanza con la dación en pago puesto que se ha descartado su calificación como permuta[104].

En el segundo caso, el devengo se produce cuando se cancela la deuda. En la ejecución hipotecaria está previsto que el acreedor se reserve la facultad de ceder el bien ejecutado a un tercero, produciéndose una sola transmisión del deudor al tercero. Así, cuando el acreedor ejecutante se reserva la facultad de ceder el remate a un tercero, siempre que esa reserva se realice en el mismo

103. En el artículo 20.UNO. 22.º B) de la LIVA se establece la definición de obra de rehabilitación. Para la interpretación de este precepto, STJUE de 16 noviembre 2017, Kozuba Premium Selection, C-308/16, EU:C:2017:869 (TJCE 2017, 215), fallo: «El artículo 12, apartados 1 y 2, y el artículo 135, apartado 1, letra j), de la Directiva 2006/112/CE del Consejo, de 28 de noviembre de 2006, relativa al sistema común del IVA, deben interpretarse en el sentido de que se oponen a una normativa nacional, (...). Estas mismas disposiciones deben interpretarse en el sentido de que no se oponen a que tal normativa nacional supedite esa exención al requisito de que, en caso de "mejora" de un edificio existente, los gastos realizados con ese fin no hayan sobrepasado el 30 % del valor inicial del edificio, siempre que este concepto de "mejora" se interprete del mismo modo que el concepto de "transformación" del artículo 12, apartado 2 , de la Directiva 2006/112 , es decir, en el sentido de que el edificio de que se trate debe haber sufrido modificaciones sustanciales, destinadas a modificar su uso o a cambiar considerablemente las condiciones de ocupación del mismo».

104. Esta cuestión se ha tratado en la primera parte de este trabajo.

acto de la subasta, existe una sola transmisión del deudor al adjudicatario. Pues bien, el TEAC[105] afirma que la contraprestación en esta operación es la cancelación de la deuda que se produce cuando el tercero efectúa el pago del remate al acreedor. Este criterio podría ser trasladado a la dación en pago voluntaria[106], sin embargo, creemos que es más ajustado a la finalidad de la dación en pago que los efectos extintivos se produzcan en el momento de la transmisión de la propiedad del inmueble, así, la transmisión del bien y la extinción de la obligación originaria serían simultáneas, por lo que no existirá ningún pago anticipado. No obstante, lo que aportaría más certeza sería incorporar una regulación completa de la dación en pago a nuestro ordenamiento jurídico.

Por último, la transmisión del derecho de aprovechamiento urbanístico suele venir acompañada de alguna condición suspensiva y el devengo se produce cuando se cumpla dicha condición. El TS[107] ha indicado que en la compraventa de un terreno futuro «el objeto del mismo se refería a unos terrenos resultantes de un proceso de urbanización, pendiente de aprobación, y su entrega, a efectos de IVA no podía entenderse producida antes de haberse siquiera iniciado dicho proceso, aunque, como señala el artículo 75.2 de la LIVA, en las operaciones sujetas a gravamen que originen pagos anticipados anteriores a la realización del hecho imponible, el impuesto se devengará en el momento del cobro total o parcial del precio por los importes efectivamente percibidos». En este caso, el hecho imponible realizado era entrega de unos terrenos que, en el momento de la puesta a disposición tendrían la consideración de urbanizables, no obstante, el devengo se anticipó al momento del cobro de parte de la contraprestación, sin que la situación del terreno en ese momento representara un obstáculo para considerar realizado el hecho imponible entrega de bienes.

Al ser la dación en pago un negocio atípico que se celebra al amparo de la autonomía de la voluntad, no hay que descartar que se pueda acordar la entrega de unos terrenos vinculada a una condición suspensiva que pospondría el devengo del impuesto al momento en el cual esa condición se cumpla y se produzca la transmisión. En este caso, creemos que la condición suspensiva afectaría también a los efectos extintivos, por lo que hay que descartar que se produzca el devengo anticipado del IVA.

105. Resolución del TEAC de 22 de abril de 2022 (JUR 2022, 257400), FJ 5: «este TEAC considera que la contraprestación de la transmisión del terreno es la cancelación de la deuda del reclamante frente a BANCO, la cual recibe el pago del remate en fecha... de 2011, produciéndose en dicho momento la cancelación del crédito que BANCO ostentaba frente al reclamante. Por lo tanto, debemos confirmar que existió un pago anticipado y que el impuesto se devengó en el cuarto trimestre de 2011» [en esa fecha se produjo el pago del tercero por la cesión del remate].

106. Nos referimos a la dación en pago voluntaria, pues como hemos explicado en el apartado 6.4 del capítulo primero, la adjudicación puede ser considerada una dación en pago necesaria.

107. STS de 28 octubre 2015 (RJ 2015, 4607), FJ 4.

7.3.4.4. La inversión del sujeto pasivo

El artículo 84. UNO. 2.º de la LIVA ha previsto que sea sujeto pasivo por inversión el empresario o profesional destinatario de los bienes en los siguientes supuestos:

> «e) Cuando se trate de las siguientes entregas de bienes inmuebles:
>
> – Las entregas efectuadas como consecuencia de un proceso concursal.
>
> – Las entregas exentas a que se refieren los apartados 20.º y 22.º del artículo 20. Uno en las que el sujeto pasivo hubiera renunciado a la exención.
>
> – Las entregas efectuadas en ejecución de la garantía constituida sobre los bienes inmuebles, entendiéndose, asimismo, que se ejecuta la garantía cuando se transmite el inmueble a cambio de la extinción total o parcial de la deuda garantizada o de la obligación de extinguir la referida deuda por el adquirente».

Como se observa, prácticamente a cualquiera de las operaciones de dación en pago que estamos analizando le resultaría aplicable alguno de los supuestos de inversión del sujeto pasivo previstos en el precepto[108]. Podemos anticipar que, en la mayoría de las operaciones de dación en pago de bienes inmuebles, el sujeto pasivo del IVA por inversión será el adquirente.

La inversión del sujeto pasivo para la dación en pago de bienes inmuebles hipotecados fue introducida en la LIVA por la transposición del artículo 199.1. e) de la Directiva 2006/112/CE del Consejo, de 28 de noviembre de 2006, que describía el supuesto como «e) la entrega de bienes entregados como garantía por un sujeto pasivo a otro en ejecución de dicha garantía». El apartado segundo de ese precepto establece que, cuando regulen este supuesto de inversión del sujeto pasivo, «los Estados miembros podrán limitar las entregas de bienes y las prestaciones de servicios cubiertas, así como las categorías de proveedores o de destinatarios de la prestación a quienes puedan aplicarse estas medidas».

108. En este sentido, CALVO VÉRGEZ, J.: «La inversión del sujeto pasivo en el IVA: análisis específico del supuesto relativo a aquellas entregas realizadas en ejecución de garantía constituida sobre bienes inmuebles». *Revista de Contabilidad y tributación. Centro de Estudios Financieros,* núm. 453, 2020, p. 52 afirma: «De este modo toda entrega de bienes inmuebles otorgados en garantía del cumplimiento de una obligación principal que tenga lugar en el marco de un procedimiento concursal o que, estando exenta del impuesto en virtud de lo previsto en el artículo 20. Uno, números 20.º y 22.º, de la LIVA, el sujeto pasivo hubiera renunciado a la exención, dará lugar a la aplicación del mecanismo de inversión del sujeto pasivo sin necesidad de que concurra alguno de los supuestos contemplados en el artículo 84. Uno, 2.º e), tercer guion, de la LIVA». Sin embargo, nosotros creemos que en el supuesto previsto en el primer guion (al igual que en del segundo guion) no será necesario que el inmueble se encuentre gravado con hipoteca, puesto que el precepto dice «las entregas [de bienes inmuebles] efectuadas como consecuencia de un proceso concursal» y la mención a la ejecución de la garantía real se encuentra solo en el tercer guion.

Para CALVO VÉRGEZ «la transposición realizada por la LIVA se ajusta exactamente al contenido de la directiva»[109].

Antes de la existencia del supuesto de inversión del sujeto pasivo, cuando se renunciaba a la exención en el IVA de la entrega del inmueble, el adquirente soportaba la repercusión de la cuota devengada que sería ingresada en la Administración por el transmitente. Si posteriormente se declaraba improcedente la renuncia a la exención en el IVA, se producía un problema de doble imposición para el adquirente, en la medida en que la inspección declaraba que no procedía la renuncia a la exención, por lo que no se había devengado cuota tributaria alguna, a continuación, declaraba la improcedencia de la deducción de dicha cuota de IVA y liquidaba una deuda tributaria. Esto suponía para el adquirente pagar por segunda vez la misma cuota de IVA, la primera cuando le fue repercutido y la segunda, cuando abona la liquidación girada por la inspección. Todo ello, sin perjuicio de que la Hacienda autonómica estaba legitimada para reivindicar la cuota de TPO devengada en dicha operación, ya que la exención en IVA va asociada a la tributación efectiva en TPO y a la incompatibilidad con la cuota variable de AJD.

Las opciones del adquirente para recuperar el IVA que le fue repercutido eran, por un lado, mediante la solicitud de ingresos indebidos, amparándose en la resolución administrativa que declaraba improcedente la renuncia al IVA y, por ende, la repercusión de una cuota de IVA que no se había devengado. Por otro lado, instar la aplicación del principio de regularización íntegra[110], en virtud del cual, la inspección debía «efectuar las actuaciones de comprobación necesarias para determinar si efectivamente tiene derecho a la devolución de las

109. CALVO VÉRGEZ, J.: «La inversión del sujeto pasivo...», *op. cit.*, p. 43.

110. RAMÍREZ LÓPEZ, S.: «El principio de regularización íntegra en la jurisprudencia del Tribunal Supremo: aspectos sustantivos y procedimentales», *Quincena fiscal*, núm. 6, 2021, pp. 163-197: «El principio de regularización íntegra o completa, que de ambas maneras se alude al mismo, se ha consolidado como una regla que debe regir las actuaciones de los órganos de la Administración tributaria —ya sean los órganos de gestión o de inspección— cuando desarrollan su actividad comprobadora o investigadora, de acuerdo con la cual, en el procedimiento de regularización de la situación tributaria deberán tomarse en cuenta todos los componentes, aspectos o elementos del objeto de dichas actuaciones, también los que puedan resultar favorables al obligado tributario. (...) transcurrido más de una década desde que se dictaron las primeras sentencias exigiendo la regularización completa llama especialmente la atención el escaso interés del legislador por acoger y desarrollar normativamente el citado principio (...) el origen de la doctrina jurisprudencial sobre el principio de regularización íntegra se encuentra en las regularizaciones practicadas respecto de las deducciones de cuotas de IVA soportadas indebidamente como consecuencia de una repercusión improcedente. Se trata de situaciones en las que el sujeto soporta una cuota de IVA y procede a su correspondiente deducción. Posteriormente, en un procedimiento de comprobación se concluye la improcedencia del devengo del impuesto y, consecuentemente, de su repercusión (...) ya en sentencias más recientes, distinguiendo entre el contenido

cuotas indebidamente repercutidas» [111], así la Administración evita una situación de doble imposición por la repercusión y no deducción de una cuota de IVA que no se habría devengado.

Desde el punto de vista de la Hacienda pública, la finalidad de este supuesto de inversión del sujeto pasivo es evitar el doble perjuicio económico [112] que se producía cuando el transmitente y sujeto pasivo del IVA no ingresaba la cuota devengada por la entrega del bien inmueble, mientras el adquirente, que también es contribuyente de este impuesto, estaba deduciendo esa cuota de IVA en su autoliquidación. Así, el TEAC afirma que «con el mecanismo de la inversión del sujeto pasivo se garantiza el ingreso del IVA en la Hacienda Pública» [113].

Son tres las operaciones previstas en el tercer guion del artículo 84. Uno. 2.º letra e) que darán lugar a la inversión del sujeto pasivo. En primer lugar, la entrega de inmuebles en ejecución de la garantía constituida sobre los mismos; en segundo lugar, la entrega o dación en pago de un inmueble hipotecado a cambio de la extinción total o parcial de la deuda garantizada, y, en tercer lugar, la entrega de un inmueble hipotecado cuando el adquirente asuma la obligación de extinguir la deuda garantizada, es decir, la dación en pago de asunción de deuda.

El TEAC ha realizado una interpretación del artículo 84. UNO. 2.º letra e) de la LIVA adecuada a la norma comunitaria. En primer lugar, ha indicado que «nuestro legislador interno (...) delimita el ámbito objetivo del supuesto en relación con los bienes a los que afecta la regla, pues lo concreta exclusivamente respecto de los bienes inmuebles (quedan excluidos del supuesto previsto en el artículo 84 de la Ley del IVA el resto de los bienes)» [114].

En segundo lugar, la premisa o elemento básico de la inversión del sujeto pasivo en la norma comunitaria es «la ejecución de la garantía» [115], que es enten-

sustancial y procedimental del citado principio, se formula la regla procedimental de unidad de acto, de acuerdo con la cual la regularización que se practique deberá contener dos actuaciones diferenciadas, por un lado eliminar la deducción del IVA indebidamente soportado, y por otro, tras comprobar que concurren los requisitos previstos en el artículo 14.2.c del RGRVA, acordar en unidad de acto —esto es en sede del procedimiento de inspección — la devolución de esas cuotas al mismo contribuyente que soportó la repercusión y en el importe efectivamente ingresado a la Hacienda Pública».

111. Resolución del TEAC de 19 de febrero de 2015 (JT 2015, 631), FJ 3.
112. CALVO VÉRGEZ, J.: «La inversión del sujeto pasivo...», *op. cit.*, p. 45: «En líneas generales se trata de un supuesto a través del cual se pretende limitar el fraude existente en las adjudicaciones de inmuebles por parte de los acreedores de inmuebles garantizados, especialmente tratándose de aquellos supuestos de dación en pago y ejecuciones de garantía inmobiliaria sobre los préstamos o hipotecas concedidas por las propias financieras de las promotoras».
113. Resolución del TEAC de 22 de enero de 2015 (JT 2015, 672), FJ 2.
114. *Ibidem*.
115. *Ibidem*.

dida por el TEAC como «ejercicio de la acción y el procedimiento correspondiente que permita hacer valer la garantía, exigiéndose por quien tiene derecho a ello»[116].

En tercer lugar, «el legislador nacional interpreta la noción "ejecución de la garantía", para extender el supuesto de aplicación de la inversión del sujeto pasivo»[117]. Así, mediante la mención expresa en la LIVA de las operaciones en las que «se transmite el inmueble a cambio de la extinción total o parcial de la deuda garantizada o de la obligación de extinguir la referida deuda por el adquirente» [artículo 84. UNO. 2.º, e) de la LIVA], se produce la inversión del sujeto pasivo en «las operaciones de dación del inmueble en pago»[118] y la dación en pago de asunción de deudas. Es más, el TEAC hace una descripción del primer supuesto como «dación en pago con extinción total o parcial de la deuda, aceptando el acreedor garantizado la entrega del bien inmueble para cumplimiento total o parcial de una obligación anteriormente constituida»[119].

El TEAC ha sentado el criterio de excluir del supuesto del artículo 84.UNO. 2.º, letra e), tercer guion de la LIVA «las entregas de bienes inmuebles por su propietario que constituyen la garantía de un préstamo, a otro empresario a cambio de un precio que se destina a cancelar (total o parcialmente) dicho préstamo hipotecario». Las circunstancias que llevaron a excluir la inversión del sujeto pasivo fueron que «ni se había producido la entrega del inmueble en ejecución de la hipoteca, ni se había producido la entrega a cambio de la extinción total o parcial de la deuda (dación en pago), ya que era el propio transmitente el que asumía la cancelación de la deuda con parte del precio obtenido; no asumiendo el adquirente ninguna obligación de cancelación de deuda, ni total ni parcial».

CALVO VÉRGEZ[120] ha analizado la doctrina administrativa emanada de la DGT y del TEAC, indicando que se produce la inversión del sujeto pasivo en las entregas efectuadas en ejecución de la garantía tanto si la garantía se otorgó con anterioridad al inicio del proceso de ejecución, como si la garantía se constituyó durante el propio proceso, por ejemplo, fruto de una anotación preventiva de embargo. También se produce la inversión tanto si la ejecución de la garantía se produce en vía judicial como extrajudicial.

116. *Ibidem*.
117. *Ibidem*.
118. *Ibidem*, FJ 2: «En definitiva, se engloban las siguientes entregas, de acuerdo con lo señalado en el precepto de nuestra norma interna: las entregas efectuadas en ejecución de la garantía constituida sobre el bien inmueble; las entregas de bienes inmuebles, afectados por la garantía, a cambio de la extinción total o parcial de la deuda (dación en pago de los inmuebles); y la entrega de los bienes inmuebles, afectados por la garantía, a cambio de la obligación de extinguir la referida deuda por el empresario o profesional destinatario de la operación que adquiere los inmuebles (adjudicación en pago de asunción de deudas)».
119. *Ibidem*, FJ 3.
120. CALVO VÉRGEZ, J.: «La inversión del sujeto pasivo...», *op. cit.*

También ha afirmado el autor que el precepto que estudiamos contempla que se produzca la inversión del sujeto pasivo «cuando se transmite el inmueble a cambio de la extinción total o parcial de la deuda garantizada». Lo relevante en estos casos es que las operaciones realizadas sean calificadas «entregas de bienes» y que el objeto transmitido sea el inmueble que garantice la obligación. En este sentido, se ha afirmado la procedencia de la inversión, por un lado, cuando las partes han acordado la extinción de la deuda garantizada mediante la entrega de varios inmuebles y alguno de ellos no está gravado con hipoteca y, por otro lado, cuando la entrega de un inmueble hipotecado extinga tanto la deuda garantizada como otras deudas que no lo están. Sin embargo, si se produce la entrega de varios inmuebles, unos hipotecados y otros no, para la cancelación de varias deudas, unas garantizadas y otras no, la inversión del sujeto pasivo solo se produce «respecto de aquellas transmisiones que tengan por objeto inmuebles gravados con un derecho de garantía» [121].

Nosotros no compartimos plenamente este planteamiento porque incluiríamos la salvedad de que esta afirmación es independiente de que se produzca la inversión del sujeto pasivo por los supuestos establecidos en los guiones primer y segundo de ese precepto. Así, creemos que la exigencia de que el inmueble se encuentre gravado con hipoteca es exclusiva de las operaciones previstas en el tercer guion del artículo 84. Uno. 2.º. e) de la LIVA [artículo 199.1. e) de la Directiva de IVA], ya que la mención a la ejecución de la garantía real se encuentra solo en el tercer guion, mientras en los supuestos previstos en el primer guion [artículo 199.1. g) de la Directiva de IVA] y en el segundo guion [artículo 199.1. c) de la Directiva de IVA] el precepto dice «las entregas [de bienes inmuebles] efectuadas como consecuencia de un proceso concursal» y «las entregas exentas a que se refieren los apartados 20.º y 22.º del artículo 20. Uno en las que el sujeto pasivo hubiera renunciado a la exención». En nuestra opinión, mediante estos tres supuestos de inversión del sujeto pasivo el legislador consigue tutelar el crédito tributario en supuestos complejos, haciendo que la obligación de ingresar y el derecho a la deducción recaigan sobre el mismo sujeto. En especial, se aplicará la inversión del sujeto pasivo en todos los supuestos en los que quepa la posibilidad de que el transmitente esté aquejado de dificultades económicas, sea por causa de insolvencia o no. Esto se ha conseguido mediante la inversión del sujeto pasivo tanto en las operaciones celebradas en un proceso concursal, como en los procedimientos de ejecución hipotecaria y en la dación en pago —que responde a la imposibilidad del deudor de cumplir con una obligación en los términos pactados—.

En un esfuerzo por identificar el espacio de delimitación positiva de los supuestos de inversión del sujeto pasivo del artículo 84. Uno. e), tercer guion, de la LIVA, sin que exista un solapamiento con los casos de inversión por renuncia a las exenciones inmobiliarias, el autor afirma que sería aplicable a las

121. *Ibidem*, p. 52.

transmisiones de bienes inmuebles otorgados en garantía que pertenezcan a alguna de estas categorías: «entregas de solares; entregas de terrenos respecto de los que haya sido otorgada la correspondiente licencia de edificación; entrega de edificaciones en curso de construcción; y entrega de edificaciones cuya construcción o rehabilitación esté terminada, siempre que dicha entrega se realice por el promotor y aquellas no hayan sido utilizadas ininterrumpidamente por un plazo igual o superior a dos años por el transmitente o por titulares de derechos reales de goce o disfrute o en virtud de contratos de arrendamiento sin opción de compra, salvo que el adquirente sea quien utilizó la edificación durante el referido plazo» [122].

Desde un punto de vista subjetivo, CALVO VERJEZ [123] ha destacado que el transmitente puede ser el deudor o un tercer hipotecante, y el adquirente puede ser el acreedor garantizado o un tercero.

De nuevo, surge la duda en torno al supuesto en el cual el adquirente no sea el acreedor sino un tercero. Como ya comentamos, en este caso solo se produce una transmisión del inmueble, lo que implica que solo se realiza una operación sujeta a gravamen por el IVA. Ahora bien, la capacidad económica puesta de manifiesto por el tercer adquirente no tiene por qué coincidir con la del acreedor, toda vez que en la operación de dación en pago solo figura la extinción de la deuda. En cambio, cuando la adquisición por un tercero se produce por la cesión del remate en una subasta, por un lado, existe una entrega de bienes sujeta a IVA entre el deudor y el cesionario y «la base imponible (...) será el importe total de la contraprestación que resulte de la adjudicación de cada inmueble en la subasta pública realizada» [124]. Por otro lado, la cesión del remate está sujeta y no exenta del IVA, «siendo sujeto pasivo el cedente (acreedor ejecutante)» y la base imponible se ajusta a la regla general que es «el importe total de la contraprestación que el acreedor hipotecario perciba del tercero cesionario por la transmisión de dicho derecho» [125], es decir, la diferencia entre el precio acordado por el remate y el precio acordado en subasta para la adjudicación del bien subastado queda sometida a gravamen. Por último, cuando hablamos de la dación en pago a favor de un tercero, en atención a la particular finalidad de este negocio, que está llamado a ofrecer una solución a los deudores de entidades financieras, suponemos que el acreedor tendrá en cuenta que la devolución del préstamo representa una entrega de dinero a título de pago —que es una operación no sujeta a IVA en virtud del artículo 7. 12.º de la LIVA—, mientras que la dación en pago es una entrega de bienes sujeta a gravamen. Por ello, es posible que facilite la viabilidad de la operación mantener al acreedor al margen de la tribu-

122. *Ibidem,* p. 53.
123. *Ibidem.*
124. Resolución del TEAC de 22 de abril de 2022 (JUR 2022, 257400), FJ 3.
125. *Ibidem.*

tación de la entrega del bien en el IVA, al igual que el hecho de evitar los gastos e impuestos de la reclamación judicial de la deuda.

En cuanto a los requisitos formales y de facturación, por un lado, el destinatario, con carácter previo o simultáneo a la adquisición de los bienes, debe comunicar expresa y fehacientemente al transmitente que está actuando en su condición de empresario o profesional (artículo 24 *quater* apartados 2 y 6 del RIVA). Por otro lado, el transmitente del inmueble emitirá una factura que incluya la mención «inversión del sujeto pasivo» [artículo 6.1. m) del Real Decreto 1619/2012, de 30 de noviembre, por el que se aprueba el Reglamento por el que se regulan las obligaciones de facturación].

No queremos cerrar este apartado sin referirnos a la sanción del incumplimiento de la obligación formal del adquirente de realizar determinadas comunicaciones al transmitente. La LIVA ha establecido en el artículo 170. Dos. 6.º una infracción relacionada con los supuestos de inversión del sujeto pasivo consistente en «la falta de comunicación en plazo o la comunicación incorrecta, por parte de los destinatarios de las operaciones a que se refiere el artículo 84, apartado uno, número 2.º letra e), tercer guion, de esta Ley, a los empresarios o profesionales que realicen las correspondientes operaciones, de la circunstancia de estar actuando, con respecto a dichas operaciones, en su condición de empresarios o profesionales, en los términos que se regulan reglamentariamente». La sanción que se establece en el artículo 171.uno.6.º de la LIVA es «multa pecuniaria proporcional del 1 por ciento de las cuotas devengadas correspondientes a las entregas y operaciones respecto de las que se ha incumplido la obligación de comunicación, con un mínimo de 300 euros y un máximo de 10.000 euros».

TORREGROSA[126] ha expuesto que la conducta tipificada es «la falta de comunicación en plazo, o la comunicación incorrecta, por parte de los empresarios o profesionales destinatarios de las operaciones a quien las realiza de que actúan en la condición de empresario o profesional (en las operaciones de transmisiones de inmuebles en ejecución de garantía), o de esa circunstancia y de que la operación se realiza en el marco de un proceso de urbanización de terrenos o de construcción o rehabilitación de edificaciones (en operaciones de tal naturaleza)». Sin embargo, creemos que el tipo infractor se refiere solo a la comunicación relativa a la primera circunstancia, es decir, a que el adquirente está actuando en su condición de empresario o profesional, lo que debe ocurrir con carácter previo o simultáneo a la adquisición de los bienes (artículo 24 quater, apartados 2 y 6 del RIVA).

Además, identificamos algunos inconvenientes para aplicar esta sanción porque es difícil identificar el contenido del tipo infractor por varios motivos. En

126. TORREGROSA CARNÉ, M. D.: «Principales modificaciones introducidas por la Ley 28/2014...», *op. cit.*, p. 11.

primer lugar, la comunicación prevista en el apartado 2 es un deber u obligación del destinatario de los bienes, mientras que en el apartado 7 de ese mismo artículo no se establece ninguna obligación, la norma se refiere a la declaración suscrita por el destinatario como una herramienta de prueba de ciertas circunstancias, que utilizará «bajo su responsabilidad». Pero lo más discordante es que el contenido de ambas manifestaciones del adquirente coincide en uno y otro apartado, es decir, los dos apartados explicitan que en el documento se manifiesta que el adquirente está actuando, con respecto a dichas operaciones, en su condición de empresario o profesional. Ante esta grave carencia de técnica normativa, se podría oponer que se ha realizado una interpretación razonable de la norma, para justificar la ausencia de responsabilidad (artículo 179 de la LGT).

7.3.4.5. El tipo de gravamen de IVA

No se ha establecido un tipo de gravamen para las operaciones de dación en pago de bienes inmuebles, por lo que atendiendo a las características del bien transmitido se le aplicará el tipo general, el tipo reducido o el súper reducido que corresponda.

El artículo 91.UNO.7.º de la LIVA prevé la aplicación del tipo reducido del 10% cuando se transmite una vivienda. Se excluyen de este concepto los locales de negocios, incluso si han sido transmitidos conjuntamente con otras partes del mismo edificio que tengan la consideración de vivienda. También quedan excluidas «las edificaciones destinadas a su demolición» (artículo 91.UNO.7.º *in fine* de la LIVA).

A su vez, el apartado DOS. 6.º el artículo 91 de la LIVA, ha previsto la aplicación del tipo súper reducido del 4% para la entrega de viviendas de protección oficial, así como la entrega de viviendas por determinadas entidades que participan activamente en las políticas de vivienda. El segundo supuesto se ha limitado a las viviendas adquiridas por las entidades que tributen por el régimen especial de sociedades dedicadas al alquiler de vivienda de la LIS, «siempre que a las rentas derivadas de su posterior arrendamiento les sea aplicable la bonificación establecida en el apartado 1 del artículo 54 de la citada Ley» (artículo 91. DOS. 6.º *in fine* de la LIVA).

Si analizamos el perfil de los posibles adquirentes de los bienes inmuebles mediante dación en pago encontraremos, en primer lugar, a las entidades financieras acreedoras del *solven,* y, en segundo lugar, a las empresas inmobiliarias (que pueden ser independientes del acreedor o formar parte del mismo grupo empresarial). Pues bien, las entidades financieras tienen limitado el derecho a deducir el IVA soportado en la medida en que gran parte de su actividad se encuentra exenta en virtud del artículo 20 de la LIVA. A su vez, las empresas inmobiliarias delicadas al arrendamiento de vivienda tampoco pueden deducir el IVA soportado, puesto que el arrendamiento de vivienda también se encuentra exento (artículo 20.UNO. 23.º de la LIVA). Por último, recordemos que las segundas y ulteriores entregas de edificaciones ya terminadas también se encuentran exentas de IVA, salvo renuncia. Solamente tendrá derecho a deducir el IVA soportado aquella empresa que ceda las viviendas para su posterior subarriendo o la que se dedique al arrendamiento de terrenos y edificaciones que no tengan la consideración de vivienda. En los demás casos, se aplicará el régimen de prorrata para cuantificar el IVA soportado deducible.

Teniendo en cuenta la tributación de estas operaciones, nos parece positivo que se haya establecido el tipo de gravamen súper reducido del 4% que es aplicable a aquellas daciones en pago en virtud de las cuales se transmiten viviendas a sociedades dedicadas al arrendamiento de las mismas puesto que estas empresas tienen limitado el derecho a deducir el IVA soportado. De esta manera se fomenta el acceso a la vivienda en régimen de alquiler a través de estas entidades privadas. Básicamente, la aplicación de este tipo reducido para la adquisición de viviendas reduce la inversión inicial necesaria para desarrollar esta actividad (teniendo en cuenta que ese IVA no va a ser recuperado por estas empresas), al tiempo que garantiza que al menos durante 3 años esos inmuebles van a estar dedicados al arrendamiento como vivienda habitual.

7.3.5. LA TRIBUTACIÓN DE LA DACIÓN EN PAGO DE VALORES NO COTIZADOS QUE ENCUBRA UNA OPERACIÓN INMOBILIARIA

Por último, vamos a tratar la dación en pago que tiene por objeto valores representativos de la participación en el capital social de entidades.

La regla general en este caso es que la entrega de los valores estará exenta de tributación en el IVA y en el ITPAJD, de acuerdo con lo preceptuado en el artículo 314.1 del Real Decreto Legislativo 4/2015[127] (en adelante TRLMV).

Sin embargo, se ha previsto una excepción que pretende evitar que la transmisión de valores de entidades que no cotizan encubra una operación inmobiliaria realizada con la intención de eludir el pago de los impuestos indirectos que gravarían la adquisición de los bienes inmuebles. Los elementos del supuesto de hecho de la excepción[128] son dos. En primer lugar, se trata de las transmisiones de valores no admitidos a negociación en un mercado secundario oficial, por lo que no quedarían comprendidas las operaciones con valores no cotizados y las realizadas en mercados primarios. En segundo lugar, que la finalidad per-

127. Real Decreto Legislativo 4/2015, de 23 de octubre, por el que se aprueba el texto refundido de la Ley del Mercado de Valores, publicado en el BOE núm. 255, de 24 de octubre de 2015 y rectificación en BOE núm. 296, de 11 de diciembre de 2015.

128. MALVÁREZ PASCUAL, L. A.: «Comentario al Proyecto de Ley...», *op. cit.*, RR-6.5: «Se realiza la reforma del artículo 314, que excluye de la exención en el IVA y en el ITPAJD a las transmisiones de valores de sociedades cuando mediante estas se hubiera pretendido

seguida sea eludir el pago de los tributos que habrían gravado la transmisión de los inmuebles propiedad de las entidades cuyos valores se transmiten.

Además, se han previsto varias presunciones *iuris tantum* destinadas a facilitar la prueba de que se actúa con ánimo de elusión del pago del impuesto correspondiente a la transmisión de bienes inmuebles [129]. Se trata de los siguientes supuestos:

a) Cuando la transmisión permita obtener el control de una entidad y siempre que su activo esté constituido, al menos, en un 50% por inmuebles situados en España que no estén afectos a actividades empresariales o profesionales. También, cuando, una vez obtenido dicho control, se aumente la cuota de participación en una entidad que cumpla dicho requisito. En estos casos, el adquirente del inmueble será el socio que se convierta en propietario de los valores enajenados.

También se aplica esta presunción cuando se transmitan los valores a la propia sociedad tenedora de los inmuebles para su posterior amortización por ella. Se trata de una operación inversa a la anterior ya que, mediante esta transmisión de los valores a la sociedad, quien adquiere los inmuebles es el accionista que ha mantenido su participación en la entidad. Por ello, el sujeto pasivo será

eludir el pago de los tributos que habrían gravado la transmisión de los inmuebles propiedad de las entidades a las que representen dichos valores. Esto ocurrirá, entre otros casos, cuando el activo de la sociedad esté integrado en más del 50 por 100 por inmuebles radicados en España que no estén afectos a actividades económicas o cuando se tenga el control de una entidad en cuyo activo se incluyan valores que le permitan ejercer el control en otra entidad cuyo activo esté integrado al menos en un 50 por 100 por inmuebles que cumplan lo señalado anteriormente. A efectos de realizar el cómputo del activo, los valores netos contables de todos los bienes contabilizados se sustituirán por sus respectivos valores de mercado, si bien en el caso de los bienes inmuebles, los valores netos contables se sustituirán por los valores que deban operar como base imponible del impuesto en cada caso, lo que remite al valor de referencia cuando esté sujeto al ITP. Por su parte, en los supuestos en que la transmisión de los valores deba tributar sin exención por la modalidad de TPO, para la práctica de la liquidación el valor de los inmuebles se calculará de acuerdo con las reglas contenidas en su normativa, por lo que también a estos efectos se tendrá en cuenta el valor de referencia».

129. PÉREZ-FADÓN MARTÍNEZ, J. J.: «Contestaciones vinculantes recientes de la DGT sobre el ITPAJD», Carta Tributaria. Revista de opinión, núm. 88, 2022, p. 5: «en lo que se refiere a la posible aplicación de la excepción a la exención del IVA y el TPO del ITPAJD, regulada en el artículo 314 del TRLMV, se establece que si la transmisión de valores a calificar no se realiza con el ánimo de eludir el pago del IVA o del TPO del ITPAJD a la que estaría sujeta la transmisión de los inmuebles propiedad de la entidad a la que representen dichos valores (cuya prueba corresponde a la Administración tributaria), y no se incurre en los supuestos de presunción del ánimo de elusión del pago del impuesto correspondiente (cuya prueba en contrario corresponde al contribuyente), no resultará aplicable la excepción a la exención del impuesto al que esté sujeta a la transmisión de valores y, en consecuencia, no se tributará por aquel». En el caso comentado, el inmueble estaba afecto a la actividad económica de la sociedad. El autor afirma que discrepa del criterio de la DGT por las dificultades de comprobar «una cuestión subjetiva» como es «la voluntad de eludir» el pago del IVA ni de TPO.

el accionista que, como consecuencia de dichas operaciones, ha obtenido el control de la sociedad y, por ende, de los inmuebles.

b) Cuando la transmisión permita obtener el control de una entidad que, a su vez, posea el control de otra entidad cuyo activo esté constituido, al menos, en un 50% por inmuebles situados en España que no estén afectos a actividades empresariales o profesionales. También se aplica la presunción cuando, una vez obtenido dicho control, se aumente la cuota de participación en una entidad que cumpla el requisito indicado. En estos casos, el adquirente del inmueble será el socio que pase a ser propietario de los valores enajenados.

Asimismo, está previsto que esta presunción se aplique en los casos de transmisión de valores a la propia sociedad tenedora de los inmuebles para su posterior amortización por ella. Mediante esta transmisión de los valores a la sociedad quien adquiere los inmuebles es el accionista que ha mantenido su participación en la entidad. Por ello, el sujeto pasivo será el accionista que, como consecuencia de dichas operaciones, ha obtenido el control de la sociedad.

c) Cuando los valores transmitidos hayan sido recibidos por las aportaciones de bienes inmuebles realizadas con ocasión de la constitución de sociedades o de la ampliación de su capital social, siempre que tales bienes no se afecten a actividades empresariales o profesionales y que entre la fecha de aportación y la de transmisión no hubiera transcurrido un plazo de tres años. En estos casos, el adquirente del inmueble será el socio que ostente los valores enajenados.

La consecuencia de la excepción a la exención que estamos analizando es que la operación de dación en pago de valores va a tributar por el impuesto que le correspondería a la transmisión de los inmuebles, que puede ser el IVA o TPO, dependiendo de las circunstancias[130]. En ambos casos, se tributa por la parte proporcional del valor de los inmuebles que corresponda a los valores transmitidos.

Si la operación queda sujeta a TPO, el proprio precepto se remite a las normas de cuantificación del TRLITPAJD, lo que implica que se aplicará el valor de referencia[131] . En cambio, cuando la operación quede sujeta a IVA, se ha establecido que se cuantifique la base imponible por el valor de mercado del inmueble.

130. Como hemos expuesto en el apartado II de este capítulo.

131. VARONA ALABERN, J. E.: «El valor de referencia en el Proyecto de Ley de Medidas de Prevención y Lucha contra el Fraude Fiscal». *Revista de Contabilidad y Tributación. CEF*, núm. 458, 2021, p. 43: «Obviamente, el valor de referencia desplegará eficacia en aquellos

Existe un espacio para la economía de opción cuando la operación de dación en pago suponga la transmisión de acciones o participaciones de una entidad y resulte aplicable el artículo 314 del TRLMV. Esta operación conlleva la tributación correspondiente a la transmisión del inmueble, por ello es posible que las partes opten por la tributación efectiva en IVA mediante la renuncia a la exención, siempre que reúnan los requisitos necesarios para ello.

sectores del ordenamiento tributario que resulte de aplicación el ITPO, como por ejemplo sucede con el artículo 314 de la Ley del mercado de valores, que declara que no se aplicará la exención de aquel impuesto a la transmisión de valores en determinados supuestos que puedan encubrir una cesión inmobiliaria (p. e., cuando el activo de la sociedad esté integrado por más del 50 % por inmuebles radicados en España que no estén afectos a actividades económicas, o cuando se tenga el control de una entidad en cuyo activo se incluyan valores que le permitan ejercer el control de otra entidad cuyo activo esté integrado al menos en un 50 % de inmuebles no afectos a una actividad económica)». VARONA ALABERN, J. E.: *El valor de referencia..., op. cit.*, p. 81: «Para conocer si se alcanza el referido 50 por 100 (...) a partir de la reforma introducida por la Ley 11/2021, de 9 de julio, se tiene que sustituir su valor neto contable por el valor de mercado, salvo en el caso de los inmuebles, a los que se aplicarán las reglas de valoración del TPO, lo que en la práctica supondrá aplicar su valor de referencia».

8

Conclusiones finales

La fiscalidad de la dación en pago ha sido abordada desde un punto de vista interdisciplinar, que ha quedado plasmado en un estudio previo del régimen sustantivo de la dación en pago que se deduce del Código Civil, del RDL 6/2012 y de la legislación concursal y en un análisis pormenorizado de la tributación de la operación en los principales impuestos de nuestro sistema tributario.

El régimen sustantivo de la dación en pago podría ser sintetizado indicando que es una operación que representa una forma especial de pago o una prestación que suple el pago genuino. Por sus características tiene perfecto encaje entre los mecanismos generales de solución de las situaciones de incumplimiento de las obligaciones y, en particular, en los contextos de insolvencia.

La dación en pago se produce cuando el acreedor acepta, para el cumplimiento de una obligación preexistente, la realización de una prestación distinta de la que había sido pactada y que consiste en la transmisión de la propiedad de unos bienes.

Esta operación produce varios efectos. Por un lado, los correspondientes al cumplimiento, es decir, efectos extintivos y la satisfacción del acreedor. Por otro lado, produce la transmisión de la propiedad de determinados activos.

En el CC son pocos los artículos que se refieren a esta figura y lo hacen de forma tangencial y escueta. Su fundamento jurídico se encuentra en la autonomía de la voluntad y su contenido depende del acuerdo alcanzado entre el deudor y el acreedor.

Son escasas las normas limitativas de la libertad de las partes, lo que ha llevado a que esta figura sea sospechosa de simulación, de fraude e, incluso, de ser empleada en perjuicio de los acreedores. Todo ello se ha puesto de manifiesto en el IRPF con la aplicación del valor de mercado.

Entre los requisitos de la dación en pago no se encuentran el mantenimiento del *status quo* de la relación originaria, ni la equivalencia entre el valor de la cosa entregada y el de la obligación que se extingue. Tampoco se vinculan el valor de la nueva prestación y el alcance de los efectos extintivos. Esto puede desembocar en que el equilibrio contractual de la obligación primigenia se vea alterado por la dación en pago.

Una de las primeras conclusiones del trabajo es la necesidad de que se establezca con suficiente concreción el régimen sustantivo de la dación en pago. Las diversas referencias a esta operación con expresiones imprecisas dificultan la distinción con otras figuras afines y ello redunda en problemas de calificación a efectos tributarios.

El estudio del régimen sustantivo de este negocio nos ha permitido identificar varios factores que tienen trascendencia tributaria, entre los que destacan:

a) El carácter oneroso —que supone la inexistencia de condonación o liberalidad—.

   En TPO se optó por incorporar expresamente la dación en pago a la descripción del HI. Con esta medida, que data de 1967, la tributación se ha mantenido al margen del debate doctrinal sobre el carácter oneroso de este negocio. El TS afirma que esta solución supone un reconocimiento específico que obedece a su singularidad.

   En cambio, en el IRPF no se ha adoptado esta medida. Hasta 2012 la Administración no aceptó las consecuencias jurídicas del carácter oneroso de la dación en pago. Para ello fue necesaria la aprobación del CBP. Con anterioridad, cuando el elemento entregado tenía un valor inferior a la deuda extinguida, la Administración afirmaba que se devengaba el ISD (por existir una condonación parcial).

b) La singularidad de la dación en pago —que no es asimilable a la permuta, ni a la novación, ni a la cesión de bienes—. Este dato permite descartar la cuantificación de la base imponible del IRPF y del IS aplicando las reglas especiales dictadas para estas otras operaciones. A la misma conclusión se llega respecto al devengo por los pagos anticipados en IVA.

c) El carácter complejo de la dación en pago derivado de la dualidad de efectos jurídicos —traslativos y extintivos—.

A efectos tributarios, el rasgo identificativo de este negocio es que las partes pretendan la transmisión inmediata de la propiedad de un elemento patrimonial —al acreedor o a un tercero designado por él— y que se otorguen efectos extintivos de una deuda anteriormente contraída, lo cual ha quedado reflejado en la doctrina administrativa sobre IRPF y en la jurisprudencia del TS sobre ITPAJD.

El resultado de esta primera parte del trabajo ha permitido identificar tres axiomas que van a servir al propósito de dotar de unidad y coherencia al análisis de la fiscalidad de la operación. El primero de ellos afecta a la identificación de la capacidad económica que se genera con este negocio, el segundo a la cuantificación de la base imponible y el tercero al devengo.

Hemos identificado tres factores que se proyectan sobre la capacidad económica. Por un lado, el carácter complejo de la operación, por otro lado, la inexistencia de prescripciones legales sobre la equivalencia de las prestaciones —la originaria y la nueva prestación pactada— y, por último, la vaguedad de las normas sobre el alcance de los efectos extintivos (salvo en el CBP).

En los impuestos directos, que gravan la obtención de renta, hemos identificado la necesidad de analizar la tributación de la dación en pago desde una doble perspectiva. Hay que tener en cuenta, por un lado, el resultado producido por la transmisión del bien y, por otro lado, el resultado derivado de la extinción del crédito.

No se puede descartar que las partes experimenten una ganancia o una pérdida, al tiempo que tampoco se puede identificar *a priori* cuál será el eventual resultado que corresponda a cada una. En el IS, como consecuencia de la aplicación de la normativa contable, la operación recibe un tratamiento específico en el sentido indicado. Sin embargo, la aplicación del IRPF no se ajusta a la situación descrita.

En los impuestos indirectos nuestro análisis se centra en la riqueza que se pone de manifiesto cuando se transmite la propiedad del activo entregado. Adicionalmente, la cuantificación de la base imponible atiende a los efectos extintivos, incluso cuando el adquirente es un tercero.

En cuanto al segundo axioma, tendremos en cuenta que el crédito que se extingue cumple la misma función que el precio en la compraventa, es decir, representa la contraprestación de la transmisión del bien. Este postulado permite simplificar la fiscalidad de la operación cuando la obligación originaria consiste en un crédito dinerario. De ahí, las interpretaciones realizadas sobre el valor de transmisión en IRPF y en IIVTNU, al igual que la interpretación del concepto «contraprestación» en IVA y del «valor» en TPO.

El tercer axioma afecta al devengo. Al margen del debate doctrinal sobre el carácter real o consensual de la dación en pago, la Administración afirma que el devengo se produce cuando tiene lugar el cumplimiento del *aliud*.

En la dación en pago en sentido estricto, el *aliud* consiste en la transmisión del poder de disposición sobre el activo, lo que requiere —siguiendo la teoría del título y el modo— el acuerdo y la entrega. Existe una excepción en el IS. En efecto, se anticipa el devengo para la dación en pago prevista en un convenio concursal, siempre que se cumplan las condiciones establecidas en los criterios contables de registro de estas operaciones.

La segunda parte del trabajo está dedicada a la tributación de la dación en pago por el IRPF, el IS, el IIVTNU, el ITPAJD y el IVA. Asimismo, se señalan las particularidades de la operación cuando se entregan bienes inmuebles. De la investigación realizada se deduce que la fiscalidad de la operación presenta problemas derivados de su indeterminación normativa. Es difícil interpretar las normas reguladoras de los impuestos adaptándolas a una figura con tantas singularidades, ya que estas no se sustentan en normas jurídicas. Los argumentos que esgrimimos en este trabajo se basan en la jurisprudencia y en la doctrina administrativa sobre esta figura. Al ser la nuestra una materia sometida al principio de legalidad, se deberían adoptar reglas especiales que reflejen la singularidad de esta operación. Ello redundaría en mayor seguridad jurídica para los contribuyentes.

En el apartado dedicado a las conclusiones no entraremos a pormenorizar exhaustivamente todas las cuestiones que se han analizado sobre cada uno de los impuestos, aunque se van a mencionar las más relevantes.

En relación con el IRPF, en la mayoría de los casos, la dación en pago genera ganancias o pérdidas patrimoniales para el *solvens*, puesto que se trata de un negocio jurídico traslativo, fruto del cual se constata la variación en el valor del patrimonio del contribuyente. La LIRPF no prevé ninguna regla especial para la cuantificación de estas rentas, por lo que se aplican las reglas generales.

El principal problema que hemos detectado es que la Administración ha buscado cuantificar únicamente el resultado de la transmisión del elemento patrimonial y ha obviado las consecuencias extintivas del crédito. A este resultado se llega equiparando el valor de transmisión y el valor de mercado del elemento entregado. En cambio, el TS ha indicado que el valor de transmisión en la dación en pago coincidirá con la cuantía de la obligación que se extingue, siempre que no sea inferior al valor de mercado del bien entregado, en cuyo caso, prevalecerá este. Esta interpretación se fundamenta en la asimilación de la dación en pago y la permuta.

Ninguna de estas interpretaciones concuerda con un negocio singular, complejo y global, que afecta varios elementos patrimoniales. Hemos propuesto dos alternativas, o bien, hacer coincidir el valor de transmisión con el importe del crédito que se extingue, o bien, como establece la normativa contable, calcular por separado el resultado de la transmisión y el resultado de la extinción de la deuda. Precisamente, en el IS se procede de acuerdo con la segunda alternativa.

La LIS no ha regulado expresamente la dación en pago, por lo que adquieren el máximo protagonismo las normas contables. Así, la calificación, el devengo, la valoración y el reflejo en la cuenta de pérdidas y ganancias se ajustarán a lo preceptuado en el PGC y en la Resolución del ICAC de 1 de marzo de 2013.

Cuando se celebra la dación en pago en la contabilidad hay que dar de baja el activo y cancelar los pasivos financieros. Además, habrá que reflejar el resultado de explotación y el resultado financiero. El primero es la diferencia entre el valor razonable y el valor en libros del activo entregado. Si el elemento entregado figuraba en el activo corriente (existencias), se contabiliza su valor razonable en el importe neto de la cifra de negocios.

El segundo, es decir, el resultado financiero es la diferencia entre el valor de la deuda y el valor razonable del bien entregado. Precisamente, la interrelación entre la obligación originaria y el resultado de la dación en pago se pone de manifiesto en este segundo componente. En conclusión, el resultado contable refleja la dualidad de efectos o el carácter global de la dación en pago, por lo que se ajusta en mayor medida a la riqueza obtenida por el deudor.

Los problemas que afectan a la cuantificación de las ganancias y pérdidas patrimoniales en el IRPF se hacen más relevantes aun si tenemos en cuenta que hay casos en los que las rentas derivadas de la dación en pago serán calificadas rendimientos de la actividad económica —es lo que sucede si el bien transmitido formaba parte de las existencias de un empresario individual—. Pues bien, las normas de cuantificación de estos rendimientos en estimación directa se remiten al IS. Ante esta situación se ven afectados los principios de capacidad económica y de igualdad.

A su vez, hemos analizado la dación en pago realizada por el garante, en la que el problema relativo a la correspondencia con la capacidad económica del *solvens* se acrecienta debido a los requisitos exigidos para la deducibilidad de las pérdidas patrimoniales por el contribuyente del IRPF.

Por otro lado, existen exenciones específicas para la dación en pago. La más antigua es la exención en IRPF de las ganancias patrimoniales devengadas por la dación en pago de deuda tributaria. Esta operación tiene por objeto bienes integrantes del patrimonio histórico español y sirve para la extinción de deudas tributarias. Asimismo, en el IS también se ha previsto que no se integren en la base imponible las rentas generadas por esta operación —ni las positivas ni las negativas—. Se trata de un supuesto de dación en pago de carácter excepcional cuyo régimen fiscal no es aplicable por analogía a otros supuestos.

En segundo lugar, las exenciones de la dación en pago de la vivienda habitual del deudor o del garante en IRPF y en el IIVTNU. Este beneficio fiscal tiene como antecedente la exención vinculada a la dación en pago del CBP. La doctrina criticó su carácter restrictivo y las dificultades probatorias para el contribuyente, por lo que fue modificada en varias ocasiones. La nueva redacción de esta exención la desvincula del CBP y reduce los requisitos exigibles.

La Administración ha realizado una interpretación del beneficio fiscal favorable al contribuyente. Así, admite la aplicación de la exención si concurre el doble efecto propio de la dación en pago, con independencia de la denominación que las partes hayan dado al negocio celebrado. Tampoco es necesario que la operación suponga la extinción de la totalidad de la deuda originaria. Hay que añadir, además, que se ha admitido su aplicación para la dación en pago celebrada en el marco de un procedimiento concursal. Sin embargo, no se ha dado solución al problema de la hipoteca puente.

El TRLRHL ha mantenido el requisito que atiende a la situación patrimonial de la unidad familiar, mientras en el IRPF se atiende al patrimonio individual del contribuyente.

También hemos identificado en la LIRPF una laguna por la ausencia de definición legal de la «vivienda habitual» para la exención. En cambio, no sucede lo mismo en el impuesto local.

La tercera exención exime del cumplimiento de la obligación principal a los deudores declarados en concurso de acreedores. La medida se aplica a las rentas obtenidas como consecuencia de las quitas, las daciones en pago y las exoneraciones del pasivo insatisfecho, siempre que las deudas no deriven del ejercicio de actividades económicas.

La norma mejoraría si contemplara los siguientes extremos. En primer lugar, que realizara las remisiones normativas a los preceptos del vigente TRLC. En segundo lugar, la inclusión del beneficio fiscal cuando la dación en pago se celebre en fase de liquidación. En tercer lugar, el término «deudores» debería ser ampliado para incluir tanto al deudor principal, como a los garantes. En último lugar, el requisito que excluye de la exención aquellas operaciones que extinguen deudas originadas por ejercicio de actividades económicas debería ser redefinido para el caso de la dación en pago, de tal manera que quedasen excluida de la exención cuando se entreguen elementos afectos a actividades económicas. Como resultado de nuestro trabajo, hemos propuesto una modificación de la disposición adicional 43.ª de la LIRPF, que regula la exención de la dación en pago concursal.

Otra de las conclusiones generales de este trabajo se refiere a las fuentes del Derecho elegidas para establecer y modificar las exenciones de la dación en pago de la vivienda habitual en el IRPF y en el IIVTNU, así como, la exención de las rentas obtenidas por el deudor en un procedimiento concursal. Se trata de elementos esenciales del tributo que han sido establecidos mediante Decreto-ley de carácter retroactivo, ello plantea problemas técnicos por la posible colisión con los principios de legalidad, si se altera el contenido constitucional del deber de contribuir, y de seguridad jurídica.

En el capítulo 7, dedicado a analizar la fiscalidad indirecta de la dación en pago, nuestro enfoque cambia. Tanto TPO como IVA gravan el consumo o la adquisición de los bienes, por este motivo, nos hemos centrado en el deber de contribuir asociado a la transmisión de la propiedad del bien.

Lo determinante de la sujeción al IVA es que el transmitente sea empresario o profesional y la operación tenga por objeto elementos que integren el patrimonio empresarial o profesional de este. Como ha indicado el TS, la actividad empresarial implica no sólo la obtención de ingresos sino también la obligación de pagar las deudas. Por lo tanto, se consideran parte de la actividad empresarial las transmisiones realizadas con la finalidad de saldar deudas pendientes —que es la finalidad de la dación en pago—.

Desde el punto de vista de los impuestos indirectos, la dación en pago de bienes inmuebles presenta las particularidades más relevantes. La primera de ellas se refiere a la existencia de un espacio para la economía de opción, por el juego de las reglas de sujeción a IVA y a TPO, que afecta a los siguientes supuestos:

a) La dación en pago tributa en el IVA si el negocio se diseña de tal manera que los deudores intervienen en la actividad urbanizadora o promotora mediante la asunción de ciertos costes derivados de estas actividades.

   La misma consecuencia se produce si los deudores inician la explotación en arrendamiento de los inmuebles que se van a entregar.

b) Si el terreno transmitido se encuentra en curso de urbanización o si se trata de inmuebles en construcción, la operación queda sujeta a IVA. Es posible hacer coincidir el devengo del IVA con el momento en el que el terreno sea edificable mediante la configuración de la dación en pago como entrega de cosa futura o sujeta a condición suspensiva.

c) También queda sujeta y no exenta de IVA si se renuncia a la exención inmobiliaria. Esta posibilidad requiere que tanto el transmitente como el adquirente sean sujetos pasivos del IVA.

Estas alternativas sirven a aquellos acreedores o adquirentes que sean empresarios o profesionales y que tengan derecho a deducir el IVA soportado, entre los que se encuentran los fondos de inversión inmobiliaria.

La segunda particularidad afecta al sujeto pasivo del IVA. En cualquiera de las operaciones de dación en pago de inmuebles se producirá la inversión del sujeto pasivo, siempre que el adquirente o destinatario tenga la condición de empresario o profesional. Esta medida pone solución a los problemas de doble imposición para el adquirente y de no ingreso para la Hacienda pública. Inicialmente, los primeros se recondujeron, o bien, mediante el principio de regularización íntegra, o bien, a través de la solicitud de ingresos indebidos.

La tercera particularidad se encuentra en TPO. Para los inmuebles se ha establecido un criterio especial de valoración de la base imponible que es el «valor de referencia». El legislador ha prescindido, al menos inicialmente, del valor de mercado para este tipo de bienes.

El criterio de valoración se completa con la «regla del mayor valor», que para los inmuebles se ha adaptado; de tal manera que la base imponible será la mayor de las siguientes magnitudes: el «valor declarado» por los interesados, el «precio o contraprestación pactada» o el «valor de referencia».

Este nuevo paradigma hace necesario reinterpretar la jurisprudencia del TS sobre la dación en pago, pues conlleva que el acreedor tiene que declarar como base imponible la mayor de las siguientes magnitudes: el valor de referencia[1] del inmueble entregado o el importe de la deuda que se extingue. El valor declarado, que es el tercer término de comparación, pierde importancia en el sistema de autoliquidación.

En el supuesto concreto de la dación en pago acordado en el seno de un procedimiento concursal, la base imponible de TPO coincidirá con el valor fijado en las resoluciones judiciales y no cabrá la comprobación de valores.

Por último, para supuestos concretos de dación en pago de bienes inmuebles se ha establecido un tipo de gravamen súper reducido en IVA. La CA de Andalucía también ha previsto una medida similar en TPO, para supuestos muy específicos de dación en pago de inmuebles.

Asimismo, en Andalucía se han establecido dos bonificaciones del 100% de la cuota de TPO por negocios vinculados a la dación en pago de la vivienda habitual. Se trata de bonificar la constitución de la opción de compra contenida en un contrato de alquiler de la vivienda habitual que fue entregada en pago. Igualmente, se bonifica si el deudor llega a ejercitar la opción de compra.

Para finalizar, se enuncian las propuestas generales para la mejora de la regulación de la dación en pago contenidas este trabajo.

En primer lugar, es necesario que se establezca con suficiente concreción el régimen sustantivo de la dación en pago. Las diversas referencias a esta operación con expresiones imprecisas dificultan la distinción con otras figuras afines y ello redunda en problemas de calificación a efectos tributarios.

Para terminar, en aras de los principios de capacidad económica y de seguridad jurídica, resulta necesario que las normas reguladoras de los impuestos analizados reconozcan expresamente que en esta operación el crédito despliega el papel de la contraprestación a la entrega o adjudicación del bien. En los

1. Se recurrirá al valor de mercado únicamente para los casos en los que no exista valor de referencia o cuando no pueda ser certificado.

impuestos indirectos esta regla, que es coherente con los efectos extintivos, debería estar prevista, al menos, en el TRLITPAJD. En los impuestos directos hemos indicado que se producen distinciones de trato fiscal que no tienen correspondencia con la riqueza gravada en el IRPF cuando se prescinde del resultado financiero generado por la dación en pago, por ello, es preciso el establecimiento de normas jurídicas específicas que permitan adecuar la carga tributaria del deudor a la riqueza que realmente genera esta operación.

Bibliografía

ADAME MARTÍNEZ, F.: «Las exenciones en operaciones interiores inmobiliarias». CHICO DE LA CÁMARA, P., y GALÁN RUIZ, J. (Dir.): *Comentarios a la Ley y el Reglamento del IVA*. T. I. Aranzadi Thomson Reuters. Pamplona, 2012.

AGENCIA TRIBUTARIA: *Manual práctico de renta 2020* (9 de junio de 2021), Consultado en https://www.agenciatributaria.es

ÁLAMO GONZÁLEZ, D. P.: «La dación en pago en las ejecuciones hipotecarias: el control judicial del equilibrio contractual». Tirant lo Blanch. Valencia, 2012.

ALBALADEJO GARCÍA, M.: *Derecho Civil,* vol. II. Edisofer. Madrid, 2008.

ALMUDÍ CID, J. M.: «La rectificación de autoliquidaciones encaminada a incrementar el importe de las bases imponibles negativas generadas en ejercicios prescritos. Análisis de la SAN de 21 de noviembre de 2019, rec. núm. 1064/2017». *Revista de Contabilidad y Tributación. Centro de Estudios Financieros*, núm. 448 (2020).

ARMENDÁRIZ IÑIGO, J. M.: «La tutela del acreedor hipotecario ante el convenio aprobado judicialmente cuando el concursado asume la posición de hipotecante no deudor». *Revista de Derecho Bancario y Bursátil,* núm.151 (2018) (BIB 2018, 10835).

ARQUERO MONTAÑO, J. L., RUIZ ALBERT, I., JIMÉNEZ CARDOSO, S. M., ZAMORA RAMÍREZ, C., ABAD NAVARRRO, C., FRESNEDA FUENTES, S., DONOSO ANÉS, A., GONZÁLEZ GONZÁLEZ, J. M. y CARO FERNÁNDEZ, S.: *Contabilidad financiera: aplicación práctica del PGC 2007*. Pirámide. Madrid, 2009.

ARTAMENDI GUTIÉRREZ, A. y EMILIANO COSTA, L.: «La condición como elemento delimitador de la eficacia de una compraventa en el ámbito tributario». *Revista de Contabilidad y Tributación. Centro de Estudios Financieros*, núm. 465 (2021), pp. 41-76.

ASOCIACIÓN DE PROFESORES DE DERECHO CIVIL: *Propuesta de Código Civil. Libros quinto y sexto*. Tirant lo Blanch. Valencia, 2016.

BAENA BAENA, P. J.: «El contenido de la propuesta de convenio (tras las reformas introducidas en la Ley Concursal por el Real Decreto-Ley 11/2014, de 25 de septiembre, y la Ley 9/2015, de 25 de mayo» en AA.VV. DÍAZ MORENO y LEON SANZ (Dir.): *Acuerdos de Refinanciación, Convenio y Reestructuración*. Aranzadi. Pamplona, 2015.

BANCO DE ESPAÑA: «Encuesta Financiera de las Familias (EFF) 2011: métodos, resultados y cambios desde 2008» boletín económico del Banco de España, enero (2014). Recuperado de https://app.bde.es/efs_www/documents?lang=ES

– «Encuesta Financiera de las Familias (EFF) 2014: métodos, resultados y cambios desde 2011». *Boletín económico del Banco de España*, enero (2017). Recuperado de https://app.bde.es/efs_www/documents?lang=ES

– «Encuesta Financiera de las Familias (EFF) 2017: métodos, resultados y cambios desde 2014». *Boletín económico del Banco de España*, núm. 4 (2019). Recuperado de https://app.bde.es/efs_www/documents?lang=ES

BARCIELA PÉREZ, J. A.: «La gestión de los OICVM y los fondos de inversión inmobiliaria en el IVA». *Carta Tributaria. Revista de opinión*, núm. 25 (2017).

BAS SORIA, J. M.: «Artículo 10. Concepto y determinación de la base imponible» en Sánchez Pedroche, J. A. (Dir.): *Comentarios a la Ley del Impuesto sobre Sociedades y su normativa reglamentaria.* Tirant lo Blanch. Valencia, 2017.

BELINCHÓN ROMO, M. R.: *La dación en pago en Derecho Español y Derecho comparado*. Dykinson, Madrid, 2012.

BELLIDO SALVADOR, R.: Tesis «Los institutos preconcursales». Universitat Jaume I. 2017.

BELTRÁN, E. y ROJO FERNÁNDEZ-RÍO, A.: «La masa activa del concurso de acreedores», en AA.VV. MENÉNDEZ MENÉNDEZ, A. y ROJO FERNÁNDEZ-RÍO, A. (Dir.): *Lecciones de Derecho Mercantil. Volumen II*. Aranzadi. Pamplona, 2017.

– «Las soluciones del concurso de acreedores», en AA.VV. MENÉNDEZ MENÉNDEZ, A. y ROJO FERNÁNDEZ-RÍO, A. (Dir.): *Lecciones de Derecho Mercantil. Volumen II*. Aranzadi. Pamplona, 2017.

BERCOVITZ RODRÍGUEZ-CANO, R.: «*Comentario al art. 1175 del CC*» en Comentarios al Código Civil. Editorial Aranzadi, Pamplona, 2009 (BIB 2009, 7942).

BERROCAL LANZAROT, A. I.: «La reforma del Real Decreto-Ley 6/21012, de 9 de marzo, de medidas urgentes de protección de deudores hipotecarios sin recursos por la Ley 1/2013, de 14 de mayo». *LA LEY Derecho de familia*, núm. 4, 2014. (LA LEY 6971/2014).

BLANQUER UBEROS, R.: «Concurso: adquirentes de bienes y derechos de la masa activa» en AA.VV. DELGADO DE MIGUEL (Coord.) *Instituciones de Derecho Privado*. Tomo VI. Mercantil, Vol. 5., 2005 (BIB 2005, 2607).

BURLADA ECHEVESTE, I. M. y BURLADA ECHEVESTE, J. L.: «El Real Decreto 520/2005, de 13 de mayo: comentario de las disposiciones generales, del procedimiento de revisión de actos nulos de pleno derecho y del procedimiento para la declaración de lesividad de actos anulables». *Quincena Fiscal,* núm.10 (2013), pp. 57-73.

CALVO VÉRGEZ, J.: «Adquisiciones de inmuebles realizadas en virtud de subasta pública: la innecesariedad de su comprobación administrativa. Comentarios a la STSJ de Andalucía, núm. 3736/2003, Málaga, de 29 de diciembre». *Jurisprudencia Tributaria Aranzadi*, num.63 (2005) (BIB 2005, 949).

– *La adquisición de la vivienda habitual en el IRPF: deducción por inversiones y gastos y exención por reinversión*. Aranzadi. Pamplona, 2010.

– *La tributación de las operaciones inmobiliarias en la imposición indirecta*. Aranzadi. Pamplona, 2010.

– «La inversión del sujeto pasivo en el IVA: análisis específico del supuesto relativo a aquellas entregas realizadas en ejecución de garantía constituida sobre bienes inmuebles». *Revista de Contabilidad y tributación. Centro de Estudios Financieros,* núm. 453 (2020).

– «La tributación de las adjudicaciones en pago y para pago de deudas y de las adjudicaciones expresas en pago de asunción de deudas como operaciones asimiladas a las transmisiones patrimoniales onerosas en el ITP y AJD». *Revista de Contabilidad y Tributación. Centro de Estudios Financieros*, núm. 461-462 (2021).

CARDO HERRERO, A. M.: «¿Está funcionando la Ley de Segunda Oportunidad?», *Actualidad Jurídica Aranzadi,* núm. 922, 2016 (BIB 2016, 4881).

CARMONA FERNÁNDEZ, N.: «Residencia de las personas físicas y las entidades; prórroga legal y cambios de residencia», en SERRANO ANTÓN, F.

(Coord.): *Fiscalidad internacional. CENTRO DE ESTUDIOS FINANCIEROS*. Madrid, 2001.

CARRASCO PERERA, A. y MORATIEL PELLITERO, E.: «Dos paradojas del convenio concursal: eficacia liquidativa y eficacia novatoria». *Actualidad Jurídica Aranzadi,* núm.614 (2004). (BIB 2004, 127).

CASANA MERINO, F.: «Los incrementos de valor inconstitucionales en el Impuesto sobre el Incremento de Valor de los Terrenos de Naturaleza Urbana». *REALA. Nueva Época*, núm. 8 (2017), pp. 147-163.

CASERO BARRÓN, R.: «La repercusión de la familia en la determinación de la residencia en el territorio de una Comunidad Autónoma», en CUBERO TRUYO, A. y TORIBIO BERNARDEZ, L. (Dir.): *Análisis transversal de la atención al hecho familiar en el ordenamiento tributario*. Aranzadi. Pamplona, 2020, pp. 227 a 243.

CASTILLO MARTÍNEZ, C. C.: «Medidas urgentes de protección de deudores hipotecarios sin recursos. Análisis del Real Decreto-Ley 5/2017, de 17 de marzo, por el que se modifican el Real Decreto-ley 6/2012 y la Ley 1/2013». *Actualidad Civil,* núm. 4 (2017) (LA LEY 3741/2017).

CHICO DE LA CÁMARA, P.: «Fiscalidad inmobiliaria de los no residentes», en VARONA ALABERN, J. E. (Dir.): *La fiscalidad de la vivienda en España*. Civitas. Pamplona. 2012, pp. 749 a 790.

CIRUELOS LARA, P.: «La renuncia a la exención del IVA en las operaciones inmobiliarias I». *Técnica Contable y Financiera*, núm. 31 (2020).

COMISIÓN DE CONTROL SOBRE EL CUMPLIMIENTO DEL CÓDIGO DE BUENAS PRÁCTICAS PARA LA REESTRUCTURACIÓN VIABLE DE LAS DEUDAS CON GARANTÍA HIPOTECARIA SOBRE LA VIVIENDA HABITUAL: *Informes de la comisión de control sobre el cumplimiento del código de buenas prácticas para la reestructuración viable de las deudas con garantía hipotecaria sobre la vivienda habitual* (I a XXI). Recuperados de https://portal.mineco.gob.es/en-us/economiayempresa/destacados/Pages/Codigo_de_buenas_practicas.aspx

CORDERO GONZÁLEZ, E. M.: «La renuncia a las exenciones en el IVA (Artículos 20. DOS y 140 TER)», CHICO DE LA CÁMARA, P. y GALÁN RUIZ, J. (Dir.): *Comentarios a la Ley y el Reglamento del IVA*. Aranzadi. Pamplona, 2012.

CORDERO LOBATO, E.: «El valor de la garantía en el concurso (adaptado a la reforma introducida por la Ley 9/2015)» en AA.VV. DÍAZ MORENO Y LEON SANZ (dir.) *Acuerdos de Refinanciación, Convenio y Reestructuración*. Aranzadi. Pamplona, 2015, pp. 265 a 290.

CUBERO TRUYO, A.: «La ruptura o no ruptura del periodo impositivo y su influencia en la declaración o declaraciones de los miembros de la unidad familiar», en CUBERO TRUYO, A. y TORIBIO BERNARDEZ, L. (dir.): *Análisis transversal de la atención al hecho familiar en el ordenamiento tributario*. Aranzadi. Pamplona, 2020, pp. 169-194.

– «Rechazo a un criterio administrativo no previsto en la Ley del IRPF e inconstitucional: la imputación de renta por los garajes o trasteros de la vivienda habitual que no hayan sido adquiridos conjuntamente». *Revista Técnica Tributaria*, 127 (2019).

CUBERO TRUYO, A. y TORIBIO BERNARDEZ, L.: «Propuestas para una reorientación del concepto de residencia en la Ley del IRPF, a la búsqueda de una mayor coherencia con los criterios de los Convenios de doble imposición» *Revista de Fiscalidad Internacional y Negocios Transnacionales*, 12 (2019).

DEL BLANCO GARCÍA, A. y GARCÍA CARRETERO, B.: *El Impuesto sobre el Incremento de Valor de los Terrenos de Naturaleza Urbana: análisis crítico y propuestas de reforma*. Editorial Reus. Madrid, 2021.

DEL OLMO, A.: «El nuevo texto refundido de la Ley Concursal». Editorial jurídica Sepín, 11 de mayo de 2020. Recuperado de https://blog.sepin.es/2020/05/ley-concursal-nuevo-texto-refundido

DÍAZ ESPAÑOL, S.: «Delimitación práctica ITP y AJD con IVA (con especial referencia a los préstamos)». *Revista de Contabilidad y Tributación. Centro de Estudios Financieros*, núm. 272 (2005), pp. 113 a 136.

DÍAZ MORENO, A.: «La reforma del régimen de convenio: mayorías y quórums» en AA.VV. DÍAZ MORENO Y LEÓN SANZ (dir.) *Acuerdos de Refinanciación, Convenio y Reestructuración*. Aranzadi. Pamplona, 2015.

DÍAZ REVORIO, E.: «Concurso de acreedores y registro de la propiedad». *Anuario de Derecho Concursal*, núm.39 (2016). (BIB 2016, 80234).

DÍEZ-PICAZO Y PONCE DE LEÓN, L. M.: *Fundamentos del derecho civil patrimonial*. Thomson Civitas. Madrid, 2008.

EGUISQUIZA BALMASEDA, M.: «Crisis económica, falta de liquidez y dación en pago necesaria: un estudio del párrafo segundo in fine de la Ley 493 del Fuero nuevo». *Revista de Derecho Patrimonial* núm. 28 (2012).

ELIZARI URTASUN, L.: «Principales novedades en torno a la prenda en la Propuesta de Código Civil de la Asociación de Profesores de Derecho Civil». *Revista Doctrinal Aranzadi Civil-Mercantil,* núm. 5 (2018).

FALCÓN Y TELLA, R.: «Dación en pago de inmuebles hipotecados: consecuencias en el IRPF del deudor, en el IS de la entidad financiera y en el IIVTNU». *Revista Quincena Fiscal*, núm. 12 (2012) (BIB 2012/1150).

FERNÁNDEZ CORTÉS, T.: «La devolución de las prestaciones por maternidad y paternidad tras la STS 1462/2018, de 3 de octubre: procedimiento, límites y posibles incidencias». *Crónica Tributaria*, núm. 172 (2019), pp. 59-77.

FINEZ RATÓN, J. M.: «La dación en pago», *Anuario de Derecho Civil*, núm. 4 (1995), pp. 1467-1528.

GABINETE DE ESTUDIOS AEDAF: «La dación en pago: análisis del concepto y régimen jurídico según la jurisprudencia», *Revista Técnica Tributaria*, núm. 83 (2008), pp. 89 a 98.

GALAPERO FLORES, R.: «Renuncia improcedente a la exención en operaciones inmobiliarias en el IVA. Sujeción al ITPO. Sentencia comentada: STS de 24 enero 2007». *Jurisprudencia Tributaria Aranzadi*, núm. 4 (2007).

GALINDO ARAGONCILLO A. y NAVARRO CODERQUE F.: «El pacto comisorio en el actual marco de los derechos de garantía», *Diario La Ley*, núm. 8314 (2014).

GALLEGO LARRUBIA, J.: «Adquisición de activos y unidades de negocio en sede concursal». *Revista Aranzadi Doctrinal*, núm. 4 (2017).

GÁLVEZ LINARES, M. A. y MONTES CARRILLO, A.: «Normas de registro y valoración del inmovilizado material y de las inversiones inmobiliarias. Resolución del ICAC de 1 de marzo de 2013 (I)». *Revista de Contabilidad y Tributación. Centro de Estudios Financieros*, núm. 363 (2013), p. 129-260.

GARCÍA ARRUFAT, E.: «Un convenio concursal poco común». *Anuario de Derecho Concursal,* núm.22, 2011 (BIB 2011, 16).

GARCÍA BERRO, F.: «El Impuesto sobre la Renta de las Personas Físicas (II)», en PÉREZ ROYO, F. (Dir.): *Curso de Derecho Tributario. Parte especial*. Tecnos. 2008, pp. 117-238.

GARCÍA FRÍAS, A.: «Reflexiones sobre el presente y futuro del Impuesto sobre el Incremento de Valor de los Terrenos de Naturaleza Urbana a la luz de las SSTC 57 y 59 de 2017, del 11 de mayo». *Revista Española de Derecho Financiero*, núm. 175 (2017), pp. 23-38.

GARCÍA NOVOA, C.: «Algunas novedades de la Ley de Medidas de Prevención y Lucha contra el Fraude Fiscal. Software de doble uso, lista de morosos y prohibición de amnistías fiscales». Quincena fiscal, núm. 17 (2021).

GARCÍA PRATS, A.: «La inconstitucionalidad de la plusvalía municipal: pasado, presente y futuro» en GARCÍA PRATS, A. (dir.), *Jornada Tributaria «La Inconstitucionalidad de la "Plusvalía Municipal": Pasado, Presente y Futuro. La STC de 26 de Octubre de 2021: Cuestiones Problemáticas»*. Universidad de Valencia, Valencia, 17 de noviembre de 2021.

GARCIMARTÍN ALFÉREZ, F. J.: «Sobre el nuevo régimen aplicable a los planes de reestructuración del Libro II del Anteproyecto (y las novedades en el Libro iv)». *Revista General de Insolvencias & Reestructuraciones,* 3 (2021), pp. 47-84.

– «El derecho preconcursal: una visión general». *Anuario de Derecho Concursal*, 57 (2022), pp. 9-49.

GARRIDO DE PALMA, V. M., SAPENA DAVÓ, J., SAPENA DAVÓ, F., SIMÓ SEVILLA, D., LORA-TAMAYO RODRÍGUEZ, I., GONZÁLEZ BOTÍAS, J. G., GONZÁLEZ-MENESES GARCÍA-VALDECASAS, M., GARCÍA MÁS, F. J., BARRIO DEL OLMO, C. P., MARQUÉS MOSQUERA, C. y GARCÍA DE BLAS VALENTÍN-FERNÁNDEZ, M. L.: *Instituciones de Derecho Privado.* Aranzadi. Cizur, 2016 (BIB 2016, 4896).

GOMAR SÁNCHEZ, J. I.: «La exención por dación en pago en el IIVTNU: análisis de sus aspectos teóricos y prácticos». *Tributos Locales*, núm. 123 (2015-2016).

GÓMEZ BUENDÍA, C.: «Presente y pasado de la dación en pago». *Housing: Revista de la Cátedra de Vivienda de la Universidad Rovira i Virgili*, núm. 5 (2016). Recuperado de http://housing.urv.cat/wp-content/uploads/2013/09/HousingCHURV5-2.pdf

GONZÁLEZ-CUELLAR SERRANO, M. L.: «La vivienda en los tributos locales», en VARONA ALABERN, J. E. (Dir.): *La fiscalidad de la vivienda en España*. Civitas. Pamplona, 2012.

GOÑI RODRÍGUEZ DE ALMEIDA, M.: «Análisis de la evolución jurisprudencial sobre la "dación en pago" en los últimos años». *Revista Crítica de Derecho Inmobiliario*, núm. 88 (2012), pp. 2852-2866.

GUTIÉRREZ GILSANZ, A.: «La conservación del convenio concursal». *Revista de Derecho Concursal y Paraconcursal*, núm. 22 (2014) (LA LEY 571/2015).

HERNÁNDEZ GUIJARRO, F. y GOMAR GINER, V.: «La catarsis del Impuesto de Plusvalía Municipal: crisis inmobiliaria; la STC 59/2017, de 11 de mayo; y los pronunciamientos judiciales posteriores más relevantes». *Crónica Tributaria*, núm. 178 (2021), pp. 61-90.

HUGALDE LÓPEZ, I.: «El plan de liquidación y la dación en pago a acreedor hipotecario con subsistencia parcial del crédito». *Anuario de derecho concursal*, núm. 40, 2017.

INEAF: Material divulgativo de contabilidad. Existencias, disponible en https://www.ineaf.es/divulgativo/contabilidad/existencias-contabilidad

JIMÉNEZ CARDOSO, S., ARQUERO MONTAÑO, J. L. y RUIZ ALBERT, I.: *Plan General de Contabilidad anotado*. Pirámide. Madrid, 2019.

JIMÉNEZ PARÍS, T. A.: «Dación en pago de vivienda hipotecada y pacto comisorio». *Revista Crítica de Derecho Inmobiliario*, núm. 87 (2011), pp. 1159-1181.

JIMÉNEZ SÁNCHEZ, G. y DÍAZ MORENO, A. (Coord.) *Lecciones de Derecho Mercantil*. Tecnos. Madrid, 2018.

JORBA JORBA, O.: «Breve referencia a las consecuencias fiscales de la dación en pago», *Quincena Fiscal*, núm. 20 (2010), pp. 37-46.

FERNÁNDEZ JUNQUERA, M.: «La dación en pago», en MARTÍN DÉGANO, I., MENÉNDEZ GARCÍA, G. Y VAQUERA GARCÍA, A. (coord.): *Estudios de derecho financiero y tributario en homenaje al profesor Calvo Ortega*. Lex Nova, Valladolid, 2005.

LACRUZ BERDEJO, J. L.: *Elementos de derecho civil. II, Derecho de obligaciones*. Dykinson. Madrid, 2003.

LACRUZ MANTECÓN, M. L. «La dación en pago» en ALONSO PÉREZ, M. T. (coord.) *Vivienda y crisis económica: estudio jurídico de las medidas propuestas para solucionar los problemas de vivienda provocados por la crisis económica*. Aranzadi. Pamplona, 2014.

LASARTE ÁLVAREZ, C.: *Derecho de Obligaciones. Principios de Derecho Civil II*. Marcial Pons, 2014.

LASARTE ÁLVAREZ, R.: «La nueva configuración legal de la base imponible en los impuestos patrimoniales: el valor de referencia», *Tributos Locales*, núm. 153 (2021), pp. 243-270.

LEIÑENA MENDIZÁBAL, E.: «Dación en pago: opción razonable». *Revista de Derecho Mercantil*, núm. 290 (2013) (BIB 2014, 42).

LEON SANZ, F. J.: «La reestructuración empresarial como solución de la insolvencia». *Anuario de Derecho Concursal,* núm.30 (2013). (BIB 2013, 1716).

LILLO DÍAZ, M. J.: *La fiscalidad de la financiación de las sociedades*. Universidad a distancia de Madrid. 2020.

LOBATO MARTÍN, L; MONEDERO ARANDILLA, J. L. y FERNÁNDEZ--PICAZO CALLEJO, J. L.: *Manual del Impuesto Sobre la Renta de las Personas Físicas*. Tirant lo Blanch. Valencia, 2014.

LORENTE, M.: «Configuración legal del acceso al Acuerdo Extrajudicial de Pagos en la reestructuración de deudas». *Actualidad Jurídica Aranzadi* núm. 927 (2017).

LYCZKOWSKA, K.: «Los intereses en los contratos de préstamo y las normas que rigen su licitud». *Revista CESCO de Derecho de Consumo,* núm. 5 (2013).

MALVÁREZ PASCUAL, L. A.: «Los límites a la facultad de dictar actos de comprobación de valores de forma reiterada», *Centro de Estudios Financieros. Revista de Contabilidad y tributación*, núm. 216 (2001).

– «La base imponible: cuestiones generales», en UCELAY SANZ, I, LÓPEZ RODRÍGUEZ, J., MALVÁREZ PASCUAL, L. A. y MARTÍN ZAMORA, M. P.: *Impuesto sobre Sociedades 2002. Comentarios y casos prácticos*. Centro de Estudios Financieros, Madrid, 2002.

– «El Impuesto sobre la Renta de las Personas Físicas» en MALVÁREZ PASCUAL, L., RAMÍREZ GÓMEZ, S. y SÁNCHEZ PINO, A. J.: *Lecciones del sistema fiscal español*. Tecnos. Madrid, 2015.

– «Introducción al Sistema Tributario español», en MALVÁREZ PASCUAL, L., RAMÍREZ GÓMEZ, S. y SÁNCHEZ PINO, A. J.: *Lecciones del Sistema Fiscal Español*. Tecnos. Madrid, 2021.

– «Comentarios al Proyecto de Ley de Medidas de Prevención y Lucha contra el Fraude Fiscal (I)», *Quincena Fiscal*, núm. 3 (2021).

– «El Impuesto sobre Sociedades», en MALVÁREZ PASCUAL, L., RAMÍREZ GÓMEZ, S. y SÁNCHEZ PINO, A. J.: *Lecciones del Sistema Fiscal Español*. Tecnos. Madrid, 2021.

– «Comentarios al Proyecto de Ley de Medidas de Prevención y Lucha contra el Fraude Fiscal (I)» en *Revista Quincena Fiscal,* núm. 3 (2021).

MALVÁREZ PASCUAL, L. A. y MARTÍN ZAMORA, P.: «La calificación contable y fiscal de una operación de *equity swap* combinada con una ampliación de capital. La recalificación a efectos fiscales de una operación no regulada en la LIS: análisis de la SAN de 23 de diciembre de 2019, rec. núm. 456/2016». *Revista de contabilidad y tributación: Comentarios, casos prácticos. Centro de Estudios Financieros*, núm. 451 (2020).

MAQUEDA, A.: «La deuda de las empresas se dispara en 55.000 millones desde marzo». *El País*, 16 de agosto de 2020.

MARÍN-BARNUEVO FABO, D. y HERRERO DE HEGAÑA ESPINOSA DE LOS MONTEROS, J. M.: «La impugnación del valor de referencia», *Revista Técnica Tributaria*, núm. 134 (2021), pp. 15-47.

MARTÍN BRICEÑO, M. R.: «La dación en pago: sustitución del cumplimiento estricto en una relación obligatoria». *Revista Crítica de Derecho Inmobiliario*, núm. 735 (2013), pp. 359 a 388.

– «Vicisitudes económicas y jurídicas de la dación en pago de activos inmobiliarios como modo de extinción de las deudas pendientes con las entidades financieras». *Revista Crítica de Derecho Inmobiliario*, núm. 726 (2011), pp. 2025-2064.

MARTÍN FUSTER, J.: «Las obligaciones del prestamista respecto al Código de Buenas Prácticas del Real Decreto-Ley 6/2012». *Actualidad Civil*, núm. 10 (2019) (LA LEY 12798/2019).

MARTÍN QUERALT, J.: «Impuesto sobre la Renta de las Personas Físicas (Residentes) (I)», en MARTÍN QUERALT, J., TEJERIZO LÓPEZ, J. M. y CAYÓN GALIARDO, A.: *Manual de Derecho Tributario. Parte especial*. Aranzadi. 2008.

MARTÍN QUERALT, J. B.: «Extensión de efectos de sentencias en materia tributaria: cambio de doctrina del Tribunal Supremo: Sentencia del Tribunal Supremo de 18 de junio de 2020 (recurso 7369/2018)». *Carta tributaria. Revista de opinión*, núm. 65-66 (2020).

MARTÍNEZ MARTÍNEZ, I.: «La limitación a la deducibilidad de los gastos financieros en el Impuesto sobre Sociedades: Evolución y análisis comparativo», en *Estudios de Deusto: revista de la Universidad de Deusto*, vol. 67, núm. 2 (2019.)

MARTOS MORENO, J. L.: «La impugnación del plan de reestructuración», en DÍAZ MORENO, A., LEÓN SANZ, F. J., BRENES CORTÉS, J. y RODRÍGUEZ SÁNCHEZ, S. (dir.): *La Reestructuración como solución de las empresas viables,* pp. 575-596. Aranzadi. Pamplona, 2022.

MATA SIERRA, M. T. y GONZÁLEZ APARICIO, M.: «La dación en pago en el contexto de crisis económica: problemática fiscal». *Revista de Contabilidad y Tributación. Centro de Estudios Financieros*, núm. 392 (2015), pp. 5-42.

MEMENTO CONTABLE. Fecha de edición: 30 de septiembre de 2022. Francis Lefebvre.

MEMENTO PRÁCTICO FRANCIS LEFEBVRE IMPUESTO SOBRE SOCIEDADES, 23 de junio de 2021.

MENÉNDEZ GARCÍA, G.: «Artículo 7.1.º de la LIVA». CHICO DE LA CÁMARA, P., y GALÁN RUIZ, J. (Dir.): *Comentarios a la Ley y el Reglamento del IVA*. T. I. Aranzadi Thomson Reuters. Pamplona, 2012.

MENÉNDEZ MORENO, A.: «La proyectada modificación del Impuesto sobre el Incremento de Valor de los Terrenos de Naturaleza Urbana: más de lo mismo». *Quincena Fiscal* núm. 10 (2018) (BIB 2018, 9103).

MESSÍA DE LA CERDA BALLESTEROS, J. A.: «Evolución de la jurisprudencia sobre las ejecuciones hipotecarias y la dación en pago». *Actualidad Civil*, núm. 3 (2014), pp. 346-360 (LA LEY 986/2014).

MOLINA CLARAMONTE, C. B.: Tesis «La Dación en Pago en las Ejecuciones Hipotecarias». Universidad de Murcia, 2018.

MORENO BUENDÍA, F. J.: «El alcance de los planes de reestructuración: los créditos afectados», en DÍAZ MORENO, A., LEÓN SANZ, F. J., BRENES CORTÉS, J. y RODRÍGUEZ SÁNCHEZ, S. (dir.) *La Reestructuración como solución de las empresas viables*, pp. 295-329 Aranzadi. Pamplona, 2022.

MORENO SERRANO, B.: «A vueltas con la dación en pago y la plusvalía». *El Consultor de los Ayuntamientos*, núm. 15-16 (2014) (LA LEY 5015/2014).

– «Ley 18/2014: nuevos cambios en la exención al IIVTNU de las daciones en pago». *El Consultor de los Ayuntamientos*, núm. 22, 2014 (LA LEY 7682/2014).

MUÑOZ DEL CASTILLO, J. L.: «Comentario al art. 6 del Texto Refundido de la Ley del Impuesto sobre Transmisiones Patrimoniales y Actos Jurídicos Documentados» en MUÑOZ DEL CASTILLO, J. L., VILLARÍN LAGOS, M. y DE PABLO VARONA, C.: *Comentarios al impuesto sobre transmisiones patrimoniales y actos jurídicos documentados*. Civitas. Madrid, 2008 (BIB 2008, 2967).

– «Comentario al art. 10 del Texto Refundido de la Ley del Impuesto sobre Transmisiones Patrimoniales y Actos Jurídicos Documentados: la base imponible y el concepto de valor real» en MUÑOZ DEL CASTILLO, J. L., VILLARÍN LAGOS, M. y DE PABLO VARONA, C.: Comentarios al impuesto sobre transmisiones patrimoniales y actos jurídicos documentados. Civitas. Madrid, 2008 (BIB 2008, 3450).

NIÑO ESTÉBANEZ, R.: «La metamorfosis de los acuerdos de refinanciación: los nuevos planes de reestructuración en el Texto Refundido de la Ley Concursal». *La Ley Insolvencia*, núm. 5 (2021) (LA LEY 9960/2021).

O'CALLAGHAN MUÑOZ, X.: *Compendio de Derecho Civil*. Dijusa. Madrid, 2008.

OLIVENCIA, M.: «La reforma de la Ley concursal» *Revista de Derecho Mercantil* núm. 285 (2012) (BIB 2012, 3289).

OLMO DEL, A.: (11 de mayo de 2020). El nuevo texto refundido de la Ley Concursal [Mensaje en un blog]. Recuperado de https://blog.sepin.es/2020/05/ley-concursal-nuevo-texto-refundido/

ORTIZ MÁRQUEZ, M.: «La rescisión y la simulación (Comentario a la Sentencia del Tribunal Supremo, Sala Primera, de 16 de diciembre de 2014)» en *Anuario de Derecho Concursal* núm. 37 (2016), pp. 393-422.

PABLO CONTRERAS DE, P.: *Hipoteca, su ejecución y dación en pago*. Thomson Reuters Aranzadi, Pamplona, 2014.

PABLO VARONA, C. de: «La fiscalidad de la vivienda en el IRPF», en VARONA ALABERN, J. E. (Dir.): *La fiscalidad de la vivienda en España*. Civitas. Pamplona. 2012.

PALADINI BRACHO, I. E.: «Disfuncionalidades del sistema tributario. El caso del IIVTNU», en CUBERO TRUYO, A.: *Tributos asistemáticos del ordenamiento vigente*. Tirant lo Blanch. Valencia, 2018, pp. 597-615.

– «Interpretación y eficacia de las sentencias del Tribunal Constitucional. El controvertido caso del Impuesto sobre el Incremento del Valor de los Terrenos de Naturaleza Urbana» en Pérez Miras, A., Teruel Lozano, G. M., Raffiotta, E. C. y Pia Iadicco, M. (dir.). Pérez Domínguez, F. (coord.), *Setenta años de Constitución Italiana y cuarenta años de Constitución Española. Vol. 4 Sistema de fuentes, Justicia constitucional y Organización territorial.* Agencia Estatal Boletín Oficial del Estado. Centro de Estudios Políticos y Constitucionales. Madrid, 2020, pp. 211-228.

– «La tributación de la dación en pago en cuanto situación familiar problemática», en CUBERO TRUYO, A. y TORIBIO BERNARDEZ, L. (Dir.): *Análisis transversal de la atención al hecho familiar en el ordenamiento tributario*. Aranzadi. Pamplona, 2020, pp. 423-441.

– «Una aportación desde el Derecho Financiero para colmar la ausencia de regulación de la dación en pago en el Código Civil» en AA.VV. López Martínez, J. y Pérez Lara, J. M. (Dir.): *Retos del derecho financiero y tributario ante los desafíos de la economía digital y la inteligencia artificial*. Tirant lo Blanch. Valencia, 2020, pp. 843- 865.

– «Los planes de reestructuración y la dación en pago en el preconcurso», *Revista Práctica de Derecho CEFLEGAL*, núm. 274 (2023).

PALAO TABOADA, C.: «La inconstitucionalidad y nulidad de las normas sobre la base imponible del IIVTNU: La STC 182/2021, de 26 de octubre, y el RD--L 26/2021, de 8 de noviembre». *Nueva fiscalidad*, núm. 4 (2021).

PASTOR SEMPERE, C. y HERNANDO CEBRIÁ, L.: «La dación de la PYME como "unidad productiva" en pago de deudas en el acuerdo extrajudicial de pagos». *Revista de derecho concursal y paraconcursal: Anales de doctrina, praxis, jurisprudencia y legislación*, núm. 22 (2015), pp. 353-368.

PASTOR SEMPERE, M. C.: *Dación en pago e insolvencia empresarial*. Ed. Agencia Estatal Boletín Oficial del Estado, Madrid, 2016.

PATÓN GARCÍA, G.: «Causas y posibles efectos de la dualidad en la valoración de inmuebles: ¿es el valor de referencia la solución?», *Revista Española de Derecho Financiero*, núm. 190 (2021).

– «Medidas fiscales en la Ley de segunda oportunidad». *Revista CESCO de Derecho de Consumo*, núm. 13 (2015).

PEÑUELAS I REIXACH, L.: *El pago de impuestos mediante obras de arte y bienes culturales. La dación de bienes del Patrimonio Histórico Español*. Marcial Pons, Madrid, 2001.

PÉREZ ÁLVAREZ. M. P.: «La dación en pago necesaria y la protección de los deudores hipotecarios tras las últimas modificaciones legislativas». *Revista de Derecho Patrimonial,* núm. 39 (2016), pp. 27-64.

PÉREZ DE ONTIVEROS, C.: «Los acuerdos de refinanciación y la acción revocatoria o pauliana». *Anuario de derecho concursal*, núm. 35 (2015), pp. 9-42.

PÉREZ ROYO, F.: *Derecho Financiero y Tributario. Parte General*. Civitas. Pamplona, 2015.

PÉREZ-FADÓN MARTÍNEZ, J. J.: «Contestaciones vinculantes recientes de la DGT sobre el ITPAJD», *Carta Tributaria. Revista de opinión*, núm. 88 (2022).

– «La "dación en pago", "para pago" y "en asunción de pago de deudas"». *Carta tributaria. Revista de opinión*, núm. 7 (2015), pp. 33-36.

– «La base imponible del ITP y AJD en la dación en pago: Sentencia nº 149/2019, de 7 de febrero, del Tribunal Supremo, Sala Tercera de lo Contencioso--Administrativo (recurso 5008/2017)». *Carta tributaria. Revista de opinión,* núm. 72 (2021).

– «Ley de prevención y lucha contra el fraude fiscal: Consecuencias en la imposición patrimonial», *Carta Tributaria*, núm. 79 (2021), pp. 1-15.

– «La Orden HFP 1104/2021 fija el factor minorado en el 0,9», *Carta Tributaria*, núm. 80 (2021).

POZUELO ANTONI, F. de A.: «Algunos efectos en los impuestos patrimoniales cedidos a las CC.AA. derivados de las Leyes 26, 27 y 28, de 27 de noviembre de 2014, relativas al IRPF, IS e IVA». *Revista de Contabilidad y Tributación. Centro de Estudios Financieros*, núm. 385 (2015).

PRICEWATERHOUSECOOPERS ESPAÑA. (consultada el 30/10/2022). Asesoramiento para reestructuraciones empresariales e insolvencias. https://www.pwc.es/es/deals/reestructuraciones.html

PULGAR EZQUERRA, J.: «Rescisión concursal y aprobación judicial del convenio: cláusulas convencionalmente pactadas». *Revista de Derecho Mercantil,* núm.279 (2011) (BIB 2011, 1481).

– *Preconcursalidad y reestructuración empresarial.* Wolters Kluwer. Madrid, 2016.

– Reestructuraciones preconcursales forzosas: el mejor interés de los acreedores. *Revista de Derecho Mercantil*, 323 (2022).

PUMAR, J. M.: «El COVID-19 y la necesidad y oportunidad de revisar la limitación de la deducibilidad de los gastos financieros», en *Actualidad jurídica Aranzadi*, núm. 967 (2020).

QUERALT SOLARI, N.: *Dación en pago de deudas. Opinión de DGT y Tribunales*. Consultado en http://www.legaltoday.com/practica-juridica/fiscal/fiscal/dacion-en-pago-de-deudas-opinion-de-dgt-y-tribunales

QUESADA PÁEZ, A.: «La dación en pago frente al mecanismo de segunda oportunidad». *Revista crítica de derecho inmobiliario*, núm. 758, (Año n.º 92, 2016).

RAMÍREZ GÓMEZ, S.: *El Impuesto sobre el Valor Añadido*. Cívitas. Madrid, 1993.

– «El principio de regularización íntegra en la jurisprudencia del Tribunal Supremo: aspectos sustantivos y procedimentales», *Quincena fiscal*, núm. 6 (2021).

REAL ACADEMIA ESPAÑOLA: Diccionario Panhispánico del Español jurídico. Recuperado de https://dpej.rae.es/lema/animus-solvendi

RODRÍGUEZ DE QUIÑONES Y DE TORRES, A.: «Tipología de los acuerdos de refinanciación» en AA.VV. DÍAZ MORENO Y LEÓN SANZ (Dir.): *Acuer-*

dos de Refinanciación, Convenio y Reestructuración. Aranzadi, Pamplona, 2015.

RODRÍGUEZ MÁRQUEZ, J: «Naturaleza, ámbito de aplicación, hecho imponible y concepto de empresario o profesional». CHICO DE LA CÁMARA, P. y GALÁN RUIZ, J. (Dir.): *Comentarios a la Ley y el Reglamento del IVA. T. I*. Aranzadi Thomson Reuters. Pamplona, 2012.

RODRÍGUEZ SÁNCHEZ, S.: «La protección frente a la rescisión de los planes de reestructuración en la proyectada reforma concursal», en DÍAZ MORENO, A., LEÓN SANZ, F. J., BRENES CORTÉS, J. y RODRÍGUEZ SÁNCHEZ, S. (dir.): *La Reestructuración como solución de las empresas viables*. pp. 545-574. Aranzadi. Pamplona, 2022.

ROJO ÁLVAREZ-MANZANEDA, R.: «La introducción del acuerdo extrajudicial de pagos y la figura del mediador concursal en la Ley Concursal». *Revista de Derecho Bancario y Bursátil,* núm.135 (2014).

ROMERO FLOR, L. M.: «La dación en pago, un mal menor. Tratamiento fiscal de la dación en pago». *Revista CESCO de Derecho de Consumo*, núm. 4 (2012).

ROZAS VALDES, J. A.: «El valor de referencia desde la jurisprudencia del Tribunal Supremo», *Revista Técnica Tributaria*, núm. 134 (2021), pp. 119-139.

– «La vivienda en el Impuesto sobre Sucesiones y Donaciones» en VARONA ALABERN, J. E. (Dir.): *La fiscalidad de la vivienda en España*. Civitas. Pamplona. 2012.

RUIZ ALMENDRAL, V.: «Alcance y efectos de la doctrina constitucional sobre el impuesto sobre el incremento de valor de los terrenos de naturaleza urbana: cuestiones problemáticas». *Revista de Contabilidad y Tributación. Centro de Estudios Financieros*, núm. 427 (2018), pp. 111-146.

SABATER BAYLE, E. «Simulación en contrato usurario entre particulares. Dación en pago y pacto de retro. Nulidad parcial ex art. 3 de la ley de Usura» en *Revista Doctrinal Aranzadi Civil-Mercantil* núm. 10, (2015).

SALCEDO BENAVENTE, J. M.: «La fiscalidad de las daciones en pago tras el Real Decreto-Ley 6/2012: una oportunidad perdida». *Quincena fiscal*, núm. 19 (2012), pp. 115-121.

SÁNCHEZ GALIANO, J.: La aplicación del IVA a las operaciones inmobiliarias: una propuesta de revisión. AEDAF. Madrid, 2012.

SÁNCHEZ PINO, A. J.: «El valor de referencia: ¿Medida de prevención y lucha contra el fraude fiscal?» en ANÍBARRO PÉREZ, S. y CORCUERA

TORRES, A. (Coord.): *Estudio sobre la prevención y lucha contra el fraude fiscal. Homenaje al Dr. D. Alejandro Moreno*. PROFIT. Valladolid, 2023.

– «El Impuesto sobre Transmisiones Patrimoniales y Actos Jurídicos Documentados» en MALVÁREZ PASCUAL, L. A., RAMÍREZ GÓMEZ, S. y SÁNCHEZ PINO, A. J.: *Lecciones del Sistema Fiscal Español*. Tecnos. Madrid, 2021.

SEVA VERDÚ, E. A.: Los beneficios fiscales y los «agujeros del queso gruyere». *El Consultor de los Ayuntamientos*, núm. IV (2019) (LA LEY 9540/2019).

SOTO GUITIÁN, J. M.: «La dación en pago: Breve estado de la cuestión». *Actualidad Civil*, núm. 2 (2013), p. 139-140. (LA LEY 19636/2012).

SUÁREZ DE CENTI MARTÍNEZ, L. y VIANA BARRAL, V.: «La limitación en la deducibilidad de gastos financieros en el Impuesto sobre Sociedades: análisis normativo y comentario crítico», en *Actualidad jurídica Uría Menéndez*, núm. 33 (2012).

SUNDERLAND, J.: «Sueños rotos: El impacto de la crisis española de la vivienda en grupos vulnerables» en Informe de Human Rights Watch de mayo de 2014.

TINSA: «El Precio de la Vivienda en España». Recuperado de tinsa.es/precio-vivienda/ (datos actualizados a 5 de octubre de 2022).

TORREGROSA CARNÉ, M. D.: «Principales modificaciones introducidas por la Ley 28/2014, de 27 de noviembre, por la que se modifica la Ley 37/1992, de 28 de diciembre, del Impuesto sobre el Valor Añadido». *Impuestos*, núm. 4 (2015).

TORRES PEREA, J. M.: «Reflexiones sobre la acción rescisoria concursal: propuestas de *lege ferenda*» en *Anuario de Derecho Concursal* núm. 39 (2016).

TUDELA CHORDÁ, S.: «La prohibición del pacto comisorio en los negocios fiduciarios *cum creditore*». *Revista de Derecho UNED*, núm. 17 (2015), pp. 511-532.

UCELAY SANZ, I: «Doctrina del TEAC en materia de limitación en la deducibilidad fiscal de gastos financieros», en *Carta tributaria. Revista de opinión*, núm. 12 (2016).

VAQUER, F. J.: «El convenio como medio para la continuación de la actividad empresarial». *Anuario de Derecho Concursal,* núm. 24 (2011) (BIB 2011, 903).

VARONA ALABERN, J. E.: *El valor de referencia y el valor comprobado por la Administración tributaria*. Aranzadi. Pamplona, 2022.

– «El valor de referencia en el Proyecto de Ley de Medidas de Prevención y Lucha contra el Fraude Fiscal». *Revista de Contabilidad y Tributación. Centro de Estudios Financieros*, núm. 458 (2021).

– «El valor de referencia y el valor catastral: su incidencia en el sistema impositivo español», *Tributos Locales*, núm. 153 (2021), pp. 16-58.

– «Otra interpretación en torno a la tributación del préstamo hipotecario en el Impuesto sobre transmisiones patrimoniales y actos jurídicos documentados». *Quincena Fiscal*, núm. 5 (2020).

VÁZQUEZ CARRASCO, R.: «La tributación de las daciones en pago de bienes inmuebles». *Quincena Fiscal*, núm. 19 (2013).

– «La Tributación local en las daciones en pago de Bienes Inmuebles». *Quincena fiscal*, núm. 19 (2013), pp. 87-96.

VÁZQUEZ CUETO, J. C.: «Incumplimiento y modificación del convenio» en AA.VV. DÍAZ MORENO Y LEÓN SANZ (dir.) Acuerdos de Refinanciación, Convenio y Reestructuración. Aranzadi. Pamplona. 2015, pp. 327 a 349.

– «El concepto de reestructuración en los trabajos prelegislativos de incorporación de la Directiva (UE) 2019/1023», en DÍAZ MORENO, A., LEÓN SANZ, F. J., BRENES CORTÉS, J. y RODRÍGUEZ SÁNCHEZ, S. (dir.). *La Reestructuración como solución de las empresas viables*, pp. 63-112. Aranzadi. Pamplona, 2022.

YÁÑEZ EVANGELISTA, J. y NIETO DELGADO, C.: «Refinanciaciones: rescisión y extensión de efectos». *Anuario de Derecho Concursal,* núm. 32, 2014, pp. 155-193.

ZURITA MARTÍN, I.: *Préstamo hipotecario, ejecución y dación en pago*. La ley. Madrid, 2014.